中国恒天
CHINA HI-TECH GROUP CORPORATION

惠悦于民 恒达天下
For the People For the Life

新型纤维材料业务是中国恒天集团有限公司(以下简称:中国恒天)大力拓展的新兴业务。利用中国恒天的技术装备优势，着力开发高性能、新型环保、可再生、科技含量高、附加值大的新一代纤维材料。同时，致力于运用现代科技，促进产业技术进步和产业升级，引领行业发展。

中国恒天正在积极整合国内新型纤维材料工艺、工程与装备优势资源，进行技术攻关，努力在新型纤维材料生产工艺和装备技术上有所突破。打造我国规模最大、技术最先进、自动化控制水平最高的新型纤维材料产业集团，为加快国家新型纤维产业建设，增强国家科技实力，加快国防现代化建设，提高人民生活质量作出重要贡献。

北京三联虹普
新合纤技术服务股份有限公司
Beijing Sanlian Hope Shin-gosen Technical Service Co.,Ltd.
国内首家提供高品质锦纶聚合及
纺丝整体技术解决方案的工程公司
精心创品牌质量
诚心树名牌效应
地址：北京市朝阳区望京广泽路2号
慧谷根园仁爱胡同5号
电话：+86-10-64390678
传真：+86-10-64391702
网址：www.slhpcn.com
E-mail:slhp@slhpcn.com

BLUE BOOK 化纤蓝皮书

of China Chemical Fibers

2015年中国化纤经济形势分析与预测

Analysis and Forecast of China Chemical Fibers' Economy of 2015

权威机构　前瞻研究　每年新版

中国化学纤维工业协会　组织编写

中国纺织出版社

内容提要

《中国化纤经济形势分析与预测》又称化纤蓝皮书，是我国化纤行业唯一一本集权威性、前瞻性、专业性、指导性于一体的行业指导书籍。全书由行业运行篇、专题研究篇、产业政策篇、统计数据篇、化纤标准篇和风采展示篇六部分组成。本年度报告包括化纤全行业和11个子行业的运行情况和趋势预测，对行业关注的热点问题开展了专题研究，对行业相关的产业政策、统计数据、化纤标准、行业活动等内容进行了整理汇编。本报告通过详实的数据、深入的分析，为全面、客观了解中国化纤行业发展状况与趋势，提供权威性指南。

本书具有很强的理论性、可读性和实践指导意义，一直深受行业内外相关人士的认可和欢迎，是化纤行业经营管理者很好的一本案头工具书，并已成为我国纺织化纤行业的品牌图书。

图书在版编目（CIP）数据

2015年中国化纤经济形势分析与预测 / 中国化学纤维工业协会组织编写. —北京：中国纺织出版社，2015. 3

ISBN 978-7-5180-1389-0

Ⅰ. ①2… Ⅱ. ①中… Ⅲ. ①化学纤维工业－工业经济－研究－中国－2015 Ⅳ. ①F426.7

中国版本图书馆CIP数据核字（2015）第032664号

策划编辑：秦丹红　　责任印制：何建

中国纺织出版社出版发行
地址：北京市朝阳区百子湾东里A407号楼　邮政编码：100124
销售电话：010－67004422　传真：010－87155801
http: //www.c-textilep. com
E-mail: faxing@c-textilep. com
中国纺织出版社天猫旗舰店
官方微博 http://weibo.com/2119887771
廊坊市恒泰印务有限公司印刷　各地新华书店经销
2015年3月第1版第1次印刷
开本：710×1000　1/16　印张：30.625
字数：418千字　定价：260.00元
京朝工商　广字第8172号

本书编委会

前　　言

《中国化纤经济形势分析与预测》（化纤蓝皮书）已经连续出版 11 年了。化纤蓝皮书自出版以来，对引导行业稳定运行、促进行业可持续发展起到了积极的作用，持续得到广大化纤工作者及关注化纤产业人士的认可与欢迎，是化纤行业经营管理者不可或缺的一本案头工具书，并已成为我国纺织化纤行业的品牌图书。

今年的化纤蓝皮书将继续秉承以往一惯的风格，并在总结十年编撰经验的基础上，拓展了部分内容。全书分为行业运行篇、专题研究篇、产业政策篇、统计数据篇、化纤标准篇和风采展示篇等六个篇章。行业运行篇以详实的数据，客观分析了化纤及 11 个子行业的运行情况和趋势预测。专题研究篇以中国工程院蒋士成院士的《中国纺织工业科技创新发展思考》为携领，研究了化纤行业总量发展趋势、化纤协会标准、化纤行业两化融合、纺织工业原料保障体系建设等方面的问题。新增加的化纤标准篇和风采展示篇，从实用性和普及性考虑，梳理了化纤行业现行的国标、行标和协会标准，展示行业、协会及企业风采，使化纤蓝皮书更具保存价值。

在过去的 2014 年，中国经济和各行业比较流行的一句话，就是“新常态”了。习惯了规模神话的中国化纤行业，面临了和其他很多行业一样的诸多经营困难，产能、库存、成本、利润等一系列问题越来越清晰的摆在企业眼前，化纤行业运行也出现了一些新的特征。化纤产量增长速度继续放缓，化纤市场价格整体呈现下行走势。企业在困境中求生存，生产经营更加理性，主动控制生产负荷，投资意愿也有所下降。化纤行业积极适应“新常态”，进一步深化结构调整，加大研发和品牌推广的力度。在全行业的共同努力下，行业运行态势总体平稳，经济效益有所提升。

2015 年，是中国实施“十二五”规划的收官之年，是承接“十三五”创新发展的关键之年，也是中国大改革和大调整全面推进的一年，中国继续处于经济增长速度换挡期、结构调整阵痛期和前期刺激政策消化期“三期叠加”之时，中国经济发展也将延续新常态模式。化纤行业当前发展形势的复杂性和转型升级任务的艰巨性，要求我们不能有丝毫放松，化纤行业必须要深入学习贯彻落实党的十八大和十八届三中、四中全会以及中央经济工作会议精神，坚持稳中求进的工作总基调，坚持以提高行业经济发展质量和效益为中心，主动适应经济发展“新常态”，抓改革创新、促结构转型，努力促进化纤行业健康持续发展。

由于时间较紧，水平有限，书中难免会有疏漏和错误之处，还请各化纤企事业和广大读者批评指正。

本书编委会

2015年3月

An Engineering Company Specialized In New Polymer Material
The National Standards Drafter For Spandex Engineering
The World's Leading Supplier Of Spandex Engineering Projects
EP
江阴中绿化纤工艺技术有限公司
JiangYin L.V. Chemical Fiber Process Technologics Co.,Ltd
化工机械、化纤专用设备设计和制造 / 环保工程设计和施工
高分子新材料专业工程公司
氨纶工程建设国家标准制定者
全球领先的氨纶工程供应商
地 址：江苏省江阴市西石桥镇澄路2517号
ADDRESS：No.2517，Zhencheng Rd., Xishiqiao, Jiangyin, jiangsu
邮编 / ZIP：214441
电话 / TEL：+86-510-86607188
传真 / FAX：+86-510-86601288
E-Mail：lvep@vip.163.com
WWW.LVEP.CN

目　录

行业运行篇

专题研究篇

产业政策篇

统计数据篇

化纤标准篇

风采展示篇

BLUE BOOK 化纤蓝皮书
of China Chemical Fibers

行业运行篇

专题研究篇

产业政策篇

统计数据篇

化纤标准篇

风采展示篇

运行分析

趋势预测

权威发布

前景展望

2015年中国化纤 经济形势分析与预测

Analysis and Forecast of China Chemical Fibers' Economy of 2015

2014年中国化纤行业运行分析与2015年运行预测

端小平　吴文静

2014年，在“新常态”下，我国化纤行业运行也出现了一些新的特征：化纤产量增长速度继续放缓，化纤市场价格下行、库存增加；企业在困境中求生存，生产经营更加理性，主动控制生产负荷，投资意愿下降；行业积极适应“新常态”，进一步深化结构调整，加大研发和品牌推广的力度。在全行业的共同努力下，行业运行态势总体平稳，经济效益有所回升。

一、2014年化纤行业运行情况

（一）生产

据国家统计局统计，2014年化纤产量继续保持增长，全年共完成产量4389.75万吨，同比增长5.5%，比2013年下降2.4个百分点，与我们年初的预测基本吻合。（因统计局暂未发布各品种1~12月产量数据，表1所列为1~11月数据）

表1　2014年1~11月化纤行业生产情况

	2014年1~11月（万吨）	同比（%）	2013年1~12月增速（%）
化学纤维	4032.26	6.50	7.90
人造纤维	356.26	1.68	17.07
其中：粘胶短纤	288.52	2.87	20.73
粘胶长丝	24.74	1.07	-10.05
合成纤维	3676.00	7.00	7.02
其中：涤　纶	3257.41	6.82	6.64
涤纶短纤	856.70	-1.77	0.95
涤纶长丝	2400.71	10.26	9.08

续表

	2014年1~11月（万吨）	同比（%）	2013年1~12月增速（%）
锦　纶	237.00	11.78	12.44
腈　纶	61.93	-2.18	0.43
维　纶	10.09	7.90	15.83
丙　纶	24.47	-0.56	-3.02
氨　纶	45.34	11.84	27.31

资料来源：据国家统计局数据整理

和前几年相比（图1），化纤产量增长速度继续回落，和GDP增速变化的走势基本保持一致，但降速快于GDP，说明一方面宏观经济降速影响了对化纤产品的需求，一方面行业确实存在阶段性和结构性的产能过剩。

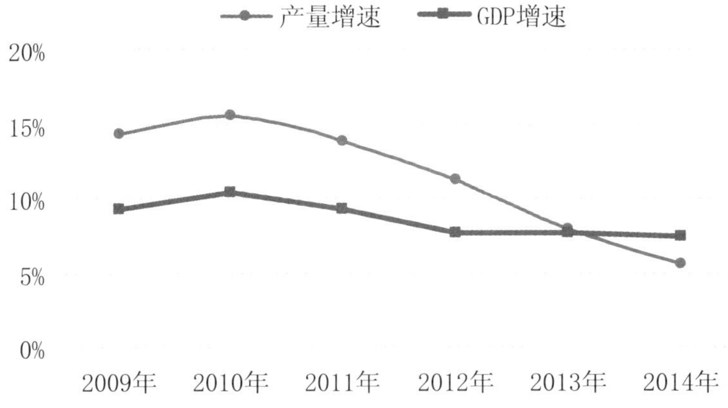

资料来源：据国家统计局数据整理

图1　2009年以来化纤产量增速与GDP增速变化

分月来看（图2），上半年化纤产量增速逐月提高，从1~2月份的0.86%提高到1~6月份的7.52%，下半年呈现回落趋势，特别是7、8月份的淡季表现比较明显，全年增速为5.5%。

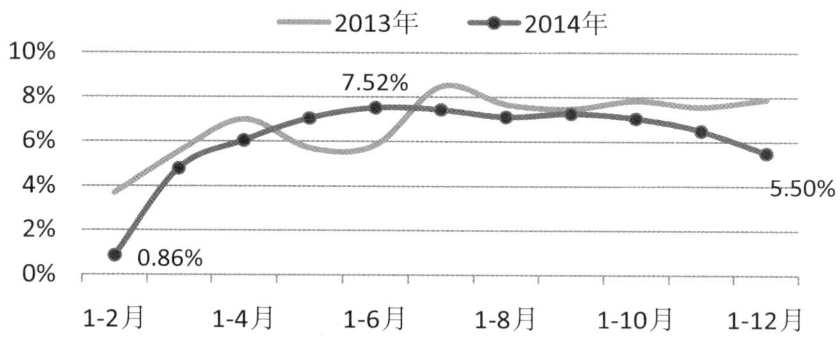

资料来源：据国家统计局数据整理

图 2　2014 年化纤产量增速与 2013 年对比

从行业开工率来看（图 3），2014 年化纤主要子行业的开工负荷分化明显。表现最好的是氨纶行业，全年平均保持在 90%以上的高负荷运行；粘胶长丝和粘胶短纤的开工率基本也位于 80%以上；涤纶短纤和锦纶行业相对较差；涤纶长丝受供需面变化的影响，开工率波动较大，在春节和 7 月底时出现两个底部，春节期间的调整比往年都要深，7、8 月份由于淡季需求减弱而造成的开工率下调幅度也比较大，最低降至 65%，8 月份开工率逐步提升，四季度基本恢复到正常水平。涤纶切片纺企业开工率仅 3~5 成。

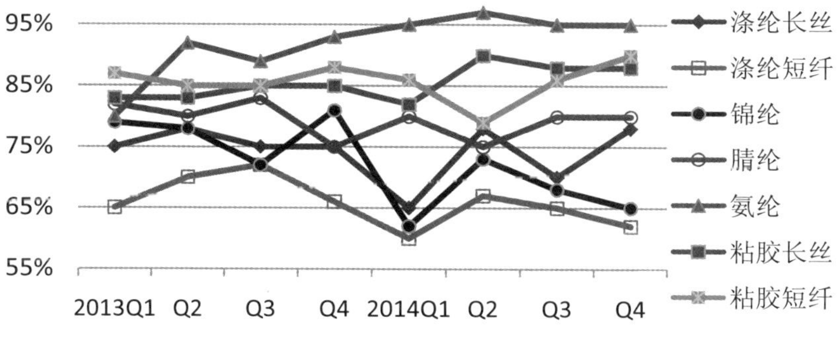

资料来源：中国化学纤维工业协会

图 3　2013~2014 年化纤主要子行业开工情况

（二）市场

2014 年化纤市场需求较为平淡，化纤产品价格上半年相对平稳，受棉价和市场需求不旺的影响有一定下跌，下半年随着石油价格的大跌，涤纶、锦纶、氨纶等石油链化纤产品价格也出现了大幅下跌，粘胶短纤价格也受原辅料成本下降和棉花价格下跌的影响而弱势下行。粘胶长丝和腈纶由于供需相对平衡，加上行业自律，价格走势相对平稳（图 4~图 9）。

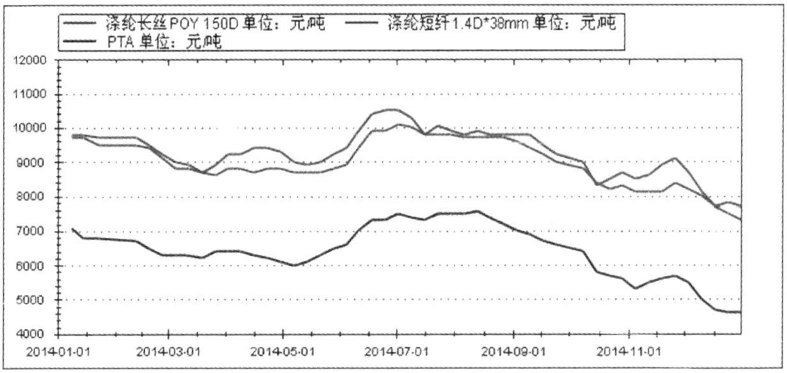

资料来源：中纤网

图 4　2014 年涤纶长丝、涤纶短纤与 PTA 价格走势图

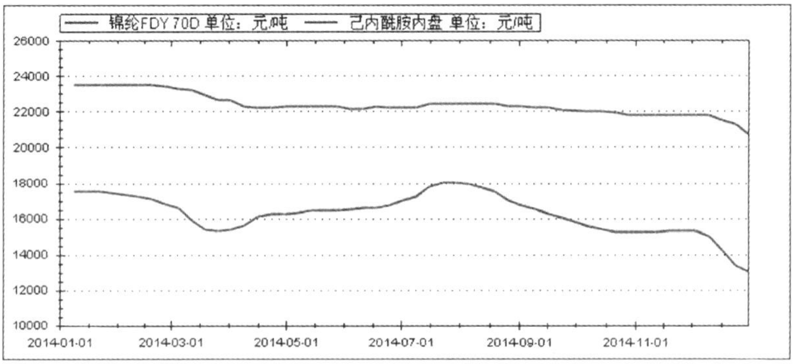

资料来源：中纤网

图 5　2014 年锦纶与 CPL 价格走势图

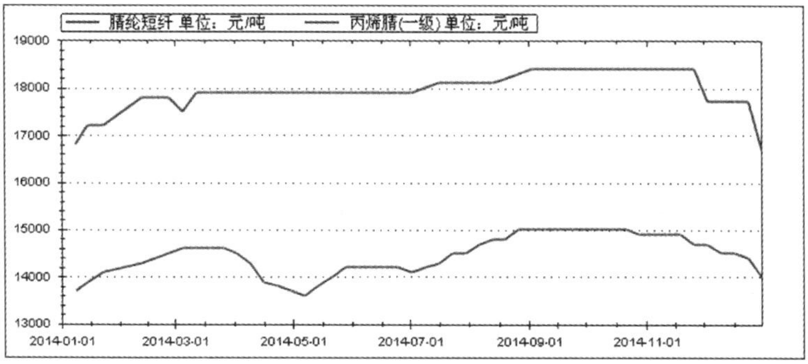

资料来源：中纤网

图6　2014年腈纶与AN价格走势图

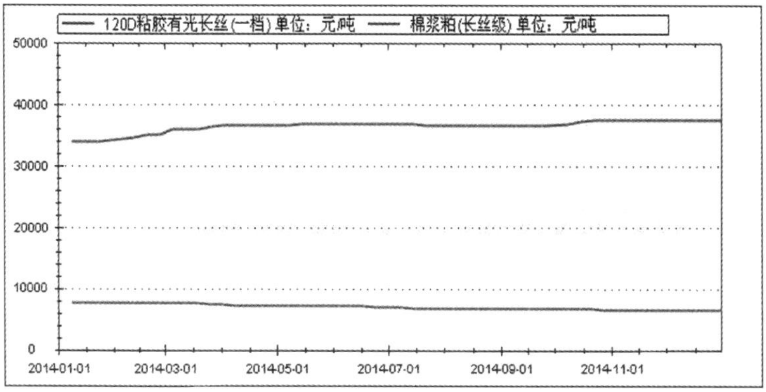

资料来源：中纤网

图7　2014年粘胶长丝与长丝级棉浆价格走势图

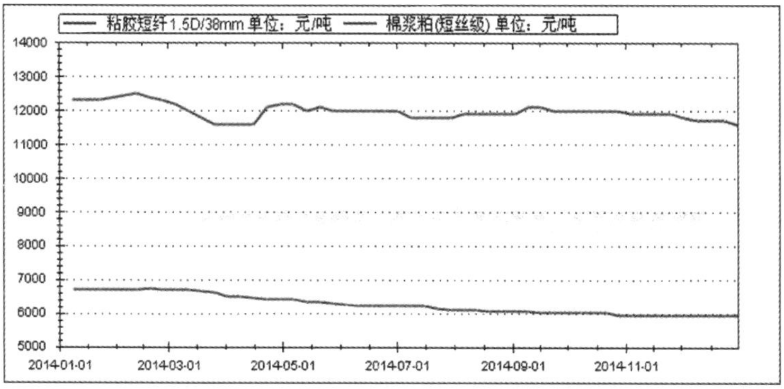

资料来源：中纤网

图8　2014年粘短纤与短纤级棉浆价格走势图

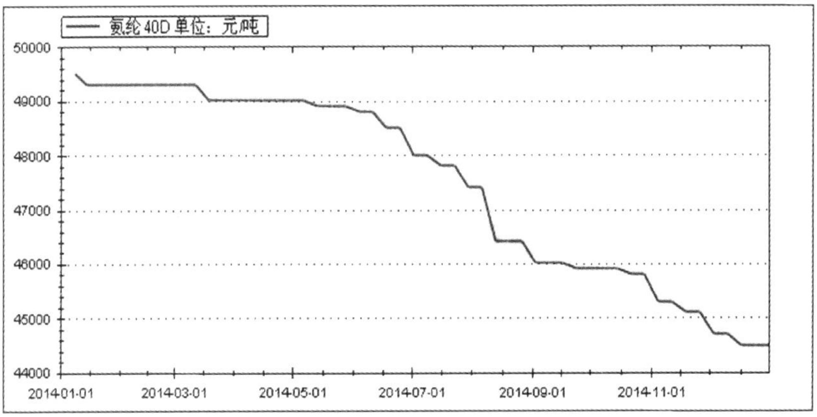

资料来源：中纤网

图 9　2014 年氨纶价格走势图

2014 年，除粘胶长丝外，化纤主要产品价格出现不同程度的下跌，涤纶短纤跌幅最大，达 25.51%，涤纶 POY 跌幅也达 20.62%，锦纶 FDY 和氨纶 40D 产品价格跌幅在 10%左右，粘胶短纤下跌 5.69%，腈纶由于供需平稳，价格变化不大。和原料价格变化相比，除腈纶外，其他化纤产品价格跌幅均小于原料，因此加工区间有所放大。但在价格下跌通道时，会造成原料和产品的库存跌价损失，影响企业利润的放大（表 2）。

表 2　2014 年化纤主要产品价格变化表

	单位	年初	年末	涨幅
PX	美元/吨	1418	848	-40.20%
PTA	元/吨	7420	4610	-37.87%
涤纶 POY 150D	元/吨	9700	7700	-20.62%
涤纶短纤 1.4D*38mm	元/吨	9800	7300	-25.51%
CPL	元/吨	17600	12900	-26.70%
锦纶切片	元/吨	19400	14850	-23.45%
锦纶 FDY 70D	元/吨	23500	20700	-11.91%
AN	元/吨	13300	14000	5.26%
腈纶短纤	元/吨	16800	16700	-0.60%
棉浆	元/吨	6700	6000	-10.45%

续表

	单位	年初	年末	涨幅
粘胶长丝 120D 一档	元/吨	34000	37500	10.29%
粘胶短纤 1.5D*38mm	元/吨	12300	11600	-5.69%
PTMEG	元/吨	25800	20600	-20.16%
氨纶 40D	元/吨	49500	44500	-10.10%

资料来源：中纤网

（三）库存

3、4 月份的春季旺季是化纤产品去库存化的过程。涤纶长丝和涤纶短纤在 3 月份去库存很成功，到 6 月底库存处于正常偏低水平，7、8 月份淡季上升明显，9、10 月份再次回落；锦纶库存持续处于高位，9 月之后才略微有所下降；氨纶行业虽然整体运行不错，但由于一直保持较高开工率，因此库存上升明显，应当引起警惕（表 3）。

表 3 化纤主要产品月末库存天数变化

单位：天

	1 月	2 月	3 月	4 月	5 月	6 月	7 月	8 月	9 月	10 月	11 月	12 月
涤长 POY	14	25	30	17	18	16	15	15	15	16	16	15
涤长 DTY	29	36	35	25	25	26	26	27	27	26	25	24
涤长 FDY	18	26	29	15	16	17	16	18	21	24	21	18
涤短	10	18	21	17	19	19	17	15	20	26	20	12
锦纶	18	26	30	32	31	31	31	33	35	36	37	36
腈纶	7	10	10	14	15	15	15	14	10	9	9	10
氨纶	31	36	23	17	18	19	16	10	14	15	19	21
粘长	76	82	77	80	82	84	84	85	82	81	78	80
粘短	4	5	17	14	13	13	12	13	15	16	15	20

资料来源：中国化学纤维工业协会

（四）进出口

2014 年，共进口化纤 82.21 万吨，同比减少 5.68%，虽然下降，但降幅不大（可能与出口复进口的贸易方式有关）。分品种看：粘胶短纤进口量超过腈纶，成为最大进口品种，进口量17.12万吨，同比增加8.72%，占化纤进口总量的20.82%，分析显示主要是来自奥地利和印度的莫代尔纤维进口量增加；腈纶进口受反倾销申诉消息的影响大幅减少25.22%，结束了自2005年以来进口量始终保持第一的历史（表4）。

表4　2014年化纤产品进口情况

	进口数量			进口金额		
	2014年（万吨）	去年同期（万吨）	同比（%）	2014年（亿美元）	去年同期（亿美元）	同比（%）
化学纤维	82.21	87.17	-5.68	29.94	32.09	-6.71
其中：涤纶长丝	10.76	11.02	-2.31	3.20	3.54	-9.73
涤纶短纤	13.25	12.85	3.15	2.40	2.42	-0.60
锦纶长丝	14.00	16.16	-13.35	5.89	6.79	-13.17
腈纶	15.86	21.21	-25.22	5.20	6.68	-22.09
粘胶长丝	0.66	0.87	-25.07	0.59	0.74	-20.35
粘胶短纤	17.12	15.74	8.72	4.13	4.27	-3.32
氨纶	2.46	2.02	21.82	2.23	2.03	9.99

资料来源：据海关总署数据整理

2014年，化纤出口324.59万吨，是进口量的4倍，同比增长21.13%，比2013年增速提高12.56个百分点。化纤出口市场以土耳其、巴基斯坦、美国、越南和印度尼西亚为主，对美出口占我国化纤出口比重依然保持在10%左右，对土耳其、巴基斯坦、越南、印尼等国出口量继续增长，说明这些新兴国家的纺织产业快速发展加大了对化纤的需求。在全球经济弱复苏的情况下，我国化纤出口能取得这样的成绩，反映出我国化纤产品的开发能力在提高、国际竞争力进一步提升。分品种看，涤纶长丝出口157.33万吨，占化纤出口总量的48.47%；涤纶短纤出口89.1万吨，占27.45%；粘胶短纤出口量大幅增长45.6%；腈纶出口市场取得明显突破，出口量近2万吨，比2013年翻了一番（表5）。

表5 2014年化纤产品出口情况

	出口数量			出口金额		
	2014年（万吨）	去年同期（万吨）	同比（%）	2014年（亿美元）	去年同期（亿美元）	同比（%）
化学纤维	324.59	267.97	21.13	68.98	62.33	10.65
其中：涤纶长丝	157.33	129.22	21.75	28.39	25.18	12.76
涤纶短纤	89.10	73.37	21.43	11.32	10.14	11.60
锦纶长丝	14.81	13.66	8.44	5.99	5.62	6.48
腈纶	1.93	0.94	105.76	0.52	0.31	66.88
粘胶长丝	8.60	8.19	5.06	4.86	4.84	0.28
粘胶短纤	26.30	18.06	45.60	4.55	3.53	29.05
氨纶	4.55	4.67	-2.69	3.17	3.30	-3.87

资料来源：据海关总署数据整理

（五）投资

2014年，化纤制造业新开工项目数同比减少3.97%，是2009年之后再一次出现负增长。实际完成投资1012.39亿元，同比增长4.74%，增速比2013年回落16.39个百分点，比2012年回落15.6个百分点。其中，涤纶行业新开工项目数和实际完成投资额同比均下降20%左右，说明行业投资热潮正在悄然消退（表6）。

表6 2014年化纤行业固定资产投资情况

	新开工项目数	同比（%）	实际完成投资额（亿元）	同比（%）	2013年增速（%）
化学纤维制造业	629	-3.97	1012.39	4.74	21.13
纤维素纤维原料及纤维制造	151	-10.65	214.42	5.64	18.71
化纤浆粕制造	22	-26.67	29.21	-36.20	58.87
人造纤维制造	129	-7.19	185.20	17.83	10.57
合成纤维制造	478	-1.65	797.97	4.50	21.79
锦纶制造	44	-21.43	144.53	40.64	25.70

续表

	新开工项目数	同比（%）	实际完成投资额（亿元）	同比（%）	2013年增速（%）
腈纶制造	9	125.00	9.98	410.36	-59.14
维纶制造	7	-12.50	43.93	146.21	74.94
丙纶制造	13	-27.78	20.91	21.91	-23.11
氨纶制造	33	73.68	46.48	24.70	64.14
其他合成纤维制造	212	16.48	248.06	7.18	18.15

资料来源：国家统计局

（六）质效

国家统计局数据显示（表 7），2014 年化纤行业工业增加值增长速度为 8.5%。化纤行业实现利润总额 277.3 亿元，同比增长 11.21%。行业亏损面 18.01%，同比提高 0.63 个百分点，并且亏损企业亏损额同比增加 9.46%。说明行业内企业盈利能力两极分化态势明显。

分行业看：涤纶行业实现利润总额 104.09 亿元，同比增加 10.64%，增速提高 13.71 个百分点；氨纶行业效益继续增长，但增幅明显回落；人造纤维盈利主要表现在醋酸纤维，实际上粘胶纤维行业运行比较困难。

从行业实际感受来看要困难许多，我们分析主要是 PTA 因素所造成。去年是有史以来 PTA 行业最困难的一年，按国家统计局归类，PTA 不在化纤行业，而在现实中又多数在化纤企业生产，因而导致生产在化纤行业、亏在石化行业的局面。

表 7　2014 年化纤行业经济效益情况

	利润总额			亏损企业亏损额		
	2014 年（亿元）	去年同期（亿元）	同比（%）	2014 年（亿元）	去年同期（亿元）	同比（%）
化纤	277.30	249.34	11.21	49.80	45.50	9.46
其中：人纤	83.26	81.89	1.67	12.42	11.30	9.92
锦纶	40.10	38.93	3.00	3.70	2.22	66.54
涤纶	104.09	94.08	10.64	25.64	21.60	18.72

续表

	利润总额			亏损企业亏损额		
	2014年（亿元）	去年同期（亿元）	同比（%）	2014年（亿元）	去年同期（亿元）	同比（%）
腈纶	-0.95	-1.47	—	1.59	2.13	-25.49
维纶	2.40	-0.15	—	0.45	0.88	-48.73
丙纶	2.54	2.81	-9.80	0.34	0.23	48.14
氨纶	26.17	18.52	41.30	0.78	1.45	-45.80
其他合成纤维制造	12.09	10.22	18.25	1.80	1.62	10.73

资料来源：国家统计局

从化纤行业运行质量来看（表8）：行业平均负债水平有所下降，偿债能力略有提高；资金使用效率与2013年相当；盈利能力有所提高，主营业务利润率为3.85%，同比略微提高0.27个百分点；发展能力增长放缓；百元销售收入三项费用均有不同程度的增加。

表8　2014年化纤行业运行质量情况

项目	2014年	去年同期	同比
偿债能力指标			
资产负债率（%）	61.87	63.53	-1.65
产权比率（%）	162.28	174.18	-11.90
已获利息倍数	3.21	3.09	0.12
营运能力指标			
应收账款周转率（次）	15.02	16.28	-1.26
产成品周转率（次）	17.39	16.12	1.26
流动资产周转率（次）	2.31	2.26	0.05
总资产周转率（次）	1.12	1.14	-0.02
盈利能力指标			
主营业务利润率（%）	3.85	3.58	0.27
成本费用利润率（%）	3.99	3.69	0.30

续表

项目	2014年	去年同期	同比
总资产报酬率（%）	5.59	5.36	0.23
净资产收益率（%）	11.27	11.15	0.12
发展能力指标			
销售增长率（%）	3.46	8.46	-5.00
总资产增长率（%）	5.23	10.13	-4.90
百元销售收入三项费用			
销售费用（元/百元）	1.0385	0.9667	7.42
管理费用（元/百元）	2.4615	2.2746	8.22
财务费用（元/百元）	1.8001	1.5998	12.52

资料来源：据国家统计局数据整理

近十年来，化纤行业利润率有很大波动（图10），2010年是行业效益最好的一年，利润率高达7.16%。自2012年开始，在中国经济的“三期叠加”作用下，化纤行业也进入了调整期，可喜的是近三年来行业利润率在逐渐恢复，2014年3.85%的利润率水平基本达到十年来的平均水平，这是行业努力提质增效的结果。

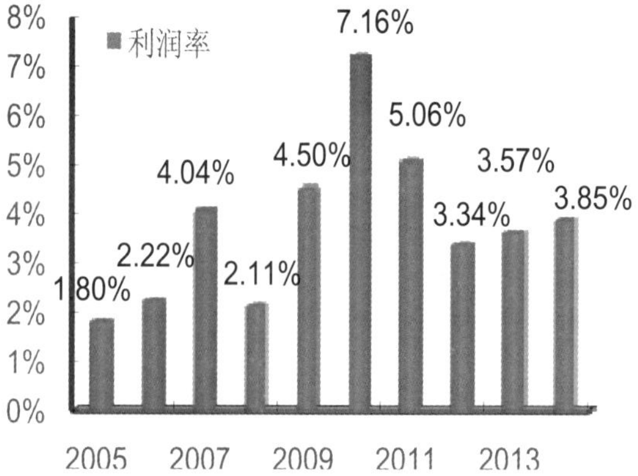

资料来源：据国家统计局数据整理

图10　2005~2014年化纤行业利润率

二、关注的几个问题

（一）新增产能

2014 年，行业投资热潮逐渐消退，部分项目建设计划推迟或取消，也有部分项目虽已建成，但根据市场情况并未释放全部产能。初步统计，2014 年聚酯新增产能 348 万吨，仅占年初统计的计划投产项目的一半，其中薄膜 50 万吨，瓶片 30 万吨，新增涤纶产能 246 万吨。预计 2015 年，计划投产的聚酯涤纶项目有 340 万吨，大部分是从 2014 年延迟建设或投产的，根据实际情况，估计约 50%的产能可以实际达产。

（二）原油价格大幅下跌

2014 年国际原油市场受多重因素影响，出现暴跌（图 11）。2014 年底 WTI 油价跌至 55 美元/桶，比 6 月高点几近腰斩，相关石化产品受此拖累，价格也一路下滑。合成纤维原料失去成本支撑，价格也大幅下跌。

2015 年影响油价的因素依然集中在供需基本面、金融属性、地缘政治等。供应面可能继续保持宽松，OPEC 减产可能性不大，需求或许随着全球经济的弱复苏而有所改善，但仍难达到供需平衡。美元仍可能维持强势格局。预计 2015 年油价可能呈先抑后扬的走势，上半年将继续下探寻底，当低价格把美国页岩油公司逼至破产减产，或者地缘政治危机出现转机，原油市场才有反弹机会。

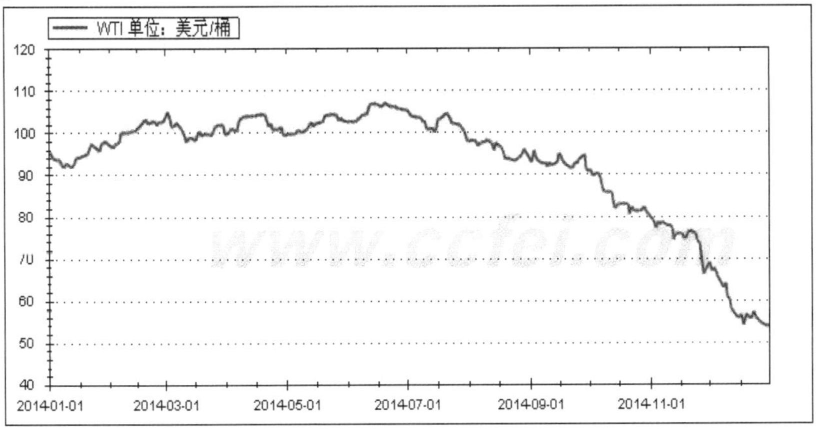

资料来源：中纤网

图 11　2014 年 WTI 原油价格走势图

（三）短纤与棉价差缩小

受国内棉花政策调整的影响，国内棉价大幅下跌，与涤纶短纤和粘胶短纤价差不断缩小，形成一定的价格比较优势，对化纤短纤的市场用量会产生一定影响（图 12）。

但棉价放开后，对于我国纺织工业整体竞争力的提升是重大利好，从长远看化纤行业也将受益于纺织行业的整体进步。

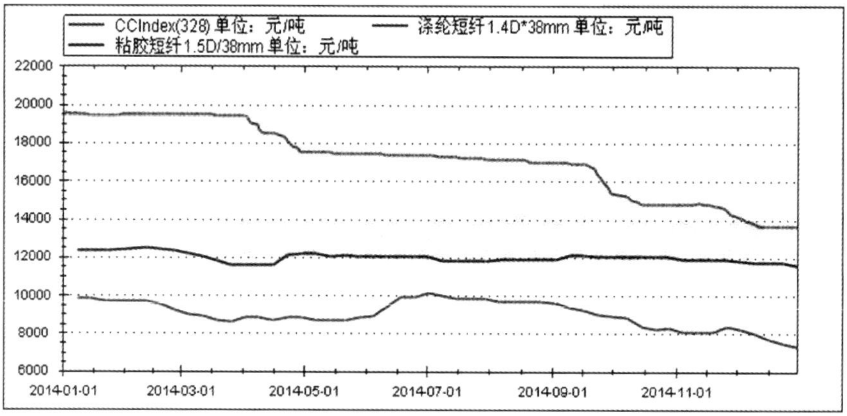

资料来源：中纤网

图 12　2014 年涤纶短纤、粘胶短纤与棉花价格走势图

（四）重组和退出

2014 年，依靠市场调节和行业引导，资本市场出现了同行业间、上下游产业链间的资产流动和重组，化纤行业并购重组取得进展。同时，PTA 行业开启淘汰落后产能序幕，天津石化、洛阳石化等四家国有企业的 PTA 装置，由于设备陈旧、单线产能小，加工成本高，与业内其他企业相比没有竞争优势，已分别于 2014 年下半年开始停产，进入落后产能淘汰阶段。

（五）产品开发和品牌建设

2014 年，由工信部和化纤协会推动的“纤维流行趋势发布”取得实质成效，入围产品平均销售利润率超过 18%，是行业产品平均销售利润率的 4.8 倍。在“纤维流行趋势发布”的带动下，预计行业内将有更多企业将注意力从扩能转移到新产品开发和品牌建设。

三、2015 年化纤行业运行预测

（一）宏观经济形势和纺织化纤行业走势判断

世界经济仍处于国际金融危机后的深度调整期，2015 年增速可能略有回升，但总体复苏疲弱的态势难以明显改观。美国经济复苏的势头较为强劲，明显好于欧日等其他发达经济体，新兴经济体的潜在增长率也可能出现下降。联合国和 IMF 分别预计 2015 年世界经济增长为 3.1%和 3.8%，均比 2014 年提高 0.5 个点。

2015 年，是中国实施“十二五”规划的收官之年，是承接“十三五”创新发展的关键之年，也是中国大改革和大调整全面推进的一年，中国继续处于经济增长速度换挡期、结构调整阵痛期和前期刺激政策消化期“三期叠加”之时，中国经济发展也将延续新常态模式。中国经济下行压力依然较大，但是随着稳增长再次成为政府经济工作的首要任务，GDP 仍有希望保持在 7%以上。

从纺织行业来看，部分纺织服装产品全额退税、棉花市场相对平稳等，有利于纺织行业提高竞争力，预期 2015 年纺织行业运行将保持平稳增长的发展态势。

化纤行业在运行发展中，要主动把握和积极适应经济发展新常态，着重引导化解产能过剩，优化存量、控制增量、拓展应用；继续做好行业自律工作，保障行业平稳运行；节能减排压力仍然突出，行业要大力推广节能减排先进技术，色丝也要抓住发展机遇；加快推动兼并重组，提升集中度，加快落后产能退出。

（二）化纤行业运行具体预测

根据上述判断，2015 年全球经济将继续保持弱复苏态势，中国经济保持中高速平稳增长，将为化纤行业创造平稳运行的宏观环境。纺织行业平稳运行使化纤需求有望好转。国际油价可能前抑后扬，化纤产品价格可能随之反弹，但 PTA 过剩局面难改，仍需要依靠减产来稳定市场，加上聚酯涤纶新增产能的压力，预计涤纶产品反弹力度不大。化纤行业整体运行略好于 2014 年。

预计 2015 年化纤产量 4600 万吨，增长 5%左右；利润总额比上年有所增长，运行质量有所好转。

2014年中国粘胶纤维行业运行分析与2015年运行预测

中国化学纤维工业协会纤维素纤维分会　田　克

2014年，粘胶纤维行业运行主要表现为：短纤维产量增长速度放缓，供需基本平衡，出口形势较好，长丝库存同比有所下降；行业开工状态良好；行业整体运行质量好于2013年。

一、2014年行业基本情况

（一）总量增长情况

表1　总量增长情况表

	2014年1~11月（万吨）	去年同期（万吨）	同比（%）
人造纤维	356.26	350.37	1.68
粘胶短纤维	288.52	280.47	2.87
粘胶长丝	24.74	24.48	1.07
醋酸长丝	33.86	33.99	-0.38

资料来源：国家统计局

根据国家统计局2014年1~11月统计数据（表1），粘胶短纤维产量288.52万吨，同比增加2.87%；粘胶长丝产量24.74万吨，同比仅增加1.07%。

（二）价格变化情况

从棉短绒价格曲线看（图1），年初有一段时间的小幅震荡，之后持续下行。四季度趋稳，基本保持在2900~3000元/吨之间。

资料来源：中国棉花信息网

图1　2014年棉短绒（山东）价格曲线图

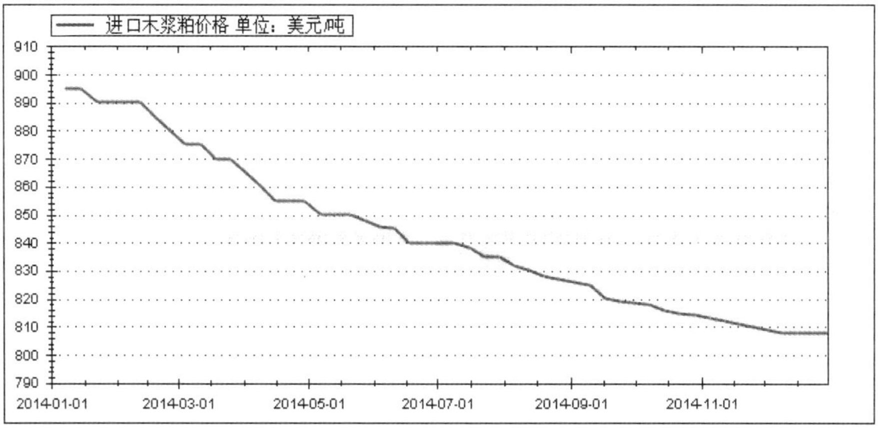

资料来源：中纤网

图2　2014年进口溶解木浆价格曲线图

进口溶解浆价格呈持续下跌的走势（图2）。由年初的895美元/吨持续下跌，12月跌至低于810美元/吨后趋于平稳，说明国外溶解浆供应相对充足。

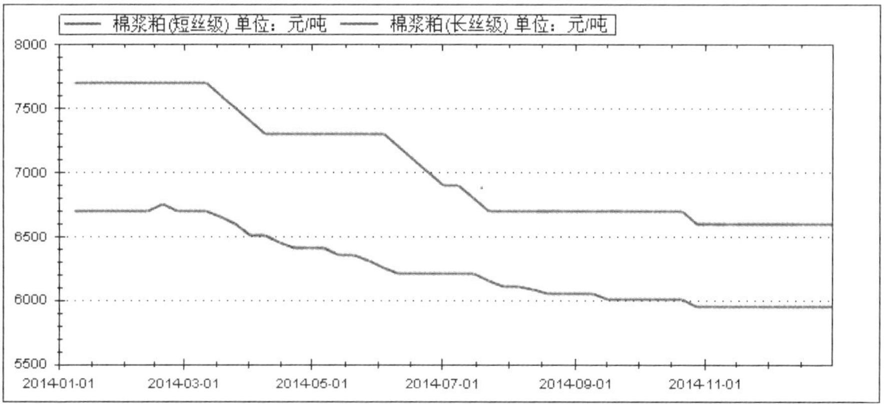

资料来源：中纤网

图3　2014年棉浆粕价格较曲线图

棉浆粕价格走势基本与进口溶解浆相同，也是呈现下行态势（图3）。全年下降幅度约700～1000元/吨。

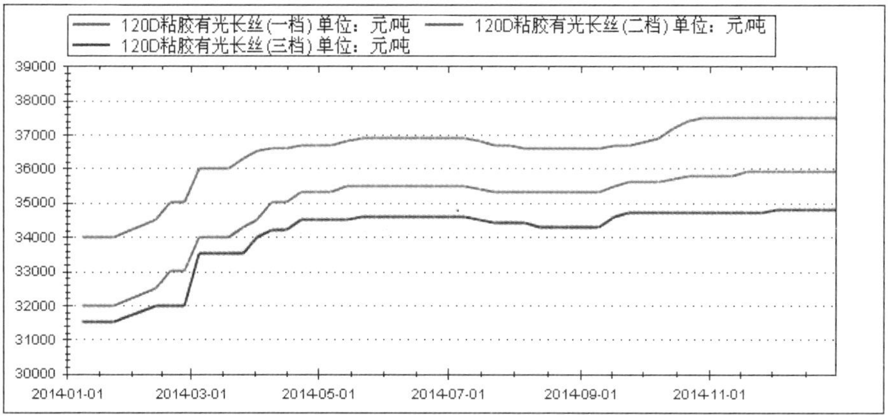

资料来源：中纤网

图4　2014年120D有光长丝价格曲线图

粘胶长丝价格小幅缓慢上行（图4）。年初一档丝价位约在34000元/吨，二档丝约在32000元/吨，三档丝约在31500元/吨。档差约在2500元/吨左右，一、二档之间档差略大。年底一档丝价位约在37500元/吨，二档丝约在36000元/吨，三档丝约在35000元/吨，档差表现正常。全年价格整体上涨约3500元

/吨左右，粘胶长丝行业经营稳定、有序。

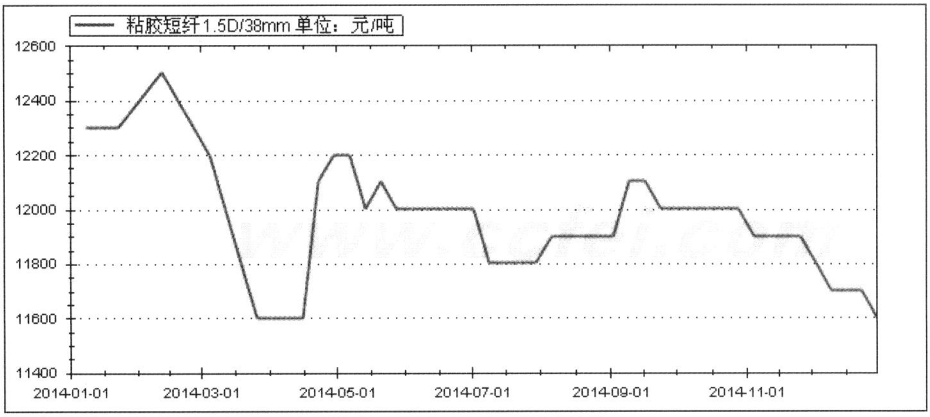

资料来源：中纤网

图 5　2014 年 1.5D*38mm 粘胶短纤价格曲线图

粘胶短纤价格基本处于震荡下行的趋势（图 5）。年初由 12300 元/吨开始波动，年底至 11600 元/吨水平，从原料价格和加工费用上看，粘胶短纤缺少盈利空间。

（三）原料及粘胶纤维进出口情况

表 2　2014 年人纤原料进口数量统计

	2014 年（吨）	去年同期（吨）	同比（%）
人纤原料总计	2269863.1	2014587.5	12.67
其中：棉短绒	128875.5	155605.7	-17.18
人纤木浆	2085858.5	1803852.0	15.63

资料来源：据海关总署数据整理

2014 年，主要人纤原料共计进口 226.99 万吨，同比增加 12.67%。其中进口量最大的仍是人纤木浆，进口 208.59 万吨，同比增加 15.63%，占主要人纤原料进口总量的 91.89%；棉短绒进口 12.89 万吨，同比减少 17.18%，占总进口量的 5.68%。

表3　2014年棉短绒分国别或地区进口

	进口数量			进口金额		
	2014年（吨）	去年同期（吨）	同比（%）	2014年（万美元）	去年同期（万美元）	同比（%）
总计	128875.5	155605.7	-17.18%	5713.3	6618.4	-13.68%
印度	55018.9	77955.5	-29.42%	2444.6	2990.1	-18.24%
土库曼斯坦	23886.6	8505.7	180.83%	1106.1	385.1	187.20%
土耳其	20000.1	27163.7	-26.37%	790.2	1215.2	-34.97%
巴西	11229.0	1045.5	974.04%	443.9	40.4	999.04%
美国	9720.3	22212.5	-56.24%	521.3	1139.5	-54.25%

资料来源：据海关总署数据整理

2014年，棉短绒进口总量为12.89万吨，同比减少17.18%。其中，最大进口来源地是印度，进口5.50万吨，同比减少29.42%，占进口总量的42.69%；增长幅度较大的巴西和土库曼斯坦分别增长974.04%和180.83%，占进口总量的比重分别达到7.07%和18.53%（表3）。

表4　2014年人纤木浆分国别或地区进口

	进口数量			进口金额		
	2014年（吨）	去年同期（吨）	同比（%）	2014年（万美元）	去年同期（万美元）	同比（%）
总计	2085858.5	1803852.0	15.63	196136.1	182089.1	7.71
南非	394294.1	138551.1	184.58	34617.9	12474.4	177.51
巴西	312807.0	242218.3	29.14	29641.3	23380.7	26.78
加拿大	311396.3	385333.3	-19.19	27079.4	36257.0	-25.31
美国	246060.5	368343.4	-33.20	32566.0	47785.0	-31.85
奥地利	146141.1	92869.9	57.36	12917.9	8280.9	56.00

资料来源：据海关总署数据整理

2014年，人纤用木浆进口总量为208.59万吨，同比增加15.63%。南非成为最大的进口来源地，39.43万吨，同比增加184.58%；保持排位在前的还是巴西、加拿大、美国，巴西增加7万吨，加拿大和美国分别减少7.4万吨和12.23万吨（表4）。

表5 2014年粘胶纤维进出口数量统计表

	出口数量			进口数量		
	2014年（吨）	去年同期（吨）	同比（%）	2014年（吨）	去年同期（吨）	同比（%）
粘胶纤维	349008.20	262500.70	32.96	177717.60	166175.90	6.95
其中：长丝	85994.1	81853.9	5.06	6552.5	8744.5	-25.07
短纤	263014.1	180646.8	45.60	171165.1	157431.4	8.72

资料来源：据海关总署数据整理

从纤维出口情况看（表5），粘胶短纤维增幅达45.60%，增量82367吨。粘胶长丝出口量持续增长，增幅5.06%，增量4140吨。

从纤维进口情况看（表5），粘胶短纤维数量同比略有增加，增加幅度约8.72%，增量13733.7吨；长丝进口下降，下降幅度25.07%，减量2192吨。

表6 2014年粘胶短纤分国别或地区进口

	进口数量			进口金额		
	2014年（吨）	去年同期（吨）	同比（%）	2014年（万美元）	去年同期（万美元）	同比（%）
总计	171165.1	157431.4	8.72%	41277.0	42694.0	-3.32%
奥地利	77941.9	64371.0	21.08%	20225.2	18205.7	11.09%
印度尼西亚	20705.7	26879.5	-22.97%	3374.8	4875.1	-30.77%
印度	17622.4	8665.1	103.37%	3252.2	1668.9	94.87%
英国	13253.9	14195.2	-6.63%	3580.0	4436.5	-19.31%
美国	12887.6	15670.1	-17.76%	2920.5	4235.8	-31.05%

资料来源：据海关总署数据整理

2014年，粘胶短纤进口17.12万吨，同比增加8.72%。自奥地利进口量7.79万吨，同比增加21.08%，占总进口量的45.54%，位居第一；从印度进口量增加了8957吨，增幅103.37%（表6）。

表7　2014年粘胶短纤分贸易方式进口

	进口数量			进口金额		
	2014年（吨）	去年同期（吨）	同比（%）	2014年（万美元）	去年同期（万美元）	同比（%）
总计	171165.1	157431.4	8.72	41277.0	42694.0	-3.32
一般贸易	159997.4	142181.0	12.53	38232.5	37066.7	3.15
加工贸易	10872.6	11779.1	-7.70	2975.4	4679.7	-36.42
其中：来料加工	1589.2	4389.5	-63.79	692.7	2568.8	-73.04
进料加工	9283.4	7389.6	25.63	2282.8	2110.9	8.14
保税区	287.2	3464.3	-91.71	66.1	943.9	-93.00
其中：仓储进出境	52.5	2421.9	-97.83	14.7	738.5	-98.00
仓储转口	234.7	1042.4	-77.48	51.3	205.4	-75.01

资料来源：据海关总署数据整理

2014年，粘胶短纤一般贸易进口量同比增加12.53%，占进口总量的93.48%，占进口总量的比例同比上升了3.17个百分点；加工贸易进口量同比下降7.7%，占进口总量的6.35%，占进口总量的比例同比下降了1.13个百分点（表7）。

表8　粘胶短纤分国别或地区出口

	出口数量			出口金额		
	2014年（吨）	去年同期（吨）	同比（%）	2014年（万美元）	去年同期（万美元）	同比（%）
总计	263014.1	180646.8	45.60	45530.2	35281.1	29.05
土耳其	78067.6	48283.3	61.69	13031.9	9029.5	44.33
印度尼西亚	66172.3	34587.2	91.32	10606.9	6268.5	69.21
美国	36322.8	30222.8	20.18	7443.3	6786.0	9.69
巴基斯坦	17643.3	7588.3	132.51	2911.4	1530.9	90.17
中国台湾	10882.7	8620.9	26.24	1829.3	1635.4	11.85

资料来源：据海关总署数据整理

2014年，粘胶短纤出口总量为26.30万吨，同比增加了45.60%，出口市场以土耳其、印度尼西亚和美国为主。其中对土耳其出口7.81万吨，同比增加了61.69%，占出口总量的29.68%；对印度尼西亚出口6.62万吨，同比增加91.32%，占出口总量的比例达到25.16%；对美国出口增加了20.18%，占出口总量的13.81%；出口巴基斯坦增长幅度较大，增加数量10055吨（表8）。

表9 粘胶短纤分贸易方式出口

	出口数量			出口金额		
	2014年（吨）	去年同期（吨）	同比（%）	2014年（万美元）	去年同期（万美元）	同比（%）
总计	263014.1	180646.8	45.60	45530.2	35281.1	29.05
一般贸易	59260.5	117348.4	-49.50	10928.0	23127.5	-52.75
加工贸易	203372.5	62772.3	223.98	34523.9	12019.3	187.24
其中：来料加工	0.0	3.2	—	0.0	1.5	—
进料加工	203372.5	62769.1	224.00	34523.9	12017.9	187.27
保税区	29.6	34.8	-14.97	18.1	26.7	-32.34

资料来源：据海关总署数据整理

2014年，粘胶短纤一般贸易出口占总贸易量的22.53%，一般贸易出口量同比减少49.50%，减少数量58088吨；加工贸易占总贸易量的77.32%，同比增幅223.98%，增加数量140600吨（表9）。

表10 粘胶长丝分国别或地区出口

	出口数量			出口金额		
	2014年（吨）	去年同期（吨）	同比（%）	2014年（万美元）	去年同期（万美元）	同比（%）
总计	85994.1	81853.9	5.06	48558.7	48421.8	0.28
巴基斯坦	24685.4	22467.2	9.87	13798.2	13084.4	5.46
印度	16457.3	17627.1	-6.64	9140.8	10578.7	-13.59
韩国	9857.8	9217.4	6.95	5577.8	5487.8	1.64
土耳其	8412.3	6007.5	40.03	4919.6	3657.6	34.50
意大利	7886.3	6175.2	27.71	4524.5	3649.2	23.98

资料来源：据海关总署数据整理

2014年，粘胶长丝出口总量为8.60万吨，同比增加5.06%，出口市场以巴基斯坦、印度和韩国为主。其中对巴基斯坦、印度和韩国出口量分别为2.47、1.65和0.99万吨，占出口总量比重分别为28.71%，19.14%和11.46%（表10）。

表11 粘胶长丝分贸易方式出口

	出口数量			出口金额		
	2014年（吨）	去年同期（吨）	同比（%）	2014年（万美元）	去年同期（万美元）	同比（%）
总计	85994.1	81853.9	5.06	48558.7	48421.8	0.28
其中：一般贸易	84204.5	80819.3	4.19	47614.5	47720.2	-0.22
加工贸易	1418.9	721.7	96.60	735.0	503.7	45.91
保税区	24.5	25.7	-4.93	23.6	25.8	-8.39

资料来源：据海关总署数据整理

2014年，粘胶长丝出口贸易方式以一般贸易为主，出口8.42万吨，占出口总量的97.92%，其他贸易方式主要是进料加工，数量不大（表11）。

（四）开工率

表12 粘胶纤维生产企业开工情况表

产品	2014年	2013年	同比（百分点）
粘胶短纤维	90%	83%	7
粘胶长丝	99%	90%	9

资料来源：中国化学纤维工业协会纤维素纤维分会

2014年按生产量计（表12），短纤维生产企业开工率约90%。粘胶长丝企业开工率约99%，除个别企业外，显示企业基本满负荷生产，但由于产能核定品种与实际生产有差异，实际开工水平相对要低。数据显示粘胶纤维生产企业生产状况良好。

（五）库存

从粘胶纤维部分生产企业库存统计数据看，年末短纤维库存量约20万吨，同比去年略高，但属正常水平；长丝库存量同比去年库存略有下降。

（六）产销率

从库存和生产情况看，长丝产销率均高于100%，短纤维产销率约97%。

二、行业投资情况

表13 2014年纤维素纤维原料及纤维制造行业投资情况表

行业	实际完成投资（万元）	施工项目数	新开工项目数	竣工项目数	实际完成投资比去年同期增长（%）	施工项目数比去年同期增长（%）	新开工项目数比去年同期增长（%）	竣工项目数比去年同期增长（%）
纤维素纤维原料及纤维制造	2090741	221	153	158	-6.79	-0.90	-12.07	11.27
其中：化纤浆粕制造	310636	33	23	26	-36.95	-21.43	-25.81	-7.14
人造纤维（纤维素纤维）制造	1780105	188	130	132	1.70	3.87	-9.09	15.79

资料来源：国家统计局

2014年，纤维素纤维原料及纤维制造行业实际完成投资约209.07亿元，同比下降6.79%。其中化纤浆粕制造行业完成投资约31.06亿元，同比减少36.95%；人造纤维制造完成投资约178.01亿元，同比增长1.70%。表现溶解浆投资减弱，粘胶短纤维新增固定资产投资依然旺盛，其中也应包含粘胶纤维生产企业投资其他产品的资金（表13）。

三、行业经济效益和运行情况

据国家统计局数据，2014年纤维素纤维原料及纤维制造行业主营业务收入2085.02亿元，同比增加1.74%，利润总额90.86亿元，同比增加4.47亿元。其中化纤浆粕制造行业主营业务收入227.03亿元，同比增加11.79%，利润总额7.61亿元，同比增加3.1亿元；人造纤维（纤维素纤维）制造行业主营业务收入1858.00亿元，同比增加0.63%，利润总额83.26亿元，同比增加1.37亿元。

从人造纤维（纤维素纤维）制造行业运行指标看（表14），负债率有所下降，偿债能力略有下降，营运能力也有所下降，盈利能力增强，发展能力减弱，三项费用增加，同比行业运行状况尚好。

表14 人造纤维（纤维素纤维）制造行业运行指标对比表

	2014年	去年同期	同比
一、 偿债能力指标			
资产负债率（%）	62.71	65.95	-3.24
产权比率（%）	168.16	193.71	-25.55
已获利息倍数	3.19	3.38	-0.19
二 、营运能力指标			
应收帐款周转率（次）	15.18	19.46	-4.28
产成品周转率（次）	19.47	18.93	0.54
流动资产周转率（次）	2.26	2.30	-0.04
流动资产构成比率（%）	45.11	47.74	-2.63
总资产周转率 （次）	1.02	1.10	-0.08
三、盈利能力指标			
销售利润率（%）	4.48	4.44	0.05
成本费用利润率（%）	4.70	4.61	0.09
总资产报酬率（%）	6.65	6.91	-0.26
净资产收益率（%）	12.23	14.28	-2.05
四、发展能力分析			
销售增长率（%）	0.63	14.02	-13.39
总资产增长率（%）	8.38	11.05	-2.67
五、三项费用			
销售费用（元/百元）	1.4735	1.3838	0.0897
管理费用（元/百元）	2.5478	2.3352	0.2126
财务费用（元/百元）	1.9827	1.7500	0.2326

资料来源：据国家统计局数据整理

据纤维素纤维分会分析，国家统计局人造纤维行业的数据中包含醋酸纤维行业。按粘胶纤维产品的实际数据测算，粘胶纤维行业销售收入约420亿元。从原料与产品价差看，长丝产品有赢利空间，短纤维产品价差约在平均加工成本以下，短纤维产品盈利能力有限。总体上粘胶纤维行业运行状况好于去年，粘胶纤维行业利润乐观估算约12亿左右。

四、2015年预测

2015年粘胶纤维行业将趋于稳定运行时期，产能增长幅度减缓，部分落后产能继续淘汰。短纤维产量预计将达到330～340万吨。长丝产能没有增长，产量变化不大。行业利润乐观预期可达15亿元以上。原料、化工料供应市场比较充足；能源价格保持平稳；企业库存状况正常，长丝库存主要表现为结构性库存，对企业影响不大；供需比较平稳。棉花产业相关政策、溶解浆反倾销将对粘胶纤维价格产生一定影响。长丝会继续保持自己的独立行情。

五、应对措施

首先保持供需平稳，及时调整产量，减少库存压力，加大营销力度，引导消费，进而扩大需求。稳定产品价格，保持价格不低于盈亏平衡点，这是企业生存的基本条件。在提高产品品质、开发新产品、进行产业升级上加大力度。做好产品和市场细分，规范市场行为，维护行业健康持续发展。

2014年中国涤纶长丝行业运行分析与2015年运行预测

王玉萍　刘青　万蕾　史巧观

当前，我国经济已进入由高速增长向中高速增长转换的新常态，聚酯涤纶长丝行业也随之发生新变化。2014年，聚酯涤纶长丝行业呈现出新特征：一是增长降速，生产、出口、投资、内销、利润等各项运行指标增速较前几年放缓，经过供需层面三年调整之后，行业化解产能过剩初见成效，涤纶全行业实现：规模以上企业总收入3567亿元，利润总额104亿元，涤纶总产量（1~11月）3257.41万吨，同比增长6.82%，其中：涤纶长丝产量2400.71万吨，同比增长10.26%；企业效益有所好转，节能减排取得较好进展，充分体现了行业整体水平在不断的提升。二是矛盾、困难和挑战加大，内需市场增长明显放缓、综合成本持续上升、国际竞争格局变化加快等一系列严峻挑战仍待化解，行业自身在原料、产能、布局、企业组织等方面的内在结构性矛盾也亟需加以解决。三是在经济增速逐年放缓成常态的同时，全行业仍处于转型升级的"阵痛期"，企业面临的生产经营形势依然严峻。

一、2014年涤纶长丝行业运行情况

（一）生产现状

1. 生产基本正常，产量增速回落

2014年1～11月中国化纤产量4032.26万吨，同比增长6.5%。涤纶产量3257.41万吨，同比增长6.82%，占合成纤维总产量的88.60%，占化纤总产量的80.78%，增速比前几年明显回落。其中：涤纶长丝产量2400.71万吨，同比增长10.26%（表1）。

表 1　2014 年 1~11 月化纤及涤纶产品产量增长表

品　种	2014 年 1~11 月（万吨）	去年同期（万吨）	同比（%）
化纤总量	4032.26	3786.16	6.50
合成纤维	3676.00	3435.51	7.00
涤纶	3257.41	3049.44	6.82
其中：涤纶短纤	856.70	872.14	-1.77
涤纶长丝	2400.71	2177.30	10.26

资料来源：国家统计局、中国化纤工业协会

2. 单月产量出现季节变化

分月份看（表 2），涤纶 1~11 月份均产量 296 万吨，其中 6、10、11 月超过 315 万吨，11 月达到 325 万吨为最高点，1 月和 2 月份较低，平均 234 万吨。

表 2　2013/2014 年单月涤纶长丝产量对比

	品种	2014 产量（万吨）	同比（%）	2013 产量（万吨）	同比（%）
1~2 月	化纤产量	608.45	0.86	592.95	2.94
	其中：涤纶	468.21	0.25	456.22	0.43
	短纤	134.58	-2.87	134.58	-2.87
	长丝	321.63	1.88	321.63	1.88
3 月	化纤产量	357.70	7.90	338.54	12.11
	其中：涤纶	283.69	8.06	376.11	61.76
	短纤	76.09	7.31	76.09	7.31
	长丝	188.4	16.58	188.4	16.58
4 月	化纤产量	369.76	8.61	344.83	9.34
	其中：涤纶	298.57	10.11	166.86	-34.92
	短纤	84.09	7.53	84.09	7.53
	长丝	194.4	9.10	194.4	9.10
5 月	化纤产量	382.05	5.98	359.44	0.51
	其中：涤纶	306.94	5.72	286.99	12.40
	短纤	84.66	8.72	84.66	8.72
	长丝	202.33	14.01	202.33	14.01

续表

	品种	2014 产量（万吨）	同比（%）	2013 产量（万吨）	同比（%）
6月	化纤产量	388.56	7.14	354.25	24.30
	其中：涤纶	315.56	7.62	285.28	14.32
	短纤	84.16	10.58	84.16	10.58
	长丝	201.12	15.97	201.12	15.97
7月	化纤产量	371.43	5.95	345.27	5.43
	其中：涤纶	297.29	5.54	276.97	4.10
	短纤	81.71	0.69	81.71	0.69
	长丝	195.26	5.59	195.26	5.59
8月	化纤产量	363.58	3.64	351.38	5.44
	其中：涤纶	289.77	2.87	261	-0.73
	短纤	76.99	-2.42	76.99	-2.42
	长丝	184.01	-1.67	184.01	-1.67
9月	化纤产量	376.15	3.32	359.46	9.68
	其中：涤纶	302.33	3.46	282.27	10.70
	短纤	83.27	7.43	83.27	7.43
	长丝	199	12.13	199	12.13
10月	化纤产量	391.00	5.90	366.75	14.79
	其中：涤纶	315.30	5.95	290.74	13.53
	短纤	77.72	21.27	77.72	21.27
	长丝	213.02	10.94	213.02	10.94
11月	化纤产量	398.00	6.20	351.18	6.82
	其中：涤纶	325.32	7.72	347.2	29.01
	短纤	110.47	61.55	110.47	61.55
	长丝	236.72	17.92	236.72	17.92

资料来源：国家统计局、中国化纤工业协会

分地区看（表3），产量排名前五名的是浙江省、江苏省、福建省、四川省、广东省，产量分别为：1696.6万吨、1033.8万吨、300.7万吨、67.9万吨、34.7万吨。其中：浙江省排名第一，同比增速为13.36%，占全国比重52.08%，江苏省排名第二，产量有所回落，同比下降0.66%，占全国比重31.74%。产量排名前十名省市中，增速排名前三名的省市分别为浙江、四川、福建，增速分别为13.36%、7.12%、5.39%。

表3　2014年1~11月分省市涤纶产量分布情况

	1~11月（吨）	同比（%）	占全国比重（%）
全　国	32574139	6.82	
浙江省	16966073	13.36	52.08
江苏省	10338202	-0.66	31.74
福建省	3006541	5.39	9.23
四川省	679440	7.12	2.09
广东省	346945	-5.09	1.07
山东省	278733	-1.72	0.86
河南省	171812	4.28	0.53
上海市	242692	-9.90	0.75
安徽省	128330	-3.79	0.39
天津市	99176	-6.28	0.30

资料来源：国家统计局、中国化纤工业协会

3. 开工率分化，控制负荷平稳

2014年，涤纶行业开工率出现分化，直纺平均开工率达到80%，切片纺平均开工率在39%，行业整体生产负荷控制较稳定。分阶段来看，春节过后随着下游需求回升，涤纶长丝行业开工率逐渐提升，二季度行业平均开工率达到近80%，但三季度开工率出现下降，进入四季度开工率接近80%（图1）。

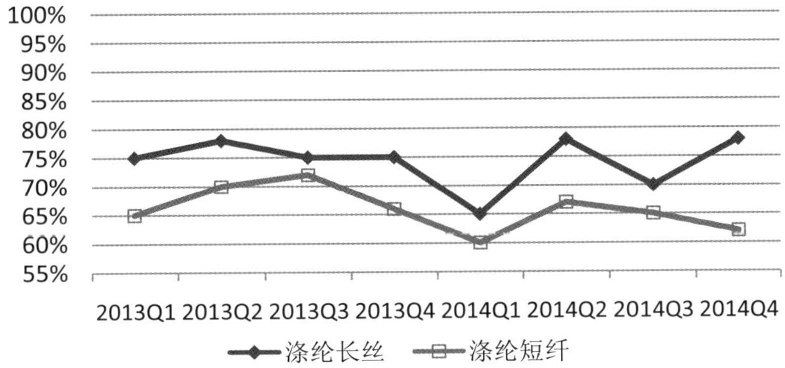

资料来源：中国化纤工业协会

图1　涤纶行业开工情况

4. 库存天数新常态，压力依然较大

涤纶长丝在二季度成功去库存，到6月底库存处于正常偏低水平，三季度上升明显，四季度再次回落（表 4）。随着电子商务的深化，终端企业把有效控制库存作为降低成本、提高盈利的重要手段（表 5），导致库存向上游原料企业转移。化纤行业作为纺织产业链的前端，库存高于以往正常水平将逐步成为一种常态。

表 4　2014 年涤纶长丝产品库存天数变化

单位：天

品种	1月	2月	3月	4月	5月	6月	7月	8月	9月	10月	11月	12月
POY	15~17	18~20	15~17	11~13	10~11	8~9	13~15	13~15	12~14	6~7	4~6	5~7
DTY	26~28	30~32	29~31	25~27	24~26	21~23	24~26	25~27	24~26	20~23	17~20	18~21
FDY	16~18	20~22	17~19	13~14	11~13	9~11	14~16	15~18	13~15	10~12	6~8	7~9

资料来源：中国化纤工业协会25日采集

表 5　2014 年涤纶长丝下游采购库存天数变化

单位：天

工厂类型	1月	2月	3月	4月	5月	6月	7月	8月	9月	10月	11月	12月
加弹企业	8~10	10~12	11~13	13~15	11~13	11~13	6~8	5~6	5~6	11~13	11~13	6~8
喷织厂家	14~24	15~25	15~25	17~27	17~25	17~25	12~20	11~19	12~20	16~24	17~26	14~23
经编厂家	8~10	8~10	11~13	13~15	12~14	11~13	7~9	7~9	7~9	12~14	12~14	10~12
圆机厂家	7~8	8~10	9~11	12~14	11~13	11~13	7~9	6~8	7~9	12~13	12~13	9~10

资料来源：中国化纤工业协会25日采集

（二）进出口现状

1. 2014 年涤纶长丝主要品种进口情况

根据海关数据（表 6），2014 年，我国化纤进口量 82.21 万吨，同比减少 5.68%。其中：涤纶短纤进口 13.25 万吨，同比增加 3.15%，占化纤进口总量的 16.1%；涤纶长丝进口 10.76 万吨，同比减少 2.31%，占化纤进口总量的 13.1%，其中工业丝进口 1.88 万吨，同比增加了 15.13%。

表6 2014年化纤及涤纶主要品种进口情况

	进口数量			进口金额		
	2014年（吨）	去年同期（吨）	同比（%）	2014年（万美元）	去年同期（万美元）	同比（%）
化纤进口总量	822144.4	871657.5	-5.68	299394.4	320914.6	-6.71
涤纶短纤	132503.5	128459.7	3.15	24012.4	24156.9	-0.60
涤纶长丝	107619.7	110166.2	-2.31	31972.2	35419.9	-9.73
其中：工业丝	18875.7	16394.5	15.13	5268.8	4780.8	10.21

资料来源：据海关总署数据整理

2014年，涤纶长丝主要进口来源地是中国台湾、韩国、美国、印度尼西亚，权重分别为46.24%、16.73% 、9.04%和6.42%，中国台湾进口量比上年同期下降7.06%，印度尼西亚增幅最大，增加了137.26%。

表7 2014年涤纶长丝分国别和地区进口情况

	进口数量			进口金额		
	2014年（吨）	去年同期（吨）	同比（%）	2014年（万美元）	去年同期（万美元）	同比（%）
总计	107619.7	110166.2	-2.31	31972.2	35419.9	-9.73
其中：中国台湾	49768.6	53547.5	-7.06	12785.5	14965.7	-14.57
韩国	18008.6	21833.7	-17.52	5007.5	6379.3	-21.50
美国	9730.9	8212.4	18.49	2488.9	2459.4	1.20
印度尼西亚	6913.0	2913.7	137.26	1190.5	704.2	69.06

资料来源：据海关总署数据整理

2014年，我国涤纶长丝进口分贸易方式中，一般贸易进口量同比增加5.09%，占进口总量的50.3%，加工贸易进口量同比减少10.41%，占进口总量的44.3%。涤纶长丝进口金额同比减少了9.73%，一般贸易金额比去年同期减少了4.12%，加工贸易金额比去年同期减少了14.20%（表8）。

表8　2014年涤纶长丝分贸易方式进口情况

	进口数量			进口金额		
	2014年（吨）	去年同期（吨）	同比（%）	2014年（万美元）	去年同期（万美元）	同比（%）
总计	107619.7	110166.2	-2.31	31972.2	35419.9	-9.73
一般贸易	58487.5	55653.7	5.09	13784.3	14376.1	-4.12
加工贸易	47699.3	53238.9	-10.41	17361.5	20234.9	-14.20
其中：来料加工	3458.6	4931.3	-29.87	1065.5	1268.9	-16.03
进料加工	44240.7	48307.6	-8.42	16295.9	18966.0	-14.08
保税区	1406.3	1256.6	11.91	802.8	792.2	1.34
其中：仓储进出境	988.1	380.6	159.61	621.9	267.6	132.39
仓储转口	418.2	876.0	-52.26	181.0	524.6	-65.50

资料来源：据海关总署数据整理

2. 2014年涤纶长丝主要品种出口情况

2014年我国化纤出口中，涤纶长丝出口157.33万吨，同比增长21.75%，占化纤出口总量的48.47%，涤纶工业丝出口29.38万吨，同比增加了15.01%；涤纶短纤89.1万吨，同比增长21.43%，占化纤出口总量的27.45%（表9）。

表9　2014年化纤及涤纶主要品种出口情况

	出口数量			出口金额		
	2014年（吨）	去年同期（吨）	同比（%）	2014年（万美元）	去年同期（万美元）	同比（%）
化纤进口总量	3245919.7	2679724.8	21.13	689754.0	623338.3	10.65
涤纶短纤	890996.0	733730.5	21.43	113215.9	101444.9	11.60
涤纶长丝	1573267.6	1292230.6	21.75	283875.3	251762.6	12.76
其中：工业丝	293859.1	255508.8	15.01	63597.7	55605.3	14.37

资料来源：据海关总署数据整理

2014年，涤纶长丝出口中，土耳其仍是第一大市场，出口量达19.47万吨，同比减少0.61%，占出口总量的12.37%；对越南、巴基斯坦、韩国、埃及和美国出口分别占总出口量的10.45%、8.73%、8.35%、8.15%和6.15%，对以上六个国家的出口共占总出口量的54.22%（表10）。

表10　涤纶长丝分国别或地区出口

	出口数量			出口金额		
	2014年（吨）	去年同期（吨）	同比（%）	2014年（万美元）	去年同期（万美元）	同比（%）
总计	1573267.6	1292230.6	21.75	283875.3	251762.6	12.76
土耳其	194700.2	195893.3	-0.61	31971.6	35360.7	-9.58
越南	164454.2	124454.3	32.14	27607.1	22946.9	20.31
巴基斯坦	137435.8	129473.0	6.15	23071.5	23613.4	-2.30
韩国	131370.2	99214.3	32.41	25240.2	20603.8	22.50
埃及	128288.0	111278.6	15.29	18532.5	17781.4	4.22
美国	96755.7	65806.4	47.03	19459.6	13823.8	40.77

资料来源：据海关总署数据整理

2014年，涤纶长丝一般贸易出口增长68.94%，占出口总量的比例为32.26%，比重仍然偏低，加工贸易出口量同比增长7.48%，占出口总量的比例为67.64%，保税区出口量同比增加了67.77%，但占出口比重仅0.02%（表11）。

表11　涤纶长丝分贸易方式出口

	出口数量			出口金额		
	2014年（吨）	去年同期（吨）	同比（%）	2014年（万美元）	去年同期（万美元）	同比（%）
总计	1573267.6	1292230.6	21.75	283875.3	251762.6	12.76
一般贸易	507557.6	300432.6	68.94	101137.0	64529.8	56.73
加工贸易	1064098.0	990066.9	7.48	182287.9	186786.5	-2.41
其中：来料加工	15.0	86.0	-82.51	15.7	65.1	-75.83
进料加工	1064083.0	989980.9	7.49	182272.2	186721.4	-2.38
保税区	313.2	186.7	67.77	131.7	100.9	30.58
其中：仓储进出境	188.5	107.2	75.78	79.8	60.8	31.30
仓储转口	124.7	79.4	56.97	52.0	40.1	29.48

资料来源：据海关总署数据整理

3. 2014年聚酯涤纶主要原料进口情况

2014年，主要合纤原料共计进口1197.8万吨，同比减少11.24%，进口金额下降18.54%。从进口数量看：乙二醇进口量最大，达840.8万吨，同比增加2.07%，占合纤原料进口总量的70.19%；对苯二甲酸进口量随着国内产能的增长大幅度减少，进口116.36万吨，同比减少57.58%，占进口总量的比例9.71%，进口依存度降至3.8%；聚酯切片进口量增加了19.5万吨，同比增幅达到91.74%，切片进口增加和国内差别化、功能性切片需求增长因素有关（表12）。

表12　2014年聚酯涤纶主要原料进口量价对比

	进口数量			进口金额		
	2014年（吨）	去年同期（吨）	同比（%）	2014年（万美元）	去年同期（万美元）	同比（%）
合纤原料总计	11978252.6	13495179.5	-11.24	1434330.7	1760846.8	-18.54
其中：乙二醇	8408019.9	8237756.5	2.07	797472.5	870247.1	-8.36
对苯二甲酸	1163671.7	2743418.6	-57.58	107291.5	298832.3	-64.10
聚酯切片	408344.7	212968.4	91.74	53022.9	40677.8	30.35

资料来源：据海关总署数据整理

（三）供需现状

供给量增速减缓，下游主要产品产量增速放缓。2014年1~11月份（表13），我国化纤供给总量为4032.26万吨，同比增加了6.50%，比去年年均增速（7.90%）放缓。其中：涤纶长丝供给量为2400.71万吨，同比增加了10.26%，比去年平均增速（9.08%）升高了1.18个百分点。2014年，化纤下游主要产品纱、布、无纺布、绒线、蚕丝及交织机织物的产量增速比上年同期有所回落，下游主要产品产量增速放缓（表14）。

表13　涤纶长丝2014年1~11月份进出口及表观需求量

	产量（万吨）	进口量（万吨）	出口量（万吨）	表观消费量（万吨）	表观消费量同比（%）
化纤	4032.26	74.52	296.21	3810.57	5.08
涤纶	3257.41	21.66	224.81	3054.26	5.66
其中：短纤	856.70	12.04	81.39	787.35	-3.75
长丝	2400.71	9.62	143.42	2266.91	9.37

注：表观消费量=产量+进口-出口，资料来源：国家统计局、海关总署

表 14　2014 年 1~11 月化纤下游主要相关品种生产情况

品　种	单位	1~11 月产量	同比增速（%）	2013 年增速（%）
纱	万吨	3534.96	6.43	8.28
布	亿米	634.85	0.55	5.65
无纺布	万吨	325.33	9.36	11.54
帘子布	万吨	76.73	-8.88	12.27
绒线（毛线）	万吨	37.77	4.36	-1.68
毛机织物（呢绒）	亿米	5.36	-1.61	1.36
蚕丝及交织机织物	亿米	6.61	1.30	-2.34

资料来源：国家统计局

根据中国海关数据统计，2014 年 1~12 月，化纤纺织品、化纤服装出口量分别同比增 7.19%和 8.20%，出口和零售额自 2014 年初以来都呈缓慢回升态势。在下游需求逐步好转背景下，行业不会变得更差，我们认为涤纶行业盈利已基本见底，并有回升表现。

（四）市场现状

原料价格跌速快于聚酯产品价格跌速（表 15、表 16 和图 2）。一季度由于传统春节情结影响，虽然春节前后聚酯工厂停产检修达 760 万吨，其中涤纶长丝 627 万吨、短纤 133 万吨，但是下游织造歇业停机 20~25 天；涤纶长丝阶段性过剩凸现，历经一段时间跌价去库存化的痛苦过程，吞噬着聚酯纺丝仅有的微利。6 月份，受 PTA 工厂改变结算方式和限产的影响，导致聚酯出现负的现金流，聚酯工厂一度苦苦挣扎。

原油自 2014 年夏季开始的第一波下跌行情，给聚酯工厂带来了希望，成本跌速快于聚酯产品价格跌速，8 月份之后聚酯企业利润空间逐渐显现，涤纶长丝行业利润在 11 月份达到年内高点，利润状况最好的 DTY 盈利空间达到三年以来的高点。

2014 年涤纶长丝行业利润状况的改善，一方面是行业自律对新增产能的控制，另一方面聚酯企业控制负荷以销定产实现低库存经营，成为增强企业竞争力的有效途径。

表 15　聚酯涤纶产业链产品价格变化

分类	价格/价差名称	12月末（元/吨）	四个季度均价（元/吨）			
			第一季度	第二季度	第三季度	第四季度
聚酯涤纶产业链	PX	7000	9672	9112	10247	8045
	PTA	4640	6590	6538	7201	5590
	MEG	5920	7012	6953	7210	6184
	聚酯切片	6325	8511	8429	9052	7448
	涤纶短纤	7620	9367	9025	9619	8256
	涤纶 FDY	9200	10418	10095	10937	9974
	涤纶 DTY	9800	11270	11031	11420	10530
	涤纶 POY	7650	9298	9441	9822	8615
	涤纶工业长丝	10800	13446	12954	13221	11988

表 16　聚酯涤纶产业链产品价差变化

价格/价差名称	12月末（元/吨）	四个季度均价（元/吨）			
		第一季度	第二季度	第三季度	第四季度
PTA-0.68*PX	-120	13	342	233	119
涤纶 FDY-0.86*PTA-0.33*MEG	3256	2437	2178	2364	3126
涤纶 FDY-聚酯切片	2875	1908	1667	1885	2526
涤纶 DTY-0.86*PTA-0.33*MEG	3856	3289	3114	2848	3682
涤纶 POY-0.86*PTA-0.33*MEG	1706	1317	1524	1249	1767
涤纶短纤-0.86*PTA-0.33*MEG	1676	1386	1108	1046	1408
涤纶工业丝-聚酯切片	4475	4935	4525	4169	4540

资料来源：中国化学纤维工业协会采集

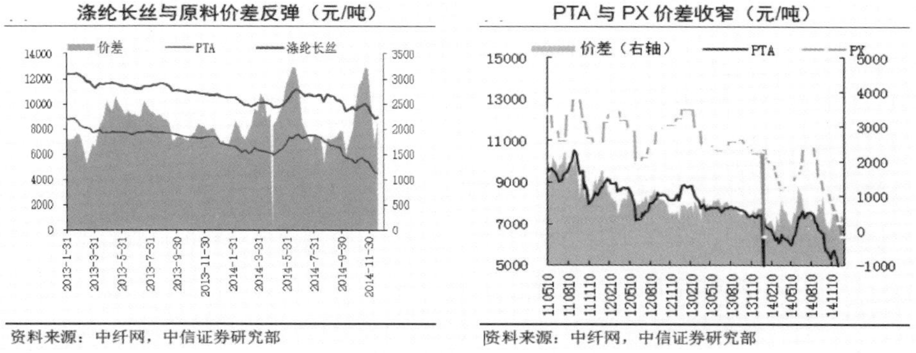

图2　2014年聚酯原料及涤纶长丝价差走势图

1. 涤纶长丝市场行情月度回顾

1月份：由于传统春节情结影响，下游织机开工率回落，尤其是大圆机、经编机开机率下降明显，里、面料交易也在减量，加弹机生产企业也有部分停车现象；PTA、EG行情呈下跌，PTA供过于求持续恶化且成本支撑减弱。受此影响，涤纶长丝整体行情也呈下跌态势。

2月份：正逢传统春节，下游需求量减量，但市场上价格较混乱，出现了低价位买断、优惠让利、正常成交的形式。由于涤纶长丝企业库存较大以及上游原料基本面偏弱，2月份下半月市场处在盘跌行情走势之中。

3月份：行情呈“先跌后涨”的态势，上半月涤丝行情走势延续弱势下调，价格跌幅在300~500元/吨。究其原因，一方面受上游原料疲软走低的影响，另一方面下游织造企业已谨慎看待后市。在借着PTA减产17日PTA日内跳空低开之后震荡走高，聚酯原料PTA期货行情反弹的影响，涤纶长丝市场的成交量出现上升，月均产销达130%左右，小部分企业高达150~160%，同时，企业库存得到有效消化。涤纶长丝市场价格均出现上升，幅度在200~400元/吨左右，个别品种涨幅更大。

4月份：4月份上、中旬涤纶长丝价格继续出现步步上涨的行情，产销普遍超百，高者可达130~150%，工厂库存压力普遍低位，部分品种供不应求，到下旬行情表现转弱的态势。

5月份：由于“上游缺乏支撑点，下游需求未增力量”，PTA行情持续创新低，跌至6000元/吨，涤纶长丝市场整体表现平淡，产销率普遍在70~80%，价格出现下调。中旬涤纶长丝市场呈弱势盘整行情，但在期货 PTA 反弹的驱动下，POY 行情率先出现好转。下旬受 PTA 延续反弹和结价因素的拉动，涤纶长丝行情处在成本性推涨之中，涨幅 100~300 元/吨。

6 月份：市场行情强势走高，市场价格重心节节攀升。主要是由于上游原料市场行情上冲，涤纶长丝价格形成了强劲的成本推涨动力，POY、FDY 涨幅普通达 1200 元/吨左右。例如，POY150D/48F 报价涨幅达 1300 元/吨，DTY 涨幅小于 POY、FDY，而 6 月份聚酯原料累计上涨幅度大于涤纶长丝，造成涤纶长丝企业亏损面加大。

7 月份：虽然上游原料 PTA、EG 行情走势呈 V 型，涤丝产品价格却呈现一路下行的走势，尤其是上旬销售较差，中旬基本维持，下旬成交量有一定幅度回升。本月上游聚酯原料结价高企，而涤纶长丝价格走势低迷，涤丝 FDY 产品亏损面有所扩大，POY、DTY 也处在边际或微亏状态，产销平均在 80%~90%，库存压力略有增加。

8 月份：虽然上游原料现货 PTA、EG 行情走势下跌，聚合成本跌幅达 400 元/吨左右，但是合约结价与 7 月份回落 200/吨左右。上旬涤纶长丝销售较差，中旬基本维持，下旬销量有一定幅度回升，产销平均在 100%~110%，在增销和减产之下，涤纶长丝库存压力略有减轻。

9 月份：虽然下游织造、加弹开机率状态较好，但是涤纶长丝价格一直处在下滑走势，中旬至下旬价格出现较大补跌态势。由于聚酯原料出现大跌，PTA 从月初 7050 元/吨跌至月底 6550 元/吨，MEG 从月初 7220 元/吨跌至月底 6520 元/吨，分别下跌 500 元/吨和 700 元/吨，中石化出台 9 月份 PTA 合同结算价，为 6900 元/吨，较 8 月合同结算价 7680 元/吨下调 780 元/吨，累计跌幅大于涤纶长丝价格，因此，涤纶长丝整体效益较 8 月份的亏损转为盈利。国庆节前涤纶长丝企业库存不大，但是国庆期间下游织造、加弹均有几天放假，需求减少，节后库存将有回升。

10 月份：聚酯原料大幅下跌，上旬涤纶长丝价格跟随原料下跌，但跌幅小于聚酯原料，主要是得益于下游织造处于十月旺季，涤纶长丝企业产销率普遍在 105%~115%，库存均显下降，无论按当天原料即时采购买价计算，还是按月合同结算价，涤纶长丝均处于 1~10 月中获利最好月份。

11 月份：涤纶长丝市场整体表现较好，一般产销在 105%~110%，价格走势呈小范围震荡。上旬价格重心上移，中旬价格有所回落，下旬价格又有上抬。聚酯原料结算价相比10月小幅下挫，使得聚酯产品成本降低，涤纶长丝保持了一定的盈利空间。虽然下游市场交易逐渐转淡，但是下游织造、加弹开机率维持较高。

12月份：受国际原油暴跌的影响，聚酯原料跌跌不休，涤纶长丝价格被迫下调，再加下游织造、加弹观望价格走势，涤纶长丝市场处在盘跌行情走势中。进入中旬，19日国际油价反弹以及PTA夜盘期货上翘的拉动之下，市场出现转机，尤其是POY产销回升明显，22日价格出现50~100元/吨反弹，月末及元旦节日织造企业购买力回落。

2. 2014年涤纶工业丝市场回顾

涤纶工业丝运行稳定，新增产能带来压力。2014年工业丝产能合计163.4万吨，两家企业有新增产能，古纤道总产能达到40万吨，尤夫总产能28万吨。按主要11家企业考核，全年平均开工率为83.4%，估计全行业的开工率也在80%~83%。从产品价格看：普通高强工业丝，加工区间3800~3900元/吨；高强低缩工业丝，加工区间4900~5000元/吨。从产销率看：产销率比较高，主流企业产销率为98.2%，年底主流企业合计库存4000吨左右。从生产运行看：涤纶工业丝全年运行相对稳定，自律工作卓有成效，企业议价能力较强，比原料跌价幅度小，利润空间增长。

预计2015年市场仍有增量，预测新增产量15万吨左右，其中：出口新增长5万，内需增长5万，主要集中在篷盖布和帆布上，替代锦纶5万吨左右；预估新增产能30万吨左右，涤纶工业丝企业将会受到产能冲击。其中:海利得3万吨；金汇特3万吨，古纤道20万吨左右，尤夫6万吨左右。

（五）投资状况

涤纶行业投资项目投资额均同比下降(表17)。2014年，化纤行业新开工项目数同比减少3.97%，实际完成投资1012.39亿元，同比增长4.74%，增速比去年同期回落16.39个百分点，其中，涤纶行业新开工项目数和实际完成投资额同比均下降20%左右，增速已连续两年大幅回落，产能扩张态势明显遏制。

表17 2014年涤纶行业实际完成投资额变化表

	新开工项目数	同比（%）	实际完成投资额（亿元）	同比（%）	2013年增速（%）
化学纤维制造业	629	-3.97	1012.39	4.74	21.13
合成纤维制造	478	-1.65	797.97	4.50	21.79
涤纶制造	160	-19.60	284.07	-20.02	22.74

资料来源：国家统计局

（六）效益状况

1. 行业经济效益有所提升，但亏损面及亏损额加大

国家统计局数据显示，2014年化纤行业工业增加值增长速度为8.5%。化纤行业实现利润总额277.3亿元，同比增长11.21%。行业亏损面18.01%，同比提高0.63个百分点，并且亏损企业亏损额同比增加9.46%。涤纶行业实现利润总额104.09亿元，同比增加10.64%，增速提高13.71个百分点；涤纶行业亏损企业亏损额为25.64亿元，同比增幅18.72%。表明行业内企业盈利能力出现了两极分化的态势（表18）。

表18 2014年涤纶行业经济效益对比表

	利润总额			亏损企业亏损额		
	2014年（亿元）	去年同期（亿元）	同比（%）	2014年（亿元）	去年同期（亿元）	同比（%）
化纤行业	277.30	249.34	11.21	49.80	45.50	9.46
其中：涤纶	104.09	94.08	10.64	25.64	21.60	18.72

资料来源：国家统计局

2. 运行质量好于预期，盈利能力同比有所上升

从行业跟踪的运行质量四大类指标来看，涤纶行业运行质量好于预期。行业平均负债水平比2013年略有下降，偿债能力略有提高；资金使用效率比2013年略有下降；盈利能力有所提升，主营业务利润率为2.92%，同比略微提高0.23个百分点；发展能力增长放缓（表19）。

表 19　2014 年涤纶行业运行质量指标对比表

	2014 年	去年同期	同比
偿债能力指标			
资产负债率（%）	61.76	62.19	-0.43
产权比率（%）	161.54	164.49	-2.95
已获利息倍数	2.84	2.72	0.12
营运能力指标			
应收帐款周转率（次）	18.08	18.18	-0.10
产成品周转率（次）	18.02	15.86	2.16
流动资产周转率（次）	2.46	2.39	0.06
流动资产构成比率（%）	49.48	51.01	-1.53
总资产周转率（次）	1.22	1.22	-0.01
盈利能力指标			
主营业务利润率（%）	2.92	2.69	0.23
成本费用利润率（%）	2.99	2.75	0.24
总资产报酬率（%）	5.48	5.20	0.27
净资产收益率（%）	9.27	8.69	0.58
发展能力指标			
销售增长率（%）	2.05	3.76	-1.71
总资产增长率（%）	2.55	9.54	-6.99

资料来源：据国家统计局数据整理

2014 年，涤纶行业每百元销售收入三项费用均有不同程度的增加，销售费用增加了 2.18%，财务费用同比增加了 19.4%，管理费用增加了 1.63%。

表 20　2014 年涤纶行业每百元销售收入费用对比表

	2014 年	去年同期	同比
销售费用（元/百元）	0.6858	0.6412	0.0446
管理费用（元/百元）	2.1806	1.8355	0.3451
财务费用（元/百元）	1.6253	1.3611	0.2642

资料来源：据国家统计局数据整理

（七）节能环保再上新台阶，清洁生产相关标准出台

涤纶长丝行业积极推进清洁生产、节能减排和循环再利用等先进技术，取得一定进展，主要污染物排放和能源消耗指标均有所下降。2014 年，涤纶行业推动的乙醛回收利用技术，聚酯总产能共计达 727 万吨；推动的原液着色在线添加技术，其产品需求呈现快速增长趋势，目前已超过 330 万吨；同时行业已出台《聚酯涤纶工业清洁生产目标评价体系》。

（八）新技术、新产品开发取得突出进步，品牌建设显著推进

2014 年，涤纶行业企业技术创新步伐进一步加快，自主品牌建设进一步提高，有力支撑我国聚酯涤纶行业的发展。

由化纤产业技术创新战略联盟承担的国家“十二五”科技支撑计划项目“超仿棉合成纤维及其纺织品产业化技术项目，实现了大规模产业化制备技术，建立了超仿棉聚酯从原料到纺织品完整的技术创新链和产业化技术集成体系以及产品的评价方法与标准。由盛虹控股集团有限公司、北京服装学院、江苏中鲈科技发展股份有限公司联合开发的“新型聚酯聚合及系列化复合功能纤维制备关键技术”，打破了国外技术垄断，技术及产品质量指标达到国际先进水平，获得纺织之光科技进步一等奖。

由工信部消费品司、纺织化纤产品开发中心、中国化学纤维工业协会和东华大学共同进行的中国纤维流行趋势战略研究，引导和促进了行业品牌、企业品牌和产品品牌的提升，引领和创造市场需求，打造“中国制造（Made in China）”纤维品牌。真正为行业搭建了纤维产品预测、应用推广和发布的平台。调研数据表明：23%的企业在国（境）外进行了商标注册，企业拥有中国驰名商标的占 11.5%，拥有省级驰名商标的占 34.6%。在品牌合作方面，46.2%的企业与国产下游品牌达成长期合作伙伴关系，30.8%的企业与国外品牌合作，大多数企业有较为完善的客户服务方案、注重品牌宣传与市场份额扩大。入围产品中聚酯涤纶产品占据半壁江山，其利润超过行业产品平均销售利润率的 4.8 倍。中国化纤流行趋势战略研究软课题获得纺织之光科技进步一等奖。

二、新常态下我国涤纶长丝行业发展中的突出问题

2014 年，严峻的国内外宏观经济环境给涤纶长丝行业运行带来了巨大挑战，涤纶长丝行业的投产高峰期在 2012 年，2013 和 2014 年逐年下降，行业发展进入深度调整期。

1. 阶段性结构性产能过剩依然存在，企业效益两极分化。截至2014年底，2014年聚酯新增产能348万吨，仅占年初统计的计划投产项目的一半，其中薄膜50万吨，瓶片30万吨，新增涤纶产能246万吨。

2. 涤纶行业周期性较大，上一轮涤纶周期起于2009年3月，在2011年3季度见顶，随后涤纶行业进入下行周期，2014年行业仍在低位运行。我们看到一是企业的亏损面同比有所扩大，出现两级分化态势，企业经营总体仍较困难，特别是中小企业。二是产能过剩的矛盾和结构调整的压力依然突出。

3. 原油价格大幅下跌2014年国际原油市场受多重因素影响，出现暴跌。2014年底WTI油价跌至55美元/桶，比6月高点几近腰斩，相关石化产品受此拖累，价格也一路下滑。合成纤维原料失去成本支撑，价格也大幅下跌。2015年影响油价的因素依然集中在供需基本面、金融属性、地缘政治等。供应面可能继续保持宽松，OPEC减产可能性不大，需求或许随着全球经济的弱复苏而有所改善，但仍难达到供需平衡。美元仍可能维持强势格局。预计2015年油价可能呈先抑后扬的走势，上半年将继续下探寻底，当低价格把美国页岩油公司逼至破产减产、或者地缘政治危机出现转机，原油市场才有反弹机会。

4. 企业财务状况未得到有效改善，银行抽贷、融资贵等问题突出。2014年，涤纶企业平均资产负债率为61.76%，同比下降0.43个百分点，但与行业效益最好的2011年的61.02相比高出0.74个百分点。受银行系统严控对认为是产能过剩行业和纺织贸易企业信贷规模影响，2014年涤纶行业每百元销售收入费用中财务费用同比增长19.4%，增加了企业经营风险。

5. 企业兼并与重组。2014年，依靠市场调节和行业引导，资本市场出现了同行业间、上下游产业链间的资产流动和重组，化纤行业并购重组取得进展。有关PTA数据显示：2013年我国PTA有效总产能3300万吨，实际需求量2700万吨，进口量200万吨，产能过剩约400万吨。2014年有效产能将达到4000万吨，如果按照国内需求新增350万吨，进口200万吨计算，2014年产能将过剩750万吨，兼重组是必然趋势。

6. 出口产品大幅增加，引发贸易摩擦冲突加剧。随着中国化纤及其制品出口竞争力的加强和出口的不断增长，聚酯涤纶领域继续成为国际贸易摩擦的关注点，重点出口市场包括欧、美、印度、土耳其等国将继续对中国化纤产业链出口采取反倾销、特保等贸易救济措施，利用技术壁垒、知识产权、碳排放等新的贸易保护形式。

三、2015年涤纶长丝行业发展形势展望

整体看来，2015 年涤纶长丝行业供过于求的现状难以好转、出口有望略进一步增加，价格仍将低位徘徊、企业盈利状况难言乐观，市场将依然弱势运行。

（一）我国经济发展步入新常态，产业结构调整和优化速度将加快

我国经济已经进入中高速发展的新常态，经济发展方式从规模速度型粗放增长转向质量效率集约增长，经济结构从增量扩能为主转向调整存量、做优增量并存的深度调整。新常态下我国纺织消费的质量和个性化需求越来越高，聚酯涤纶行业由原来的依靠数量扩张和价格竞争逐步向依靠质量、差异化竞争转变。新常态为聚酯涤纶行业产业转型发展提供了立体空间和发展动力，结构调整步伐将进一步加快。

（二）国内投资增速下滑，下游需求短期难有较大改观

2014 年全国固定资产投资增速已连续三年降速。在我国经济增长模式发生深刻转变的背景下，预计 2015 年固定资产投资增速将进一步降低，供需关系仍难有较大改观。但也应该看到，“一带一路”、京津冀协同发展、长江经济带等国家重点战略将对纤维材料的需求起到一定的拉动作用。

（三）聚酯涤纶行业产能惯性增加，化解产能过剩任重道远

预计 2015 年仍会有新增产能，大部分项目是从 2014 年延迟到 2015 年投产的，预计有 340 万吨，根据实际情况，估计约 50%的产能可以实际达产。2015 年预计产能增幅低于产量。

（四）新环境保护法实施，企业环保压力将加大。

新颁布的《中华人民共和国环境保护法》于 2015 年开始实施。新环保法的实施将督促企业加大环保投入，促进企业技术创新。

2015 年聚酯涤纶行业仍需要推进结构调整，促进行业健康、可持续发展，具体预测如下：

1. 市场：预计聚酯产品价格仍然低迷，呈现震荡的局面，总体呈前低后高走势。

2. 产量：与 2014 年相比，产量仍会有所增长，预计 2015 年涤纶产量 3700 万吨，增速 4%～5%。

3．进出口：预计涤纶进口量 20 万吨，其中，涤纶长丝进口量降至 10 万吨以下，降幅 10%左右。

4．出口量：预计涤纶出口量 280 万吨，其中，涤纶长丝出口量为 180 万吨，增长 15%左右。

5．经济效益：在油价低迷的背景下，预计长丝价格仍将下跌，但由于PTA价格下降速度快于长丝，预计长丝的盈利将继续好转。行业利润率会略好于2014年，预计工业产值达到3850~4000亿元，全年利润在120~130亿元左右。

6．运行质量：运行质量同比有所好转。

四、2015 年涤纶长丝行业持续稳定发展思路

2015 年涤纶长丝行业要紧紧抓住全面深化改革和推进经济结构战略性调整的历史机遇，坚持以提高质量和效益为核心，适应经济新常态，力争在营造公平竞争市场环境、推进行业产能严重过剩矛盾化解、促进两化深度融合、提升钢铁行业竞争力和企业效益方面取得新进展。

1．完善行业规范管理。行业规范管理工作是加强和改善行业管理、进行事中事后监管的有效尝试，应继续加强和完善聚酯涤纶行业规范管理。

2．推进行业两化融合。根据《工信部原材料工业两化深度融合推进计划（2015~2018 年）》（工信部原〔2015〕25 号）总体安排，2015 年工业和信息化部将着力推进化纤行业两化融合，开展智能工厂应用示范，推动一批两化融合标准，支持企业自有电子商务平台向行业开放平台转化、数字化工厂等。

3．加强行业规划引导。结合编制中的规划，为促进聚酯涤纶工业由大到强，引导我国聚酯涤纶行业持续健康发展。

4．继续推进化解产能过剩矛盾。积极维护公平竞争的市场环境，以新环保法实施为契机，倒逼过剩产能退出市场。

5．推进上下游产业协作。上下游企业协同联动，建立服务市场、服务产业链理念，帮助企业在纱线、面料、服装生产中克服纤维缺点，展示纤维优点，促进新材料和终端应用，逐步形成前中端纤维、面料品牌与下游服装、家纺、产业用等领域的相互促进格局，实现全产业链协同创新的效果。

2014年中国聚酯及涤纶短纤行业运行分析与2015年运行预测

中国化学纤维工业协会聚酯及涤纶短纤专业委员会
张凌清　林世东　万　蕾

2014年涤纶短纤原料成本压力和供需矛盾依然是影响行情的主要因素,受到市场需求的低迷影响，涤纶短纤价格重心整体下沉；PTA的价格对聚酯产品产业链产生直接影响，涤纶短纤企业对PTA产品的议价能力差，导致涤纶短纤行情走势紧跟PTA波动，合理控制原料及产成品的库存，成为涤纶短纤行业能否盈利的一个关键因素。2014年涤纶短纤产品整体运行状况基本正常、产量基本和2013年持平，整体利润率较低。

一、涤纶短纤行业主要运行情况

（一）原油、原料、棉花和聚酯涤短市场运行

原油（图1）：上半年WTI原油全年走势平稳，在100美元上下震荡。2014年下半年单边连续下跌，仅下半年国际油价暴跌40%，到2014年12月底已经暴跌至55美元，给涤纶短纤行业运行带来不确定因素。

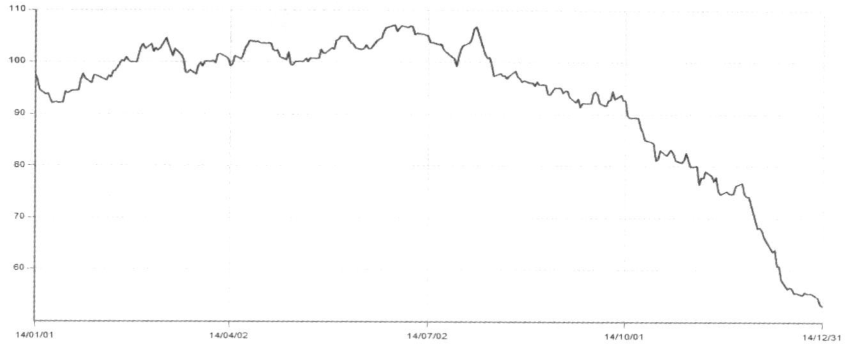

资料来源：中国化纤信息网

图1　2014年WTI原油价格走势图

PX（图 2）：从 2014 年 WTI 原油价格与 PX 价格走势图可以看出，国际 PX 的价格在 2014 年 8 月份达到高点，PX 价格上半年脱离原油行情震荡运行，下半年跟随原油价格下降，一路走低。

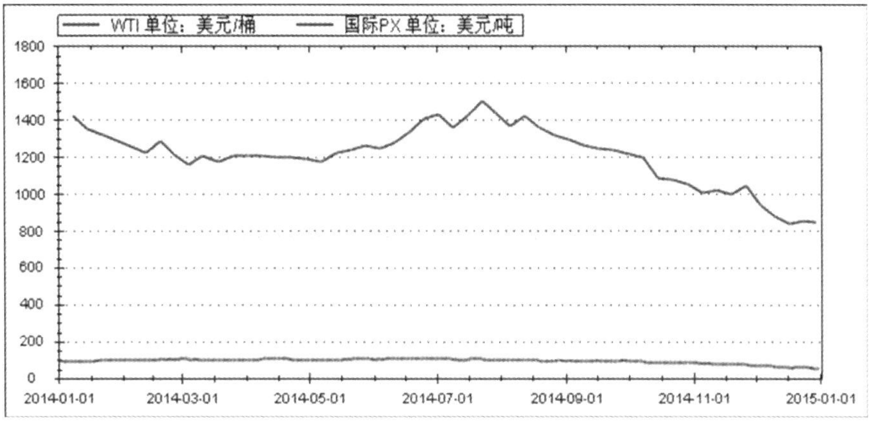

资料来源：中纤网

图 2　2014 年 WTI 原油价格与 PX 价格走势图

PTA（图 3）：2014 年 PTA 价格跌幅达 31.67%，虽然在下跌通道中有波强势反弹阶段，但在产能过剩背景下，未能改变整体下跌格局，下半年，在国际原油价格大幅下降的影响下，PTA 价格进入 4000 元/吨时代。

具体分析，2014 年 PTA 的价格走势主要分为三大阶段：

第一阶段：2014 年 1 月至 5 月上旬，PTA 行情笼罩在供应阶段性过剩的影响下，呈现一路震荡下行的走势。

第二阶段：2014 年 5 月中上旬至 8 月，PTA 主要生产企业推出与成本挂钩的新体系结算方式，并维持 60%左右的设备开工率，使得现货货源偏紧，影响下游聚酯企业装置负荷始终维持在 73%附近水平，与此同时，亚洲其他国家和地区 PX 整体开工率也在 65%偏低水平，现货供应偏紧。

PTA 库存水平较低且合同供给量不足，以及改变长期以市场均价为定价基准的结算模式转为成本定价，两种因素交织，成功助推 PTA 三个月的上涨行情，5 月 12～8 月 12 日短短三个月时间，PTA 上涨近 27%。

第三阶段：2014 年 8 月 12 日以后，随着 PTA 新结算模式的终结，以及国际原油价格下跌因素，共同推进 PTA 价格进入下降通道。

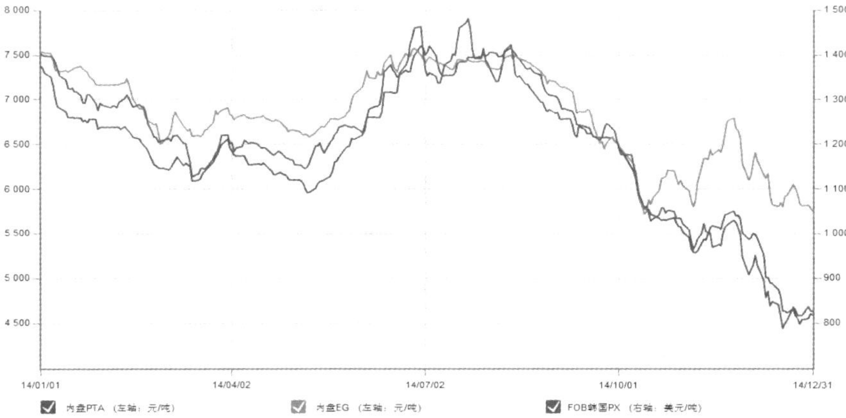

资料来源：中国化纤信息网

图3　2014年PX、PTA、MEG价格走势图

MEG（图4）：2014年乙二醇价格跌幅达20.55%。MEG行情走势表现出与下游产品强正相关性，当聚酯负荷偏离供需平衡点负荷时，MEG社会库存将逐步增加，从而导致市场心态走弱以及价格的回落；而当聚酯负荷较稳定地高于在供需平衡点负荷之上时，市场心态修复能力加强，价格回升空间打开。

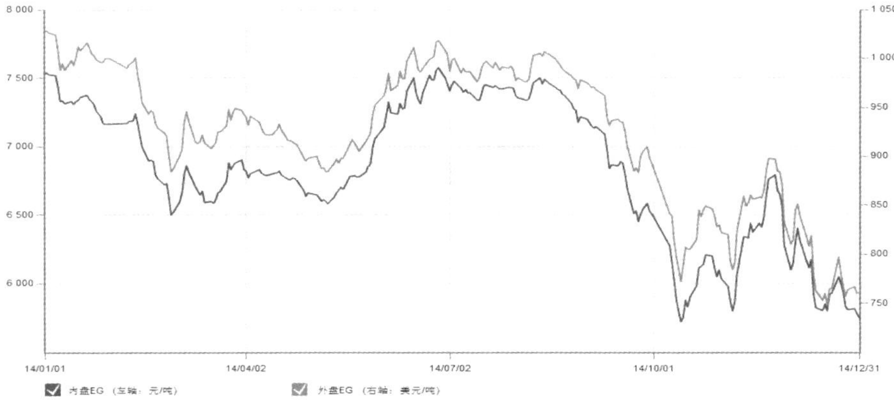

资料来源：中国化纤信息网

图4　2014年MEG价格波动图

棉花（图5）：2014年国内外棉花价差依然较大，且国内用棉形势复杂。国内棉花管理政策实现新突破，对于新上市新疆棉，国家确定了按照9～11月平

均市场价格与目标价格之间差价给予种植补贴，这有利于逐步恢复国内棉价的市场属性。但是，由于直补政策的具体实施效果仍不确定，国储棉、进口配额等政策对于国内棉价也会产生直接影响，国内棉花市场形势总体更趋复杂。棉花、涤纶短纤及粘胶短纤互相影响的三角关系，也增加了涤纶产品经营的不确定性。

由于涤纶短纤产品价格下降，影响了涤纶纱行情走弱，2014 年纯涤纱年跌幅达 11.97%。涤纶短纤与纱线的价差从 8 月份的 705 元/吨扩大到 12 月份的 1233 元/吨，对比原油价格价差变动情况，可以发现，涤纶短纤与纱线的价差在原油价格开始回落之时开始逐步扩大。

2014 年 1~12 月，棉涤价差多数时间在 7000~8000 元/吨区间波动，最高价差 10700 元/吨，最低价差 6500 元/吨，平均价差约在 7800 元/吨。

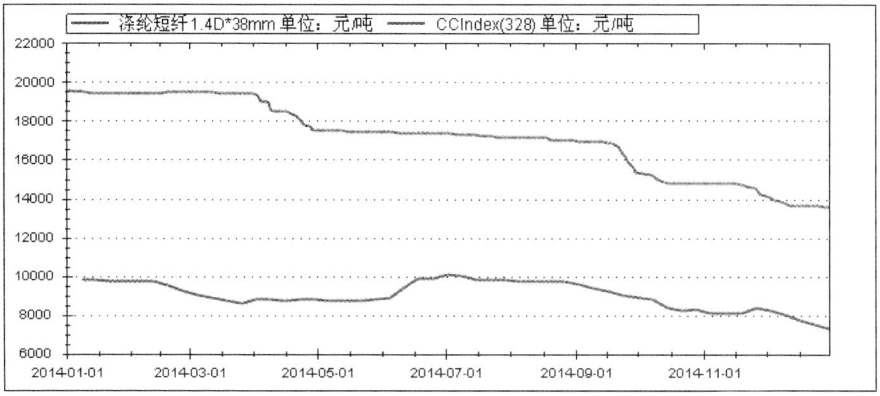

资料来源：中纤网

图 5　2014 年棉花与涤短价格波动对比图

聚酯切片、涤纶短纤（图 6）：原油价格的下降直接影响了化纤及其原料的市场行情。以聚酯为例，聚酯产品行情低迷，价格持续下跌，2014 年年内跌幅达 12.92%。

2014 年春节前后，下游织造企业停工早、复工晚，空档期较长，促使聚酯工厂在 1～2 月期间出现大面积停车检修,最高停产产能超过 700 万吨。但随着 3～4 月份的季节性需求逐步体现，聚酯需求也如期启动，面料市场成交也恢复到了快速上涨的轨道上，这对国内化纤市场形成了一定的支撑。

5 月，受 PTA 联合减产及 PTA 新结算模式采用，促使聚酯原料价格快速拉升，从而推动聚酯产业链整体价格趋涨，企业逐步去库存，市场火热，涤纶产品的价差区间和现金流明显好转。

进入7月份后，包括直纺涤短、切片等在内的聚酯产品进入亏损状态，随后聚酯产品纷纷打响现金流保卫战，跟进限产。

11月份由于MEG在基本面支撑下上演强势拉涨，一度拉升聚酯链产品行情。但由于国际油价的大幅下跌，聚酯链无论是原料还是产品，都呈单边大幅下跌的走势。

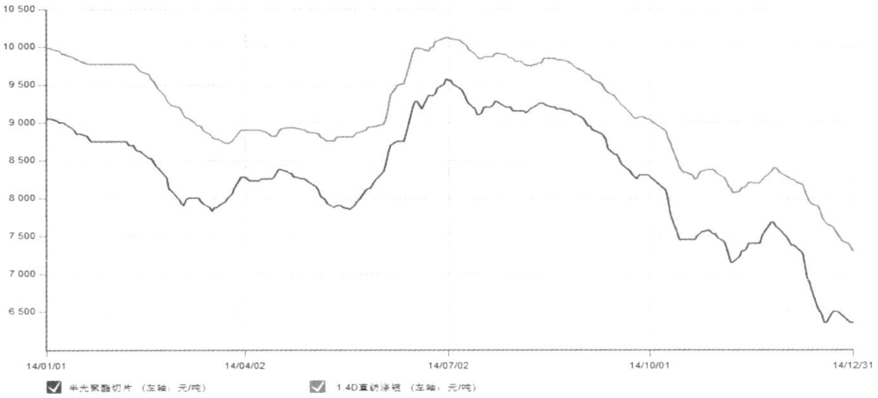

资料来源：中国化纤信息网

图6 2014年聚酯切片与涤短价格走势图

（二）产销情况

1. 产量

2014年1~11月涤纶产量3257.41万吨（表1），同比微涨6.82%，其中涤纶短纤产量856.7万吨（含部分再生涤纶短纤），同比微降1.77%，短纤产量增速远小于长丝产量增速。

表1 2014年1~11月全国涤纶产量

	1~11月（万吨）	去年同期（万吨）	同比增减 （%）
涤纶短纤	856.70	872.14	-1.77
涤纶长丝	2400.71	2177.30	10.26

资料来源：据国家统计局数据测算

2014年1~11月，主要11个省区涤纶产量占总产量的99.21%，如表2所示，涤纶（包含直纺、切片纺、部分回料纺）产量分省市统计，浙江1696.60万吨，居全国之首，产量增速达到13.36%，远高于全国平均6.82%的增速，其中长丝增速大于短纤。第二到第五位依次是江苏、福建、四川、广东，而山东、上海、河南、安徽、天津等省分居六至十位。其中江苏产量基本与上年持平，而上海、山东、安徽、天津等省产量都出现负增长。

表2　2014年1~11月涤纶纤维分省市产量

	1~11月产量（吨）	同比（%）
全　国	32574139	6.82
浙江省	16966073	13.36
江苏省	10338202	-0.66
福建省	3006541	5.39
四川省	679440	7.12
广东省	346945	-5.09
山东省	278733	-1.72
上海市	242692	-9.90
河南省	171812	4.28
安徽省	128330	-3.79
天津市	99176	-6.28
辽宁省	61637	-31.59

资料来源：国家统计局

2. 涤纶短纤产销存

2014年涤纶短纤平均生产负荷为63.72%（表3和图7），较前几年下降较为明显。年初，尤其是春节前后，因为春节假期缘故，涤纶短纤的开工率跌至近几年的最低水平。除去1~2月，2014年涤纶短纤行业月平均生产负荷基本在60%~70%的范围波动，月均生产负荷皆低于7成，这种局面是因为一方面受到产能基数持续加大的影响，另一方面也说明了涤纶短纤处于产能增长、产量难增的局面。

表3　2014年涤纶短纤产销负荷

月份	1月	2月	3月	4月	5月	6月	7月	8月	9月	10月	11月	12月
生产负荷（%）	55.59	52.8	64.9	67.7	67.6	67.8	68.6	67.1	62.2	61.9	64.7	66.9
库存（天）	29.6	25.4	34.6	34.9	36.7	35.6	37.2	36.4	32.4	33.3	34.8	37.2
库存状况	低库存	中低库存	低库存	低库存	低库存	低库存	中低库存	低库存	中低库存	中低库存	低库存	中低库存

资料来源：中纤网

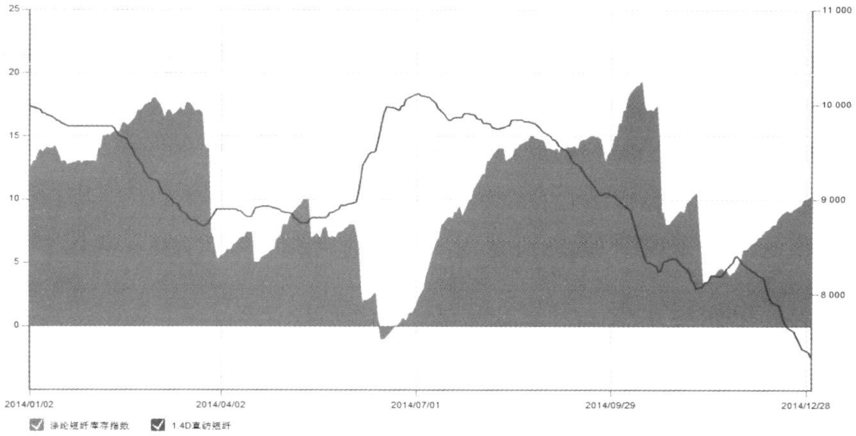

资料来源：中国化纤信息网

图7　2014年涤纶短纤价格和库存走势图

（三）原料及产品进出口情况

1. 进口

2014年，进口对苯二甲酸116.36万吨（表4），同比大降57.58%；进口乙二醇840.8万吨，同比微升2.07%；进口聚酯切片40.83万吨，同比大涨91.74%；进口涤纶短纤13.25万吨，同比微增3.15%。

表4　聚酯原料及产品进口情况

	进口数量			进口金额		
	2014年（吨）	去年同期（吨）	同比（%）	2014年（万美元）	去年同期（万美元）	同比（%）
对苯二甲酸	1163671.7	2743418.6	-57.58	107291.5	298832.3	-64.10
乙二醇	8408019.9	8237756.5	2.07	797472.5	870247.1	-8.36
聚酯切片	408344.7	212968.4	91.74	53022.9	40677.8	30.35
涤纶短纤	132503.5	128459.7	3.15	24012.4	24156.9	-0.60

资料来源：据海关总署数据整理

2. 出口

2014年，聚酯切片（含瓶片）出口230.38万吨（表5），同比增长17.3%。日本仍是最大接受市场，交易量为32.89万吨，同比增加22.11%，占出口总量的14.28%，居第一位；对美国出口激增92.88%，达到15.43万吨，占居出口总量的6.7%，对从前六个国家的出口合计占总出口量的39.8%。聚酯切片（含瓶片）的出口贸易方式以加工贸易为主，占出口总量的98.93%。

表5　聚酯切片（含瓶片）分国别或地区出口

	出口数量			出口金额		
	2014年（吨）	去年同期（吨）	同比（%）	2014年（万美元）	去年同期（万美元）	同比（%）
总计	2303797.1	1964002.0	17.30	290429.7	281499.3	3.17
日本	328967.9	269396.2	22.11	41684.1	38569.4	8.08
美国	154345.4	80023.2	92.88	19420.3	11651.1	66.68
俄罗斯	142905.1	99595.6	43.49	17900.9	14036.9	27.53
印度尼西亚	99509.9	91019.2	9.33	12498.3	12724.6	-1.78
印度	96601.5	39586.2	144.03	11780.9	5577.5	111.22
菲律宾	94624.4	55550.3	70.34	11951.8	7783.8	53.55

资料来源：据海关总署数据整理

2014年，涤纶短纤出口89.09万吨，同比增长21.43%。其中，对美国、巴基斯坦、印度尼西亚出口量同比均有增加，同比分别增长4.21%、43.87%、33.63%，特别是对印度大涨89.4%，分别占出口总量的18.65%、13.75%、6.8%和6.58%；对前六个国家的出口合计占短纤总出口量的55.12%。涤纶短纤加工贸易占出口总量的77.3%，这反映出我国已是全球涤纶产业大国的积聚效应（表6）。

表6　涤纶短纤分国别或地区出口

	出口数量			出口金额		
	2014年（吨）	去年同期（吨）	同比（%）	2014年（万美元）	去年同期（万美元）	同比（%）
总计	890996.0	733730.5	21.43	113215.9	101444.9	11.60
美国	166230.2	159510.7	4.21	18237.5	18653.1	-2.23
巴基斯坦	122557.8	85186.8	43.87	15117.1	11691.6	29.30
印度尼西亚	60799.5	45497.3	33.63	7802.0	6723.2	16.05
印度	58661.0	30972.8	89.40	7366.2	4310.5	70.89
以色列	42727.9	37848.3	12.89	5610.0	5523.2	1.57
俄罗斯	40190.5	39235.9	2.43	5475.9	5704.5	-4.01

资料来源：据海关总署数据整理

（四）经济效益和运行质量

表7　2009~2014年涤纶行业效益情况

	主营业务收入（亿元）	同比（%）	利润（亿元）	同比（亿元）	亏损企业亏损额（亿元）	同比（%）
2014年	3567.29	2.05	104.09	10.0	25.64	18.72
2013年	3854.06	3.76	105.71	-0.335	21.41	29.30
2012年	3776.07	2.76	111.38	-91.31	16.81	235.76
2011年	4087.36	32.46	226.78	26.33	7.42	59.41
2010年	2783.77	30.89	167.01	111.28	5.88	-52.70
2009年	2120.68	-0.72	48.40	24.58	138332	-37.77

资料来源：国家统计局

2014年，涤纶行业实现销售收入3567.29亿元，同比增加2.05%；利润总额104.9亿元，同比增加10亿元，增长10.63%；亏损企业亏损额25.64亿元，同比上升18.72%。虽然涤纶行业销售收入同比有所增长，但小于产量的增速，同比利润微增，接近上年，企业亏损额也有所增加。其中涤纶短纤行业运行情况较上年有所改善，约有8亿左右利润，涤纶全行业整体处于赢利状态（表7）。

2014年涤纶行业运行质量同比有所好转，行业运行质量四大类指标中，偿债能力指标中，资产负债率、已获利息倍数基本与上年持平，产权比率同比有所降低；营运能力指标中，产成品周转率有所上升，流动资产构成比率有所下降，应收帐款周转率、总资产周转率和流动资产周转率基本与上年持平；盈利能力指标中，主营业务利润率、成本费用利润率、总资产报酬率、净资产收益率均微升；发展能力指标中，销售增长率、总资产增长率均下降；三项费用中，销售费用、管理费用和财务费用均微升。说明企业运行质量未有明显起色，虽库存降低，但盈利能力和发展能力较弱，财务成本增加（表8）。

表8　2014年涤纶行业运行质量情况

		本期	同期	同比
偿债能力	资产负债率（%）	61.76	62.19	-0.43
	产权比率（%）	161.54	164.49	-2.95
	已获利息倍数	2.84	2.72	0.12
营运能力	应收帐款周转率（次）	18.08	18.18	-0.10
	产成品周转率（次）	18.02	15.86	2.16
	流动资产周转率（次）	2.46	2.39	0.06
	流动资产构成比率（%）	49.48	51.01	-1.53
	总资产周转率（次）	1.22	1.22	-0.01
盈利能力	主营业务利润率（%）	2.92	2.69	0.23
	成本费用利润率（%）	2.99	2.75	0.24
	总资产报酬率（%）	5.48	5.20	0.27
	净资产收益率（%）	9.27	8.69	0.58
发展能力	销售增长率（%）	2.05	3.76	-1.71
	总资产增长率（%）	2.55	9.54	-6.99
每百元销售收入三项费用	销售费用（元/百元）	0.6858	0.6412	0.0446
	管理费用（元/百元）	2.1806	1.8355	0.3451
	财务费用（元/百元）	1.6253	1.3611	0.2642

资料来源：据国家统计局数据整理

二、涤纶短纤行业运行的主要特点及分析

（一）涤短行业经营情况整体较上年有所改善，已扭亏为赢

2014 年涤纶短纤行业经营情况整体较上一年有所改善，正现金流的时间段也得到增加。据中纤网统计（图 8），2014 年，涤纶短纤平均现金流为 123 元/吨，最高为 681 元/吨，最低为-478 元/吨。而 2013 年涤纶短纤平均现金流为-96.8 元/吨，最高为 541 元/吨，最低为-299 元/吨。

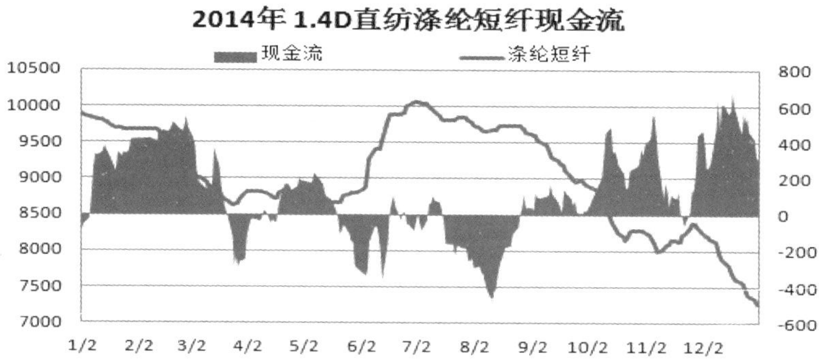

资料来源：中纤网

图 8　2014 年 1.4D 涤纶短纤价格和现金流走势图

2014 年涤纶短纤现金流处于正数的时间略超过处于负数的时间（表 9）。第 1 季度和第 4 季度现金流表现较好，多数时间处于正数状态，说明这段时期涤纶短纤行业盈利能力较强。第 2 季度和第 3 季度，涤纶短纤行业经营状况不佳，现金流在正负数之前转换，全年亏损最严重的时间段出现在 7 月底 8 月初。

表 9　2014 年涤纶短纤均价及现金流分月数据

单位：元/吨

月　份	1月	2月	3月	4月	5月	6月
涤短均价	9762	9449	8826	8794	8708	9617
现金流	267	466	70	47	26	-112
月　份	7月	8月	9月	10月	11月	12月
涤短均价	9894	9702	9230	8366	8181	7778
现金流	-87	-218	75	315	201	484

资料来源：中纤网

2014年，涤纶短纤月均现金流有9个月为正数，而2013年仅2个月为正数，由此反映出2014年涤纶短纤行业经营状况得到一定改善。在月均现金流为负数的3个月中，8月亏损最严重，超过200元/吨。

（二）涤纶短纤产能扩张均衡

2012~2014年，涤纶短纤行业迎来新产能投产集中期，除去淘汰产能及长期停车产能，2012~2013年累计新增有效产能在52万吨左右。2014年，涤纶短纤产能继续在合理区间扩张，新增产能35万吨，总产能（有效产能）达到654万吨左右（表10）。

表10　2014年国内涤纶短纤新投产项目

企业名称	投产时间	产能（万吨）	备注
山东华鸿	2014年5月	12	新装置
福建锦兴化纤	2014年10月	15	新装置
厦门泓信	2014年5月	2	新装置（低熔点短纤）
宁波大发	2014年10月	6	新装置（低熔点短纤）

资料来源：中国化学纤维工业协会聚酯及涤短专委会

（三）原料PX、PTA、MEG供求情况

PX：国内自给率仍在降低

2014~2015年，国内计划新增PX装置产能415万吨，PTA同期也将新增525万吨规模。PX供应紧张局面或将持续到2015年后半期才能有所缓解。未来，PX国产货扩能势头缓慢，但需求强劲，国内PX的自给率将进一步降低，产业链利润向上转移的现状难以改变。

而2014年亚洲市场PX供需关系却转变为饱和甚至过剩，2014年亚洲PX产能约4147万吨，亚洲PTA产能约6500万吨，PX产量（开工7.5成）约3110万吨，PTA产量（开工6.8成）约4420万吨，PX需求量（0.66吨PX产1吨PTA）约2917万吨。由此可以看出，有193万吨的PX属于供应过剩，原因是2014年PX产能增加较快，其中韩国增加330万吨/年，分别为三星道达尔位于大山的100万吨产能，SK公司旗下位于仁川的130万吨产能，以及SK与JX合资位于蔚山的100万吨产能。印度石油天然气公司增加92万吨产能；新

加坡裕廊芳烃增加80万吨产能；中国彭州石化新增65万吨产能，2014年共计增加567万吨PX产能。尽管下游PTA企业产能也有所增加，但PTA全年平均开工6.8成左右，因此从下半年开始亚洲PX供应略显过剩。

PTA：开始过剩（表11）

表11　2014~2015年中国新增PTA产能

企业名称	产能（万吨）	地点	投产时间	备注
2014年实际投产				
翔鹭石化（二期）	450	漳州	2014年4月	
盛虹石化（虹港石化）	150	连云港	2014年7月	
江阴海伦	240	江阴	2014年9月	80%负荷
合计	**840**			
2015年计划投产				
珠海BP（三期）	125	珠海	2015年一季度	
四川晟达	100	南充	2015年6月投产	2014年7月试产
恒力石化（三期）	220	大连	2015年二季度	建设完成
雅鹿石化	240	如皋		
汉邦石化	220	江阴	2015年四季度	
台湾进东	100	扬州仪征	2014年底	进度推迟
合计	**1005**			

资料来源：中国化学纤维工业协会

2014年，国内PTA产能继续增长，包括翔鹭石化、盛虹石化、江阴海伦等3家企业840万吨产能相继投产，国内产能突破4400万吨。2013年PTA行业平均开工率73%左右，而2014年行业开工率进一步下滑至70%左右。

MEG：供应有所增加，仍旧紧平衡

表12　2014~2015年中国新增乙二醇产能

企业名称	产能（万吨）	工艺路线
四川石化	36	乙烯法
新疆天业	20	CO氧化偶联法
中科合资	40	乙烯法
亿利资源集团	30	CO氧化偶联法
黔希化工	30	CO氧化偶联法
永城永金	20	CO氧化偶联法
洛阳永金	20	CO氧化偶联法
惠生集团恒源化工	30	CO氧化偶联法
开滦集团（内蒙古）化工	40	CO氧化偶联法
郑州中大生物化工	16.7	生物法
三江石化	20	MTO
中国石化湖北化肥分公司	20	合成气制乙二醇
合计	**322.7**	

资料来源：瑞达中报

2014年国内乙二醇产能也有扩大（表12），新疆天业、中科合资、三江石化等11家企业陆续投产，合计新增产能322.7万吨。同时可看出，新增MEG的工艺路线多为CO氧化偶联法，约190万吨，这种煤制乙二醇的在各种性能指标上，还不能用于聚酯生产，聚酯领域的乙二醇供应量仍属于紧平衡。

当前全世界以石油制乙二醇的生产企业依然占主流，煤制乙二醇仅为5%。不过当初发展这一技术时，国际油价呈现长期上升、煤价下跌的态势，煤制乙二醇的应用前景在那时看来相当的广阔。在2013年，随着煤制乙二醇技术的逐渐成熟，企业加快了投产的步伐。然而，2014年油价大幅下跌近50%，再加上包括页岩气油等新能源的开采，低油价似乎将成为常态。这不利于煤制乙二醇技术的发展、生存。

据测算，当原油价格在90～100美元/桶之间时，煤制乙二醇有非常好的竞争优势；在80～85美元/桶之间时，煤制乙二醇仍有一定的生产利润可言，当国际原油价格在70～75美元/桶时，煤制乙二醇只能是在微利中生存。可是最近一段时间里国际油价已经下降至60～65美元/桶，甚至以下的水平，煤制乙二醇的竞争优势已经荡然无存。2015年这一因素将严重抑制国内煤制乙二醇企业的产量。

（四）下游需求不足，产量与出口增速下降

2014年1~11月，涤纶主要下游产品如化纤纱、化纤布、非织造布的产量同比均有所增加，其对主要纺织原料涤纶的需求也在增加。而帘子布、印染布的产量同比却有所减少。与前两年相比，大部分产品的产量增速逐步下降（表13）。

表13　2014年1~11月化纤下游产品产量增速对比

名称	2014年1~11月同比增速（%）	2013年增速（%）	2012年增速（%）
纱	6.43	8.28	9.80
布	0.55	5.65	11.56
其中：色织布	0.67	6.01	-0.68
其中：1、棉布	-2.63	5.83	13.15
2、棉混纺布	5.46	6.16	11.23
3、化学纤维布	4.39	4.94	8.27
印染布	-0.52	-2.47	-2.06
帘子布	-8.88	12.27	23.08
非织造布（无纺织物）	9.36	11.54	10.16

资料来源：国家统计局

从纺织出口看，2014年1~12月中国纺织品服装出口2999.78亿美元，同比增长5.19%，化纤制产品出口1442.49亿美元，同比增长11.32%。从数据看，纺织品服装和化纤制产品的出口增速均比2013年有所下降（表14）。

表14　2014年全国纺织品服装出口情况表

	纺织品服装出口额（亿美元）	同比（%）	其中：化纤制产品（亿美元）	同比（%）
2011年	2541.23	19.87	1114.18	26.72
2012年	2625.63	3.32	1151.24	3.33

续表

	纺织品服装出口额（亿美元）	同比（%）	其中：化纤制产品（亿美元）	同比（%）
2013年	2920.75	11.24	1295.86	12.56
2014年	2999.78	5.19	1442.49	11.32

资料来源：中国纺织工业联合会

（五）贸易摩擦风险进一步加剧

由于近年中国聚酯涤纶产品（含再生）质量、品种与竞争力不断提升，出口量大幅增加，2014年涤纶短纤出口总量为89.10万吨，同比增长21.43%。

欧盟于2013年12月19日立案对中国出口的聚酯短纤进行反补贴调查，（涉案产品海关编码为5503.2000）。调查期为2012年10月1日到2013年9月30日，涉案企业主要是国内涤纶短纤原生和再生企业。2014年12月17日，欧盟对原产于中国的聚酯短纤维作出反补贴终裁：由于自中国进口的涉案产品的补贴为微量，因此决定取消对中国的聚酯短纤维的反补贴调查。

此次虽对欧盟的反补贴应诉涉险过关，但随着涤短品种出口的多元化，在调查发起国中，除欧盟、美国等传统市场外，新兴经济体内化纤产业的发展及我国出口商品在以上市场的竞争加剧，印度、土耳其、巴西逐渐成为发起调查的主力军，其他新兴市场如阿根廷、南非也有后来居上的趋势。

汇率、利率也将是涤纶产品出口要考虑的因素，截至2014年最后一个交易日，2014年人民币中间价累计下跌0.36%，人民币即期汇率累计下跌2.42%，远期汇率也有贬值趋势。加上与我国在出口市场上形成主要竞争国家的货币却在过去的一年中“集体”贬值，汇率改变单项升值的预期，利率预期下调，造成人民币相对主要贸易区货币升值，影响产品出口。

（六）排放标准、行业准入更趋严格

聚酯涤纶行业也面临不断趋严的行业准入，用地、能耗、融资限制、排放标准的压力，中国新一届政府坚决向污染宣战，强化了国家在节能环保方面的决心和立场。监管标准不断提升，监管范围扩大，行政执法力度加强。各种标准不设过渡期、污染物总量减排任务较重等客观情况，与广大中小微型纺织企业有限的应对能力形成矛盾，行业急需获取资金、技术投入以及管理经验、公共服务等支持，增强可持续发展能力。

三、2015年行业运行预测

（一）宏观经济

1. 国内

在新常态下，2014年以来，纺织行业呈现出新特征。一是增长速度放缓，生产、出口、投资、内销、利润等各项运行指标增速较前几年放缓，下半年已呈现更为明显减速态势，行业发展速度逐年放缓成常态，进一步深入推进转型升级仍面临着较大的压力。二是矛盾、困难和挑战加大，国内棉花市场形势复杂、内需市场增长明显放缓、综合成本持续上升、国际竞争更趋激烈等一系列严峻挑战仍待化解，行业自身在原料、产能、产业整合、节能减排等方面的内在结构性矛盾也亟需加以解决。

从全年来看，国内外宏观环境基本平稳，市场基本面没有明显恶化表现，国家稳增长、调结构、惠民生、防风险相关宏观调控政策对行业总体有利。但纺织行业要继续保持平稳运行态势，仍需有效化解各种风险矛盾，加快推进自身转型升级仍是根本发展任务。

2. 国际

2014年世界经济总体呈现见底企稳迹象，但是动力不足、基础不稳，复苏不明显；尽管美国、德国、英国等经济增长有局部明显复苏势头，但是新产业并没有成规模出现；而新兴经济体普遍存在传统比较优势衰减，要素驱动型增长模式面临着创新转型。2015年世界经济增长仍面临诸多不确定性因素的影响。首先，美元强势或将引发新兴经济体外资的大量撤离；其次，地缘政治的持续恶化导致以石油为主的国际能源价格持续下跌，可能会使全球经济陷入低利率、低通胀、低增长三者相互加强的循环；再次，欧洲货币政策的不平衡性、日本经济政策的内在矛盾都增加了全球经济复苏的不确定性。

当然新兴经济体启动的结构性改革与创新或将为全球经济复苏提供新动力带来一些亮点。加上以中国“一路一带”为主的经济增长新战略、以页岩气革命为代表的新能源及工业4.0为核心的新工业方式有望为全球经济复苏打开新空间。

2015年国际市场仍长期处于金融危机后缓慢复苏周期，但也要看到国内外消费市场、消费需求、消费方式的变化也越来越快，对化纤纺织企业的适应能力提出了新要求。正确把握并围绕国内外市场需求，扎实做好研发设计、产品以及管理等各项基础工作，推进科技、品牌、营销、管理等创新的任务十分紧迫。

无论如何，对于企业或者市场参与者而言，2015 年全球宏观经济形势的变化仍会对聚酯行情起到较大的决定作用，需要密切关注和及时规避风险！

（二）财税政策调整

1. 中国人民银行决定，自 2014 年 11 月 22 日起下调金融机构人民币贷款和存款基准利率。持续向市场定向注入流动性，再配合公开市场明确的正回购利率下调，已释放出明显的宽松信号，正引导货币市场不断宽松，利率走低。

2. 财政部、国家税务总局联合下发通知，自 2015 年 1 月 1 日起，调整部分产品的出口退税率，其中，部分纺织品服装的出口退税率达 17%，实现全额退税。预期 2015 年纺织行业运行将保持平稳增长的发展态势。

（三）原油

2014 年全球油价跌幅接近 50%，本轮油价下降将导致化工、纺织等相关行业运行带来变数，预计 2015 年，原油市场需求会继续维持弱势，全年日均原油价格会在 100 美元/桶以下。

（四）棉花

我国的棉花收储政策导致国内棉花价格长期处于高位，与市场严重脱节，虽然 2014/2015 年度实行新的直补政策，棉花价格有所回归，但和涤纶短纤的价差依旧较大，涤纶短纤的价格优势明显。棉价下跌将会对涤纶短纤造成一定压力，但影响不会太大。

（五）聚酯和涤纶短纤运行预测

对于聚酯产业链来说，低油价将有利于扩大产品价差，给化纤企业带来盈利空间，由于原料等大宗商品在 2015 年将保持低价位，涤纶短纤全年平均价格重心将较 2014 年降低。

1. 市场：从涤纶短纤行业本身来看，从 2013 年便出现新产能一边投产，同时落后产能遭淘汰的迹象，2014 年表现尤为明显，部分装置受各种因素影响处于长期停车状态，这种现象在 2015 年或将继续。近 3 年福建市场有大量涤纶短纤新产能投放，随着当地市场竞争加剧，江浙厂家逐渐退出福建市场，将重点转向福建周边和北方地区，并且有更多的涤纶短纤厂家参与到积极拓展海外市场中来。

2．产量：预计 2015 年直纺涤纶短纤受原料价格低位影响，产品易被下游接受，行业负荷运行状态将有所提升，年平均负荷较上年高出 10%~15%。

3．进出口：预计涤纶短纤产品出口继续增长，出口量约 100~120 万吨；进口量约 10~12 万吨，同比有所减少。

4. 经济效益：受多种因素的影响，2015 年涤纶行业利润率将会略好于 2014 年，预计涤纶全行业利润总额在 120~130 亿元之间。

2014年中国聚酯瓶片行业运行分析与2015年运行预测

中国化学纤维工业协会非纤用聚酯专业委员会　张凌清

2014年，聚酯瓶片行业在内需供应饱和以及下游整体需求增速有限的情况下，仍是以外销为主，产能虽有增量，但开工较为理性，聚酯瓶片企业运行基本较好。自有PTA配套的聚酯瓶片企业，一是由于2014年我国PTA产能供应扩大致使PTA价格持续处于低位，导致瓶片企业“意外”地获得了成本优势；二是由于韩国、台湾等主要出口竞争国同样由于PTA亏损的压力，降低PTA乃至聚酯（当地聚合体产能多为瓶片为主）的开工率，致使其生产能力减小；三是，我国部分厂家今年内销企稳的情况下加大了出口。几种因素叠加，促使今年瓶片的整体出口量继续加大。

一、2014年聚酯瓶片行业运行基本情况

（一）行情先抑后扬再走跌，但市场状态略好于上年

2014年，我国聚酯瓶片市场受原油、石脑油的牵制更显紧密，特别是PX上半年表现脱离原油行情，下半年又高度相关。而PTA、MEG行情更直接牵制聚酯瓶片运行。2014年国内聚酯瓶片产能共增加95万吨，投产时间基本都是在上半年，由于一方面其本身开工相对略低，加之多套装置仍长期停车，新增产能的压力不大。

2014年上半年，聚酯瓶片原料供应扩大，下游基本跟随PTA步伐价格持续走低，5月中到6月末，由于PTA改变计价方式，瓶片价格急速回升，基本处于盈利的阶段。7月份开始，瓶片价格开始走低，7~8月份亏损较为严重，之后原油价格持续走低，成本回落，情况出现扭转（图1）。

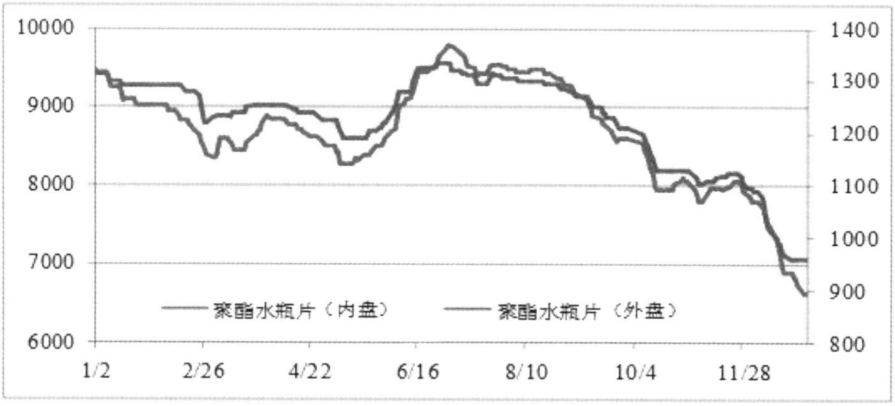

资料来源：中纤网

图1　2014年1~12月国内聚酯瓶片市场价格走势

（二）聚酯瓶片产能、产量、开工率、库存

至2014年底，国内瓶片基本由13家大中型企业生产，实际产能854万吨/年，有效产能735万吨/年，产量约为559.6万吨，同比微长1.17%。平均开机率约79%。

1. 产能、产量、开工率

2014年，聚酯瓶片累计产量为559.6万吨，平均月产量与2013年基本持平。但2014年淡季不淡、旺季不旺的情况较为明显，如在2-3季度传统行业旺季内，聚酯瓶片月平均生产能力仅为46.6万吨，较上年同期的将近50万吨下降了近3.5万吨；而第一季度在传统的行业淡季的情况下，月平均生产量则达到46.8万吨，与上年同期相比增长了7.8万吨；10月和11月份虽然装置变化较大，但与往年临近淡季，厂家开始减停产的情况相比，2014年由于瓶片价位较低，下游积极备货，故而整体开工仍保持在高位，11、12月份的开工率仍然高达82.3%、83.9%，而2013年则只有56%、67.8%（详见表1和图2）。

表1　2014年1~12月中国聚酯瓶片产量和开工率统计

	1月	2月	3月	4月	5月	6月	7月	8月	9月	10月	11月	12月
产量（万吨）	47.1	43.7	49.5	49.4	51.8	45.1	47.0	42.5	39.7	43.0	48.9	51.9
开工率（%）	88.4	82.1	84.1	83.1	84.4	75.9	76.5	69.2	66.8	70.0	82.3	83.9

来源：中纤网、中国化纤工业协会非纤用聚酯专委会

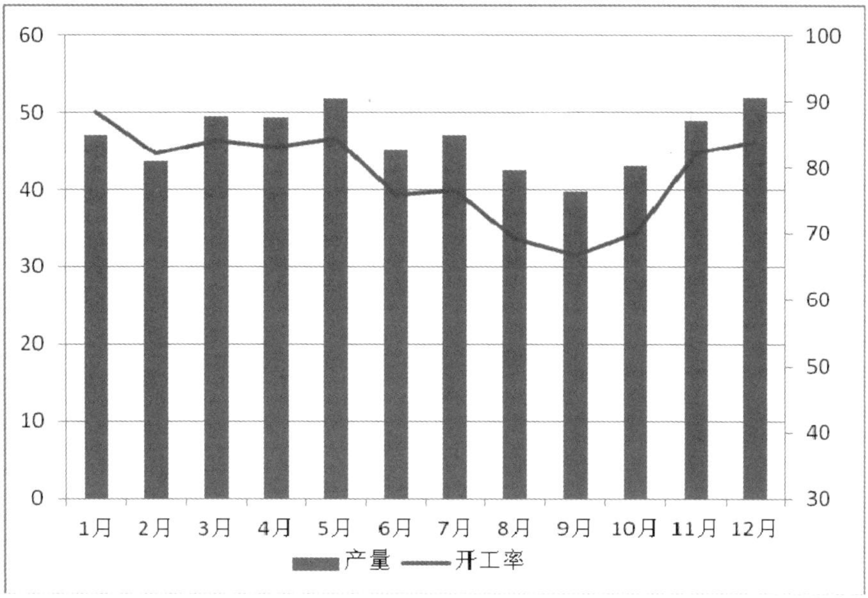

图 2　2014 年 1~12 月中国瓶片单月产量和开工率

2. 市场格局

2014 年中国聚酯瓶片市场格局略有变化，产能方面持续扩增，有效产能相对往年明显集中，主要是三房巷、华润、逸盛石化、中石化、腾龙、万凯、远纺、泛亚等龙头企业，特别是广东泰宝，从 2014 年起加大出口量，其出口量占其总产量的 70%以上，且主要以接 Indorama 的外单为主，而 Indorama 面向全球发货，通过 Indorama 发往阿尔及利亚等地的出口量上升明显。同期海南盛之业 24 万吨装置、辽化 10 万吨装置、宁波 SK 振邦 15 万吨装置等因为各种原因均未开启；另外江苏恒力 40 万吨装置、珠海裕华 15 万吨装置等继续选择生产其它聚酯切片；至于新增装置，宝生的 15 万吨以及安阳龙宇的 30 万吨装置整体开工偏低，海南逸盛新投产的 50 万吨装置基本处于停车状态，故而多数时间内市场受新增产能的影响其实并不大。进入 12 月，陆续有装置进入检修，同时也有多套装置存在重启可能（表 2）。

表2　2014年底中国聚酯瓶片有效产能

公司名称	产能（万吨/年）	备注
江苏三房巷集团	150	2013年新上30万吨
华润化工控股有限公司	130	其中珠海30万吨
中石化仪征化纤股份有限公司	40	
中石化海南盛之业高新技术有限公司	24	2013年7月起已全停
浙江万凯新材料有限公司	65	
珠海裕华聚酯有限公司	15	未开瓶片
远纺工业（上海）有限公司	55	
广东泰宝聚合物有限公司	50	
江苏恒力化纤股份有限公司	40	未开瓶片
上海恒逸化纤有限公司	25	
四川省宜宾普拉斯包装材料有限公司	15	
腾龙特种树脂（厦门）有限公司	24	
海南逸盛石化有限公司	100	50万吨2014新投产
宁波SK振邦化学有限公司	15	长期停车
中石油辽阳石油化纤公司	10	长期停车
南亚聚酯长纤（昆山）股份有限公司	15	长期停车
广州泛亚聚酯有限公司	30	
新疆蓝山屯河聚酯有限公司	6	
扬州宝生聚酯科技有限公司	15	2014新投产
安阳龙宇聚酯材料厂	30	2014新投产
合计	854	有效产能730

资料来源：中国化纤工业协会非纤用聚酯专委会

聚酯瓶片因投产速度快、启动资金相对较少，成为部分新投产 PTA 厂家配套下游一体化建设的首选，而既有瓶片生产线的厂家则为了自保，不得不被动地选择扩产。但鉴于2013年瓶片的总产能已然十分巨大，2014年厂家对于新装置投产相对谨慎，新产能投放量也与上年相近。2月上旬时，海南逸盛一套50万吨新装置升温投料，2月中旬，扬州宝生15万吨装置升温投产（此套装置从2013年推迟至2014年）；而最后一套30万吨的新装置则是由安阳龙宇在4月初时投产的。至2014年12月没有其它将要投产的新装置，但已有装置的是否计划开工情况不明，目前已有计划开工的是一套50万以及一套30万吨装置。

3. 库存

据测算，2014年年末因瓶片偏低，下游抢先屯货，社会库存虽有下降，即便以半个月的合理库存核算，社会库存取25万吨左右，属正常偏低合理水平。由于各企业操作风格不一，库存和资金状况各异，工厂销售策略和心态也有所差异，总体弱势心态仍在。

（三）聚酯瓶片进出口

1. 瓶片出口（表3~表6）

2014年聚酯瓶片出口能力显著提升，1~12月，出口212.5万吨，同比增加19.56%，占聚酯切片出口量的92.2%。日本仍是最大接受市场，交易量为28.64万吨，同比增加20.63%，占聚酯瓶片出口总量的13.47%，位居第一；对印度出口6.61万吨，同比大增119.05%，增幅居首，但仅占聚酯瓶片出口总量的3.11%；对美国、俄罗斯和菲律宾分别出口15.42、14.25和9.46万吨，分别大涨93.51%、59.95%和70.4%，分别占7.2%、6.7%和4.45%。由于远洋海运费急剧上涨等因素影响，再加上东盟贸易合约，2014年我国出口向东盟地区的量相当可观，其中菲律宾和印度尼西亚分别以9.46万吨以及7.71万吨的总量占据第四和第六的席位。而由于乌克兰方面局势不稳，对乌克兰的出口同比减少了24.35%，为8.24万吨。

2004年11月中国与东盟自由贸易区签署《货物贸易协议》，中国和东盟六国间（东盟老成员：文莱、印尼、马来西亚、菲律宾、新加坡和泰国）的协定关税将逐年内降低，最终在2012年1月1日降为零，故而自2011年开始，我国向泰国、菲律宾、马来西亚、印尼输出的聚酯瓶片量便逐月递增。而中东地区以及非洲地区近两年的需求量亦极为庞大。同时，由于周边的竞争国其本身的成本压力以及我国瓶片的成本优势，今年出口向近洋地区的量亦在增加。

表3　聚酯瓶片分国别或地区出口

	出口数量			出口金额		
	2014年（吨）	去年同期（吨）	同比（%）	2014年（万美元）	去年同期（万美元）	同比（%）
总计	2125047.3	1777447.0	19.56	265482.9	252596.8	5.10
其中：日本	286377.9	237404.7	20.63	36046.9	33801.4	6.64
美国	154188.8	79682.0	93.51	19360.6	11522.8	68.02
俄罗斯	142484.8	89078.7	59.95	17811.1	12474.7	42.78
菲律宾	94601.4	55517.3	70.40	11936.3	7770.3	53.61
乌克兰	82403.0	108920.0	-24.35	10254.1	15576.4	-34.17
印度尼西亚	77147.8	60186.7	28.18	9634.3	8440.2	14.15
秘鲁	73020.0	51687.0	41.27	9311.2	7405.6	25.73
尼日利亚	68236.8	50103.1	36.19	8268.4	7049.2	17.30
南非	67400.4	46028.5	46.43	8446.4	6553.4	28.89
印度	66109.8	30179.6	119.05	8274.9	4269.9	93.80

来源：据海关总署数据整理

聚酯瓶片出口贸易方式以加工贸易为主，占出口总量的99.28%，其他贸易方式的出口量很少。

表4　聚酯瓶片分贸易方式出口

	出口数量			出口金额		
	2014年（吨）	去年同期（吨）	同比（%）	2014年（万美元）	去年同期（万美元）	同比（%）
总计	2125047.3	1777447.0	19.56	265482.9	252596.8	5.10
一般贸易	14168.5	6829.1	107.47	2160.5	1133.0	90.69
加工贸易	2109898.5	1766803.7	19.42	263099.1	250852.4	4.88
保税区	892.2	3779.4	-76.39	210.4	606.3	-65.30

来源：据海关总署数据整理

表5 2014年1~12月中国瓶片单月进出口数量及单价

	进口数量（万吨）	平均单价（美元/吨）	出口数量（万吨）	平均单价（美元/吨）
1月	0.19	2194	16.4	1329
2月	0.23	2109	14.8	1312
3月	0.27	1945	22.1	1285
4月	0.24	2128	20.2	1249
5月	0.31	2050	19.7	1240
6月	0.39	1833	17.9	1224
7月	0.34	2122	16.7	1256
8月	0.39	1817	16.9	1288
9月	0.33	1948	12.1	1292
10月	0.25	1970	16.3	1247
11月	0.28	1989	21.9	1176
12月	0.22	2027	17.6	1132
合计	3.44	2011	212.6	1253

来源：据海关总署数据整理

表6 2009~2014年以来聚酯瓶片单月出口情况

单位：万吨

月/年	2009年	2010年	2011年	2012年	2013年	2014年	2014/2013年增幅（%）
1月	4.2	40	3.9	6.7	10.5	16.4	56.19
2月	4.3	3.0	5.8	8.3	9.8	14.8	50.87
3月	5.4	6.5	10.4	13.1	16.3	22.1	35.58
4月	6.4	7.8	10.8	10.31	15.7	20.2	28.66
5月	6.2	8.7	10.1	9.74	17.3	19.7	13.87
6月	5.8	6.2	11.0	10.21	15.8	17.9	13.29
7月	5.9	5.6	9.4	9.72	19.3	16.7	-13.47

续表

月/年	2009年	2010年	2011年	2012年	2013年	2014年	2014/2013年增幅（%）
8月	4.0	6.3	7.5	9.64	16.1	16.9	4.97
9月	3.8	6.7	6	10.9	13.3	12.1	-9.02
10月	4.7	6.4	5.4	9.3	12.6	16.3	29.37
11月	3.9	6.3	7.3	13.3	15.1	21.9	45.03
12月	4.6	3.3	8.0	13.1	16.1	17.6	9.32
合计	59.2	70.8	87.6	124.32	177.74	212.6	19.51

来源：据海关总署数据整理

2. 瓶片进口

从2006年起，由于世界生产技术的不断发展，一些特殊规格的瓶级切片进口数量的增加（表7和图3），导致了进口市场气氛逐年提升。但进口量与出口量相比，增速仍极为缓慢。近年来，中国进口的聚酯瓶片主要来自于中国台湾、韩国、马来西亚和日本，2014年共进口瓶片3.44万吨，从这四个地区的进口量仍然高达总进口量的68.5%左右，与2013年全年进口量占总进口量的比例基本持平。

表7　近年瓶片主要进口国别或地区

进口数据	2011年		2012年		2013年		2014年	
	进口量（吨）	报关均价(美元/吨)	进口量（吨）	报关均价(美元/吨)	进口量（吨）	报关均价(美元/吨)	进口量（吨）	报关均价(美元/吨)
中国台湾	5653	1303	8992	1217	7706	1429	6236	1434
韩国	4807	2436	11105	2400	16841	2269	16476	2267
马来西亚	2066	2415	1269	2773	984	2659	524	2893
日本	651	4966	414	3696	270	3376	394	3023
其它	7097	2900	12094	2582	12198	1734	10823	2616
合计	20274	2026	33874	1909	37999	1945	34453	1993

来源：据海关总署数据整理

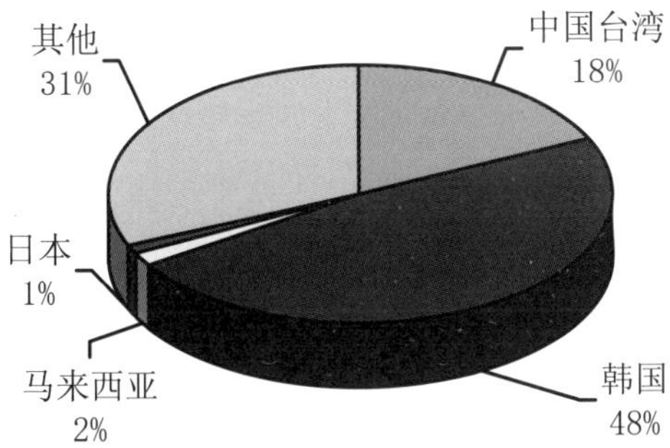

图 3　2014 年瓶片主要进口国别或地区

2014 年，韩国仍然是我国进口聚酯瓶片最大的输入国，从韩国进口的聚酯瓶片达到进口总量的 48%，较 2013 年上涨了约 15 个百分点，而中国台湾则以 18%的占有率屈居第二，较 2013 年下跌 8.4 个百分点。

（四）聚酯瓶片行业利润

长期以来，聚酯瓶片市场以有别于涤纶化纤行业的销售模式而独立于聚酯产品链内。因其终端产品的季节性因素，淡旺季特征极为明显，使得其刚性需求更为恒定，买方市场也易于掌控自己的采购时期，大部分为波段式采购，造成了瓶片供应商在定价权上的被动立场。相比涤纶化纤市场多在 7~10 天左右的一个备货周期，处在快消领域内的饮料行业备货周期往往会被拉长至 1~2 月，有些大厂诸如可口可乐、百事可乐等的备货期甚至会提前一个季度以上。由此也造成了瓶片工厂在售出大单时对于价格的把握上包含了更多的预测性，一旦原料行情出现大幅暴涨的情况，低价出单、高价成本结算的双重压力轻易就能让瓶片厂家全年利润化为乌有。

另一方面，从成本转嫁的力度来看，瓶片行业要远难于聚酯化纤行业。瓶片价格每上涨千元，以 500mL 左右的瓶坯来计，相当于增加了 0.14 元的成本压力，而这 0.14 元再向饮料消费者传导，竞争激烈的快消市场，饮料售价很难快速调整，所以这 0.14 元成本将由吹瓶厂或者饮料厂家来消化。而现阶段瓶片市场的话语权落在上下游，故而瓶片生产厂家无疑成为了被动承受着。

2014 年国内瓶片企业现金流总体状态相比 2013 年明显好转，全年聚酯瓶片整体呈现先抑后扬再走跌的趋势。2014 年聚酯水瓶片现金流从去年整年的

-51元/吨上升为59.6元/吨，成功扭亏为盈，全行业利润约在3亿~3.5亿元。2014年平均月合同利润为-291.7元/吨，相比2013年的-422.0元/吨上升了130.3元/吨。2014年5月下旬至8月底，聚酯水瓶片现金流亏损，平均利润仅仅为-120.7元/吨，其中8月份是盈利能力最弱的一个月，整月的亏损达-203.2元/吨。除此之外的其余时间内，聚酯水瓶片整体表现尚可，其中10月份月均盈利高达323.0元/吨，它的合同利润也相对较好；与2013年同期形成鲜明对比，2013年10月份是当年盈利最为艰难的一个月（图4和图5）。

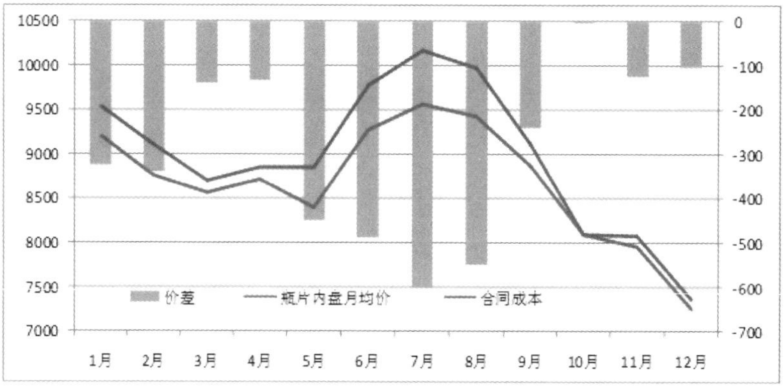

注：取PTA/MEG中石化结算价及CCFEI聚酯水瓶片月均价进行测算。

资料来源：中纤网

图4　2014年聚酯水瓶片月合同成本利润图（单位：元/吨）

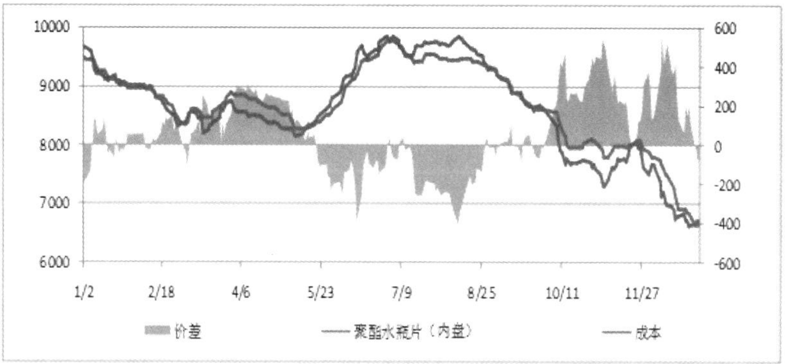

注：取现货PTA/MEG日均价进行测算。

资料来源：中纤网

图5　2014年聚酯水瓶片现金流利润图（单位：元/吨）

（五）聚酯瓶片国内需求消费情况

目前我国瓶装饮料的消费仍低于世界平均水平，随着居民生活水平的不断提高、消费能力的增强，我国瓶装饮料的消费量还有很大的增长空间，继而带动瓶片产量的需求。

2014 年我国的居民消费价格指数（CPI）基本在 1.6~2.5 之间来回震荡，但较之上年，总体略呈跌势，导致 2014 年聚酯瓶片内需增长不及预期。据统计，1~12 月聚酯瓶片产量累计为 559.6 万吨，出口 212.6 万吨，进口 3.44 万吨，库存约 25 万吨，表观需求仅 375.44 万吨，同比增长 9.1%（表 8 和表 9）。

表 8　2010~2014 年聚酯瓶片各相关下游饮料生产总量

	单位	2010 年	2011 年	2012 年	2013 年	2014 年
总产量	万吨	9984	11800	13024	14927	16677
增长率	%	18	22	12	11	5
瓶装水	万吨	4250	4789	5563	6651	7816
增长率	%	22	13	19	13	9
茶/果汁/功能	万吨	3503	2405	2422	—	—
增长率	%	28	-31	-6	—	—
碳酸饮料	万吨	1265	1606	1311	1718	1810
增长率	%	1	27	-1	22	2

资料来源：国家统计局

表 9　2009~2014 年聚酯瓶片表观消费量

	单位	2009 年	2010 年	2011 年	2012 年	2013 年	2014 年
产量	万吨	273	339	401	467	533	559.6
进口量	万吨	3.3	2.0	2.1	3.4	3.8	3.44
出口量	万吨	59.2	70.6	95.5	124.2	177.74	212.6
内需量	万吨	210	260	304	330	359.16	350.44
内需增长率	%	23.5	23.8	16.9	8.6	8.7	-2.4

资料来源：中纤网

1. 聚酯瓶片在饮料行业中的应用情况

从消费类型来看（图 6），2014 年聚酯瓶片仍然主要消耗在饮料灌装上，其中瓶装水包装用量累计达 172.5 万吨，占内需消耗总量的 49%，较去年同比增加 2%；热灌饮料包装用量约为 66.9 万吨，约占内需消耗总量的 19%，与去年同比持平；碳酸饮料包装用量下降，总量为 42.2 万吨，占内需消耗总量的 12%，较去年同期下降 2%；食用油包装用量约为 28.2 吨左右，占内需消耗总量的 8%，与去年同期持平；此外，胶片用量约为 42.2 万吨，占内需消耗总量的 12%。

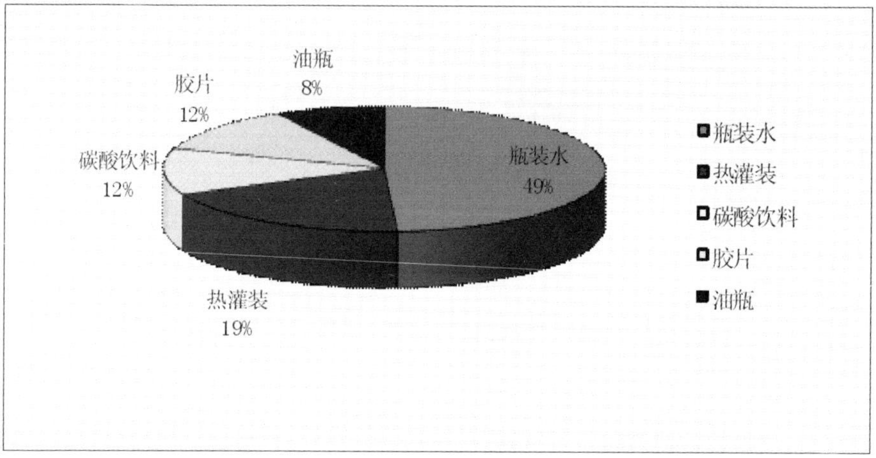

图 6　2014 年全国聚酯瓶片内销消费类型分析

从消费地区来看，2014 年华东地区内需消费量预估为 141 万吨，占消费量的 40%左右；华南地区内需消费量预计为 130 万吨，占全国消费量的 37%左右；华北地区内需消费量预计为 42 万吨，占全国消费量的 12%左右；华中/华西地区内需消费量约为 39 万吨，占全国消费量的 11%左右。整体分布量较去年变化不大，华北地区略有缩减。而相比全国聚酯瓶片产能分布，今年华南、华中地区的产能均有增加，华南地区的产能已经相当可观，故而这也是未来几年新增产能向中、西部地区转移的一部分原因；另外 2014 年华北地区的有效产能因有装置出现长期停车而减少，后期华北地区亦有新产能计划补充此空缺。

表 10　国内部分饮料厂家全年累计聚酯瓶片需求量

厂家名称	属性	需求量（万吨）
可口可乐	饮料厂	58
珠海中富	吹瓶厂	18
紫江企业	吹瓶厂	50
康师傅（顶新集团）	饮料厂	65
娃哈哈	饮料厂	45
汇源	饮料厂	18
东海粮油	油厂	18
农夫山泉	饮料厂	18

中国本土饮料企业大都实行分散经营，规模一般比较小；企业资金不足、融资渠道单一、技术含量低以及自身实力不强等因素也制约着其市场空间的拓展。然而随着市场的日趋国际化以及本土饮料企业多年来的品牌经营，也逐渐形成一定规模忠实的品牌消费群体，为新时期企业产品及市场的拓展创造有利条件。中国饮料企业在未来相当长的时间内将面临更为广阔的市场和更好的发展环境。国内部分饮料厂家全年累计聚酯瓶片需求量见表 10。

2. 聚酯瓶片在片材行业中的应用情况

片材市场是聚酯瓶片一个潜在的市场，日本每年进口约 40~45 万吨水瓶片全部用于生产以包装电子产品为主的片材。而目前我国的片材市场还在大量使用 PVC 材料，由于 PVC 材料会分解出有毒的邻苯二甲酸甲酯，因此随着国际社会对环保要求的提高，对用 PVC 材料包装的产品征收的环保回收费用会比用 PET 材料包装的产品征收的环保回收费用高 100%。我国出口到发达国家的产品包装已逐渐升级到 PET 片材包装，但出口到非发达国家和国内内销产品的包装还在大量使用 PVC 片材，因为 PVC 产品相较 PET 产品价格低廉。

聚酯薄膜的厚度可以从 1μm 到 400μm 不等，同时其具有无毒无味、使用温度范围广、易改性、耐化学腐蚀以及良好的力学、光学、电绝缘性能等，使其成为应用最为广泛且最具发展潜能的塑料薄膜。根据薄膜的厚度区分，通常厚度在 25μm 以下称为薄型膜，主要用于包装；厚度在 25～65μm 的薄膜多用于护卡、胶带等；6μm 以下的超薄型膜主要用于加工电容器膜；65μm

以上的厚型膜则主要为了满足电工绝缘的需要。前两种膜一般称为通用膜，超薄型膜和厚型膜则用作特种膜。

目前市场上中等厚度（0.3~0.5mm）片材的利润空间非常小，相对而言，超薄和厚度在 0.6mm 以上的厚片有较好的利润空间，一般情况下，生产中等厚度的片材均使用水瓶片。随着国家对环保的重视，可以预见不久的将来 PVC 产品将被淘汰，据测算，2014 年 PET 片材需求约 60 万吨/年。

浙江欧亚薄膜材料有限公司主要生产双向拉伸聚酯薄膜，六条熔体直拉线年产聚酯薄膜 18 万吨。单体产能全球第一。熔体直接拉膜工艺全球首创，国际领先，超越美国杜邦公司，日本三菱公司。加上其在宿迁等地项目，产能国内老大。2014 年因浙江赐富集团互保资金链断裂被远东化纤集团托管。

福建百宏聚纤科技实业有限公司旗下的百宏高新材料实业有限公司进口高端德国多尼尔成套四条 BOPET（双向拉伸聚酯薄膜）生产线，生产各类功能性环保聚酯薄膜，2013 年底，首期年产 3.65 万吨的功能性环保聚酯薄膜生产线已经正式投产，2014 年因行情不佳停开。

江苏恒力集团旗下营口康辉石化有限公司第一期，21 万吨 7 条德国布鲁克纳熔体 BOPET 直接拉膜生产线，2014 年底已全部投产。其中部分生产线可生产规格 75~400μm 的厚膜，可生产保护、离型、电器绝缘、光学等中高端产品。该项目规划共 60 万吨 BOPET 薄膜项目，正在有序的加快安装步伐。

近年来国内已开始注重聚酯特种膜的研发生产，但由于受原料及工艺等技术壁垒限制，诸多企业虽有先进设备，却需要时间进行产品的功能性开发，无法立时投入生产。很多高端产品仍依赖国外进口，市场需求量缺口较大。特种膜包括绝缘材料用、电容器用、光学用等，对薄膜要求较高，竞争企业相对较少。国内市场主要参与者有东材科技、裕兴股份等专注于电容膜、太阳能背板基膜等。这类薄膜技术壁垒较高，需要投入研发力量，但是产品竞争相对缓和，需求稳定，附加值高，总体盈利水平明显高于通用膜市场。

二、影响瓶片行业平稳运行的主要因素

（一）以出口为导向，产能扩张超需求

2013 年，全球聚酯瓶片总产能达到 2930 万吨，而全年需求量仅为 1899 万吨左右，全球表观产能利用率仅为 69%左右，较 2012 年继续下降 8%。

2015 年中国华东地区最有可能投产的一套装置就是三房巷的 50 万吨/年的

新装置，浙江万凯的 40 万吨也存在少许可能性。在华南地区，随着 2014 年逸盛在海南的一套 50 万吨/年的装置的如期投放，目前市场供应偏于饱和，2015~2016 年相对有可能投产的仅剩华润珠海的一套 30 万吨/年的新装置。纵观今后几年的投产表(表 11)，未来行业在投产区域性选择方向上，正在逐步向中、西部地区转移。这主要是这几年国家开始着力资助中、西部地区的工业化生产，颁布了一些政策上的优惠措施；其次就是中、西部地区目前正在兴建一批大型石化项目配套 PTA 生产线、以及煤制乙二醇装置，后期该类型原料厂家的配套聚酯生产线也会首选聚酯瓶片项目。

但近几年瓶片市场产能持续的快速增长，市场需求提升速度远跟不上其投放速度，再加上资金等外部因素，多数新装置的投放时间极为不确定，如重庆蓬威、四川晟达、兰州沃德丰等。但远纺扬州项目、澄高江阴扩能项目均已经提上日程，而逸盛在宁波及大连还有各配套的 50 万吨瓶片项目有待竣工，所以我国瓶片产能全球霸主的地位依然难以撼动。

表 11　2015 年及之后预计新增产能表

企业名称	新增产能（万吨）	预计投产时间	备注
江阴三房巷	50	2015 年	新装置
浙江万凯	40	2015 年	新装置
珠海华润	30	2015 年后	新装置
逸盛大化	100	2015 年后	新装置
重庆蓬威	30	2015 年后	新装置
扬州远纺	85	2015 年后	新装置，其中 40 万吨转移至台湾投产，大陆只投 45 万吨
江阴澄高	70	2015 年后	新装置
厦门腾龙	50	2015 年后	新装置
四川晟达	30	2015 年后	新装置
安阳龙宇	50	2015 年后	新装置
沃德丰	60	2015 年后	新装置
2015 年计划新增	90		
2015 年后计划新增	465		

资料来源：中纤网

（二）原料PTA、MEG价格成本带动瓶片行情

由于瓶片价格和PTA市场具有很强的相关性，所以PTA市场的波动导致瓶片市场的不稳定，增加了企业的经营风险。2014年瓶片市场价格走势基本等同于PTA（图7），上半年一路震荡拉升，但下半年由于聚酯瓶片明显的旺季特征，7、8月高点过后，因油价带动PTA走跌，聚酯瓶片走势在10月底遇一波低价抢购而稍短暂企稳后，再一路单边下行到年终。

2014年MEG行情走势越发表现与下游相关性逐步提升，当聚酯负荷严重偏离供需平衡点负荷时，MEG社会库存将逐步增加，从而导致市场心态走弱，价格就回落；而当聚酯负荷较稳定地高于供需平衡点负荷之上时，市场心态修复能力加强，价格回升空间打开。

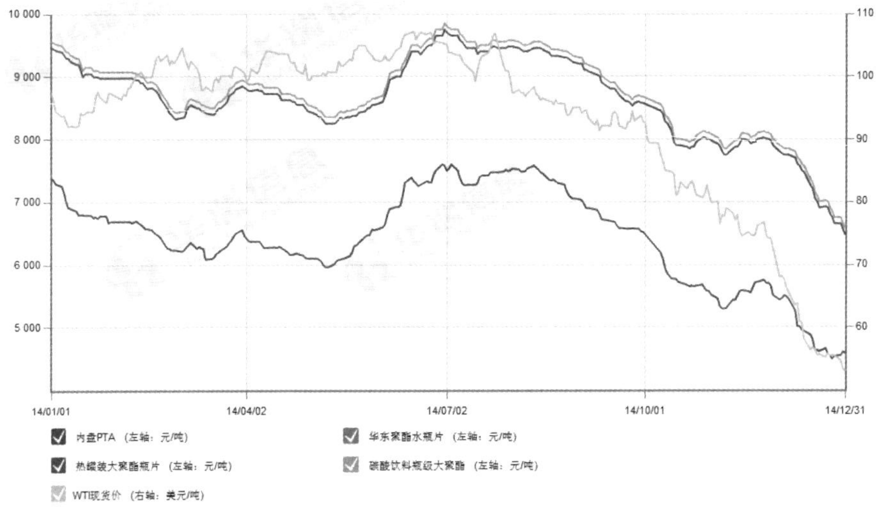

资料来源：中国化纤信息网

图7　2014年原油/PTA/瓶片价格走势图

（三）中东军团异军突起，全球聚酯瓶片供需格局发生衍变

从产需分布来看（表12），亚洲地区产能占全球聚酯瓶片产能的54%，但需求仅占全球总消费量的37%，供需矛盾突出；南美洲的大部分地区属热带雨林气候，常年气温较高，而且其发达程度远胜于非洲，是比较理想的聚酯瓶片市场。近几年，南美地区聚酯瓶片的消费一直以每年近10%左右的速度增长，

2013 年实际需求量接近 160 万吨，仍然需要依赖大部分的进口，而北美、韩国、中国台湾、中国大陆等国家和地区便是该地区主要的瓶片供应商；北美市场近年来该需求增速正在明显放缓，虽然后期产能扩增并不明显，但正在由传统的进口依赖性国家转型为出口型国家。而该地区主要的进口输送国印度、印尼、中国、泰国等国的输送方向亦要因此相应转移；东欧是近几年新兴的聚酯瓶片消费市场，近几年东欧一直是聚酯瓶片的净进口地区，目前该地区仍有近一半的需求量需要依赖进口输送；非洲/中东市场是一个典型的由瓶片进口国逐渐成为瓶片出口国的国家。目前该地区已经由进口依赖性国家正式转型为净出口型国家。而今后，反观近两年异军突起的中东军团，其在人力成本以及原料成本上的双重优势让话语权极其微弱的国内瓶片工厂望洋兴叹。近两年，中东地区仍有接近 95 万吨的产能将被投放，与国内市场的竞争也将愈演愈烈。

中东产能仍将进一步扩增。不难预见，中东与亚洲在全球范围内的市场抢占将愈演愈烈。

表 12　2013 年全球聚酯瓶片分区域供需情况一览表

地区	产能（万吨）	需求量（万吨）	需求量较 2012 年增速（%）
亚洲	1582	694	9.6
北美	467	403	1.9
南美	82	160	8.5
西欧	403	304	2.6
东欧	81	112	6.6
中东/非洲	315	226	9.4
全球	2930	1899	6.4

资料来源：中国化纤信息网

（四）对出口增速的预期趋于谨慎，人民币大幅升值影响出口竞争力。

2013 年 5 月份起国内出口增速暴跌，受政府打击热钱（利用套利\套息\套汇等三种模式）流入的影响。欧洲及新兴经济体增长乏力，对中国出口形成压制。贸易顺差稳中有升，或与进口相对于出口、内需相对于外需更加疲弱有关。也表明，在进口难以扩大的情况下，中国的贸易盈余仍将以较快的速度积累。

也将造成人民币的不断升值压力。自 2012 年四季度开始，人民币开始高歌猛进，2013 年更被称为人民币的升值年。据统计，2013 年人民币汇率中间价已经累计 41 次创新高，上涨了 1984 个基点。人民币汇率形成机制改革 8 年来，人民币对美元汇率累积升值幅度超过 34%，对欧元累积升值超过 20%。

（五）环境保护和资源约束为循环经济、绿色生产提出更高要求

近年来，聚酯工业的发展受资源短缺、节能减排、环境友好等因素的制约，对瓶片生产工艺、清洁生产、循环再生提出了更高的要求。采用高效、环保的非重金属催化剂取代锑系催化剂成为当今聚酯产业可持续发展的关键。2014 年春夏太湖流域水系的锑含量超标给环保敲响警钟。国外成功商业化应用钛系催化剂合成 PET 的有美国伊士曼化工、威尔曼聚酯、日本帝人等。中国石化上海石油化工研究院、天津分院、上海石化、天津石化、仪征化纤等从 2007 年起探索研究采用钛系催化剂用于连续化 PTA 法生产 PET 的产业化生产，取得显著的成效。

欧盟 REACH 法规的存在及日本从 2010 年起推行该法规，都将成为制约中国出口到欧盟国家和日本的主要阻力。

（六）来自替代品的竞争挑战

2014 年 8 月，有消息称阿克苏诺贝尔推出了全新的开创性涂料技术—生物基—PET EvCote 技术。得益于该技术，冷饮纸杯可以完全降解和回收利用。聚酯瓶片的重要应用领域受到了冲击。

目前，每年全球约消耗 2000 亿个纸杯，但对纸杯的回收会产生高额成本，或极大降低纸纤维质量。使用了 EvCote 涂料的纸杯在进行回收利用时，纸纤维的质量则完好无损，这意味着这些纸杯可以被用来生产其他的纸制品。甚至在某些情况下，EvCote 涂料会让纸纤维变得更加坚韧。该技术的另一项优势是能让造纸厂将纸杯生产过程中产生的废纸 100%回收再利用，而这些废纸原本全部被送去垃圾场进行填埋，这将为纸杯厂带来极大的成本节约。EvCote 涂料 95%的原料来自环保及可再生材料，能够使纸张表面防水、防油脂和防湿气。

三、2015年聚酯瓶片行业运行预测

（一）聚酯瓶片出口风险加大，不确定因素增多

中国聚酯瓶片的未来发展仍然维持净出口型形态，并且随着国内产能的增

加超过市场的接受能力，出口所占比重也将持续增加。中国聚酯瓶片在生产成本方面不具有明显的成本优势，因为瓶片生产与纤维生产不一样，不是劳动力密集型的。但从 2014 年开始，由于上游 PTA 大幅扩张导致价格压低，中国聚酯瓶片在生产成本方面也具有了一定的成本优势。

从近两年我国出口方向的转移不难看出，应对愈发严峻的国际市场，已经有企业利用自身优势针对性地去开发全新的出口领域。纵观目前全球的消费市场，南美洲、东欧南非及中东地区仍需依靠一定量的进口，但中东地区自身扩产较快，目前已经在逐步地从进口依赖型转变为出口型地区，此外，按照 2004 年 11 月中国与东盟自由区签署的《货物贸易协议》，中国和东盟六国间（东盟老成员：文莱、印尼、马来西亚、菲律宾、新加坡和泰国）的协定关税将逐年内降低，最终在 2012 年 1 月 1 日降为零。这无疑为在价格上存在较大优势的中东料进入中国市场提供有利的销售条件。

当然，由于东盟《货物贸易协议》是双向的，故而对于国内的生产厂家也不失为一个新的出口机遇，中东地区对我国瓶片的依赖性不是短期内能够瓦解的。近几年，我国出口到菲律宾、马来西亚、印度尼西亚的量不少，其中出口到菲律宾和印度尼西亚的量有显著增长，但去往马来西亚的量或许是因为其对我国 PET 展开反倾销，所以出现了相当幅度的回落。

此外，南美及东欧仍将会是未来两年内我国瓶片出口的主攻方向，但欧盟反倾销及 REACH 法规的存在仍将是成为制约中国出口到欧盟国家的主要阻力。同时作为中国近两年来主要的出口输送国之一，日本 REACH 法规的推行，也或将会对我国出口市场形成一定冲击。

至于南非地区，自去年的异军突起后今年仍能维持相当大的进口量来看，往后同样不容小觑，其本身存在一定需求，再加上 Indorama 面向全球发货，去往南非的量也并不小。

2014 年俄罗斯货币卢布贬值幅度已经超过 50%，卢布“熊冠全球”，相对美元升值将加快人民币实际有效汇率升值，抬高了中国瓶片的价格，不利于出口，或协议难以履行，但其却是我最主要且增长最快的瓶片出口市场，全年出口将达 15 万吨。由此可见，即使未来两年经济环境或偏向相对稳定的状态，但瓶片出口也将会受到各种不利因素的冲击。或许后续他的客观增长量仍将持续上行，然而如果要保持近几年的增长率，难度也在增加。

（二）对2015年瓶片行业预测

市场：放眼 2015 年行情，由于目前 PTA 产能的扩张导致供需矛盾仍然突出，预计 PTA 价格会在偏低位置运行，导致聚酯产业链各产品的价格运行区间多低于 2014 年整体，聚酯瓶片也不外如是；而另一方面，虽然目前瓶片产能经过整合，集中度相对较高，但需求增长度不容乐观，一旦出口失去成本优势，内需上仍然会突出供求失衡的问题。

产量：预计 2015 年聚酯瓶片产量 620 万吨，增长 10%左右。

出口：预计 2015 年聚酯瓶片出口量 240 万吨，增长 20%左右。

2014 年中国锦纶行业运行分析与 2015 年运行预测

中国化学纤维工业协会锦纶分会　邓军　付文静

2014 年，受中国经济运行形势总体平淡及国外需求持续低迷的影响，虽然锦纶行业主要原料己内酰胺供应不断增加，带动了锦纶下游聚合、纺丝产能的增长，但锦纶行业整体运营形势比较严峻。2014 年锦纶行业运行总体情况是：产量继续保持增长，但行业开工率下降，利润水平略有增加，但销售遇阻库存居高不下，行业运行质量不容乐观。

一、2014 年锦纶行业运行情况

（一）供求关系

表 1　2014 年 1~11 月锦纶供需情况分析表

	2014 年 1~11 月（万吨）	去年同期（万吨）	同比（%）
供应总量	236.70	214.99	10.10
其中：产　量	237.00	212.02	11.78
进口量	13.74	15.73	-12.65
出口量	14.04	12.76	10.03

资料来源：国家统计局、海关总署

2014 年 1~11 月，锦纶产量继续保持较快增长，产量达 237 万吨（表 11），同比增加 11.78%；锦纶进口 13.74 万吨，比上年同期大幅下降 12.65%；锦纶出口 14.04 万吨，同比增加 10.03%。因此，2014 年 1~11 月锦纶供应总量为 236.7 万吨，同比增加了 10.1%。

（二）锦纶产品及原料进口情况

表2　2014年锦纶原料进口情况

品　种	数 量（万吨）	同比（%）	金　额（万美元）	同比（%）
己内酰胺	22.33	-50.70	50420.2	-53.14
聚酰胺切片	86.19	-5.66	263037.2	-7.65
锦纶66盐	0.84	-12.85	1828.6	-12.55

资料来源：据海关总署数据整理

锦纶原料进口情况（表2）：己内酰胺的进口量为22.33万吨，同比大幅度下降了50.70%。主要原因是山东海力化工、山东方明化工、湖北三宁、鲁西化工等装置的投产，大大增加了国内己内酰胺的供应量，导致进口己内酰胺的大幅度下降。

锦纶纺丝新装置的陆续投产加大了对聚酰胺切片的需求，增加的需求量主要来自长乐力恒、锦江科技、义乌华鼎、新会美达等新增装置，还有一些如福建德为、福建鑫森、福建恒捷实业等新工厂，2014年进口了86.19万吨聚酰胺切片。

由于锦纶66产品链价格较高，下游接受较困难，导致锦纶66产品的消费市场不振，行业开工率下降，对原料的需求也随之减少，另国内鞍山国锐锦纶66盐的供应也日趋稳定。2014年共进口锦纶66盐0.84万吨，同比下降了12.85%。

表3　己内酰胺分国别或地区进口

	进口数量			进口金额		
	2014年（吨）	去年同期（吨）	同比（%）	2014年（万美元）	去年同期（万美元）	同比（%）
总计	223269.9	452889.2	-50.70%	50420.2	107591.8	-53.14%
其中：俄罗斯	64891.0	113388.0	-42.77%	14375.7	26610.7	-45.98%
日本	60552.4	108985.9	-44.44%	13779.2	26282.2	-47.57%
比利时	22376.4	41323.3	-45.85%	5143.9	9940.4	-48.25%

续表

	进口数量			进口金额		
	2014年（吨）	去年同期（吨）	同比（%）	2014年（万美元）	去年同期（万美元）	同比（%）
波兰	22000.0	24860.0	-11.50%	4947.5	5741.5	-13.83%
美国	14955.7	31480.9	-52.49%	3357.0	7423.1	-54.78%

资料来源：据海关总署数据整理

2014年，随着国内己内酰胺的供应量不断增加，从主要国家和地区进口的己内酰胺均有较大幅度的下降，进口总量为22.33万吨，同比大幅减少50.70%。其中，从俄罗斯、日本、比利时、波兰和美国进口量分别大幅减少42.77%、44.44%、45.85%、11.50%和52.49%（表3）。

表4　聚酰胺切片分国别或地区进口

	进口数量			进口金额		
	2014年（吨）	去年同期（吨）	同比（%）	2014年（万美元）	去年同期（万美元）	同比（%）
总计	861852.1	913576.3	-5.66%	263037.2	284819.2	-7.65%
其中：中国台湾	265691.9	332041.2	-19.98%	70492.4	91861.6	-23.26%
美国	95904.9	97228.5	-1.36%	29950.3	31082.6	-3.64%
韩国	68306.4	81397.7	-16.08%	22354.8	25597.9	-12.67%
德国	48585.8	47239.4	2.85%	18188.0	17745.4	2.49%
加拿大	45188.8	35280.9	28.08%	14169.0	11325.8	25.10%

资料来源：据海关总署数据整理

2014年，聚酰胺切片进口总量为86.19万吨，同比小幅下降5.66%。其中，最大进口来源地是中国台湾，进口26.57万吨，同比大幅下降了近20%，占进口总量的30.83%；从美国和韩国进口分别下降了1.36%和16.08%；从德国和加拿大进口量分别增加了2.85%和28.08%（表4）。

表5 锦纶长丝分国别或地区进口

	进口数量			进口金额		
	2014年（吨）	去年同期（吨）	同比（%）	2014年（万美元）	去年同期（万美元）	同比（%）
总计	140021.7	161592.8	-13.35%	58924.8	67861.9	-13.17%
其中：中国台湾	78130.8	88461.3	-11.68%	28771.2	33204.7	-13.35%
韩国	10616.5	13408.4	-20.82%	5527.4	6639.3	-16.75%
美国	8530.0	7241.5	17.79%	4037.1	3766.0	7.20%
越南	7609.9	13283.9	-42.71%	2537.7	4368.8	-41.91%
中国	7152.5	8242.3	-13.22%	3376.0	3973.1	-15.03%

资料来源：据海关总署数据整理

2014年，锦纶长丝进口总量为14万吨，同比减少13.35%。中国台湾是最大进口来源地，进口量为7.81万吨，同比大幅下降了11.68%，占进口总量的55.80%；进口量位居第二位的是韩国，进口量为1.06万吨，同比减少20.82%，占进口总量比例为7.58%；从美国进口量同比大幅增加17.79%，从越南进口量同比大幅下降了42.71%，从其他国家进口的数量相对较少（表5）。

表6 锦纶长丝分贸易方式进口

	进口数量			进口金额		
	2014年（吨）	去年同期（吨）	同比（%）	2014年（万美元）	去年同期（万美元）	同比（%）
总计	140021.7	161592.8	-13.35%	58924.8	67861.9	-13.17%
一般贸易	88813.5	94355.8	-5.87%	35624.9	37880.3	-5.95%
加工贸易	43614.7	55179.3	-20.96%	20829.1	25853.7	-19.43%
其中：来料加工	4205.1	7627.8	-44.87%	1913.5	2843.3	-32.70%
进料加工	39409.7	47551.5	-17.12%	18915.6	23010.4	-17.80%
保税区	7566.7	12011.5	-37.00%	2455.0	4108.6	-40.25%
其中：仓储进出境	7375.6	11580.0	-36.31%	2377.4	3935.9	-39.60%
仓储转口	191.2	431.4	-55.69%	77.5	172.7	-55.12%

资料来源：据海关总署数据整理

2014 年，锦纶长丝进口贸易方式中，一般贸易同比减少 5.87%，占进口量的比例同比增加了 5.04 个百分点，占到 63.43%；加工贸易进口量同比大幅下降 20.96%，占比降至 31.15%；保税区进口量同比下降了 37.00%，占进口总量的 5.40%，同比下降了 2.03 个百分点（表 6）。

（三）锦纶相关产品供应及进出口情况

2014 年 1~11 月锦纶下游的几个主要行业呈现不同的发展态势（表 7），其中羽绒服的产量同比增加了 2.90%，羽绒服装对锦纶 FDY 纤维的需求量较大，帘子布产量同比下降 8.88%，说明下游对锦纶工业丝的需求量没有增加，纯化纤布产量增长 4.39%，针织服装与蚕丝及交织机织物行业呈小幅增加的态势。

表 7　2014 年 1~11 月锦纶与下游相应产品产量增速对比表

品　种	单位	2014 年 1~11 月	同比（%）
锦纶纤维	万吨	237.00	11.78
纯化纤布	万米	1692793	4.39
羽绒服	万件	29964	2.90
帘子布	吨	767285	-8.88
针织服装	万件	1303786	3.55
蚕丝及交织机织物	万米	66147	1.30

资料来源：国家统计局

2014 年，锦纶纤维及锦纶下游制品中渔网出口同比下降了 5.62%，花边织物出口基本与上年持平，其他锦纶相关制品出口均有不同程度增加，锦纶长丝织物出口 4.16 万吨，同比增加 8.33%，占合纤长丝织物出口总量的 2.24%，出口金额为 3.40 亿美元，同比增加 9.42%，占合纤长丝织物出口总额的 2.95%，锦纶帘子布出口 10.17 万吨，出口金额 4.0 亿元，出口数量和金额与上年变化不大（表 8）。

表 8　2014 年我国锦纶及其主要制品出口情况

品　种	出口数量（万吨）	同比（%）	出口金额（万美元）	同比（%）
锦　纶	15.28	8.37	62042.9	6.29
合纤长丝机织物	185.49	6.18	1152700.5	3.23

续表

品　种	出口数量（万吨）	同比（%）	出口金额（万美元）	同比（%）
其中：锦纶长丝机织物	4.16	8.33	33960.2	9.42
锦纶帘子布	10.17	0.20	40028.2	-1.03
花边织物	3.98	-0.01	48893.0	14.86
渔　网	5.88	-5.62	29514.9	-5.94

资料来源：据海关总署数据整理

（四）锦纶行业开工及库存情况

从锦纶行业开工情况来看：近几年锦纶行业在下游需求不振的情况下产能仍不断扩增，至2014年，在产能进一步扩张情况下，整个行业产能阶段性过剩情况严重，老装置停置或者新装置推迟开工现象普遍，锦纶行业开工率下降至近几年的历史低点，全年开工在70%以下。

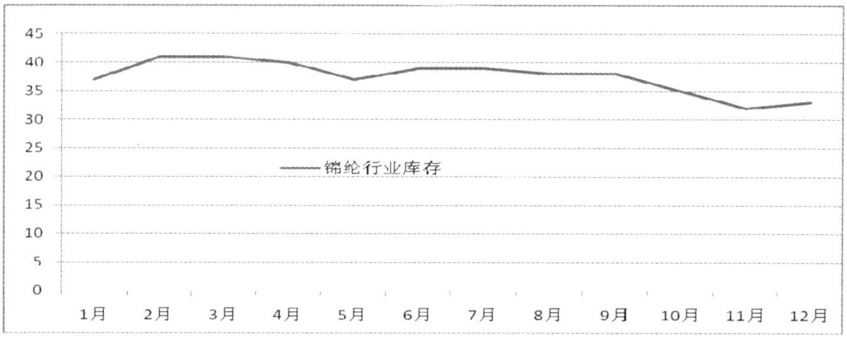

数据来源：中国化学纤维工业协会

图1　2014年锦纶行业库存情况

从2014年化纤行业主要产品库存情况看（图1）：锦纶行业的库存始终居高不下，全年库存普遍在30天以上，远高于涤纶等其它行业（图2）。

二、2014年锦纶行业市场情况

从己内酰胺全年价格走势情况来看（图2），1至2月初：国内己内酰胺价格延续年前的行情维持坚挺，价格维持在17500元/吨左右，市场表现上涨动力不足，价格达到了全年价格的次高点。2月初至3月底：春节后下游需求难以跟上，市场走势疲软，己内酰胺价格开始下跌，价格跌至 3 月底的 15300 元/吨。4 月初至 7 月底：受己内酰胺工厂减产影响，己内酰胺供应量下降，己内酰胺的价格开始反弹行情，至 7 月底价格反弹至 18000 元/吨。7 月底至 12 月上旬：在原油和纯苯价格大幅下跌的情况下，从 8 月初己内酰胺的价格失去支撑开始一路下跌，至 12 月人民币现货液体料主流价跌至 13000 元/吨，并仍有下跌趋势。

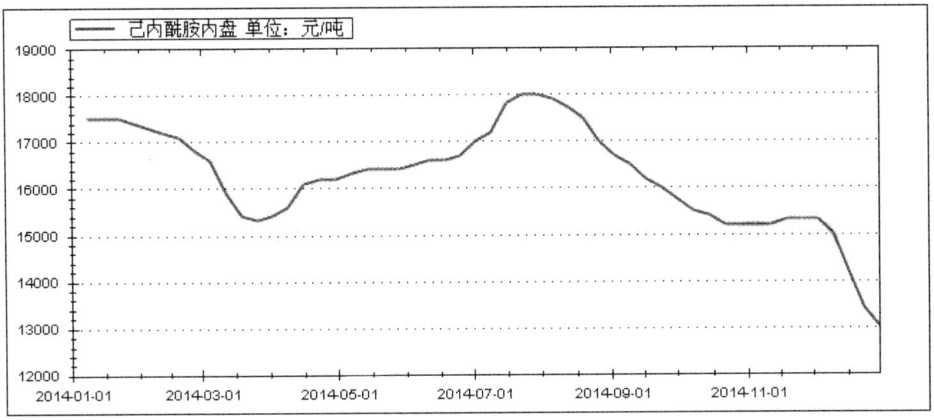

资料来源：中纤网

图 2　2014 年己内酰胺价格走势图

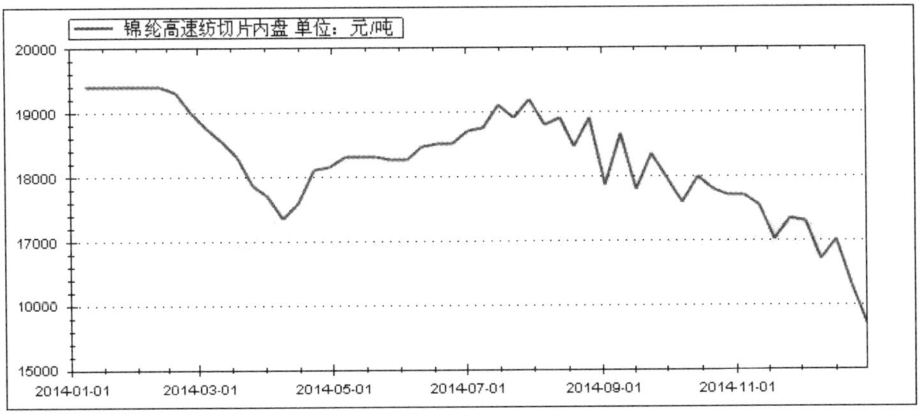

资料来源：中纤网

图 3　2014 年锦纶高速纺切片价格走势图

2014 年，锦纶切片价格在市场需求和成本双双持续低迷情况下继续呈现弱势。在供应方面，锦纶聚合行业仍有较多扩能，整体行业产能进一步增大，而下游锦纶民用和工业用市场需求都不旺盛，锦纶切片供应相对需求仍较充裕，下游厂家普遍对锦纶切片价格保持看跌心态。具体价格方面，锦纶切片价格与己内酰胺价格走势基本一致，锦纶高速纺切片市场均价从年初 19500 元/吨震荡回落至年底低位 16000 元/吨，降幅达到 21.87%。

2014 年，随着福建、浙江等地新增锦纶纺丝产能陆续投产，锦纶纺丝行业竞争进一步加剧，主流锦纶厂家多开始欠账 2~3 月以缓和主要客户的资金压力和自身产销压力。从价格上看（图 4），主流民用长丝半光 FDY70D/24F 产品从年初至年尾下跌 2900 元/吨，大于去年 1000 元/吨的全年跌幅，DTY70D/24 产品全年下跌 3400 元/吨，也大于去年的 1300 元/吨。

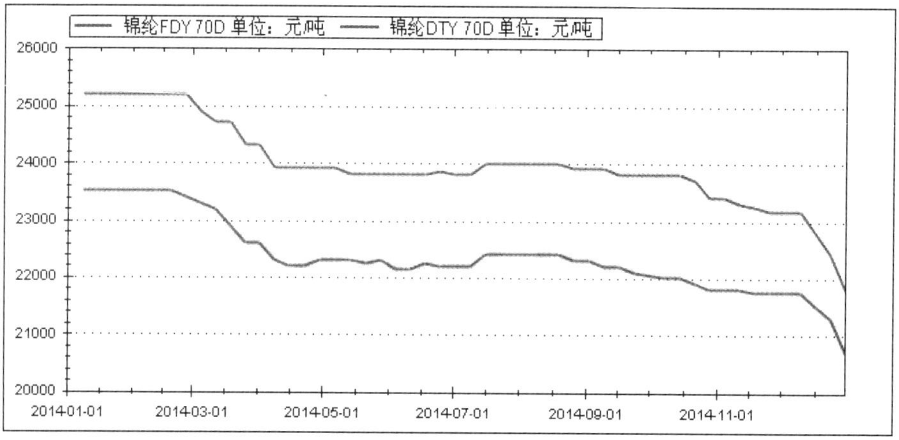

资料来源：中纤网

图 4　2014 年锦纶 FDY 与 DTY 价格走势图

三、2014 年锦纶行业经济效益和运行质量

2014 年锦纶行业经济效益比去年略有增加（表 9），实现利润总额 40.10 亿元，同比增加了 1.17 亿元，锦纶行业实现利润占化纤全行业实现利润总额的 14.46%；锦纶亏损企业亏损面为 16.76%，亏损企业亏损额为 3.70 亿元，同比增加了 66.54%，锦纶行业亏损额占化纤全行业亏损总额的 7.44%。

表9　2014年化纤行业利润完成情况表

单位：万元

行　业	2014年	2013年	同比增减
化学纤维制造业	2773008	2493445	279564
合成纤维制造	1864390	1629493	234897
锦纶纤维制造	400972	389277	11694
涤纶纤维制造	1040933	940837	100096

资料来源：国家统计局

在行业运行四大类指标中需要具体分析（表10）：从偿债能力指标看，行业资产负债率下降了2.62个百分点，产权比率下降了20.46个百分点，已获利息倍数下降了0.41个百分点，说明行业负债虽然下降但偿债能力也有所下降；从营运能力指标看，应收账款周转率提高了 0.48 次，流动资产周转率提高了0.16次，总资产周转率基本持平，其余两项指标有不同程度的下降，说明运营能力没有明显改善；盈利能力的四项指标均有不同程度的下降，说明行业的盈利能力出现下滑；从发展能力指标看，销售增长率和总资产增长率均有下降，说明行业发展出现放缓迹象。

表10　2014年锦纶行业运行质量指标对比表

	2014年	去年同期	同比
偿债能力指标			
资产负债率（%）	62.85	65.48	-2.62
产权比率（%）	169.20	189.66	-20.46
已获利息倍数	4.30	4.72	-0.41
营运能力指标			
应收帐款周转率（次）	12.09	11.61	0.48
产成品周转率（次）	13.12	13.93	-0.81
流动资产周转率（次）	2.04	1.87	0.16
流动资产构成比率（%）	54.95	56.88	-1.93
总资产周转率（次）	1.12	1.06	0.05

续表

	2014年	去年同期	同比
盈利能力指标			
利润率（%）	5.64	6.28	-0.64
成本费用利润率（%）	5.97	6.69	-0.72
总资产报酬率（%）	8.22	8.49	-0.27
净资产收益率（%）	16.98	19.37	-2.39
发展能力指标			
销售增长率（%）	14.77	22.79	-8.02
总资产增长率（%）	9.19	15.91	-6.72

资料来源：据国家统计局数据推算

从百元销售收入三项费用看（表11）：销售费用和财务费用均有不同成都的上升，管理费用在下降，且下降幅度较大为10.64%。

表11　2014年每百元销售收入三项费用

单位：元/百元

	2014年	去年同期	同比
销售费用	1.0288	0.8827	0.1461
管理费用	2.4600	2.7530	-0.2930
财务费用	1.8850	1.7776	0.1074

资料来源：据国家统计局数据推算

2014年，化纤行业实际完成投资额1081.16亿元，同比增加了4.92%，说明化纤行业投资增速回归理性。锦纶行业实际完成投资额161.20亿元，同比大幅增加了42.82%，比上年锦纶行业投资增幅提高了14.64个百分点，锦纶行业在经营状况本已十分严峻的情况下，行业投资仍然远高于涤纶、氨纶等其他合成纤维品种，锦纶行业投资已经明显过热，行业竞争进一步加剧，一些竞争力差的企业出局成为必然（表12）。

表 12　2014 年化纤行业固定资产投资情况

	实际完成投资额（亿元）	同比（%）
化学纤维制造业	1081.16	4.92
合成纤维制造	872.09	8.18
锦纶纤维制造	161.20	42.82
涤纶纤维制造	316.88	-13.82

资料来源：国家统计局

四、2015 年锦纶行业运行预测

初步判断，2015 年锦纶产业链上的己内酰胺、切片以及纺丝都有新产能投产，整个锦纶产业链的整合及竞争将会加剧，企业运营风险加大。

锦纶行业 2015 年运行具体预测如下：

产　量：预计产量 275 万吨，增长 8%左右。

出口量：预计出口量 17 万吨，增长 15%左右。

进口量：预计进口量 14 万吨，比上年下降 5%左右。

经济效益：预计利润总额可能达 40 亿元，与 2014 年基本持平。

2014年中国腈纶行业运行分析与2015年运行预测

中国化学纤维工业协会腈纶专业委员会　薄广明　付文静

2014年，腈纶行业整体格局延续近几年的状况，现有八家企业处于正常生产状况，产量变化不大，全行业平均开工率、行业产销率保持稳定，价格走势涨跌幅度较2013年有所增大，行情波动增加，从成本价差走势来看，生产企业现金流走势呈现全年亏损局面。

一、2014年腈纶行业的运行情况

（一）生产情况

据国家统计局统计（表1），2014年1~11月，我国化纤产量达到了4032.26万吨，与去年同期相比增长了6.50%。其中腈纶产量61.93万吨，同比小幅减少2.18%。行业平均开工负荷约88%。

表1　2014年1~11月全国化纤各品种产量完成情况

品　　种	2014年（万吨）	去年同期（万吨）	同比（%）
化纤总量	4032.26	3786.16	6.50
其中：腈纶	61.93	63.31	-2.18

资料来源：国家统计局

2008年以来，秦皇岛奥特莱腈纶厂、宁波金甬腈纶厂和大庆炼化腈纶厂等三家企业相继停产，2012年6月起，中石油抚顺腈纶厂也已停产。至此，已停产企业合计产能已达到20万吨，占到全国总产能的21.74%。2014年，国内现有腈纶企业中，有8家正常运行，有效总产能为72万吨（表2）。

表2　2014年腈纶企业生产能力表

单位：万吨/年

企业名称	产能	装置情况	备　注
上海石化	16		
安庆石化	7		
齐鲁石化	6		
大庆石化	6.5		
吉林奇峰	14		
吉林吉盟	10		
杭州湾腈纶	7		
宁波中新腈纶	5.5		
抚顺石化	5.5	停车	2012年6月停车，重启时间未定
大庆炼化	3	已停产	2008年1月开始停产
浙江金甬	6	已停产	2008年9月开始停产
秦皇岛奥莱特	5.5	已停产	2008年5月开始停产
说　明	大庆炼化、秦皇岛和金甬恐难重启，抚顺重启难度较大，其它正常。		

资料来源：中国化学纤维工业协会腈纶专业委员会

（二）进口情况

表3　2014年腈纶进口情况

	进口数量			进口金额		
	2014年（吨）	去年同期（吨）	同比（%）	2014年（万美元）	去年同期（万美元）	同比（%）
化学纤维	822144.4	871657.5	-5.68	299394.4	320914.6	-6.71
其中：腈纶	158610.3	212094.4	-25.22	52018.3	66770.6	-22.09

资料来源：据海关总署数据整理

2014年化纤总进口量为82.21万吨，其中腈纶达到了15.86万吨，约占化纤总进口量的19.3%（表3和图1），说明国内对腈纶的消费需求仍有一定空间。

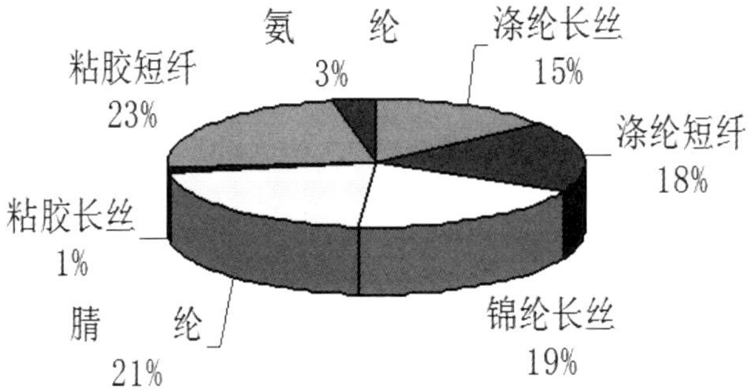

图1　2014年化纤进口品种所占比重

2014年，我国腈纶进口总量为15.86万吨，同比下降25.22%。主要来自日本、中国台湾、韩国和泰国，合计进口量达到了12.67万吨，约占腈纶总进口量的79.89%。日本仍是我国腈纶第一进口来源地，进口量为7.24万吨，同比下降了16.77%，占进口总量的45.64%（表4）。

表4　2014年腈纶分国别或地区进口情况

	进口数量			进口金额		
	2014年（吨）	去年同期（吨）	同比（%）	2014年（万美元）	去年同期（万美元）	同比（%）
总计	158610.3	212094.4	-25.22	52018.3	66770.6	-22.09
其中：日本	72389.1	86977.6	-16.77	27879.3	34299.6	-18.72
中国台湾	19649.2	28246.7	-30.44	5960.0	7715.9	-22.76
韩国	16282.8	22048.8	-26.15	4485.8	5639.5	-20.46
泰国	18416.8	19910.1	-7.50	4463.4	4634.1	-3.68
土耳其	10792.8	26447.5	-59.19	3134.8	6743.3	-53.51

资料来源：据海关总署数据整理

表5 2014年腈纶分贸易方式进口情况

	进口数量			进口金额		
	2014年（吨）	去年同期（吨）	同比（%）	2014年（万美元）	去年同期（万美元）	同比（%）
总计	158610.3	212094.4	-25.22	52018.3	66770.6	-22.09
一般贸易	102121.4	133184.9	-23.32	34762.4	42522.2	-18.25
加工贸易	43025.6	64871.7	-33.68	13021.9	20553.4	-36.64
其中：来料加工	6144.9	7548.9	-18.60	2315.2	3069.3	-24.57
进料加工	36880.7	57322.9	-35.66	10706.6	17484.1	-38.76
保税区	13454.5	14017.7	-4.02	4230.1	3684.9	14.80
其中：仓储进出境	2292.2	1492.5	53.58	687.4	564.9	21.69
仓储转口	11162.2	12525.1	-10.88	3542.7	3120.0	13.55

资料来源：据海关总署数据整理

2014年我国腈纶进口贸易方式中，一般贸易占进口总量的比例为64.39%，而2013年此项比例为62.80%，同比提高1.59个百分点；同时2014年加工贸易占进口总量比例为27.13%，而2013年此项的比例为30.59%，同比下降了3.46个百分点。说明腈纶进口市场秩序得到了一定的规范（表5）。

表6 丙烯腈分国别或地区进口

	进口数量			进口金额		
	2014年（吨）	去年同期（吨）	同比（%）	2014年（万美元）	去年同期（万美元）	同比（%）
总计	517861.6	547582.0	-5.43	100172.3	98337.4	1.87
其中：韩国	157847.5	223237.8	-29.29	30591.7	40120.8	-23.75
美国	152470.7	119680.5	27.40	29487.1	21236.8	38.85
中国台湾	143513.3	128435.4	11.74	27635.4	22661.3	21.95
泰国	24977.8	26938.6	-7.28	4848.7	5109.4	-5.10
日本	24848.4	43159.2	-42.43	4844.6	8159.2	-40.62

资料来源：据海关总署数据整理

2014年我国丙烯腈进口总量为51.79万吨，同比下降了5.43%（表6）。从丙烯腈的下游需求方面来看，国内丙烯腈主要用于腈纶纤维、ABS 树脂和丙烯酰胺等医药中间体的制造，而腈纶对丙烯腈原料的需求，目前仍是丙烯腈用量的主要部分。随着中国市场下游需求面的扩展，对原料丙烯腈的需求继续呈现增长趋势，但是由于国内新产能装置建设和投产相对滞后等限制因素影响，中国对外丙烯腈依存度依然较高。

（三）出口情况

表 7 化纤主要品种出口情况

	出口数量			出口金额		
	2014 年（吨）	去年同期（吨）	同比（%）	2014 年（万美元）	去年同期（万美元）	同比（%）
化学纤维	3245919.7	2679724.8	21.13	689754.0	623338.3	10.65
其中：腈纶	19304.6	9382.1	105.76	5231.6	3135.0	66.88

资料来源：据海关总署数据整理

2014 年，我国化纤出口总量达到了 324.59 万吨，同比增长 21.13%。其中腈纶出口增幅是所有化纤品种中最大的，达到了 105.76%，说明国内腈纶企业积极进行产品开发，拓展海外市场，取得一定的成绩（表 7）。

（四）表观需求情况

表 8 2014 年 1~11 月我国腈纶表观需求情况

	2014 年 1~11 月（万吨）	2013 年同期（万吨）	同比（%）
产　量	61.93	63.31	-2.18
进口量	14.73	19.46	-24.35
出口量	1.74	0.81	114.69
表观需求量	74.92	81.96	-8.59
备注：表观需求量=产量+进口量-出口量。			

资料来源：国家统计局、海关总署

近几年，我国腈纶表观需求基本维持在 86~88 万吨/年，从表 8 可以看到，2014 年 1~11 月腈纶的表观需求量为 74.92 万吨，预计全年需求量约为 82 万吨，比以往有较大下降。另外，1~11月腈纶进口量14.73万吨，同比减少24.35%，同时出口量翻了一番，说明我国腈纶产品竞争力有了一定的提高。但进口量占国内需求的比重仍然较高，腈纶行业一方面要提升现有产品的质量，重新夺回原有的应用领域，另一方面要加大研发力度，拓展新的应用领域，替代部分进口的差别化产品。

二、2014年腈纶行业的经济效益情况

（一）主要原料丙烯腈的价格走势

丙烯腈价格在2014年呈现了剧烈波动（图2）。从年初开始价格一路走高，波峰出现在3月初，最高价格达到了14600元/吨；自3月中起，价格陡然下跌，至5月初探底，最低价格仅为13600元/吨；然后迅速反弹，在四个月内连续上行；至8月底达到高峰值，最高价位达15000元/吨，在高峰期持续了整整两个月；随后缓慢振荡下行。丙烯腈价格的剧烈波动，给腈纶企业的原料成本造成很大变数。

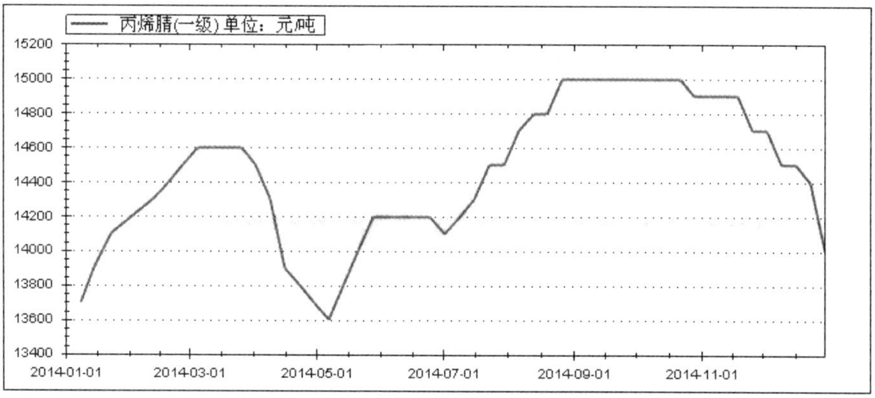

资料来源：中纤网

图2 2014年腈纶主要原料丙烯腈的价格走势图

（二）腈纶与丙烯腈价差

2014年腈纶短纤和腈纶毛条的价位走势，大致可分为三个阶段，即年初小幅上升，年中持续保持平稳，年末振荡下行。2014年3月之前，原料丙烯腈的价位在13600~15000元/吨之间波动，平均价格大致保持在14500元/吨，腈纶短纤和腈纶毛条与丙烯腈的价差约为3200元/吨左右，远低于加工成本，故所有的腈纶生产企业，都是在亏损经营（图3）。

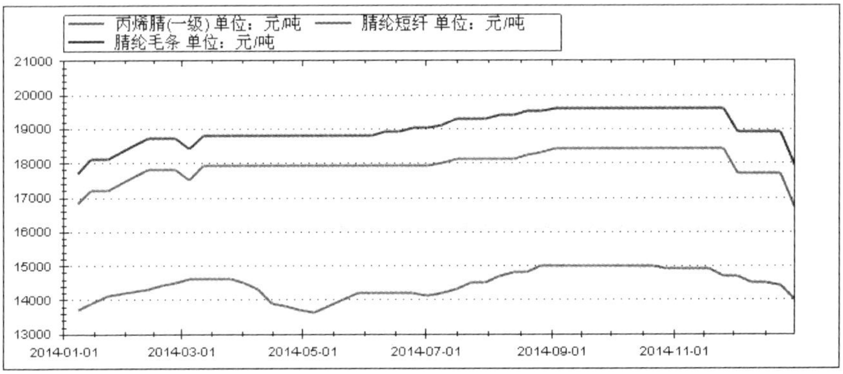

资料来源：中纤网

图 3　2014 年腈纶短纤、腈纶毛条与丙烯腈价格走势图

二、三季度，腈纶产品与丙烯腈的价位差逐渐拉大，平均价差达到了 4500 元/吨以上，已经略高于加工成本，因此二、三季度腈纶企业实现边际利润。四季度后丙烯腈再次出现高位，腈纶产品的利润空间被迅速挤压，致使腈纶产品的销售受阻，库存量加大，腈纶产品的价格开始逐渐下滑。

（三）腈纶短纤与涤纶短纤的价格对比

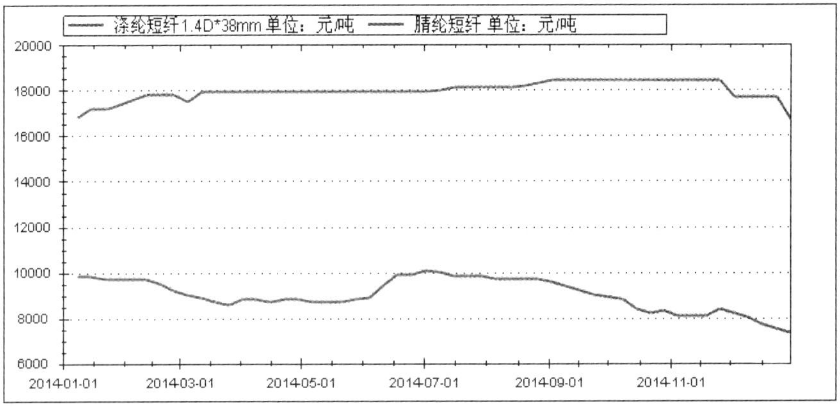

资料来源：中纤网

图 4　2014 年腈纶短纤与涤纶短纤价格走势对比图

腈纶产品的价格除受丙烯腈价格的影响外，还受到其他化纤产品的竞争影响，尤其是涤纶短纤的影响最大（图 4）。2014 年，涤纶短纤市场价格呈现震荡下行的走势，而腈纶短纤市场相对平稳，导致腈纶短纤与涤纶短纤的价差迅速扩大。除了年初1、2月份价位差较小外，其余月份都是处于8000元/吨以上。目前行业内普遍认为腈纶短纤与涤纶短纤的价位差在6000元/吨，比较符合两个产品的性价比。涤纶短纤的产品开发、技术进步和良好性价比对腈纶的应用领域产生较大冲击。

三、2015年腈纶行业运行预测

（一）产量保持稳定

由于受到其他替代纤维的竞争性影响，腈纶在下游领域的应用范围受到制约，在腈纶未有新技术或价格优势出现的情况下，腈纶应用领域难以得到大幅提升，需求面拓展有限。而受此影响，国内腈纶新建或扩建意向缺乏，因此预计2015年国内仍没有新产能增加。受到下游刚性需求的影响，2015年的总产量仍会与2014年持平。

（二）生产经营状况会稍有改观

从上游原料丙烯腈来看，2015年上半年主要新增产能为上海赛科的26万吨/年的装置，斯尔邦的26万吨/年的新建项目预计在下半年投产。而从下游需求来看，腈纶领域整体产能维稳为主，ABS领域虽有部分新增，但也存在部分落后产能的淘汰，对丙烯腈市场支撑有限，丙烯酰胺领域预计增幅在10%以内，原料新增产能将继续影响下游供求关系格局。

此外，由于腈纶纤维固有的优良特性，下游对于腈纶产品在特定领域的刚性需求保持稳定，在上游原料供应和价格保持稳定，价差维持合理区间的前提下，企业加大力度开发新产品，拓展下游应用领域，2015年腈纶行业的生产经营状况有望好于2014年。

2014 年中国氨纶行业运行分析与 2015 年运行预测

中国化学纤维工业协会氨纶专业委员会　戎中钰　李斌　李增俊

2014 年，氨纶行业整体运行情况与 2013 年有所不同，不再是实现扭亏为盈、价格全面提升、库存持续下降的一年，2014 年虽然总体运行质量依然较好，但产品价格有所下降，在产量稳定增长的同时，企业库存普遍增多，计划的新增产能并未全部投产，经济效益仍保持良好。

一、氨纶行业运行基本情况

（一）市场行情

2014 年氨纶价格未能延续 2013 年的强势反弹（图 1），上半年开始进入窄幅盘整阶段后，各规格氨纶在刚需启动差异下走势出现分歧，供求格局相当良好的 20D、30D 氨纶价格在一季度小幅上涨后持稳，而缺乏刚需支撑的 40D 及中粗旦规格氨纶价格则是出现小幅阴跌。

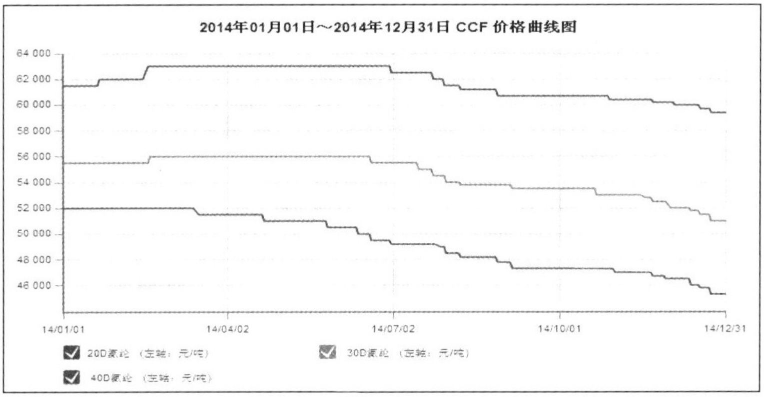

资料来源：中国化纤信息网

图 1　2014 年氨纶价格走势图

2014 年氨纶行业供应端继续保持稳步增长势头，年尾行业较大规模的新扩产能陆续投产，需求面虽亦有增长，但受制于相对疲软的宏观经济环境，氨纶刚需面增速较2013年有一定下滑，市场供求关系逐渐由供求平衡转向供略大于求。

上半年细旦丝氨纶价格走势“先扬后抑”，20D氨纶价格重心上半年多维持在高位62000元/吨，部分高价货源可至64000~65000元/吨，30D氨纶价格重心高位至56000元/吨，部分高价货源可在57000~58000元/吨。但下半年开始，随着需求面走淡，细旦丝氨纶价格逐步下行调整，至年末，20D氨纶价格重心跌至59000~60000元/吨，部分低价可至56000~57000元/吨，而30D氨纶价格重心跌至51000~52000元/吨，部分低价可至49000~50000元/吨。

相比之下，40D氨纶由于刚需启动较迟，市场供求格局始终较为宽松，价格重心从二季度开始一路阴跌，由年初的51000元/吨跌至年尾的45500元/吨，价格下跌6500元/吨；虽然下半年9~11月份在受旺季刚需支撑下跌幅有所放缓，但12月份随着需求转淡、市场新扩货源增多，价格跌势再次加速。中粗旦氨纶受需求增量不足影响，今年价格亦呈现不断下跌，并长期在低位徘徊。

下半年开始随着织造行业逐渐进入传统淡季，再加上氨纶工厂库存释放压力渐增，各规格氨纶价格持续阴跌调整，逐渐步入下行通道，价格较年初均出现不同程度回调（表1）。

表1　2014年氨纶价格涨幅

	年初（元/吨）	年尾（元/吨）	涨幅（%）
20D氨纶	61500	60400	-1.8
30D氨纶	55500	53000	-4.5
40D氨纶	52000	47000	-9.6

资料来源：中国化学纤维工业协会氨纶专业委员会

综合来看，2014年由于氨纶行业基本面逐渐趋于宽松，氨纶价格走势整体表现疲软，各规格产品出现不同程度下跌。

（二）生产情况

2014年1~11月份，氨纶产量为45.34万吨，与2013年同期相比增加4.8万吨，同比增幅达11.84%（表2）。其中上半年产量为19.7万吨，大多数产量都在下半年完成。

表2　2014年1～11月氨纶产量同比变化情况

	2014年1~11月（万吨）	2013年同期（万吨）	同比（%）
氨纶	45.34	40.54	11.84

资料来源：国家统计局

2014年1~11月，氨纶产量最大的地区为浙江省，产量22.78万吨，增长10.05%，约占全国产量的一半，主要原因是生产企业在该地区相对集中；而同比增幅最大的地区为四川省，增幅达88.19%，这主要是华峰氨纶6万吨/年差别化氨纶项目一期工程投产，带动了川内产量的增长，由于四川省氨纶产量的基数较小，一旦有大企业投产便会体现出较大的增幅（表3）。

表3　2014年1～11月氨纶分地区产量情况

地　区	1~11月产量（吨）	同比（%）
全　国	453355	11.84
浙江省	227840	10.05
江苏省	77380	10.88
福建省	39776	29.68
广东省	38480	6.49
山东省	28506	7.15
河南省	16340	10.76
上海市	13294	4.30
四川省	6982	88.19
辽宁省	4758	21.13

资料来源：国家统计局

（三）企业负荷与库存情况

1. 负荷情况（图2）

由于氨纶产品盈利水平较好，氨纶工厂生产积极性高，行业开机率延续了去年下半年以来的高位；上半年氨纶行业负荷持续维持高位，多数时间维持在

9成以上；一季度，除春节期间个别氨纶工厂停产检修外，多数工厂满负荷运行；二季度开始随着行业库存逐渐回升，工厂去库存压力显现，4月中下旬开始少数工厂技改减产略有增多，行业负荷出现小幅回落，6月份以后基本维持在95%附近。

下半年行业负荷随着库存的持续走高有所下降，特别是11月之后，至12月底时，已下降至 92%左右，是全年的最低点，但从整体的角度来看，2014年的负荷水平依然较高。

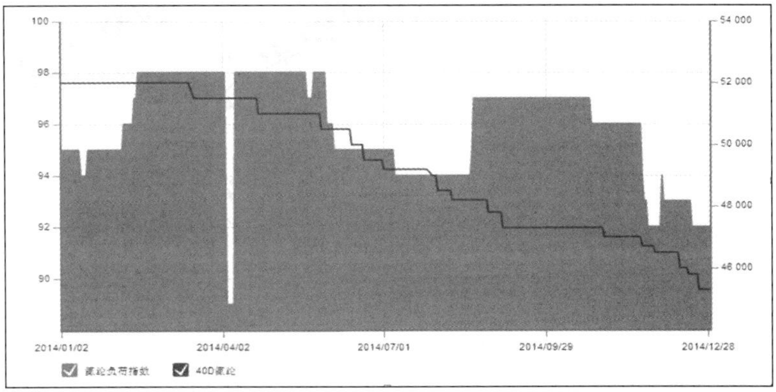

资料来源：中国化纤信息网

图2　2014年氨纶工厂生产负荷指数走势图

2．库存情况（图3）

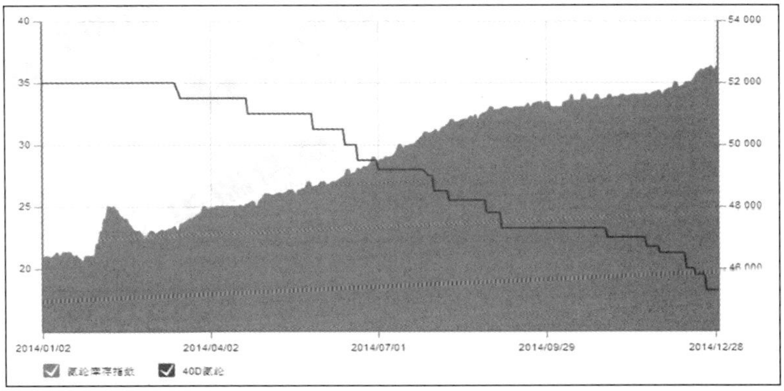

资料来源：中国化纤信息网

图3　2014年氨纶工厂产品库存走势图

2014年上半年氨纶运行一直处于高位，氨纶供应面增量显著，而刚需面表现不佳，氨纶行业库存在春节后出现一定回落后自3月份开始反转回升，与2013年的去库存化阶段不同，2014年明显进入了再库存化阶段，截止年中，氨纶行业库存水平已近一个月；下半年情况依然没有改变，库存水平持续走高，至年底部分偏高工厂库存已超过35天。

（四）进口情况（表4）

2014年进口氨纶2.46万吨，同比增长21.82%，进口金额达2.23亿美元，同比增长9.99%。主要进口国为越南、中国、日本、新加坡和韩国，其中，从越南进口的数量最多，达9243.9吨，占进口量的37.51%，同比增加426.04%；从巴西和德国的进口数量也都有不同程度增加，同比分别增加181.78%和2442.65%。其他国家和地区进口量下降。

表4　2014年氨纶分国别或地区进口

	进口数量			进口金额		
	2014年（吨）	去年同期（吨）	同比（%）	2014年（万美元）	去年同期（万美元）	同比（%）
总计	24641.1	20227.7	21.82	22292.9	20267.3	9.99
越南	9243.9	1757.2	426.04	6462.9	1289.8	401.08
中国	3201.9	4687.4	-31.69	3513.5	4629.6	-24.11
日本	2766.7	3316.8	-16.58	4312.9	5264.1	-18.07
新加坡	2441.5	2586.4	-5.60	2443.3	2865.4	-14.73
韩国	2305.3	2917.8	-20.99	1731.0	2040.9	-15.18
泰国	2023.3	2368.0	-14.56	1815.1	2132.4	-14.88
英国	1742.7	2047.4	-14.88	1528.0	1725.8	-11.46
巴西	483.6	171.6	181.78	103.0	32.3	219.15
德国	161.8	6.4	2442.65	148.7	6.0	2360.91

资料来源：据海关总署数据整理

从进口贸易方式看（表5），一般贸易进口量同比增加84.37%，占进口总量的59.56%；加工贸易进口量同比下降18.74%，占39.85%。随着国内氨纶产量的增长，进口呈下降态势，一般贸易进口首次超过加工贸易，走向贸易正常化。

表 5　2010~2014 年氨纶分贸易方式进口情况统计

	单位	2010 年	2011 年	2012 年	2013 年	2014 年
进口总量	吨	18838	22803	18819.6	20772.7	24641.1
一般贸易	吨	5138	10661.65	6615.8	7959.8	14675.5
占比	%	27.27%	46.76%	35.15%	38.32%	59.56%
加工贸易	吨	12804.9	11179.61	11930.8	12083.1	9818.5
占比	%	67.97%	49.03%	63.40%	58.17%	39.85%

资料来源：据海关总署数据整理

（五）出口情况

随着我国氨纶产量的增加，我国也成为氨纶的出口大国。2014 年我国氨纶出口总量为 4.55 万吨，同比减少 2.69%，出口金额 3.17 亿元，同比减少 3.87%（表 6）。出口市场比较分散，主要出口市场为韩国、印尼、中国台湾和比利时。近年来，随着国内氨纶产量的增长，出口呈增长态势。

表 6　2014 年氨纶分国别或地区出口

	出口数量			出口金额		
	2014 年（吨）	去年同期（吨）	同比（%）	2014 年（万美元）	去年同期（万美元）	同比（%）
总计	45466.5	46721.7	-2.69	31747.4	33024.8	-3.87
韩国	5835.3	6688.0	-12.75	3834.7	4597.1	-16.59
印度尼西亚	4167.7	2715.6	53.47	3152.5	1966.0	60.35
中国台湾	4086.0	3599.9	13.50	3036.1	2653.8	14.40
比利时	4004.8	5110.8	-21.64	2521.3	3321.8	-24.10
越南	3901.6	3516.4	10.95	2661.8	2316.5	14.91

资料来源：据海关总署数据整理

2014 年氨纶出口各类贸易方式中（表 7），一般贸易出口量 2.52 万吨，同比减少 4.99%，占出口总量的 55.35%；加工贸易出口量同比则略涨 1.15%，占出口总量的 44.51%。

表7　2014年氨纶分贸易方式出口

	出口数量			出口金额		
	2014年（吨）	去年同期（吨）	同比（%）	2014年（万美元）	去年同期（万美元）	同比（%）
总计	45466.5	46721.7	-2.69	31747.4	33024.8	-3.87
其中：一般贸易	25164.2	26486.8	-4.99	17072.7	18680.6	-8.61
加工贸易	20236.0	20005.3	1.15	14624.0	14217.6	2.86
保税区	29.3	193.5	-84.86	22.2	104.5	-78.71

资料来源：据海关总署数据整理

（六）投资情况

2014年，氨纶行业实际完成投资额48.57亿元，施工项目42个，新开工项目33个，竣工项目18个。实际完成投资同比增加20.64%，施工项目数同比增加23.53%，新开工项目数同比增长50%，竣工项目同比下降10%。受2013年氨纶行情的好转，氨纶行业出现了新一波投资热，投资处于增长态势，2014年实际新增产能35000吨，一批新增产能延期投产，将对2015年造成新的产能压力。

（七）经济效益

2014年，氨纶行业实现利润总额26.17亿（表8），同比增长41.30%，实际增加利润6.49亿元，利润率为11.47%，大大高于化纤行业的平均水平，同比提升2.77个百分点。这主要受益于氨纶原料成本的下降，在2013年氨纶行业市场复苏，实现扭亏为盈的基础上，2014 年的市场依然保持着良好的发展态势。

表8　2014年氨纶行业经济效益情况表

	利润总额			利润率		
	2014年（万元）	去年同期（万元）	同比（%）	2014年（%）	去年同期（%）	同比（百分点）
化学纤维	2773008	2493445	11.21	3.85	3.58	0.27
其中：氨纶	261722	185229	41.30	11.47	8.71	2.77

资料来源：国家统计局

（八）运行质量情况

从行业运行质量指标看（表 9），氨纶行业总体运行质量基本稳定，企业偿债能力增强，特别是盈利能力和发展能力指标提升，除销售增长率因行业刚需不足而有所下降外，其余指标均全面提升，氨纶行业整体依然处于上升周期。

表9　2014年氨纶行业运行质量指标表

项目	2014年	去年同期	同比
偿债能力指标			
资产负债率	43.60%	47.99%	-4.39
产权比率	77.32%	92.29%	-14.97
已获利息倍数	6.87	5.29	1.59
营运能力指标	（次）	（次）	（次）
总资产周转率	0.73	0.73	0
应收账款周转率	8.22	10.09	-1. 87
产成品周转率	9.35	11.24	-1.89
盈利能力指标			
主营业务利润率	11.47%	8.71%	2.77
成本费用利润率	12.74%	9.47%	3.27
总资产报酬率	9.81%	7.89%	1.92
净资产收益率	14.87%	12.31%	2.56
发展能力指标			
销售增长率	7.24%	21.23%	-13.99
总资产增长率	7.86%	4.56%	3.30

资料来源：据国家统计局数据整理

2014 年氨纶行业高产品效益延续，虽然各规格氨纶价格持续下跌，但是得益于原料成本的不断下行，稀释氨纶价格下跌对行业盈利空间的影响，因此 2014 年行业盈利水平的跌幅远远小于氨纶价格的跌幅，年尾 40D 氨纶利润水平在 10%附近，而价格跌幅更小的细旦丝氨纶利润空间略高。因此 2014 年国内氨纶企业生产积极性仍较高，行业负荷始终维持在较高水平（图 4）。

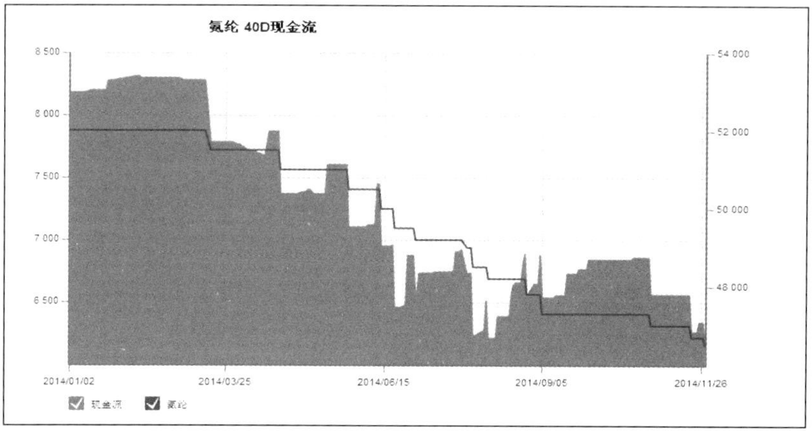

资料来源：中国化纤信息网

图 4　2014 年氨纶现金流趋势图

二、影响氨纶行业运行的主要原因

（一）下游需求回落

2014 年，纬编市场开机负荷“旺季不旺，淡季偏淡”，江浙、广东市场的旺季开机率较 2013 年同期多有不足，而淡季开机率则多在低位徘徊；从时间上看，2014 年纬编行业上半年开机率较高时间集中在 3~5 月份，时间跨度上较 2013 年有所拉长，而下半年旺季启动时间多有延迟，特别是广东纬编市场下半年启动明显弱于江浙地区。

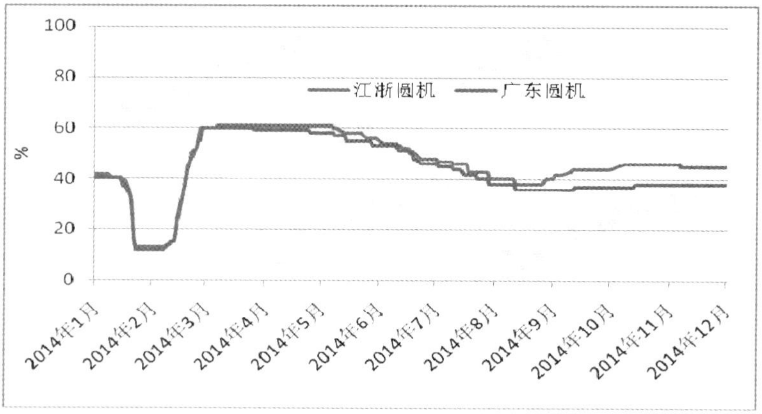

资料来源：中国化纤信息网

图 5　2014 年圆机开工走势

由于 2014 年较多圆机企业多谨慎控制库存生产规模，在市场订单无明显改善情况下，中小规模企业观望心态较浓厚，另外，由于面料订单利润偏低，且订单特别是大单拖款时间较长，江浙圆机企业在生产成本上的优势凸显，下半年接单情况好于广东地区，因而下半年广东纬编市场整体表现偏弱。

2014 年圆机市场平均开工在 40%~50%附近，较 2013 年有一定回落，圆机市场容量在不断扩容后内部整合加剧，产品利润空间下滑，订单拖款现象恶化，接单和资金状况的差异也造成企业间开机分化现象不断加深，终端订单“短、小”化趋势、国内信贷收紧、原料价格波动剧烈等因素也导致企业在库存生产规模上较往常更为谨慎，因此 2014 年江浙、广东圆机市场年均开机率均比去年低 5 个百分点左右（图 5）。

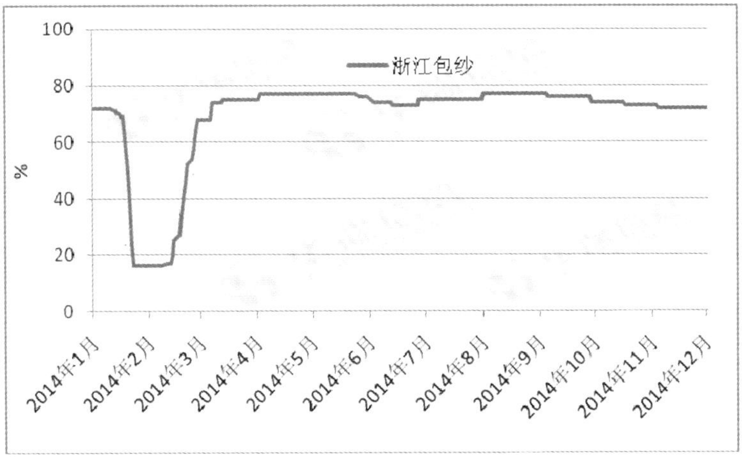

资料来源：中国化纤信息网

图 6　2014 年包纱开工走势

2014 年，机包市场旺季高位开机率较去年虽有不足（图 6），但淡旺季开机率差距不大，整体运行表现平稳；特别是规模性企业全年开工均可在较高水平维持，支撑行业开机率，相比之下规模较小、资金实力稍差的中小型企业开工受市场订单影响波动性稍显明显。

机包下游无缝内衣市场表现较为平淡，上半年丝袜领域产品竞争也比较激烈，部分中小型企业接单情况难达预期，行业开机率较去年也有所差距；2014 年下半年开始，随着小圆机、袜类需求逐步启动，机包行业开机率在 8~10 月份较前期有所提升，11 月份随着终端订单换季及年末资金压力加大，部分企业控制库存生产量，行业开机小幅回调。

2014 年，空包行业开机率持稳在 60%~70%附近，与 2013 年同期差距不大，下游织造行业的不断扩张仍支撑空包市场刚需，但是订单回款难、库存资金压力大，压制较多工厂生产积极性，2013 年表现极为强劲的一体机领域在市场容量不断扩容后，在 2014 年旺季开机率同比也有所不足，较多规模性工厂需控制生产规模以缓解库存资金占比过高问题。

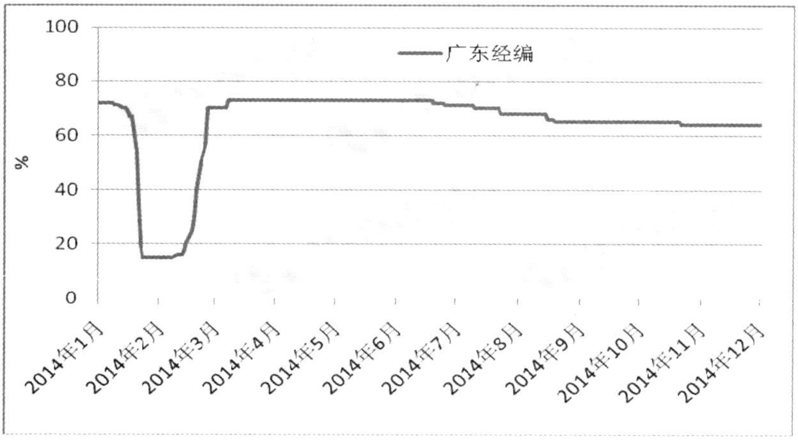

资料来源：中国化纤信息网

图 7　2014 年经编开工走势

2014 年，广东经编市场旺季开机率明显略低于往年同期，行业开机率仅维持在 60%~70%（图 7）。经编市场容量在近些年快速扩张后，竞争日趋激烈，特别是中低端产品的竞争，终端订单增量不足导致很多工厂的产品库存压力、资金压力在下半年逐步显现，因而 2014 年下半年广东经编市场旺季开机率未现明显起色，相比而言，高端产品生产企业接单仍表现良好，开机率多在高位持稳。

此外，江浙绒布经编市场从 2014 年 8 月份开始陆续启动，带动相关 40D 氨纶需求快速增长，8~11 月份，海宁、常熟部分绒布经编企业开工率可维持在 80%~100%，11 月中下旬开始，随着市场订单的逐渐回落，绒布经编行情出现明显回落。

（二）生产成本明显降低

2014年以来PTMEG新增产能陆续达产，随着市场新增货源不断增多，国内PTMEG价格面承压，一路走低；特别是从二季度开始由于BDO价格也出现大幅走低，再加上氨纶行情启动不及预期，进一步加快了PTMEG价格下跌速度，前三季度PTMEG价格跌幅逐步扩大；四季度随着BDO价格反弹再加上前期价格已大幅下滑，PTMEG厂家成本压力显现，顶价意向增强，价格跌幅有所放缓。

年尾国内PTMEG商谈价格逐渐回落至20000~21000元/吨附近，部分新增货源推广价在20000元靠下区间成交；美金盘价格亦回落至2900-3000美元/吨附近。2014年PTMEG均价为22971元/吨，同比下降12.7个百分点。长期看，PTMEG随着产能增加，产量进一步提高，市场供应充足，价格进一步下行，有利于氨纶行业的发展（图8）。

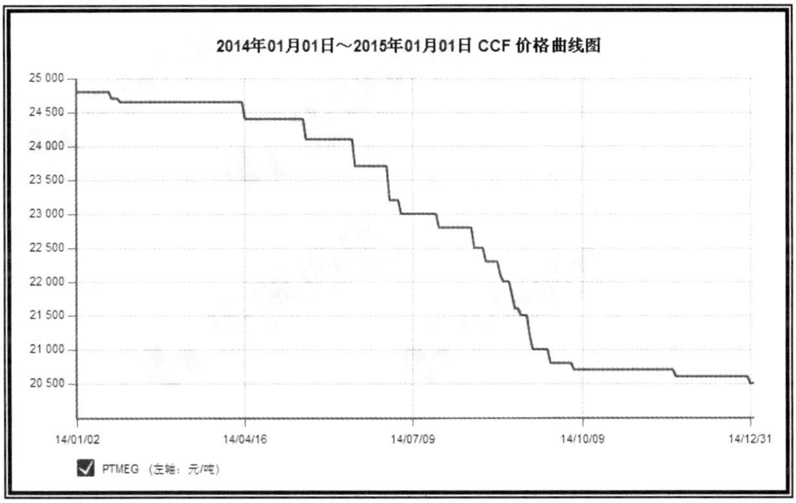

资料来源：中国化纤信息网

图8　2014年PTMEG价格走势图

氨纶的另一主原料纯MDI价格亦出现下跌（图9）。2014年，纯MDI的均价为19244元/吨，同比下降7.5个百分点。纯MDI呈现弱势行情主要受供需两方面的影响。一方面，国内货源供应稳定，进口量延续增加。另一方面，纯MDI的主要需求市场——浆料、鞋底原液、汽车、家装需求显弱，压制了纯MDI的价格走势。

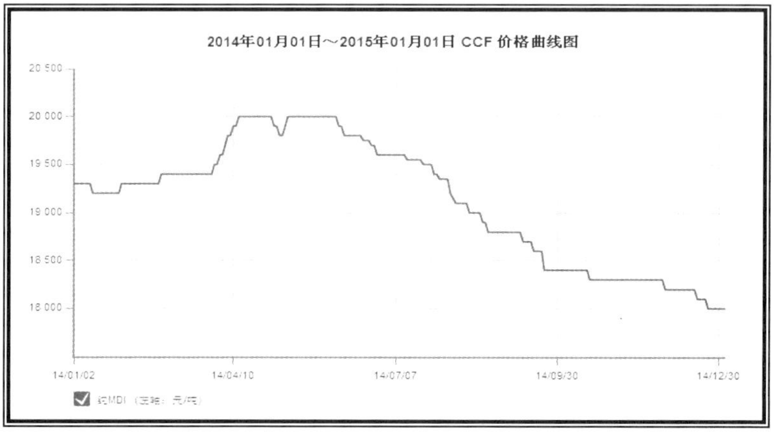

资料来源：中国化纤信息网

图 9　2014 年纯 MDI 价格走势图

（三）新增产能趋缓

2014 年氨纶行业供应端继续保持稳步增长势头（表 10），行业迎来了新一轮的产能扩张，但在新增产能造成市场竞争更加激烈，氨纶产品价格难以反弹的情况下，2014 年内计划扩产项目也并未全部如期投产，新增产能约为 3.5 万吨。而目前 2015 年计划新增的产能约为 7.5 万吨，如全部投产，到时市场供求关系又将受到较大影响。

表 10　氨纶 2014 年及 2015 年主要新增产能表

企业名称	2014 年	2015 年
福建恒申	2 万吨	
广东晓星		1 万吨
绍兴开普特	0.5 万吨	
泰和新材		1 万吨
新乡化纤		2 万吨
浙江华峰	1 万吨	2 万吨
浙江华海		1.5 万吨
总计	**3.5 万吨**	**7.5 万吨**

资料来源：中国化学纤维工业协会氨纶专业委员会

三、2015年氨纶行业运行预测

考虑到较大规模的新产能释放，2015 年氨纶产量将继续维持较快增长势头，但由于 2015 年氨纶价格下行压力较大，预计氨纶产品利润空间仍将进一步收窄，部分老旧氨纶装置停产检修概率加大，行业负荷或将较 2014 年将有所降低。

随着 2015 年国内氨纶大规模新扩产能陆续释放，我国在全球氨纶供应体系中的地位将进一步上升，鉴于 2015 年国内氨纶供求格局将更为宽松，且氨纶价格下跌并长期在低位徘徊的概率较大，预计氨纶工厂对于出口市场的开拓力度将进一步增强，而国外部分新兴纺织品市场的持续增长也有助于增加对我国氨纶的需求拉动，因此预计 2015 年氨纶出口量较 2014 年将有所增长；而进口量在 2014 年放量高速增长后，随着国内供应面的宽裕，预计 2015 年将稳中略有回落。

具体预测如下：

产量：约 53 万吨，增长 7.7%左右；

出口：约 5 万吨，增长 11%左右；

利润总额：达到 25 亿~27 亿元；

运行质量：2015 年行业稳中回落，但仍处于景气周期。

2014年中国丙纶行业运行分析与2015年运行预测

中国化学纤维工业协会丙纶专业委员会　李增俊　李伯鸣

2014年，“新常态”已成当前最热的经济关键词，新常态下中国经济面临着一定的下行压力，中国化纤行业面临了和其他很多行业一样的诸多经营困难。特别是临近年底，国际原油价格出现暴跌，直接影响了化纤及其原料的市场行情，行情低迷，价格持续下跌。丙纶与其他纤维行业一样受原料与产品价格双双下跌的影响下，总体运行质量呈下滑态势，全年利润总额25377万元，同比减少2757万元，利润总额下降9.61%，利润率下降0.34个百分点。

一、2013年丙纶行业运行情况

（一）市场情况

1. 聚丙烯原料

近年来，我国聚丙烯工业发展迅速，生产能力和消费量稳步增长，2014年新增产能340万吨，其中多数为煤制烯烃（表1和表2）。

中国聚丙烯行业发展的明显趋势表现为：聚丙烯的上游属于寡头垄断行业，供应相对集中，生产企业形成以中石化、中石油为主，中海油、民营、合资企业及煤化工企业为辅的竞争格局。

随着烯烃技术的发展，煤制烯烃、页岩气开发、丙烷脱氢等，使PP上游原料多元化发展。

表1　2014年聚丙烯企业投产情况

单位：万吨

公司名称	地址	投产时间	产能	生产路线
中石油四川石化	彭州	2014年3月	PP, 45；PE,60	石化
中化泉州炼厂	泉州	2014年5月	PP,20	油化工
石家庄炼化	石家庄	2014年5月	PP,20	石化

续表

公司名称	地址	投产时间	产能	生产路线
茂名石化	茂名	2014年6月	PP,20	石化
神华宁煤集团二期	宁夏	2014年6-7月	PP ,50	煤化工
中煤榆林能源化工有限公司	榆林	2014年8-9月	PP, 60；PE,60	煤化工
宁夏宝丰能源集团有限公司	宁夏	2014年9-10月	PP,30；PE,30	煤化工
河北海伟交通设施集团有限公司		2014年10月	PP,30	石化
山东神达化工有限公司（联想控股）	枣庄	2014年10月	PP,20；EVA，10（可转换LDPE）	煤化工
扬子江石化有限公司	张家港	2014年10-11月	PP,40	丙烷脱氢
蒲城清洁能源化工有限责任公司	渭南	2014年11月份	PP, 40；PE,30	煤化工
中煤陕西榆林能源化工有限公司	榆林	2014年11月份	PP,30；PE,30	煤化工
东华能源股份有限公司	南京	2014年	PP,40	石化

资料来源：卓创资讯

表2　2014年国内聚丙烯装置产能统计

序号	地区	企业	产能（万吨）
1	西北	独山子石化	69
2	东北	大庆炼化	60
3	西北	延长中煤	60
4	华东	镇海炼化	50
5	华南	福建联合	67
6	华中	武汉石化	50.5
7	华东	绍兴三圆	50
8	西北	神华宁煤	50
9			50
10	华北	燕山石化	47
11	华南	茂名石化	47
12			20
13	西北	大唐多伦	50
14	西南	四川石化	45

续表

序号	地区	企业	产能（万吨）
15	华北	天津中沙	45
16	华东	台塑宁波	45
17	华东	上海石化	40
18	华东	扬子石化	40
19	华东	宁波富德	40
20	东北	抚顺石化	39
21	西北	兰州石化	35
22	东北	大连有机	32
23	东北	辽通化工	31
24	华北	河北海伟	30
25	西北	宝丰能源	30
26	西北	中煤能源	30
27	西北	延安炼厂	30
28	西北	神华包头	30
29	华中	洛阳石化	22
30	华东	上海塞科	25
31	华南	中海壳牌	24
32	华北	石家庄炼厂	20
33	华南	广州石化	20
34	华南	海南炼厂	20
35	西南	北海炼厂	20
36	西南	钦州石化	20
37	华北	青岛大大炼油	20
38	华东	徐州海天	20
39	华北	山东神达	20
40	华东	中化泉州	20
41	华中	中原石化	16
42	西北	呼和浩特石化	15

续表

序号	地区	企业	产能（万吨）
43	东北	锦西石化	15
44	东北	大连西太	15
45	华南	湛江东兴	14
46	华北	济南炼厂	12
47	华中	荆门石化	12
48	西北	兰港石化	11
49	西北	宁夏石化	10
50	华北	华北石化	10
51	华北	大港石化	10
52	华北	山东玉皇	10
53	华中	九江石化	10
54	华中	长岭石化	10
55	东北	大庆石化	10
56	华北	齐鲁石化	7
57	华北	天津石化	6
58	东北	辽阳石化	5
总产能			1661.5

资料来源：中国化信息纤网

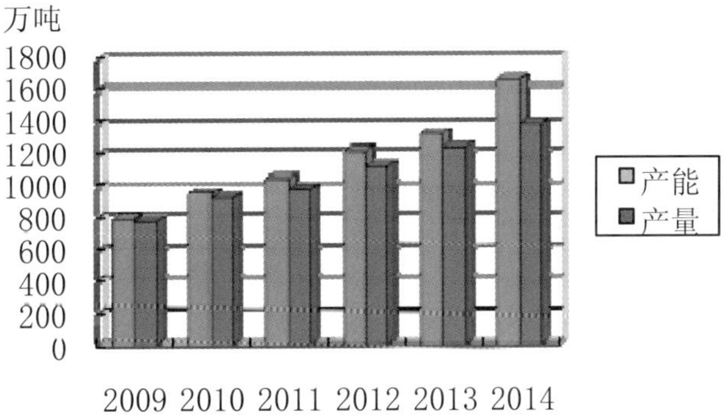

资料来源：中国化信息纤网

图 1　2009~2014 年中国聚丙烯原料增长情况统计

根据卓创资讯统计预测，国内聚丙烯行业在 2016 年底开始接近供需平衡临界点，或将在 2017 年步入产能过剩状态。

2. 聚丙烯市场行情

2014 年国内聚丙烯市场走势（图 1 和图 2）：年初承压下行段，二季度冲高运行，震荡整理，三季度开始加速下跌，年末绝地反击。总体来说 2014 年聚丙烯市场波动比较大，表现也是较为活跃。

年初，宏观经济走势偏弱以及市场资金链紧张等利空因素影响到国内的实体经济，聚丙烯价格无不例外也进入了下跌通道。下游在后市看空的情况下，接盘乏力，需求疲软，致使石化库存高企。春节后下游复工缓慢，石化库存高位运行，中石化、中油定价改挂牌，成交重心持续下移，至 3 月中旬聚丙烯创下上半年最低点，PP T30S、PP 粉料价格指数分别为 11007 元/吨及 10925 元/吨。

随着前一波下跌，石化成本的逐步临近，石化企业的挺价意向变得较为浓厚，加之终端复工的陆续到位，聚丙烯粒料需求跟进增加，且在 4、5 月份石化装置有较为集中大修的利好影响下，看涨预期浓厚，现货面供需面呈现紧张局势，期货更是逐步走强，双双发力，PP 粒料市场呈现一波强势上涨局面。6 月上旬行情继续走高，中石化、中油装置负荷偏低，至下旬聚丙烯市场出现高位回落行情。7、8 月份市场在震荡中度过，后市对煤化工装置投产较多的担忧，看空较多，但因装置投放不及预期，同样增加了市场的炒作气氛，市场整体维持高位震荡整理的局面。

9 月中下旬开始，随着煤化工装置的正式投产，产能得以有效释放，前期看空心态蔓延，原油价格逐步下调，市场呈现弱势下行的趋势。国庆节期间国际原油大跌，致使化工产品成本坍塌，大跌不止，聚丙烯市场同样难以幸免，市场进入快速下行通道，看空情绪蔓延，跌幅超过 2000 元/吨。至 12 月 15 日 PP 拉丝及低融共聚价格指数进入年内最低价，分别为 8850 元/吨及 9100 元/吨。

12 月中旬受 PP 期货反弹的带动， 聚丙烯市场弱势反弹，但至月末，下游对高价货源抵触情绪浓厚，且对后市心态悲观，接货乏力，市场成交逐步回落，维持震荡盘整。

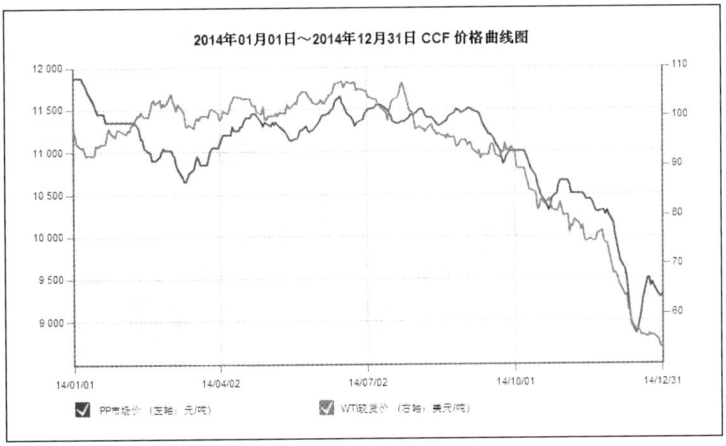

资料来源：中国化纤信息网

图 2　2014 年原油与聚丙烯走势图

3．丙纶纤维市场行情

进入 2014 年，在聚丙烯原料下跌的打压下（表 2、图 3 和图 4），市场整体交投气氛清淡，下游观望气氛占主流心态，需求转淡，1.5D 短纤主流报价至 12800~13100 元/吨附近，部分高端至 13400 元/吨；丙纶长丝 FDY 900D 本白主流报价至 15000 元/吨附近；丙纶弹力丝 35D 本白报价至 17000 元/吨附近。

二、三季度，受聚丙烯原料上涨带动下，支撑厂商报盘重心上移，下游维持刚需采购，丙纶短纤维市场小幅上涨，丙纶长丝市场窄幅整理，前期受原料走势坚挺的影响，贸易商高报出货，但下游接盘积极性不高，刚需成交为主，后续原料高位回落，下游需求疲软，商家小幅让利出货。

第四季度以来，丙纶市场弱势难改，自 OPEC 宣布不减产以来，国际原油持续下跌，临近 55 美元/桶，化工原料价格一跌再跌，而丙纶市场在这一波下跌行情中同样开始下滑，成本支撑减弱，价格跟跌，商家随行出货，按单生产，下游需求跟进一般，按需采购。

12 月份，丙纶市场弱势下行，虽说前期也市场处于弱势，但 12 月下行趋势有所放大，主要受原料大幅下挫的影响。由于终端产品的价格跟进存在时滞的关系，丙纶跌势没有原料剧烈。从供需角度来看，国内工厂生产多按订单生产，做库存的较少，可以说整个行业的库存不高，即意味着不存在供过于求的情况。而下游需求疲软，多为刚需采购，而且在这一波原料阴跌的浪潮中，看空后市预期明显，很少有主动备货的现象，市场整体成交气氛偏弱。

临近年末，部分工厂基于现金流问题，逐渐调低开机负荷或停产。

表 2　2014 年国内聚丙烯、丙纶市场行情月均变化表

单位：元/吨

月份	PP T30S	PP 粉料	短纤 1.5D×38mm	弹力丝 35D	丙纶 FDY 900D
1	11296.66	10714.28	13022.22	17200.00	15088.88
2	10865.00	10608.80	12800.00	17200.00	15000.00
3	11007.05	10925.29	12870.58	17200.00	15000.00
4	11495.29	11112.35	13100.00	17200.00	15093.33
5	11245.71	10809.04	13200.00	17200.00	14690.00
6	11450.00	11077.00	13070.00	17200.00	13815.00
7	11455.55	11218.88	13200.00	17200.00	13722.22
8	11415.71	11104.76	13104.76	17200.00	13800.00
9	11199.54	10949.54	13136.36	17200.00	13736.36
10	10602.10	10379.21	12694.73	16321.05	13294.73
11	10416.00	10239.50	12570.00	16000.00	13170.00
12	9400.86	8634.78	11869.56	14991.30	12626.08

资料来源：中国化纤信息网

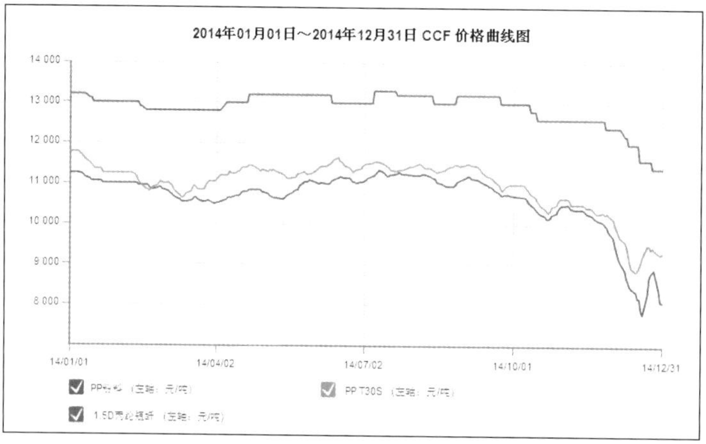

资料来源：中国化纤信息网

图 3　2014 年丙纶短纤与原料价格走势图

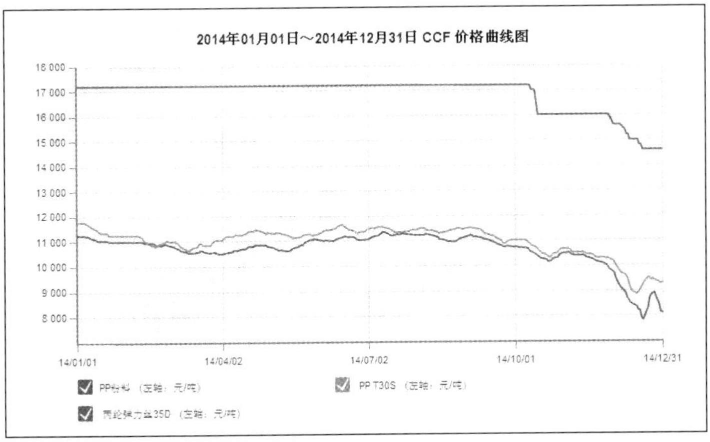

资料来源：中国化纤信息网

图4　2014年丙纶长丝与原料价格走势图

（二）生产情况

表3　2014年1~11月化学纤维产量完成情况表

单位：万吨

产品名称	1~11月	2013年同期	同比
化学纤维	4032.26	3786.16	6.50%
其中：丙纶	24.47	24.61	-0.56%

资料来源：国家统计局，丙纶规模以上企业57户。

据国家统计局统计（表3），1~11月全国化纤产量4032.26万吨，同比增长6.50%。丙纶57户生产企业统计，产量为24.47万吨，同比降低0.56%。2014年，受经济增长缓慢、原油大幅下跌、原料价格波动、下游需求疲弱的影响，企业开机率下降，产量同比减少。各省份丙纶纤维产量详见表4。

表4　2014年1~11月丙纶纤维分省市产量统计表

	1~11月产量（吨）	同比（%）
全　国	244711	-0.56
江苏省	79502	-0.77

续表

	1~11月产量（吨）	同比（%）
湖北省	69662	2.61
浙江省	31715	6.00
河南省	23287	3.39
广东省	21398	-21.95
上海市	7002	1.87
天津市	6278	21.69
山东省	3831	5.67
河北省	1478	12.74
黑龙江	558	-38.07

资料来源：国家统计局

丙纶纤维生产主要集中在江苏、湖北、浙江、广东。（2014年行业经济普查中，如福建三宏、泉州东翔、揭阳粤海、固德塑胶、福建腾茂这些企业都没有统计进去，这几家企业年产量都在万吨以上）

开工率：2014年丙纶行业全年开工率整体不高，年初开工率50%~55%，第二、三季度整体开工率约50%~60%，7月份进入销售淡季，部分生产线停车检修，进入10月份后受国际原油持续暴跌影响，聚丙烯原料一路下跌，丙纶市场需求疲软，逐渐调低开机负荷或停产。

库存情况：2014年丙纶行业存货值53348万元，上年同期为51814万元，同比上升2.96%。（按加权平均售价15000元/吨折算，丙纶纤维的库存量达到3.56万吨）

（三）进出口情况

根据海关总署数据（表5），丙纶纤维2014年进口量6730.1吨，同比增加15.87%；出口量30818.3吨，同比增加5.42%。进口来源地主要为韩国、丹麦、日本、比利时和英国；主要出口国家和地区为沙特阿拉伯、马来西亚、印尼、泰国、中国台湾、土耳其和巴基斯坦。

表5　2014年丙纶纤维进出口情况表

商品名称	出口				进口			
	数量（吨）	同比（%）	金额（万美元）	同比（%）	数量（吨）	同比（%）	金额（万美元）	同比（%）
丙纶长丝（包括股线、缆线）	22564.8	12.23	6202	20.36	2315.7	28.70	827.5	40.64
丙纶短纤（含丝束）	8253.5	-9.57	1944.5	-9.60	4414.4	9.14	1129.4	2.62
丙纶合计	30818.3	5.42	8146.5	11.54	6730.1	15.87	1956.9	15.86

资料来源：据海关总署数据整理

（四）投资情况

2014年丙纶行业实际完成投资额219881万元，施工项目22个，新开工项目13个，竣工项目15个。实际完成投资同比增长8.84%，施工项目数同比减少21.43%，新开工项目数同比减少38.1%，竣工项目同比减少11.76%，2014年丙纶行业投资处于一个下行态势。

（五）经济效益和运行质量

1．经济效益

从企业生产经营和盈利状况看（表6），2014年呈下行走势。国家统计局统计的57户企业数据显示，亏损企业13户，亏损面占22.81%。亏损企业亏损额3433万元，同比增加48.14%，丙纶全行业利润总额2.54亿元，同比减少2757万元，利润总额下降9.61%；利润率4.28%，同比下降0.34个百分点。

表6　2014年化纤行业经济效益情况表

	利润总额			亏损企业亏损额		
	2014年（亿元）	去年同期（亿元）	同比增减（亿元）	2014年（亿元）	去年同期（亿元）	同比（%）
化纤	277.30	249.34	27.96	49.80	45.50	9.46
其中：丙纶	2.54	2.81	-0.28	0.34	0.23	48.14

资料来源：国家统计局

从表6可以看出，2014年，化纤行业实现利润总额277.3亿元，同比增长

11.21%；全行业亏损企业亏损额 49.8 亿元，同比增加 9.46%。其中：丙纶利润率总额同比略降 0.28 亿元；亏损企业的亏损额增加 48.14%，高于化纤行业平均水平。

参见图 5~图 7 丙纶相关品种与聚丙烯原料的价差走势图。

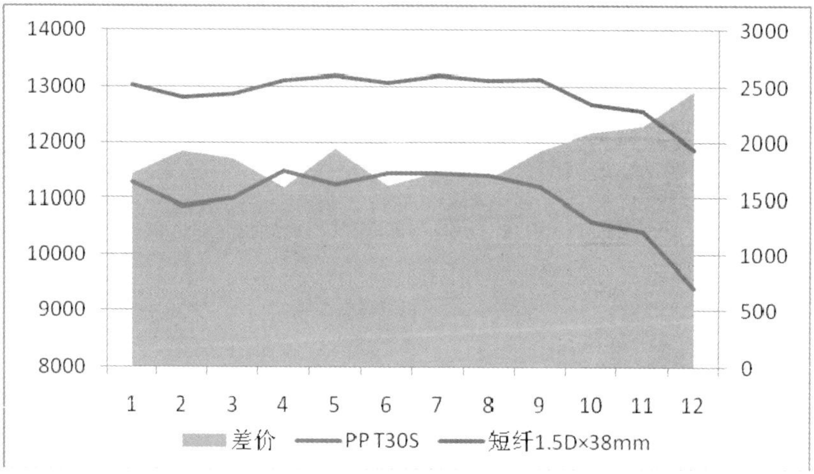

图 5　2014 年丙纶短纤与聚丙烯原料差价走势图（元/吨）

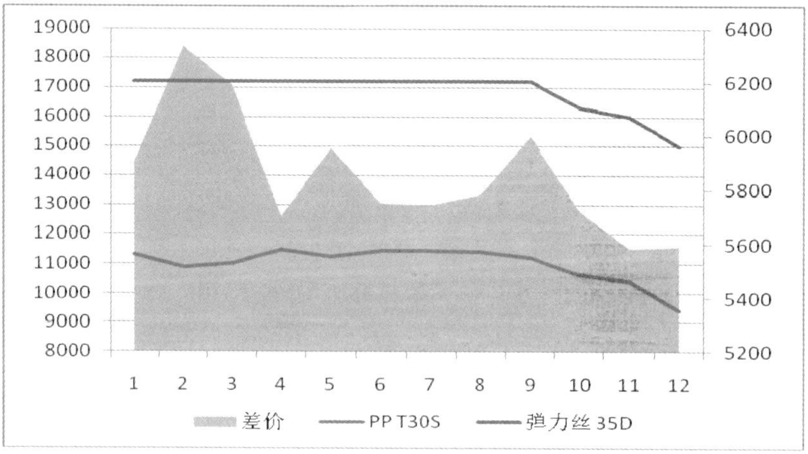

图 6　2014 年丙纶弹力丝与聚丙烯原料差价走势图（元/吨）

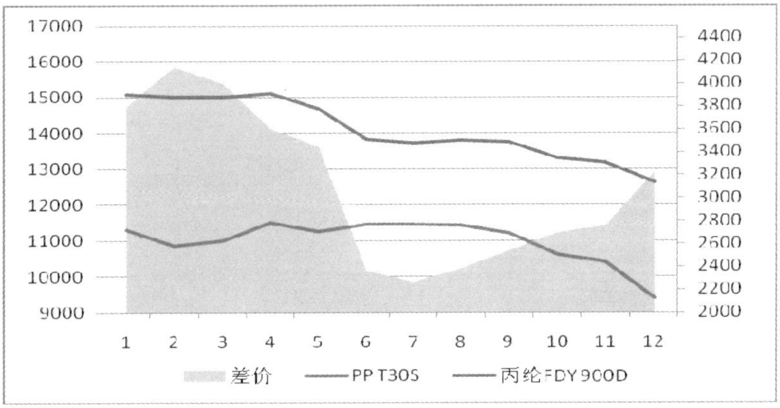

资料来源：中国化学纤维工业协会丙纶专业委员会

图7　2014年丙纶FDY900D与聚丙烯原料差价走势图（元/吨）

2．运行质量

丙纶行业总体运行质量（表7）呈现下滑态势：

资产负债下降2.88个百分点，产权比率下降20.6百分点，丙纶企业偿还长期债务的能力较2013年略有增强。

资金使用效率同比下降，产成品周转率、流动资产周转率、总资产周转率均呈下降态势。

盈利能力下降，主营业务利润率、成本费用利润率、总资产报酬率、净资产报酬率均呈下降态势。

发展能力减弱，销售增长率下降，百元销售收入三项费用提高。

表7　2014年丙纶行业运行质量指标

项	目	2014年	去年同期	同比
偿债能力指标	资产负债率（%）	61.13	64.02	-2.88
	产权比率（%）	157.29	177.90	-20.60
	已获利息倍数	4.85	5.39	-0.53
营运能力指标	应收帐款周转率　（次）	9.81	9.64	0.16
	产成品周转率　（次）	25.50	26.08	-0.58
	流动资产周转率　（次）	2.18	2.19	-0.01
	流动资产构成比率（%）	66.38	70.23	-3.85
	总资产周转率　（次）	1.45	1.54	-0.09

续表

项	目	2014 年	去年同期	同比
盈利能力指标	主营业务利润率（%）	4.28	4.61	-0.34
	成本费用利润率（%）	4.47	4.88	-0.41
	总资产报酬率（%）	7.81	8.70	-0.90
	净资产收益率（%）	15.95	19.69	-3.75
发展能力指标	销售增长率（%）	-2.64	9.81	-12.45
	总资产增长率（%）	3.13	2.37	0.76
每百元销售收入三项费用	销售费用（元/百元）	2.1946	2.1434	0.0512
	管理费用（元/百元）	3.2330	2.7366	0.4964
	财务费用（元/百元）	1.3821	1.3428	0.0393

资料来源：据国家统计局数据整理

二、2014 年丙纶行业存在的问题及原因分析

1．新常态，中国经济发展仍处于重要战略机遇期，但也面临经济放缓、消化产能过剩任务繁重、内生动力不足等困难。尤其是当增速换挡期、转型阵痛期和改革攻坚期这三方面相互作用后，宏观调控的难度进一步加大。化纤行业遇到了和其他很多行业一样的诸多经营问题，企业面临生存的困难，特别是丙纶行业规模小、装备落后，企业创新能力不足。

2．稳定健康的原料市场，是保证丙纶行业竞争力的基础。而丙纶原料供应长期形成以中石化、中石油为主的寡头垄断，而且与原油价格高度关联。原油价格上涨时，聚丙烯价格坚挺，原油价格下跌，聚丙烯价格调整迟滞，产品价格难于跟进原料价格。丙纶行业长期受原料成本支撑、下游需求疲软的影响，企业盈利能力弱。

3．市场需求疲软，下游实际订单减少，丙纶企业开工率持续低迷，开工不足，企业按单生产，存在产品结构老化，常规产品产能过剩的问题，企业难于形成创新的主体。常规市场被涤纶再生纤维挤占，产业用高性能领域、战略性新兴领域未能进入。

4．油价下跌将显著降低化纤行业成本，长期看丙纶行业也将会受益。但市场疲软、需求不旺仍是最大的短板，受原油层面持续下跌的不利影响，丙纶产品跌势难改，在缺乏原料价格支撑的情况下，下游也没有利好消息，短期内

丙纶价格仍有下探的可能。

三、2015 年丙纶行业运行预测

新常态下，面对日趋严峻的国际经济形势和国内改革发展的战略机遇，城镇化的广阔空间、“两化”深度融合的巨大动力、消费升级的庞大市场、技术创新的突飞猛进，中国化纤行业不仅要引导消费、而且要创造消费，连续三年的中国纤维流行趋势发布，提升了中国纤维的品牌竞争力、中国化纤行业有望实现新一轮的创新大发展。

新的宏观经济环境，中国政府的锐意改革，民营企业进入炼化，页岩气开发、煤制烯烃，丙纶原料实现多元化发展，将降低原料成本，对丙纶行业的运行带来长期利好。

预计 2015 年，PP 原料价格延续 2014 年底的行情，呈小幅波动态势。丙纶纤维行情也将维持平稳运行，波幅不大，总体呈平和走势，2015 年规模以上企业，丙纶纤维总产量 30 万吨左右。全年利润总额达 2.5 亿。

2014 年中国维纶行业运行分析与 2015 年运行预测

中国化学纤维工业协会维纶专业委员会　张远东

当前世界经济复苏乏力，国内经济增长进入新常态。维纶行业作为化纤行业的子行业，有其特殊性，一是总量小，二是品种多，三是产品应用广泛。维纶行业运行既与宏观经济形势相关联，又有其自身的一些特点。

一、2014 年维纶行业运行情况分析

（一）聚乙烯醇（PVA）产品市场情况

聚乙烯醇（PVA）是一种水溶性高分子聚合物，由醋酸乙烯（VAC）经聚合、醇解制成。其性能独特，具有较好的粘接性、成膜性、耐油性、胶体保护性，除作合成维尼纶纤维的原料之外，在纺织浆料、粘合剂、涂料、薄膜、土壤改良剂、食品包装、建材、医药、制革、造纸等行业有着广泛的应用前景，其新用途和新品种还在不断的开发中。目前世界 PVA 产业的发展趋势是向高低两极发展，即向高聚合度（高粘度）、高醇解度的高精细化产品与低聚合度、低醇解度的特种产品发展，前者在高标号胶粘剂、高强高模纤维、水泥增强剂等领域有良好表现，后者则为有特别要求的水溶性胶粘剂与水溶性纤维所使用。醇解度低于 80%的 PVA 用于多种化合物，如氯乙烯、偏二氯乙烯，苯乙烯、衣康酸、丁二烯及异丁烯等进行悬浮聚合用的分散稳定剂。

世界上聚乙烯醇（PVA）生产能力和产量居前四位的国家依次是中国、日本、美国、朝鲜等，合计生产能力占世界聚乙烯醇（PVA）总生产能力的 85～90%。其中中国占世界总产能的 51.9%。不同国家的聚乙烯醇消费结构有很大区别，中国的聚乙烯醇（PVA）消费 10%用于制造聚乙烯醇（PVA）纤维（以下简称：维纶），其它投放市场；日本的聚乙烯醇（PVA）消费 20%用于制造维纶，40%用于制造 PVA 膜、PVB 树脂，其它投放市场；朝鲜的聚乙烯醇（PVA）消费 90%用于制造维纶，其他投放市场。

2014年，世界共有20多个国家和地区聚乙烯醇（PVA）装置50余套，总生产能力约170万吨/年，产量约110万吨。主要生产厂家有日本可乐丽公司、日本合成化学工业株式会社、美国塞拉尼斯精细化工有限公司、美国杜邦公司、台湾长春石油化工股份有限公司，国内有安徽皖维集团有限责任公司、中国石化集团四川维尼纶厂、中石化上海石油化工股份公司等10家企业。

世界聚乙烯醇主要生产厂家和产能分布情况如表1、表2所示。

表1　2014年中国大陆以外主要聚乙烯醇（PVA）装置

国家或地区企业名称	装置规模（万吨/年）	工艺路线	技术水平
日本可乐丽	15	乙烯法	高
朝鲜顺川工厂	10	电石乙炔法	一般
中国台湾长春石化	10	乙烯法	高
美国塞拉尼斯	10	乙烯法	高
日本合成化学	10	乙烯法	高
美国杜邦化学	8	乙烯法	高
朝鲜二八工厂	5	电石乙炔法	一般
德国赫斯特	5	乙烯法	高
新加坡PVA厂	5	乙烯法	高
合计	78		

资料来源：中国化学纤维工业协会、《维纶通讯》

表2　2014年中国大陆主要聚乙烯醇（PVA）装置

企业名称	装置规模（万吨/年）	原料路线	技术水平
安徽皖维集团有限责任公司	25	电石乙炔法 生物质乙烯法	高
中国石化集团四川维尼纶厂	16	天然气乙炔法	高
山西三维集团股份有限公司	10	电石乙炔法	高
湖南省湘维有限公司	9	电石乙炔法	一般
内蒙古双欣环保材料股份有限公司	11	电石乙炔法	一般
宁夏大地循环发展股份有限公司	5	电石乙炔法	一般

续表

企业名称	装置规模（万吨/年）	原料路线	技术水平
云南云维集团化工分公司	3	电石乙炔法	一般
上海石化股份有限公司化工事业部	4	石油乙烯法	高
北京东方石油化工有限公司有机厂	3	石油乙烯法	较高
福建福维股份有限公司	4	电石乙炔法	一般
石家庄化工化纤有限公司	1	电石乙炔法	低
合 计	91		

资料来源：中国化学纤维工业协会、《维纶通讯》

目前，我国聚乙烯醇（PVA）产品的生产规模一直紧随国民经济发展，尤其是纺织业和房地产业的快速发展，呈周期性、阶段性扩大趋势。特别是随着国家大力扶持西部地区发展战略的实施，西北地区正在成为聚乙烯醇厂家投建的热土。内蒙古、宁夏、新疆等地凭借煤炭资源的优势，大力发展电石及其下游产业链，成为了聚乙烯醇（PVA）产能的集中增长区。

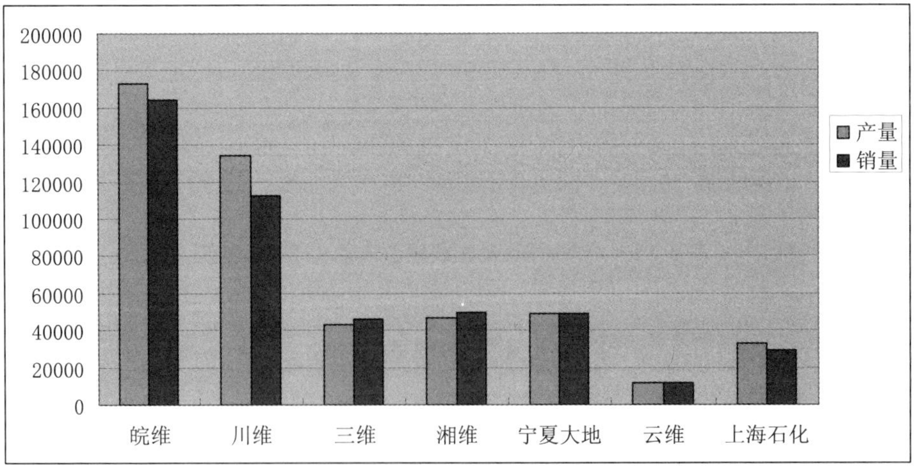

资料来源：中国化学纤维工业协会

图1 2014年国内聚乙烯醇（PVA）主要产量、销量分布图

国内聚乙烯醇（PVA）总生产能力已经接近100万吨/年，居世界第一。其中主要以电石乙炔法生产为主，占国内总产能70%以上，石油乙烯法约占11%，天然气乙炔法约占16%，生物基法约占3%。国内市场对聚乙烯醇（PVA）产品的需求量相对稳定，实际产量维持在50万吨左右，供需严重失衡。在原料价格上涨、人工及电力等成本增加的情况下，聚乙烯醇（PVA）价格总体却呈下降趋势。主要原因是国内企业主要以生产常规品种为主，缺少附加值较高的新、特产品。

2014年底国内聚乙烯醇（PVA）行业也出现了调整、转型、升级的变化情况。2014年9月安徽皖维集团有限责任公司旗下的内蒙古蒙维科技有限公司10万吨/年聚乙烯醇（PVA）“二期工程”开工建设，该项目采用国内最先进的工艺技术，在节能降耗特别是节水方面，将起到示范作用，这是行业中的亮点。宁夏大地循环发展股份有限公司的5万吨/年聚乙烯醇（PVA）二期工程，也在调试时机开车生产，该项目也是采用较为先进的生产工艺技术。同时因为破产重组、市场营销、产品质量、金融融资、生产安全等诸多因素的影响，国内聚乙烯醇（PVA）行业也出现了关、停、转的范例。2014年7月石家庄化工化纤有限公司破产转制重组，兰州新西部维尼纶有限责任公司全面停产已经进入破产程序，江西江维高科股份有限公司自2011年9月份也处于停产状态，另外贵州水晶有机化工（集团）有限公司也已停产，企业整体转入物流行业。

由于，国内聚乙烯醇（PVA）产能短期内的持续增长，行业总体开工率不足50%，已经形成了产能结构性过剩、业经营困难的局面。未来聚乙烯醇（PVA）市场的竞争将会更加激烈，这也就更加需要行业内的企业通力合作，努力提高管理水平，加强科技创新和技术进步，提高行业整体竞争力。

（二）聚乙烯醇纤维（维纶）产品市场情况

目前，国内主要生产高强高模纤维和水溶纤维两大产品。最近2～3年，维纶行业整体运行良好，产品利润空间较大，导致社会资本大举进入。一些企业因技术门槛的原因，以传统的工艺装备技术进入，并迅速投产，形成产能；另一些实力较强的企业则依靠技术积累，开展了大量创新工作，以技术创新带动老产品的升级与新产品的开发，取得较好效果。至2014年底，国内维纶产能突破15万吨/年。

表3　2014年1～11月维纶产量分省市统计表

地区	1~11月产量（吨）	同比（%）
内蒙	27445	-5.92
安徽	15244	-11.83
福建	32015	23.02
湖南	5182	11.42
重庆	15166	-7.41
宁夏	5856	
全国	100908	7.90

资料来源：国家统计局

从表3可见，1~11月，国内维纶产量增加仅有7.9%，这与产能的增长不相匹配。一方面是产能的释放主要在下半年，另一方面，市场的增长和应用推广并没有与产能释放同步。福建永安地区几家企业的产销量增幅达到23.02%，重庆与安徽出现负增长，主要是市场被挤占的结果，但总的来看处于受控状态，维纶行业具有良好的发展前景。

1．高强高模聚乙烯醇（PVA）纤维

高强高模聚乙烯醇纤维一种高性能的维纶产品，具有良好的力学性能、生物相容性和无毒性。它的制作方法可以用干法或湿法纺丝，经过热处理或缩醛化或两者同时进行的方式进行后加工制成的产品。产品具有下列优点：

（1）与水的亲和性能优良，在碱性水泥浆中分散性好，特别是由于其表面结构等原因，具有良好的增强抗裂性，同等配比强度可达石棉增强水泥的2.5倍以上，可用于水泥、陶瓷、建筑材料的增强。

（2）强度高，耐腐蚀性好，可用于绳缆、水产业。

（3）干湿强度高，伸度小，与橡胶、塑料等高分子材料的粘合性好，可用于橡胶制品、涂布层、编织软管等。

（4）可制成人造肠和医用缝合线。

从纤维的长度看，高强高模PVA纤维不易进入人的呼吸系统，作为石棉的代用材料对人体无害，被誉为“绿色环保产品”，并以其高模量、高强度、耐酸碱、抗老化、无污染等优点，在建材、建筑、制革、橡胶、医疗器械等领域具有广泛用途。

2014年国内外高强高模PVA纤维产能情况见表4，价格走势见图2。

表4　2014年国内外高强高模PVA纤维装置状况

企业名称	装置规模（万/吨）	干燥工艺路线	技术水平	备注
日本可乐丽	2.5	热风干燥法	高	丝束新工艺
日本尤里契卡	0.8	电热干燥法	一般	老线改造
四川维尼纶厂	2.0	电热干燥法	高	新技术
福建宝华林	0.4	电热干燥法	一般	老线改造
福建福维	0.2	电热干燥法	一般	老线改造
湖南湘维	0.2	电热干燥法	一般	老线改造
双欣能源	0.6	电热干燥法	一般	新工艺
大地化工	0.6	电热干燥法	一般	新工艺
皖维集团	3.5	热风、红外干燥法	高	新工艺+改造
合计	**10.8**			

资料来源：中国化学纤维工业协会、《维纶通讯》

目前，国外高强高模PVA纤维只有日本可乐丽和尤尼契卡两家生产商。国内高强高模PVA纤维生产企业有7家，主要产品出口国外。

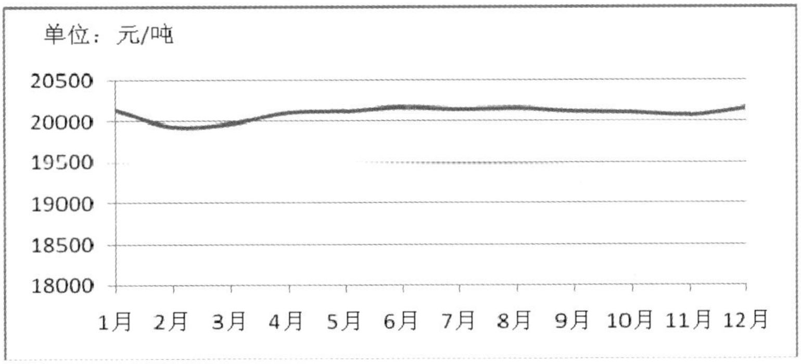

资料来源：中国化学纤维工业协会、《维纶通讯》

图2　2014年高强高模PVA纤维价格走势图

2014年世界高强高模PVA纤维产量约5万多吨，主要用于替代石棉，少量用于混凝土行业。国内产品主要出口欧洲、南美洲、非洲及东南亚等区域，图2显示其销售价格变化不大，市场基本稳定。随着高强高模PVA纤维应用开发的不断深入，以及需求量进一步放大的强力支撑，世界高强高模PVA纤维工业保持强势发展的态势，预计到2020年，世界高强高模PVA纤维产能将达到15万吨，产能主要的增长地区在中国。

2. 水溶性聚乙烯醇（PVA）短纤维

水溶性聚乙烯醇（PVA）短纤维（以下简称：水溶纤维），是以聚乙烯醇（PVA）为原料生产的具有较好物理和机械性能、能够在一定温度下溶解于水、干热稳定性较好的维纶纤维。

水溶纤维可广泛用于易降解的环保制品，纺织主要用于刺绣底布、纱线、蕾丝、无捻毛巾、无纺布等。而产业用最大的用途是造纸，用于造纸时水溶纤维利用其溶解性既可作粘合剂，又利用其纤维性可作增强剂。同时由于聚乙烯醇（PVA）纤维有很大的吸油墨性，所以生产出来的纸张，不但强度高、柔韧性好且白度好。除此之外，还有很好的抗化学性、抗菌性、抗日光性和分散性好的特点，可广泛用于妇女卫生巾、面纸、育秧纸、餐巾纸、币纸、墙壁纸、镜头纸、绣花纸（布）、胶带纸、电池隔膜纸、茶叶袋纸、包装纸、厨师帽纸、吸尘袋纸、一次性卫生用品纸和耐火材料、陶瓷等。

2014年3月永安市宝华林实业发展有限公司扩建1万吨/年水溶维纶纤维项目、2014年4月永安市九如纺织有限公司新建0.7吨/年水溶维纶纤维项目、2014年7月福建福维有限公司技改扩建1万吨/年水溶维纶纤维项目、2014年8月安徽皖维高新技术材料股份有限公司改建1万吨/年水溶维纶纤维项目和2014年7月福建福维有限公司新建0.4万吨/年非织造布等项目相继投产。国内水溶纤维（90℃）产能倍增，市场竞争加剧，对维纶及其下游行业造成一定的冲击。从2014年7月开始，市场供大于求，维纶产品价格开始走低，到2014年10月，下游水溶性无纺布开机台数下降，导致市场严重供大于求，价格急剧下跌。

但从这些品种进入市场的现状来看，因其技术质量水平参差不齐，部份企业只能以低价位大量进入中低端市场，对市场造成激烈冲击。

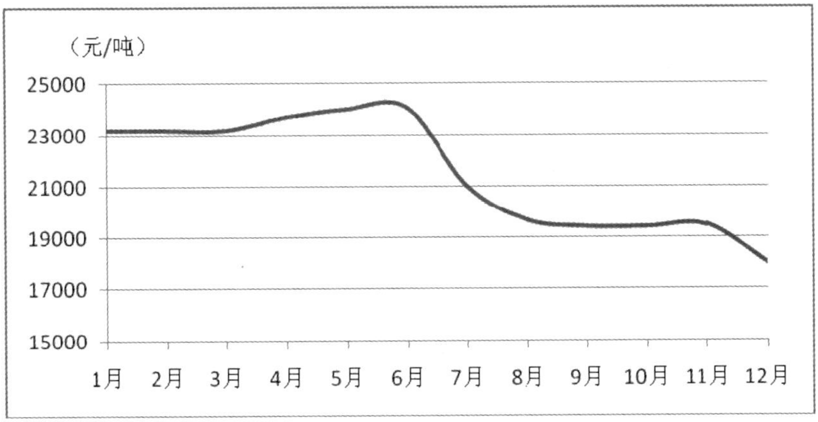

资料来源：中国化学纤维工业协会、《维纶通讯》

图3　2014年维纶水溶纤维（纺织用）价格走势图

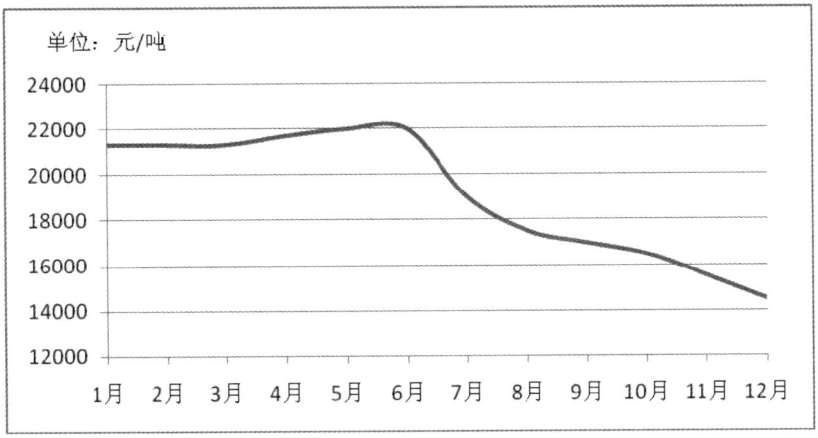

资料来源：中国化学纤维工业协会、《维纶通讯》

图4　2014年维纶水溶纤维（无纺布用）价格走势图

从图3、图4可以看出，上半年由于市场供应量不足，而需求稳定，维纶水溶纤维价格还保持稳中有升。但是下半年，扩产企业相继投产，市场供应量放大，市场消化扩产量能力有限，导致维纶水溶纤维价格大幅下降。目前，水溶纤维（90℃）产能严重过剩，市场竞争处于无序状态，与2014年上半年相比，泛用水溶纤维（90℃）降价幅度达到1万元/吨，只有在其它领域找到出路。但是，一些领域的市场培育也看到明显的上升趋势。

除以上两大产品外，高强耐模维纶纤维，主要用于军队的作训服、保安服和工装等方面；造币用水溶纤维和防伪纤维，由于固定渠道销售，产量不大，市场价格变化不大。

二、2015年维纶行业运行情况预测

2015年，维纶行业面临新局面、新机遇、新常态，资源环境的压力、要素成本的压力、产能结构性过剩的压力等将会进一步加大。毫无疑问，维纶行业的发展不应再追求更高的增长速度和更大的总量。维纶行业在新的发展形势下，应牢固树立“市场在资源配置中起决定作用”的理念，切实以市场为导向，加快转型升级步伐和行业自我调整，大力优化产业结构，确实转变增长方式，依靠创新驱动，改变投资驱动，更多的关注资源的耗费和环境的影响，主动适应国家宏观管理的新要求，主动捕获国家产业政策的新机会。

1.产量将继续增长

维纶有两大产品，一是水溶纤维，一是高强高模（PVA）纤维，这两个产品产能大，市场容量也相对大一些。泛用水溶纤维产能过剩的格局将长期存在，2015年，这两个品种的生产装置将延续开工率不足的局面。一些企业采用柔性化生产技术，一套装置开两个品种，以应对市场变化，这是积极的一面；但也存在技术成熟度不高，柔性化以牺牲产品质量为代价，这是负面的，亟需业内研究对策。总的来说，由于这两个品种还处在市场成长期，需求的微幅增长，将带来维纶产销量的继续增长，预计增幅在10%左右，即2015年国内维纶产量将达到12～13万吨左右的规模。

2. 经营状况和经济效益有所好转

当前，泛用水溶纤维的市场价格基本上接近成本价，拼价格的断杀将难以为继。2015年，各企业将以市场为导向来组织生产经营，维持优质优价，市场将进一步分化为明确的高、中、低端层级，不同企业各取所需，但也存在技术上和产品质量上不断追赶，缩小差距的局面，这对行业整体发展来说是好事。有技术实力的企业会采取产品升级换代的措施，以中温水溶替代高温水溶，以更低线密度的产品替代现在的产品。

高强高模（PVA）纤维主要出口国际市场，2015年，争取国家政策支持，推动国内高强高模（PVA）纤维代替石棉及下游产业链的应用，有望逐步启动国内市场。

总的来看，维纶行业的总量还很小，开发的新品种虽然较多，但大多数品种还处于应用开发和市场开拓的前期，技术的成熟度也还需要进一步提高，一些新品种还没有形成效益增长点。2015年，部份企业会着力把已经取得的技术优势转化为产品优势，并通过加强市场推广，进而获取良好的效益。

2014年中国再生化学纤维行业运行分析与2015年运行预测

中国化学纤维工业协会再生化学纤维专业委员会
林世东　赵　力　周国祥　李伯鸣

一、行业运行综述

2014 年中国再生化学纤维行业（以下简称再生行业，本文指再生涤纶）的运行突出了“成本抵抗型下跌”的特点，原料、产品价格双双出现阴跌，产品价格没有像样的反弹。原料、产品的库存管理及资金链的控制，成为企业能否赢利的关键。具体表象为：企业春节前放假早，节后开工恢复缓慢，并出现招工难，资金链紧张（江阴、富阳、萧山、慈溪等地出现部分化纤互保企业资金断链的现象），到第四季度瓶片原料与原生切片接近甚至倒挂，市场需求不振，产品库存高等困难。当然，行业运行中也有亮点：比如由于印染费用大幅上涨，有色纤维、仿毛及品种的功能性和差别化纤维（异型、复合）销售顺畅。

传统的常规品种已无利润已成为新常态，也昭示行业产能出现了阶段性、相对性、局部型、结构性、区域性过剩是行业困难的主要因素。因此，如何让行业“老树发新芽”，必须着眼提质增效，走创新驱动发展之路，推动产品开发高端化多样化、采购生产消费低碳化、专业装备改造升级智能化之路，把引导产业转移、转型升级、结构调整工作当作发展的重点。

（一）从行业所处的宏观环境分析

2014 年开局以来，面对复杂严峻的国内外形势，党中央、国务院保持定力、主动作为，着力改革创新，着力转型升级，着力改善民生，国民经济平稳运行，总体良好。纺织企业积极应对成本上涨、市场需求低迷等不利因素影响，生产平稳增长，效益有所回升，出口波动较大，纺织行业运行态势比较稳健。

内需方面，社会消费品零售总额的增长速度相对稳定，居民的消费增长速度有所加快，这样消费对经济增长的贡献是在提升；推动城镇化，带动内需市场有效增长；改革相关制度，释放消费需求。

外需方面，世界经济呈进一步回暖态势。全球经济在发达国家向好的带动下，有望延续温和复苏态势，国际市场需求逐步好转，世界贸易与投资回升。IMF将2014年全球经济增速预估从1月时的3.7%下调至3.6%（10月份预估约为3.3%），警告新兴市场风险和地缘政治风险。中国经济总量排世界第二，但如果从劳动生产率角度来看，与发达国家差距非常大，据相关报道：十大农业生产国的劳动生产率，其中美国、法国、日本，每人每年创造的增加值是3万到5万美元。而中国、印度、印尼每人每年是300美元到500美元。十大工业国的劳动生产率，中国大概是德国的1/5，美国的1/8。

（二）从行业所处的微观环境分析

很多再生企业在2008年的金融危机中没有趴倒，意想不到的是在2014年关停倒闭的再生企业不少，但是专业从事再生行业的倒闭企业并不多，反而是跨行业多的容易出现危机。

行业进来了以前从事其他行业的“金融大鳄”，由于行业进入门槛不高，进来后进行大规模扩张，造成同质化更为严重，由于渠道不畅，直接冲击、干扰市场。加上2014年下半年原生聚酯产品价格大幅下降，聚酯切片价格已长期接近或低于再生瓶片价格，原料的价格出现紊乱，整个产业链价格体系塌陷。

整个行业已在尝试“再生瓶片+原生切片”（由于产品要求不同，配比不定）的模式生产再生产品，行业产品需要重新定义。

（三）从行业所处的国际竞争环境分析

中国的再生纤维产业转移的浪潮已不可遏制。由于发达国家再工业的重新定位，加上国内公用工程、原料运输成本、资金成本及劳动力成本因素，产业已逐渐从东部向中西部转移，转向世界各地转移，特别是第三世界转移趋势明显。世界各国对中国运用贸易壁垒保护自身产业已成为新常态。

二、2014年行业运行情况分析

（一）2014年再生瓶片行情分析

1．再生瓶片价格走势

瓶片价格行情（图1）：1～4月，一路下探，年初价格为全年最高价；5～6月，受原生原料走强影响，瓶片价格略有提振；7～9月，瓶片价格盘整；10～12月，瓶片价格与原生切片接近，价格降至年内最低。

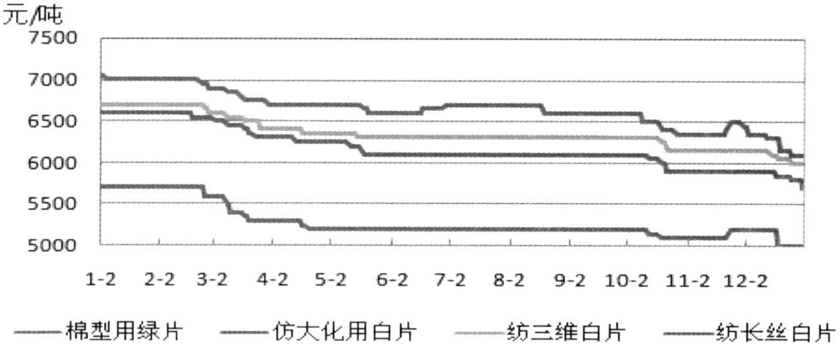

资料来源：中纤网

图1　2014年1～12月再生瓶片价格走势

2. 原料进出口分析

表1　1～12月份PET废料进出口一览表

PET废料	进口量（万吨）	进口价格（美元/吨）	出口量（吨）	出口价格（美元/吨）
1月	16.33	726.6	98.1	427.3
2月	11.63	743.1	51	475
3月	18.79	754.5	61.3	384.1
4月	19.10	702.4	19.9	1062.1
5月	16.18	691.6	32.1	317.4
6月	16.94	673.7	50. 9	400.7
7月	19.37	658.9	49.2	384.4
8月	15.25	644.4	148. 9	396
9月	19.01	647.9	80.7	557.5
10月	16.68	628.3	73.4	383.8
11月	16.4	646.3	39.9	547.9
12月	21.40	625.7	24.6	384.6

数据来源：中国海关总署

从表1可以看出：2014年PET废碎料及下脚料的进口总量为207.08万吨，与去年同期219.95万吨相比，降幅5.8%。进口均价为676美元/吨，与去年同期756美元/吨相比，降幅10.6%。原料进口呈量跌价跌的走势。

从2014年1～11月份废PET批文一览表的进口总量在环保部固废中心批文数量来看，是不一致的，批复的数量同比是增加的。

表2　1～11月份废PET批文一览表

PET废料	批次	核定进口量（吨）	当月总量
1月	第一批	2149835	3304665
	第二批	617900	
	第三批	536930	
2月	第四批	167585	167585
3月	第五批	204520	306755
	第六批	32235	
	第七批	70000	
4月	第八批	108110	108110
5月	第九批	82450	221160
	第十批	138710	
6月	第十一批	68690	68690
8月	第十二批	112970	112970
9月	第十三批	133650	133650
10月	第十四批	113575	113575
11月	第十五批	143387	143387

数据来源：环境保护部固体废物管理中心

从表2可以看出，2014年1～11月废PET批文核定进口总量为4680547吨，与去年同期的3969781吨相比，增加710766吨，增幅17.90 %。

表3　1～11月份合成纤维废料批文一览表

合成纤维废料	批次	核定进口量（吨）	当月总量
1月	第一批	72700	113650
	第二批	26050	
	第三批	14900	
2月	第四批	6250	6250

续表

合成纤维废料	批次	核定进口量（吨）	当月总量
3月	第五批	0	8135
	第六批	7035	
	第七批	1100	
4月	第八批	9500	9500
5月	第九批	0	3100
	第十批	3100	
6月	第十一批	2000	2000
8月	第十二批	200	200
9月	第十三批	1700	1700
10月	第十四批	5000	5000
11月	第十五批	800	800

数据来源：环境保护部固体废物管理中心

从表3可以看出，2014年1~11月合成纤维废料批文核定进口总量为150335吨，与去年同期的152485吨相比，减少2150吨，降幅1.41%。

（二）2014年再生涤纶短纤行情分析

1. 再生三维行情分析

三维中空行情特点（图2）：1~5月，盘跌；6~11月，盘整；12月，盘跌。

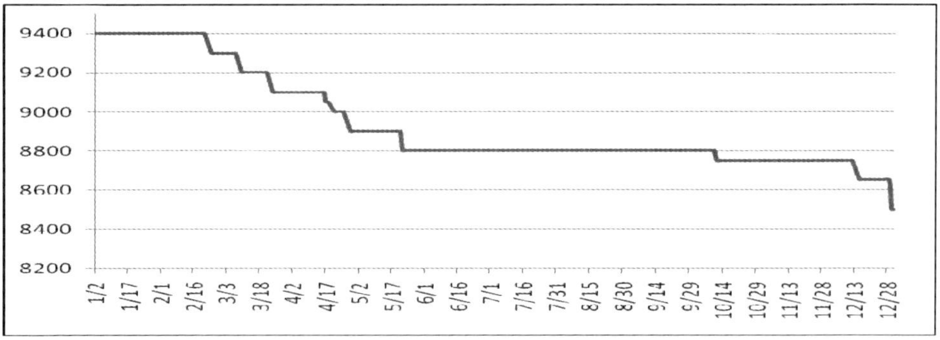

资料来源：中纤网

图2　2014年1~12月再生三维中空产品价格走势

2．再生棉型行情分析

再生涤纶棉型行情（图 4)：1～4 月，再生棉型涤短产品价格寻底，年初成交价格为全年最高价；5 月，再生棉型涤短逐渐企稳，下旬产销率好转；6 月，再生棉型涤短报价随原生聚酯走高；7～9 月份，再生棉型涤短行情以盘整为主；10 月，再生棉型涤短疲弱下滑。11 月，再生棉型涤短盘整为主。12 月，再生棉型涤短产品价格继续探底。

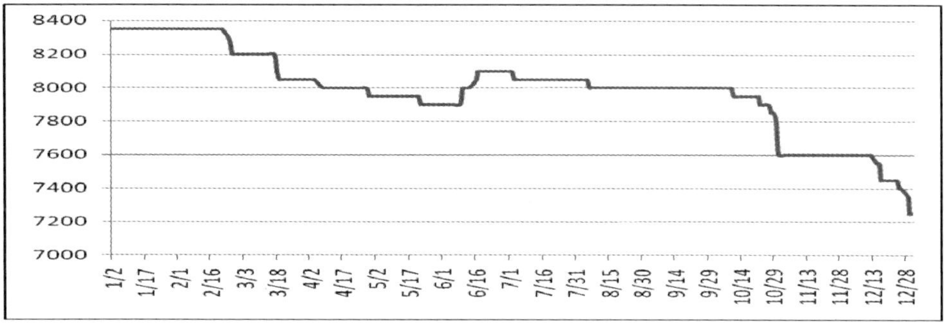

资料来源：中纤网

图 3　2014 年 1～12 月再生仿大化产品价格走势

3．再生短纤进出口分析

表 4　1～12 月涤短进出口一览表

涤短	进口量（万吨）	进口价格（美元/吨）	出口量（万吨）	出口价格（美元/吨）
1 月	1.02	1923	6.85	1337
2 月	0.96	1724	4.98	1331
3 月	1.04	1838	7.59	1310
4 月	1.22	1822	7.40	1274
5 月	1.11	1806	8.55	1250
6 月	1.08	1829	7.73	1248
7 月	1.33	1842	7.96	1280
8 月	0.97	1912	8.47	1290
9 月	1.13	1790	6.89	1284

续表

涤短	进口量（万吨）	进口价格（美元/吨）	出口量（万吨）	出口价格（美元/吨）
10 月	1.06	1821	6.87	1265
11 月	1.01	1780	8.21	1223
12 月	1.21	1665	7.71	1192

数据来源：中国海关总署

短纤出口以再生短纤为主。从表 4 可以看出：2014 年 1～12 月进口量为 13.14 万吨，较去年同期增加 0.31 万吨，同比增长 3%；进口均价为 1813 美金/吨，较去年同期 1871 美元/吨下滑 58 美元/吨，下降幅度为 3%。2014 年 1～12 月出口 89.21 万吨，较去年同期 74.3 万吨增加了 14.91 万吨，同比增加 20%；出口平均价格为 1274 美元/吨，较去年同期均价 1385 美元/吨下跌了 111 美元/吨，同比下降了 8%。产品出口出现量增价跌。

（三）2014 年再生涤纶长丝行情分析

再生涤纶长丝行情：1～4 月份，再生长丝报价盘跌；5～6 月，再生长丝报价上行，幅度较大，创年内最高成交价；7 月，再生长丝行情疲软下滑；8 月～9 月，再生长丝行情平稳；10 月，再生长丝行情盘跌；11 月，再生长丝行情先跌后涨；12 月，再生长丝下跌收关，并屡创年内新低。

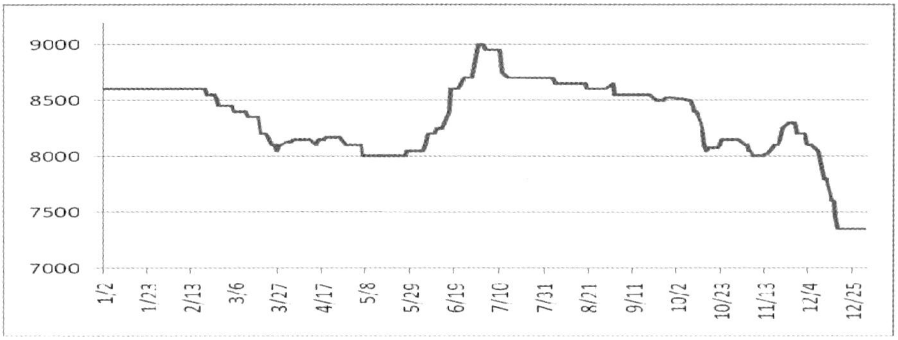

资料来源：中纤网

图 4　2014 年 1～12 月再生长丝价格走势

（四）2014年再生行业产量、开工率、产销率

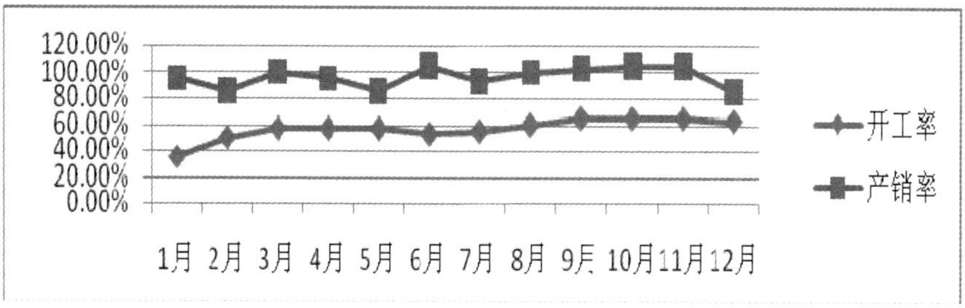

资料来源：中纤网

图5　2014年1～12月再生行业开工率、产销率分析

从图5可以看出：产销率上半年反复震荡，进入下半年后逐渐走高。开工今年表现始终平平，但趋势也是逐渐趋好。

据不完全统计：2014年再生行业产能为950万吨（由于停产、破产、新上未投产等因素，有效产能约750万吨），产量560万吨。其中，棉型产量225万吨；填充材料产量190万吨；无纺用产量75万吨；长丝产量70万吨。棉型及长丝受原生产品价格大幅下跌影响，开工率普遍不高，填充材料及无纺用价格、市场空间还有拓展。

（五）2014年再生行业利润分析

1．再生三维利润分析

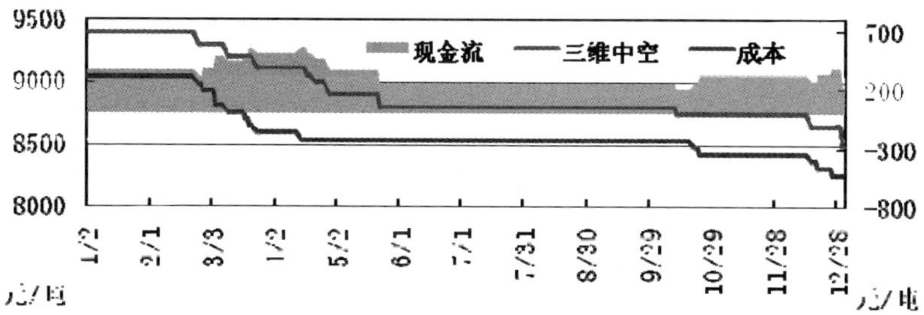

资料来源：中纤网

图6　2014年1～12月再生三维中空利润

从图6可以看出：今年初三维中空现金流尚可，由于行业利润空间不大，进入旺季后现金流增加不多。

2．再生仿大化利润分析

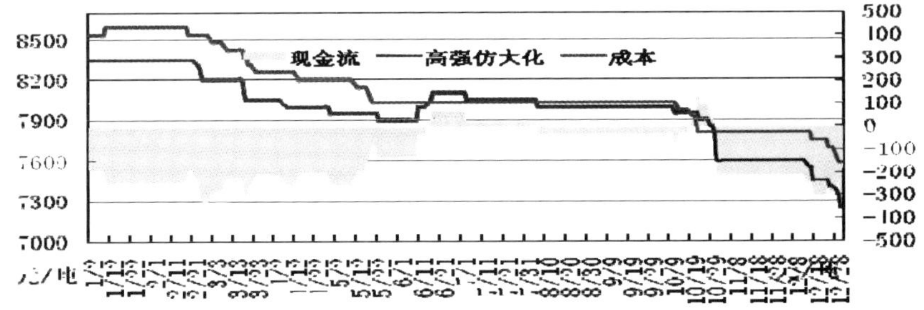

资料来源：中纤网

图7　2014年1～12月高强仿大化利润

从图7可以看出：由于行情连续下滑，再生棉型生产企业经营困难。今年长时间皆处于亏损阶段，仅在6月～10月期间，亏损额略少些。

3．再生POY长丝利润分析

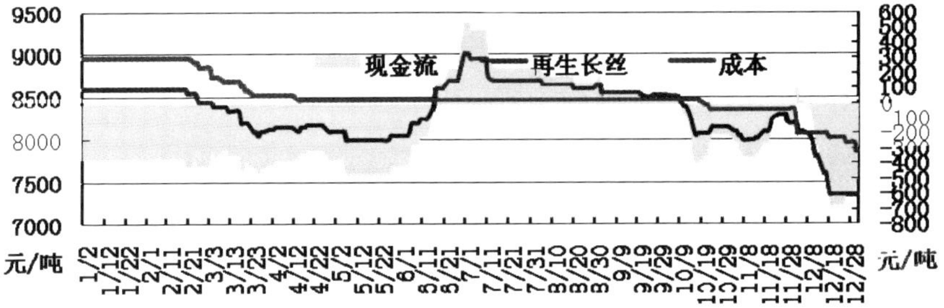

资料来源：中纤网

图8　2014年1～12月再生长丝利润

从图8看以看出：今年再生长丝总体经营不佳，仅6月的一小波段反弹行情，长时间处于亏损阶段。

三、2014年宏观方面、微观方面对再生化学纤维行业的影响

1．2014年1月10日，工业和信息化部科技司根据行业标准制修订计划，相关标准化技术组织等单位已完成138项轻工、纺织行业标准的制修订工作，特予以公示。其中，再生骨干企业参与了FZ/T 51008-2014再生聚酯（PET）

瓶片行业标准的制定和 FZ/T 52010-2014 再生涤纶短纤维行业标准的修定工作。

2．2014 年 1 月 22 日，为推广再生资源综合利用先进适用技术，提高再生资源综合利用技术水平，推进再生资源综合利用产业发展，工业和信息化部组织编制了《再生资源综合利用先进适用技术目录（第二批）》，以 2014 年第 5 号文予以公告。

3．2014 年 2 月 26 日，国家发展改革委办公厅以发改办环资〔2014〕437 号文，就组织申报开展第二批资源综合利用“双百工程”建设有关事项发出通知。其中：涉及再生联盟的有：（二）再生资源回收利用。重点是废旧纺织品、废矿物油、废旧轮胎、废弃木材等新兴典型和具有区域集聚特点的再生资源回收利用。海盐海利环保纤维有限公司和扬州天富龙汽车内饰有限公司入选第二批资源综合利用“双百工程”骨干企业。

4．2014 年 3 月 31 日，国家发展改革委办公厅以发改办环资〔2014〕668 号文，就组织申报资源节约和环境保护 2014 年中央预算内投资备选项目有关事项发出通知。其中，涉及再生化学纤维行业：战略性新兴产业（节能环保）项目重点是节能环保技术装备（产品）产业化示范项目；废旧纺织品综合利用产业化示范项目（仅限民政部门开展社会家庭废旧衣物回收利用工作配套的再生加工项目）。

5．2014 年 4 月 24 日，十二届全国人大常委会第八次会议审议通过环保法修订案。这部法律增加了政府、企业各方面责任和处罚力度，被专家称为“史上最严的环保法”。该法于 2015 年 1 月 1 日施行。

6．根据世界银行的报告，中国已经超过美国，成为世界最大的城市固体垃圾产出国（这些垃圾需要填埋或焚烧），并约占东亚固体垃圾产出量的 70%。这份报告还说，到 2030 年，中国产出的固体垃圾量可能是美国的两倍。当然，从人均角度看，拥有广大农村人口的中国还落后于美国，但随着中国中产阶层的扩大，中国的人均垃圾产出量也会增长。

7．2014 年 5 月 15 日，据巴基斯坦关税委员会通报，巴基斯坦国内产业已向巴调查机关提交申请，要求对自中国进口的涤纶短纤发起反倾销调查，涉及巴基斯坦海关 55032010 税号项下产品。

8. 2014 年 5 月 15 日，国务院办公厅印发《2014~2015 年节能减排低碳发展行动方案》，进一步硬化节能减排降碳指标、量化任务、强化措施，对 2014、2015 两年节能减排降碳工作做出具体要求：2014-2015 年，单位 GDP 能耗逐年下降 3.9%，化学需氧量下降 2%，二氧化硫下降 2%，氨氮下降 2%，氮氧化物排放量下降 5%以上，单位 GDP 二氧化碳排放量两年分别下降 4%、3.5%以上。

9. 上海海关关于废塑料报关的新要求，废塑料报关的新要求自 2014 年 7 月 21 日开始执行，税则号在 3901～3914 项下的废塑料申报新增项目。

10. 2014 年 9 月 11 日，环保部组织起草了《关于做好取消、下放进口可用作原料的固体废物许可审批工作的通知》（征求意见稿）和《限制进口类可用作原料的固体废物环境保护管理规定（试行）》（征求意见稿）。

11. 国家发展改革委发布了《中国资源综合利用年度报告（2014）》。报告称，2013 年，我国资源综合利用产值达 1.3 万亿元，工业固废综合利用量达 20.59 亿吨，主要再生资源回收量达 1.6 亿吨，回收总值 4817 亿吨。反映了我国共 25 类废弃资源综合利用情况。再生资源回收利用方面，废钢铁、废有色金属、废塑料等主要再生资源回收总量达 1.60 亿吨。再生资源回收企业数已达 10 万余家，行业从业人员达到 1800 多万人。

12. 2014 年 11 月 4 日，国家发展和改革委员会公布《国家应对气候变化规划（2014~2020 年）》全文。根据规划，到 2020 年，我国将全面完成控制温室气体排放行动目标，低碳试点示范取得显著进展。根据规划，到 2020 年，我国单位国内生产总值二氧化碳排放比 2005 年下降 40%-45%，非化石能源占一次能源消费的比重达到 15%左右。

13. 土耳其调查当局公布聚酯长丝纱线终裁结果。中国应诉企业获得 0.15 美元/千克的税率，未应诉企业获得 0.17 美元/千克的税率。本案于 2013 年 4 月立案，涉案税号 540247。

14. 欧盟对原产于中国、印度和越南的聚酯短纤维作出反补贴终裁，由于自大陆和越南进口的涉案产品的补贴为微量，自印度进口的涉案产品存在补贴，但补贴与实质性损害之间不存在因果关系，因此决定取消对中国、印度和越南的聚酯短纤维的反补贴调查。

15．2014年12月5日，印尼反倾销委员会发布公告表示，应其国内产业的申请，决定对自中国进口的聚酯短纤发起反倾销复审调查。该项调查涉及印尼5503200000税号项下产品。

四、2015年再生化学纤维行业展望

（一）经济效益预计

IMF预测2015年世界经济增长将会到3.9%。主要以美国、英国等发达国家为首推动经济恢复，更多地方面临着挑战，欧洲继续受到全球金融危机，日本也受到债务影响及增长乏力的拖累，即便一些新兴市场他们的增长在未来也比较乏力。

中国在维稳财税政策保障下，再生行业虽然具备完整的产业链、产业集群、产业服务平台，这样产业的转移速度会以较为缓慢的速度进行，但趋势不会改变。再生行业应创新营销模式，利用网络的销售优势和不断增加的受众，努力扩大内销，特别是扩大对中西部的销售力度。

行业的运行质量预计将受下列因素影响：

1．棉花因素：预计棉价会出现前低后高走势。

2．切片因素：受地缘政治影响，加上页岩气、沙油与原油的相互替代、竞争关系，2015年原油可能运行的范围在40～65美元/桶，PTA产业的两大利空分别来自成本和产能的继续扩张。 原生涤纶的运行可能在较低廉的范围，加上切片纺开工率严重不足，预计价格会长期持续出现与再生原料相当的局面。原生切片将成为再生行业消费的主力军。用“再生瓶片+原生切片”来生产各类再生产品会逐步增加，可以改善再生产品的“相貌”、降低生产成本、增加再生产品稳定性。

3．行业准入因素：随着行业新增产能逐步放缓，加上行业准入的正式实施，对落后产能进行有效淘汰，有利于再生行业整体运行质量。

4．汇率、利率因素：截至2014年最后一个交易日，2014年人民币中间价累计下跌0.36%，人民币即期汇率累计下跌2.42%。这也是2005年7月21日人民币汇率改革以来人民币中间价和即期汇率首次出现年度贬值。与我国在出口市场上形成主要竞争国家的货币却在过去的一年中“集体”贬值：与8月份相比，韩元下跌约8.5%，南非兰特下跌约7%，印尼卢比下跌6.5%，马来

西亚林吉特下跌4%。巴西雷亚尔下跌17%。汇率改变单项升值的预期，利率预期下调。

5. 出口退税率因素：2015年1月1日起，调整部分产品的出口退税率，其中，部分纺织品服装的出口退税率达17%，实现全额退税。有利于提升行业出口额。

6. 区域因素："一路一带"为主的经济增长新战略，为行业产业转移指明方向。

对常规品种而言：预计三维产品利润还会保持在300元/吨上下；棉型产品受棉花、原生产品影响较大，利润在盈亏平衡线上下200～400元/吨；普通二维、长丝等产品受原生影响，基本在盈亏平衡点上下300～500元/吨之间运行。

（二）再生化纤产品的价格行情走势预测

N型走势，即：一季度盘整，二季度盘上，三季度盘整向下，四季度可能盘升。

（三）运行质量

预计全年开工率60%～70%、产销率在95%以上。

（四）行业产量

考虑到行业无效产能（破产、停产）增加较多，行业准入后新进入较少，考虑2015年春节比较晚，早放假晚开工因素，全年产量预计在550万吨/年以下。

（五）行业投资

预计全年新增产能30～50万吨/年，以技术改造为主，新上项目少。

（六）产品进出口

在中国纺织品的出口退税提升的背景下，加上人民币的适当贬值有利于出口。产品出口在7万吨/月上下，进口基本在1万吨/月左右。

（七）原料（瓶片+整瓶）进口

受原料来源的多样性，特别是原生切片的大量应用，全年预计在200万吨/年上下浮动。

2014 年中国高性能纤维现状分析及 2015 年发展前景

中国化学纤维工业协会高新技术纤维专业委员会　王玉萍　吕佳滨

一、2014 年高性能纤维现状分析

2014 年是全面深化改革的第一年，是完成“十二五”规划的关键一年，国内经济正处于“三期叠加”的新常态下，虽然各领域的改革措施逐渐推出，但仍面经济增速放缓、新的经济增长力尚未形成等因素的挑战。我国高性能纤维行业经过前期的快速发展，在技术开发、技术积累、市场需求、投资热情以及宏观政策等方面，都比过去有了明显的进展。同时，在全球范围内航天航空、汽车和工业用领域创新技术不断涌现和对新材料需求快速增长的牵引下，高性能纤维出现了新一轮的扩产和布局，更加注重技术、产品、市场和服务的全方位竞争。在这种国内外发展环境下，我国高性能纤维行业在稳定生产技术、拓展应用技术和装备的研发、下游产品的开发和全产业链建设方面都有了明显的进步。

总体上，我国的主要高性能纤维已实现了规模化生产，少数品种更是达到国际先进水平，具备了一定的国际竞争力。在国家相关政策和规划的指引下，国产高性能纤维行业在规模化生产、生产及应用技术和高水平研发平台取得了较好的进展。

（一）高性能纤维规模进一步扩大，竞争力持续增强

目前，我国高性能纤维总的生产能力约 12.8 万吨，主要产品包括 PAN 基碳纤维、芳纶、超高分子量聚乙烯纤维、聚苯硫醚纤维、连续玄武岩纤维、聚酰亚胺纤维和聚四氟乙烯纤维等（表 1）。值得注意的是个别高性能纤维由于部分企业停产或倒闭导致产能有所下降。

表 1　2014 年主要高性能纤维产能汇总

名称	产能（吨）
PAN 基碳纤维	15000
芳纶	18600
超高分子量聚乙烯纤维	12100
聚苯硫醚纤维	10500
玄武岩纤维纤维	13000
聚酰亚胺纤维	4000
聚四氟乙烯纤维	2000

资料来源：中国化学纤维工业协会

（二）生产和应用技术进步明显

T300 级碳纤维千吨级产业化运行平稳，产品性能达标，成功应用于航空航天和武器装备，民用市场逐步拓展，工业用领域市场空间巨大；T700 级碳纤维千吨级生产线已经建成，产品已进入市场；T800 级碳纤维已开展批量试产，高模量碳纤维正在组织攻关。间位芳纶市场、超高分子量聚乙烯纤维、连续玄武岩纤维、聚苯硫醚纤维等产品在市场需求不断增长的刺激下，产销规模有所扩大，个别品种实现出口。对位芳纶、耐热型聚酰亚胺纤维和聚四氟乙烯纤维进一步巩固产业化成果，为扩大规模、丰富系列化产品和降低生产成本奠定了坚实的基础。

1. PAN 基碳纤维

PAN 基碳纤维原丝方面，吉林碳谷碳纤维公司依托其强大的丙烯腈聚合能力和经验，通过采用多种节能降耗手段，进一步降低了生产成本，稳定了原丝品质，可达到 T400 级，为保证碳纤维质量奠定了基础；中复神鹰碳纤维有限责任公司进一步稳定了 T700 干喷湿法纺丝工艺，可显著提高生产效率和降低生产成本；威海拓展纤维有限公司成功突破 T800 级碳纤维生产工艺，目前已小批量试产，此外，高模量碳纤维的关键技术突破，达到 M50J 级。

国产碳纤维民用航空、风能发电、机械制造和轨道交通等领域都取得了一定的成绩，如中材科技开发的 77.7 米长海上风电叶片已经下线，每只叶片约使用5吨的碳纤维复合材料。虽然在工业领域的应用比例有了一定增长，但仍以建筑补强为主，约占到50%以上。以上这些在民用航空和工业领域的应用开发，都为碳纤维的推广应用奠定了工程基础。

关键装备：目前，国内西安富瑞达科技有限公司自主开发的高温碳化炉最高运行温度已可稳定在1800℃，炉口最宽可达3米，可满足T300、T700和T800级碳纤维的生产；石墨化炉最高运行温度已稳定在2800℃，可满足M级碳纤维生产。此外，国产预氧化炉、低温碳化炉等关键装备已可满足中试线需要。

2. 间位芳纶

国产间位芳纶已实现规模化生产，应用仍以过滤材料为主，比例可达到60%以上，但在安全防护领域的应用已逐年增加（图1）。

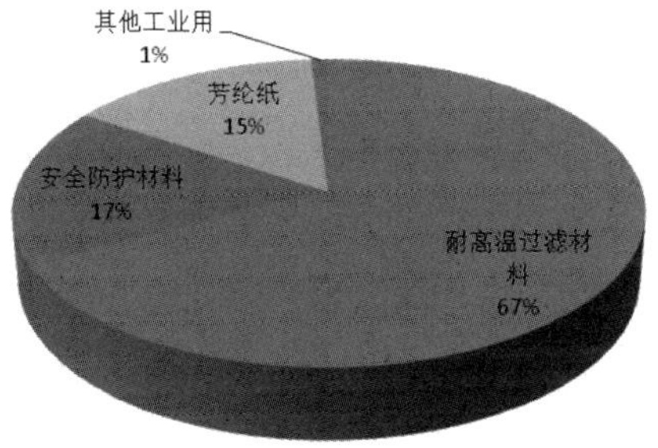

图1　国内间位芳纶应用领域及占比

3. 对位芳纶

国产通用型对位芳纶（拉伸强度为2.9GPa,拉伸模量为70GPa）生产进一步稳定，应用领域则主要集中在室内光缆、摩擦密封和橡胶领域。高强型对位芳纶（拉伸度达到3.5GPa，力学性能与K129相当）已小批量生产，并通过军队搜/排爆服等装备应用的定型；高模型（模量达到110GPa以上，力学性能与K49相当）已突破关键技术。

主要应用在室内光缆、摩擦密封和橡胶增强领域，比例可达到90%；高端防护和复合材料领域比例约为10%（图2）。

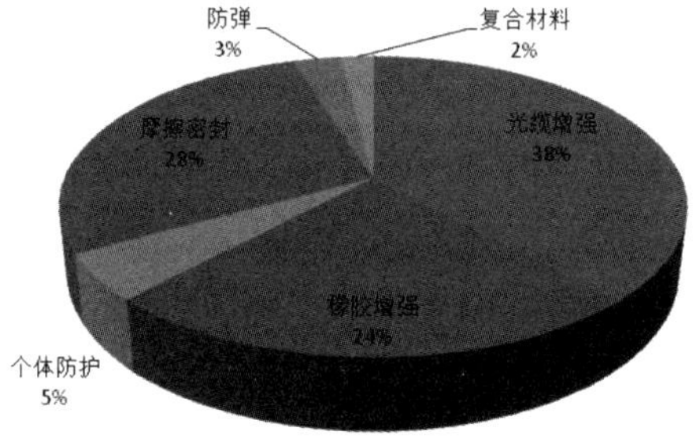

图2　国内对位芳纶应用领域及占比

4. 超高分子量聚乙烯纤维

国内相关生产企业通过扩大产量和采取节能降耗措施，进一步降低生产成本，同时已突破着色技术，且保证强力无损，目前已实现量产，这必将对扩大应用领域有极大的促进作用。此外，超高分子量聚乙烯纤维细旦化技术进一步稳定，而短纤纺纱技术已在研发，为未来家纺领域应用奠定了技术基础。

市场情况看，国内市场依然是防弹无纬布、防切割手套和绳缆三分天下，与2013年相比，绳缆市场比例有所扩大；防割手套和养殖围网等民用应用领域获得用户肯定；近年来暴力恐怖事件、地区冲突有所加剧，防弹产品需求持续增长。

5. 聚苯硫醚纤维

目前，国内聚苯硫醚纤维通过添加改性的纳米复合硅材料到基体中，制备了具有良好的耐高温、耐腐蚀性能的纳米复合聚苯硫醚短纤维，氧化诱导温度较纯PPS纤维大大提高，在230℃下，纤维强度保持率依然大于90%，且耐酸、耐碱，较好的解决了纯聚苯硫醚纤维在高温、高腐蚀工况下极易氧化的难题，缩小了与国外产品质量的差距，可满足国内市场的需求。

6. 连续玄武岩纤维

在纤维规模化生产技术方面，已突破了1200孔漏板和“一带六”组合炉技术，生产技术可进一步扩大生产规模和降低生产成本，也为今后池窑化的大规模生产奠定了基础；在下游产品开发方面，玄武岩纤维已成功应用汽车消音器、增强沥青路面、外墙建筑节能保温和体育休闲用品等方面，在汽车板簧、管材、阻燃织物等方面已取得实质性进展。

（三）进出口情况

根据国家海关数据（表 2），2014 年全年主要高性能纤维进口 27435.5 吨，产品主要包含碳纤维、芳纶、聚苯硫醚、超高分子量聚乙烯纤维和玄武岩纤维。

表 2　2014 年主要高性能纤维进口情况

名　称	金额（万美元）	金额同比（%）	数量（吨）	数量同比（%）
碳纤维及制品	37,813.9	-1.3	11,726.9	-5.3
芳纶纤维	16,569.9	14.3	8,754.6	25.4
聚苯硫醚纤维	7,548.4	28.7	6,912.6	44.1
超高分子量聚乙烯纤维	59.6	-3.3	80.0	-18.3
玄武岩纤维	0.5	7.1	0.2	-46.6
合计	**61,977.6**	**5.5**	**27,435.5**	**13.3**

数据来源：海关总署

1. 碳纤维及制品

海关数据显示（图 3），2014 年碳纤维及制品进口量为 11726.9 吨，贸易方式以加工贸易为主，占 59.5%，以进料加工为主，占 57.2%；一般贸易占 35.7%。日本仍是最大的进口国，2014 年进口量为 5747.1 吨，同比下降 6.7%，但仍占进口量的 53.1%，值得注意的是，从韩国进口的碳纤维及制品已超过中国台湾，上升到第二位，2014 年进口量为 1646.0 吨，同比增长 46.9%，已占进口总量的 14%，原因是韩国晓星和东丽尖端材料（韩国）公司的相继投产，导致日本进口量下降，而韩国进口量大幅增长。其后依次为中国台湾、土耳其、匈牙利、美国等。

就具体产品看（图 4），碳纤维进口量 1658.6 吨，碳布 1619.8 吨，碳纤维预浸料 1444.4 吨，其他碳纤维制品 7004.2 吨，同比分别增长-17.4%、5.6%、6.0%和-6.4%。其中碳纤维进口量下降的原因是国产碳纤维的产量进一步增长和国内市场的不断认可，导致国外进口量下降，而碳布及预浸料进口量增长的原因一方面是目前国内体育休闲类产品的市场回暖，如渔具和球拍；另一方面是由于国内高档产品相对较少，绝大部分航天航空、体育用品、工业用高档碳纤维预浸料和碳布还需由国外进口，且需求还在不断增长。就价格看（图 5），自 2010 年起，进口碳纤维价格总体呈下降趋势，碳布也有小幅下降，而碳纤维预浸料价格则较为稳定。

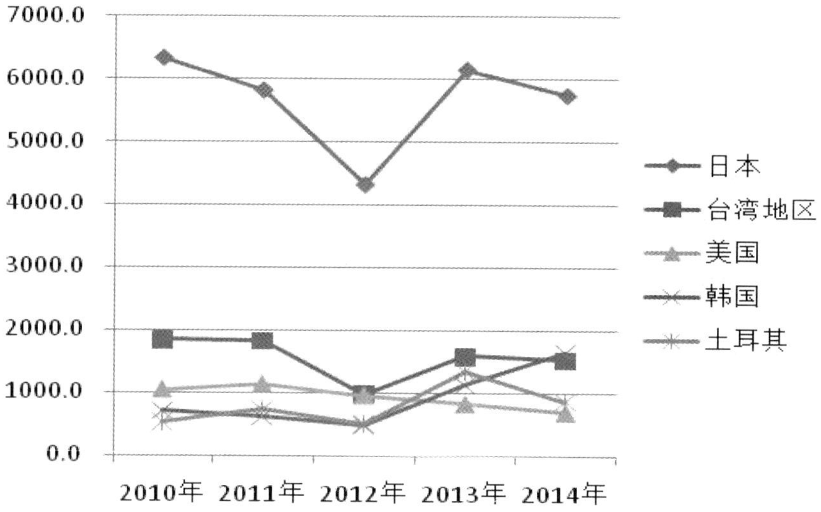

图 3　2010~2014 年碳纤维及制品分国别和地区进口量变化图

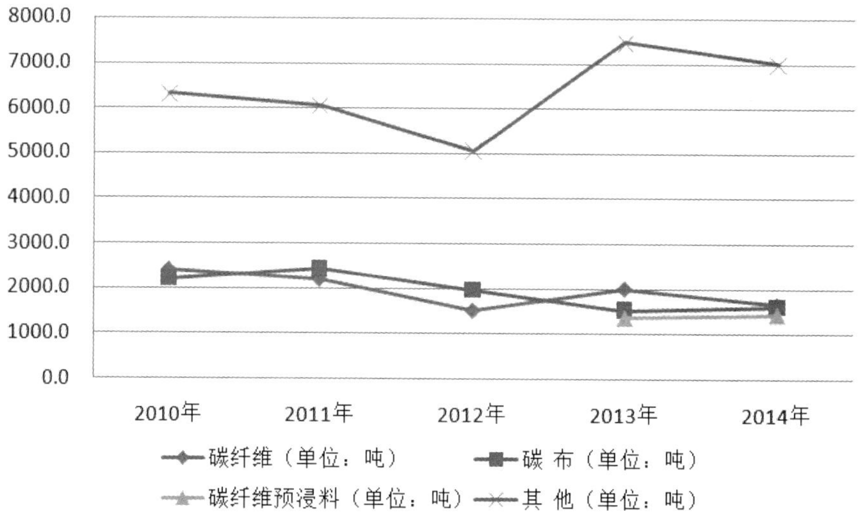

图 4　2010~2014 年碳纤维及制品分品种进口量变化图

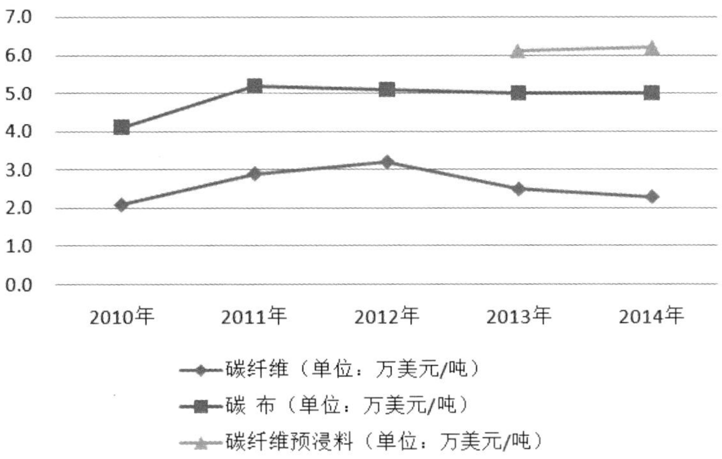

图 5　2010~2014 年碳纤维及制品进口价格变化图

2．芳纶纤维

海关数据显示，2014 年芳纶纤维共计进口 8754.6 吨，同比增长 25.4%，进口品种以对位芳纶为主，可占到进口总量的 84%，间位芳纶进口量有所下降，同比下降约为 15%。荷兰仍然是最大进口国，2014 年进口量为 2540 吨，同比增长 30.3%，占进口量的 29%。其后依次为美国、英国、韩国、日本等国家。我国芳纶纤维进口国分布见（图 6）。

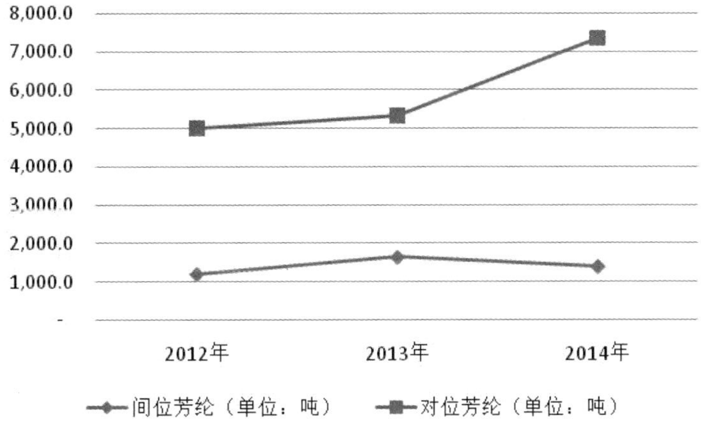

图 6　2014 年我国芳纶进口国比例（按进口量）

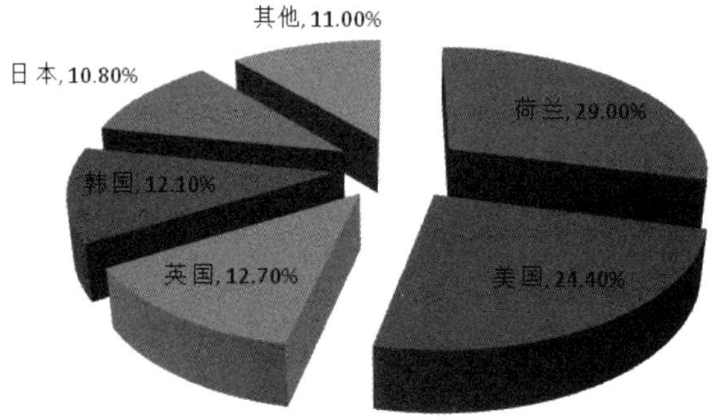

图7　2012~2014年我国芳纶进口量变化

从进口量来看（图 7），前五名进口国的进口量均有所增长，其中韩国涨幅最大，同比增长52.6%，产品主要为对位芳纶。从具体企业来看，杜邦公司在国内芳纶市场仍然占据着主要份额，日本帝人份额有小幅增加。此外，我国对位芳纶需求依然旺盛，但国内产品尚不能满足需求，仍以进口产品为主。从进口金额来看，2014年芳纶进口金额为16595.9万美元，同比增长为14.3%，由此可知国内芳纶市场需求仍在不断增长。在应用领域方面，进口的对外芳纶依旧集中在安全防护材料、汽车用材料和光缆增强材料三大领域；间位芳纶则集中在安全防护材料。

3．超高分子量聚乙烯纤维

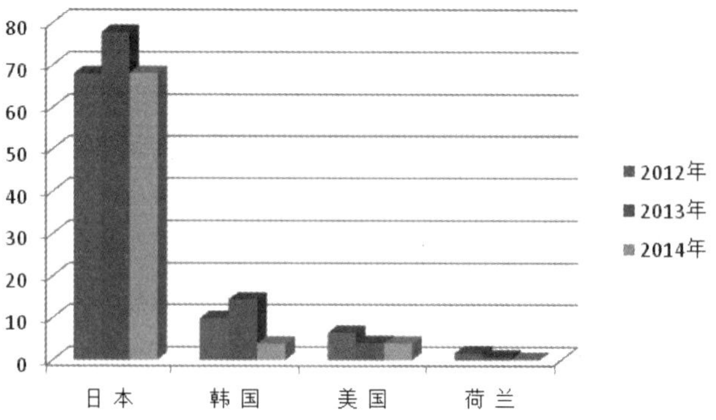

图8　2012~2014年超高分子量聚乙烯纤维按国别进口量（单位：吨）

海关数据显示（图8），2014年超高分子量聚乙烯纤维进口量为80吨，同比减少18.3%，进口金额59.6万美元，同比减少3.3%。主要原因还是国产纤维品质进一步提升，得到国内市场的认可。日本由于产品价格低于其他国家和地区，依然占据进口总量达85%的比例，进口超高分子量聚乙烯纤维主要应用在绳缆领域。

4．聚苯硫醚纤维

2014年聚苯硫醚进口量为6912.6吨，同比增长44.1%，是高性能纤维中进口增幅最大的品种。主要进口国仍为日本，进口量为5817.17吨，同比增长40.2%，占进口总量的84.9%（图9）。主要原因一方面是国家相关环护政策的出台和治理大气污染的决心，使得聚苯硫醚纤维用量大幅增加；另一方面由于国内最大生产企业四川得阳特种材料有限公司的停产，导致国产聚苯硫醚纤维供应不足。此外，由于国外产品在质量和品牌上的优势，国内部分用户的特殊要求和指定，使得部分滤袋生产企业依然选择从国外进口，从而使得进口数量依然呈逐年上升的态势。

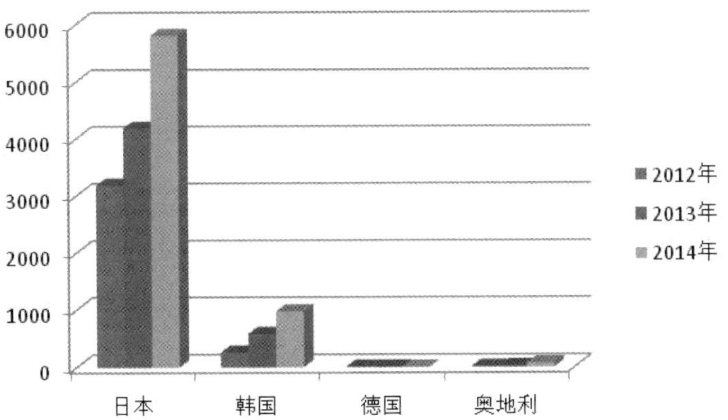

图9　2012~2014年聚苯硫醚纤维按国别进口量（单位：吨）

二、2015年高性能纤维发展前景

产业政策方面，战略性新兴产业依然是未来国家发展的重点，一系列产业政策的出台为高性能纤维的发展创造了机遇。此外，个别法律、法规的出台，如大气治理、汽车节能减排法规等，将进一步推动高性能纤维的发展。

从市场需求及应用看，随着基础设施建设、环境治理及现代交通工具等领域的不断发展，对高性能纤维的需求也将持续增长。其中碳纤维需求以钓鱼竿和自行车为代表的体育休闲用品会有一定增长，高压输电线芯材和建筑结构物补强发展迅猛，压力容器、碳/碳复合材料制品、海底油田、航空航天和国防军工的需求会大幅增长；对位芳纶主要体现在防弹、室外光缆增强和复合材料等高端需求；间位芳纶、聚苯硫醚纤维和聚酰亚胺纤维则集中应用在耐高温过滤材料领域；连续玄武岩纤维有望在道路增强、建筑材料和汽车用材料领域有所突破。

从技术创新上看，随着国内对高性能纤维基础研究和应用认识的逐步加深，通过高水平的研发平台和产学研用进一步合作，科技进步无疑将成为高性能纤维行业未来发展的重要支撑，这不仅体现在某一环节，而是整个高性能纤维及其应用产业链上，以纤维的高性能、低成本制造技术和复合材料制造技术先进化、低成本化为发展重点，逐步实现材料研发-设计-制造-评价的一体化、功能化、智能化。此外，由于高性能纤维材料的独特性能，由此产生的新的环保问题，同样要通过科技创新来解决。

2014年中国化纤产业链进出口情况分析

万　蕾

一、进口情况

（一）化纤进口整体情况

表1　化纤进口主要品种

	进口数量			进口金额		
	2014年（吨）	去年同期（吨）	同比（%）	2014年（万美元）	去年同期（万美元）	同比（%）
化学纤维	822144.4	871657.5	-5.68	299394.4	320914.6	-6.71
其中：涤纶长丝	107619.7	110166.2	-2.31	31972.2	35419.9	-9.73
涤纶短纤	132503.5	128459.7	3.15	24012.4	24156.9	-0.60
锦纶长丝	140021.7	161592.8	-13.35	58924.8	67861.9	-13.17
腈　　纶	158610.3	212094.4	-25.22	52018.3	66770.6	-22.09
粘胶长丝	6552.5	8744.5	-25.07	5920.2	7432.3	-20.35
粘胶短纤	171165.1	157431.4	8.72	41277.0	42694.0	-3.32
氨　　纶	24641.1	20227.7	21.82	22292.9	20267.3	9.99

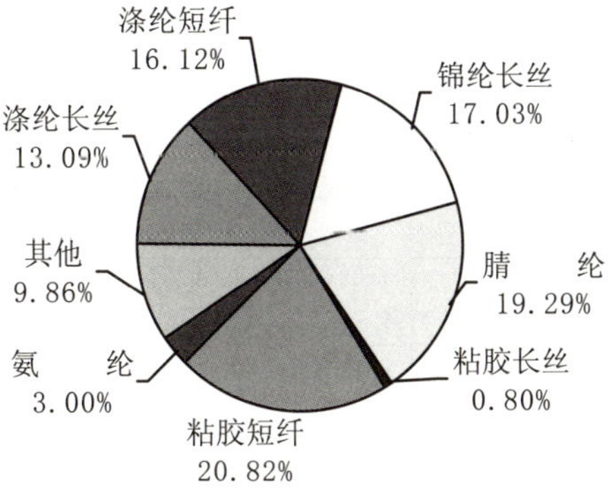

图1　主要化纤品种进口比例

2014年，化纤进口82.21万吨，同比有5.68%的下降（表1）。分品种看（图1）：粘胶短纤取代腈纶成为进口量最多的产品，达17.11万吨，同比增加8.72%，占进口化纤总量的20.82%，此外还有氨纶进口量同比增加了21.82%，由于基数较小，仅占进口化纤总量的3.00%。进口量减幅最大为腈纶，同比减少25.22%，粘胶长丝同比减少25.07%，涤纶长丝减少8.51%，锦纶长丝减少13.35%。

表2 化纤分国家或地区进口

	进口数量			进口金额		
	2014年（吨）	去年同期（吨）	同比（%）	2014年（万美元）	去年同期（万美元）	同比（%）
总计	822144.4	871657.5	-5.60	299394.4	320914.6	-6.71
中国台湾	199023.9	218526.1	-8.90	60273.9	67641.5	-10.89
韩国	131312.3	134211.7	-2.10	36399.8	38288.8	-4.93
日本	118120.6	137821.3	-14.20	65747.3	75622.7	-13.06
奥地利	78289.5	64677.3	21.00	21128.4	18777.1	12.52
泰国	55130.7	52829.8	4.30	16263.4	15544.3	4.63
美国	50109.4	48196.0	3.90	20578.0	20322.0	1.26

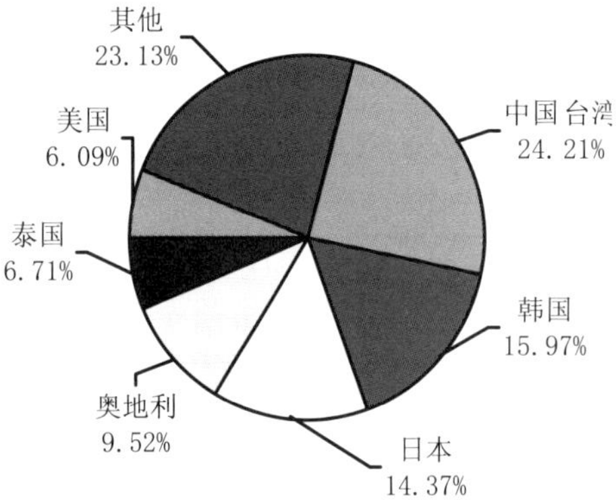

图2 化纤进口来源地比例

2014年，化纤进口分来源地看，中国台湾、韩国、日本位居前三位。其中从中国台湾进口19.90万吨，同比减少8.92%，占进口总量的24.21%；从韩国进口取代日本处于第二位，进口了13.13万吨，占进口总量的15.39%。从日本进口11.81万吨，占进口总量的14.37%；从奥地利进口增幅最大，增加了21.05%，占进口总量的比例达到9.52%，并逐渐上升（表2和图2）。

表3 化纤分贸易方式进口

	进口数量			进口金额		
	2014年（吨）	去年同期（吨）	同比（%）	2014年（万美元）	去年同期（万美元）	同比（%）
总计	822144.4	871657.5	-5.68	299394.4	320914.6	-6.71
一般贸易	575910.0	563432.3	2.21	186085.4	183729.1	1.28
加工贸易	213736.6	269219.7	-20.61	93482.5	115701.5	-19.20

续表

	进口数量			进口金额		
	2014年（吨）	去年同期（吨）	同比（%）	2014年（万美元）	去年同期（万美元）	同比（%）
其中：来料加工	27888.1	40522.0	-31.18	11855.0	17033.4	-30.40
进料加工	185848.5	228697.7	-18.74	81627.5	98668.1	-17.27
保税区	32201.4	38742.8	-16.88	19665.0	21280.7	-7.59
其中：仓储进出境	11929.9	16661.6	-28.40	4126.4	5698.9	-27.59
仓储转口	20271.5	22081.2	-8.20	15538.6	15581.8	-0.28

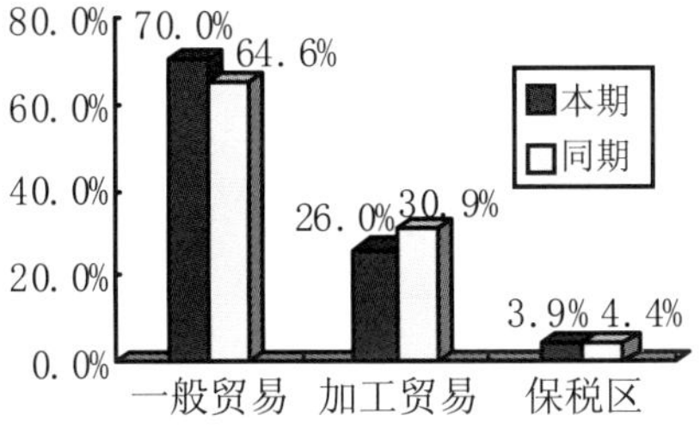

图3　化纤进口贸易方式比例

2014年，化纤一般贸易占进口总量比例同比提高5.4个百分点，达70.0%；同期加工贸易占进口总量的比例同比下降4.88个百分点，降至26.0%。我国化纤进口贸易方式的优化，一定程度上反映出具有国内化纤产业链在增长，产品的增加在持续提高（表3和图3）。

表4　化纤及主要品种进口贸易方式占总量比例

	贸易方式	2014年（%）	去年同期（%）	同比（百分点）
化学纤维	一般贸易	70.05	64.64	5.41
	加工贸易	26.00	30.89	-4.89
其中：涤纶长丝	一般贸易	54.35	50.52	3.83
	加工贸易	44.32	48.33	-4.00
涤纶短纤	一般贸易	75.14	68.44	6.69
	加工贸易	23.85	30.90	-7.05
锦纶长丝	一般贸易	63.43	58.39	5.04
	加工贸易	31.15	34.15	-3.00
腈　纶	一般贸易	64.39	62.80	1.59
	加工贸易	27.13	30.59	-3.46
粘胶长丝	一般贸易	12.29	11.06	1.23
	加工贸易	87.62	88.75	-1.13

续表

	贸易方式	2014年（%）	去年同期（%）	同比（百分点）
粘胶短纤	一般贸易	93.48	90.31	3.16
	加工贸易	6.35	7.48	-1.13
氨　　纶	一般贸易	59.56	39.35	20.21
	加工贸易	39.85	59.74	-19.89

2014年，分品种看（表4），大部分化纤品种的一般贸易方式所占比重的比例多有增加，氨纶一般贸易进口所占的比重同比增加最大，达到20.21个百分点。

（二）化纤分品种进口情况

1. 涤纶进口情况

表5　涤纶长丝分国别或地区进口

	进口数量			进口金额		
	2014年（吨）	去年同期（吨）	同比（%）	2014年（万美元）	去年同期（万美元）	同比（%）
总计	107619.7	110166.2	-2.31	31972.2	35419.9	-9.73
中国台湾	49768.6	53547.5	-7.06	12785.5	14965.7	-14.57
韩国	18008.6	21833.7	-17.52	5007.5	6379.3	-21.50
美国	9730.9	8212.4	18.49	2488.9	2459.4	1.20
印度尼西亚	6913.0	2913.7	137.26	1190.5	704.2	69.06
中国大陆	6579.3	7957.0	-17.31	2527.2	3414.5	-25.99
泰国	6008.1	5817.9	3.27	1690.4	1329.0	27.20

2014年，涤纶长丝进口总量为10.76万吨，同比下降2.31%。中国台湾仍是最大进口来源地，进口4.98万吨，同比下降7.06%，占进口总量的46.24%；其次是韩国，进口1.80万吨，同比减少了17.52%，占进口总量的16.73%；从中国大陆国货复进口0.66万吨，同比减少17.31%，占进口总量比例为6.11%；从泰国进口同比增加3.27%，为0.60万吨，占进口总量的5.58%；从前两大进口地的中国台湾和韩国的进口仍占到整个进口量近 62.78%，以上六个国家和地区占据了进口总量的90.14%（表5）。

表 6　涤纶长丝分贸易方式进口

	进口数量			进口金额		
	2014 年（吨）	去年同期（吨）	同比（%）	2014 年（万美元）	去年同期（万美元）	同比（%）
总计	107619.7	110166.2	-2.31	31972.2	35419.9	-9.73
一般贸易	58487.5	55653.7	5.09	13784.3	14376.1	-4.12
加工贸易	47699.3	53238.9	-10.41	17361.5	20234.9	-14.20
其中：来料加工	3458.6	4931.3	-29.87	1065.5	1268.9	-16.03
进料加工	44240.7	48307.6	-8.42	16295.9	18966.0	-14.08
保税区	1406.3	1256.6	11.91	802.8	792.2	1.34
其中：仓储进出境	988.1	380.6	159.61	621.9	267.6	132.39
仓储转口	418.2	876.0	-52.26	181.0	524.6	-65.50

2014 年，涤纶长丝进口贸易方式中，一般贸易进口量同比下降 5.09%，仍占了进口总量的 50.3%，加工贸易进口量同比减少 10.41%，占进口总量的比例为 44.3%，比去年同期下降了 4.0 个百分点（表 6）。

表 7　涤纶短纤分国别或地区进口

	进口数量			进口金额		
	2014 年（吨）	去年同期（吨）	同比（%）	2014 年（万美元）	去年同期（万美元）	同比（%）
总计	132503.5	128459.7	3.15	24012.4	24156.9	-0.60
其中：韩国	71514.5	63930.3	11.86	12609.6	11908.8	5.88
中国台湾	19899.3	21847.6	-8.92	4019.6	4181.2	-3.86
马来西亚	11357.0	12812.6	-11.36	1828.0	2121.4	-13.83
泰国	9482.9	8260.1	14.80	1797.6	1577.6	13.95
美国	8862.7	7609.2	16.47	1084.0	956.6	13.32
日本	6841.6	9220.7	-25.80	1736.1	2249.2	-22.81

2014 年，涤纶短纤进口总量为 13.25 万吨，同比增加 3.15%，与 2013 年同期增加 14.33%相比，增幅放缓。韩国和中国台湾仍是主要进口来源地，其中从韩国进口 7.15 万吨，同比增加 11.86%，占进口总量的 53.97%；从中国台

湾进口1.99万吨，同比减少8.92%。从美国和泰国进口涤纶短纤数量同比增加16.47%和14.80%，以上六个国家和地区合计占据了总口量的96.57%（表7）。

表8　涤纶短纤分贸易方式进口

	进口数量			进口金额		
	2014年（吨）	去年同期（吨）	同比（%）	2014年（万美元）	去年同期（万美元）	同比（%）
总计	132503.5	128459.7	3.15	24012.4	24156.9	-0.60
一般贸易	99559.7	87923.7	13.23	18584.0	17360.2	7.05
加工贸易	31600.2	39689.6	-20.38	5148.8	6583.1	-21.79
其中：来料加工	7062.5	9069.2	-22.13	963.2	1245.0	-22.63
进料加工	24537.6	30620.4	-19.87	4185.5	5338.1	-21.59
保税区	1325.8	821.5	61.39	266.4	201.8	32.00
其中：仓储进出境	955.6	660.6	44.66	179.5	144.4	24.32
仓储转口	370.2	160.9	130.03	86.8	57.4	51.35

2014年，涤纶短纤进口贸易方式中，一般贸易占进口总量的比例同比提高13.23个百分点。占进口总量的比例升至75.14%；同时加工贸易进口比例同比下降20.38个百分点，占进口总量的比例降至23.85%（表8）。

2. 锦纶长丝进口情况

表9　锦纶长丝分国别或地区进口

	进口数量			进口金额		
	2014年（吨）	去年同期（吨）	同比（%）	2014年（万美元）	去年同期（万美元）	同比（%）
总计	140021.7	161592.8	-13.35	58924.8	67861.9	-13.17
中国台湾	78130.8	88461.3	-11.68	28771.2	33204.7	-13.35
韩国	10616.5	13408.4	-20.82	5527.4	6639.3	-16.75
美国	8530.0	7241.5	17.79	4037.1	3766.0	7.20
越南	7609.9	13283.9	-42.71	2537.7	4368.8	-41.91
中国大陆	7152.5	8242.3	-13.22	3376.0	3973.1	-15.03
泰国	6895.8	5889.9	17.08	3732.6	3246.1	14.99

2014年，锦纶长丝进口总量为14.00万吨，同比减少13.35%。中国台湾是最大进口来源地，进口量为7.81万吨，同比基本持平，占进口总量的55.80%；韩国仍居第二位，进口1.06万吨，同比减少20.82%，占进口总量比例为7.58%；从越南进口量同比降低42.7%，占进口总量5.43%，居第三位，从美国进口量同比增长17.79%，占总量为6.09%，以上六个国家和地区共占进口总量的84.94%（表9）。

表10 锦纶长丝分贸易方式进口

	进口数量			进口金额		
	2014年（吨）	去年同期（吨）	同比（%）	2014年（万美元）	去年同期（万美元）	同比（%）
总计	140021.7	161592.8	-13.35	58924.8	67861.9	-13.17
一般贸易	88813.5	94355.8	-5.87	35624.9	37880.3	-5.95
加工贸易	43614.7	55179.3	-20.96	20829.1	25853.7	-19.43
其中：来料加工	4205.1	7627.8	-44.87	1913.5	2843.3	-32.70
进料加工	39409.7	47551.5	-17.12	18915.6	23010.4	-17.80
保税区	7566.7	12011.5	-37.00	2455.0	4108.6	-40.25
其中：仓储进出境	7375.6	11580.0	-36.31	2377.4	3935.9	-39.60
仓储转口	191.2	431.4	-55.69	77.5	172.7	-55.12

2014年，锦纶长丝进口贸易方式中，一般贸易同比降低5.87%，占进口量的比例同比增加了5.04个百分点，占到63.43%，这与锦纶长丝国内加工水平提高整体进口量减少有关；加工贸易进口量同比下降20.96%，降至31.15%；保税区进口量同比减少了37.00%，占进口总量的5.40%，占进口量的比例同比减少了2.00个百分点（表10）。

3. 腈纶进口情况

2014年，腈纶进口总量为15.86万吨，同比增减少25.22%。其中，从日本仍是第一进口来源国，进口7.24万吨，减少了16.77%，占进口总量的63.43%；从土耳其进口1.08万吨，大幅减少59.19%，占进口总量的6.80%； 从中国台湾进口1.96万吨，减少30.44%，占13.39%；从韩国进口减少了26.15%，占进口总量的10.26%；从泰国进口数量减少7.50%，以上六个国家和地区共占进口总量的90.29%（表11）。

表11 腈纶分国别或地区进口

	进口数量			进口金额		
	2014年（吨）	去年同期（吨）	同比（%）	2014年（万美元）	去年同期（万美元）	同比（%）
总计	158610.3	212094.4	-25.22	52018.3	66770.6	-22.09
日本	72389.1	86977.6	-16.77	27879.3	34299.6	-18.72
中国台湾	19649.2	28246.7	-30.44	5960.0	7715.9	-22.76
泰国	18416.8	19910.1	-7.50	4463.4	4634.1	-3.68
韩国	16282.8	22048.8	-26.15	4485.8	5639.5	-20.46
土耳其	10792.8	26447.5	-59.19	3134.8	6743.3	-53.51
葡萄牙	5687.1	6778.9	-16.11	1843.5	2194.2	-15.98

2014年，腈纶进口贸易方式中，一般贸易占进口总量的比例同比提高1.59个百分点，达到64.39%；同时加工贸易占进口总量比例略降3.46个百分点，占比为27.13%；保税区进口量同比下降了4.02个百分点，占总进口量的8.48%（表12）。

表12 腈纶分贸易方式进口

	进口数量			进口金额		
	2014年（吨）	去年同期（吨）	同比（%）	2014年（万美元）	去年同期（万美元）	同比（%）
总计	158610.3	212094.4	-25.22	52018.3	66770.6	-22.09
一般贸易	102121.4	133184.9	-23.32	34762.4	42522.2	-18.25
加工贸易	43025.6	64871.7	-33.68	13021.9	20553.4	-36.64
其中：来料加工	6144.9	7548.9	-18.60	2315.2	3069.3	-24.57
进料加工	36880.7	57322.9	-35.66	10706.6	17484.1	-38.76
保税区	13454.5	14017.7	-4.02	4230.1	3684.9	14.80
其中：仓储进出境	2292.2	1492.5	53.58	687.4	564.9	21.69
仓储转口	11162.2	12525.1	-10.88	3542.7	3120.0	13.55

4．粘胶短纤进口情况

表 13　粘胶短纤分国别或地区进口

	进口数量			进口金额		
	2014年（吨）	去年同期（吨）	同比（%）	2014年（万美元）	去年同期（万美元）	同比（%）
总计	171165.1	157431.4	8.72	41277.0	42694.0	-3.32
奥地利	77941.9	64371.0	21.08	20225.2	18205.7	11.09
印度尼西亚	20705.7	26879.5	-22.97	3374.8	4875.1	-30.77
印度	17622.4	8665.1	103.37	3252.2	1668.9	94.87
英国	13253.9	14195.2	-6.63	3580.0	4436.5	-19.31
美国	12887.6	15670.1	-17.76	2920.5	4235.8	-31.05
中国台湾	11808.8	9018.6	30.94	2615.2	2135.1	22.49

2014年，粘胶短纤进口17.12吨，同比增加8.72%。自奥地利进口量增加21.08%，占进口量的45.54%，位居第一；从印度尼西亚和美国进口量同比分别下降了22.97%和17.76%。自印度进口比例增加了103.37%，但进口量仍占很小，占进口总量的比例为10.29%。表中六个国家和地区共占进口总量的90.10%（表13）。

表 14　粘胶短纤分贸易方式进口

	进口数量			进口金额		
	2014年（吨）	去年同期（吨）	同比（%）	2014年（万美元）	去年同期（万美元）	同比（%）
总计	171165.1	157431.4	8.72	41277.0	42694.0	-3.32
一般贸易	159997.4	142181.0	12.53	38232.5	37066.7	3.15
加工贸易	10872.6	11779.1	-7.70	2975.4	4679.7	-36.42
其中：来料加工	1589.2	4389.5	-63.79	692.7	2568.8	-73.04
进料加工	9283.4	7389.6	25.63	2282.8	2110.9	8.14
保税区	287.2	3464.3	-91.71	66.1	943.9	-93.00
其中：仓储进出境	52.5	2421.9	-97.83	14.7	738.5	-98.00
仓储转口	234.7	1042.4	-77.48	51.3	205.4	-75.01

2014 年，粘胶短纤进口贸易方式中，一般贸易进口量同比增加 12.53%，占进口总量的 93.47%，占进口总量的比例同比升高了 3.16 个百分点；加工贸易进口量同比减少了 7.70%，占进口总量的 6.35%（表 14）。

5．氨纶进口情况

表 15　氨纶分国别或地区进口

	进口数量			进口金额		
	2014 年（吨）	去年同期（吨）	同比（%）	2014 年（万美元）	去年同期（万美元）	同比（%）
总计	24641.1	20227.7	21.82	22292.9	20267.3	9.99
越南	9243.9	1757.2	426.04	6462.9	1289.8	401.08
中国	3201.9	4687.4	-31.69	3513.5	4629.6	-24.11
日本	2766.7	3316.8	-16.58	4312.9	5264.1	-18.07
新加坡	2441.5	2586.4	-5.60	2443.3	2865.4	-14.73
韩国	2305.3	2917.8	-20.99	1731.0	2040.9	-15.18
泰国	2023.3	2368.0	-14.56	1815.1	2132.4	-14.88

2014 年，进口氨纶 2.46 万吨，同比增加 21.82%。从越南进口增加了 4 倍，占进口总量的 37.51%，国货复进口 0.32 万吨，同比减少 31.69%，占进口量的 12.99%；从日本、新加坡、韩国、泰国进口有不同程度减少，分别占比为 11.23%、9.91%、9.35%和 8.21%。以上六个国家和地区共占进口总量的 89.21%（表 15）。

表 16　氨纶分贸易方式进口

	进口数量			进口金额		
	2014 年（吨）	去年同期（吨）	同比（%）	2014 年（万美元）	去年同期（万美元）	同比（%）
总计	24641.1	20227.7	21.82	22292.9	20267.3	9.99
一般贸易	14675.5	7959.8	84.37	10951.3	6478.8	69.03
加工贸易	9818.5	12083.1	-18.74	11137.0	13675.9	-18.56
其中：来料加工	540.2	875.5	-38.30	370.4	639.8	-42.10
进料加工	9278.2	11207.6	-17.21	10766.6	13036.1	-17.41
保税区	144.6	180.0	-19.62	201.4	107.4	87.50
其中：仓储进出境	143.3	0.1	186007.79	198.7	0.1	274314.50
仓储转口	1.3	179.9	-99.25	2.7	107.3	-97.47

2014年，氨纶进口贸易方式无明显变化，一般贸易占进口总量的59.56%，比例同比增加20.2个百分点；而加工贸易占进口总量的比例降低到了39.85%，比例比去年同期降低了19.89个百分点（表16）。

（三）化纤原料进口情况

表17　合纤主要原料进口情况

	进口数量			进口金额		
	2014年（吨）	去年同期（吨）	同比（%）	2014年（万美元）	去年同期（万美元）	同比（%）
合纤原料总计	11978252.6	13495179.5	-11.24	1434330.7	1760846.8	-18.54
其中：乙二醇	8408019.9	8237756.5	2.07	797472.5	870247.1	-8.36
对苯二甲酸	1163671.7	2743418.6	-57.58	107291.5	298832.3	-64.10
聚酯切片	408344.7	212968.4	91.74	53022.9	40677.8	30.35
已内酰胺	223269.9	452889.2	-50.70	50420.2	107591.8	-53.14
聚酰胺切片	861852.1	913576.3	-5.66	263037.2	284819.2	-7.65
锦纶66盐	8385.0	9621.0	-12.85	1828.6	2091.0	-12.55
丙烯腈	517861.6	547582.0	-5.43	100172.3	98337.4	1.87

2014年，主要合纤原料共计进口1197.83万吨，同比减少11.24%，进口金额下降18.54%。从进口数量看：进口量最大的仍是乙二醇，达840.80万吨，占合纤原料进口总量的70.19%；对苯二甲酸进口量随着国内产能的增长而逐渐下降，进口116.37万吨，占进口总量的比例下降至9.71%；已内酰胺、聚酰胺切片、锦纶66盐和丙烯睛进口量分别占进口总量的1.86%、7.15%、0.1%和4.3%；聚酯切片进口量增加97.14%，为40.8万吨（表17）。

表18　乙二醇分国别或地区进口

	进口数量			进口金额		
	2014年（吨）	去年同期（吨）	同比（%）	2014年（万美元）	去年同期（万美元）	同比（%）
总计	8408019.9	8237756.5	2.07	797472.5	870247.1	-8.36
沙特阿拉伯	3849746.8	3782399.9	1.78	366875.2	396888.7	-7.56
中国台湾	1407580.3	1250987.0	12.52	133516.5	134162.6	-0.48

续表

	进口数量			进口金额		
	2014年（吨）	去年同期（吨）	同比（%）	2014年（万美元）	去年同期（万美元）	同比（%）
加拿大	733418.8	705233.9	4.00	68538.5	73890.9	-7.24
韩国	601329.7	473405.0	27.02	56843.0	50662.2	12.20
科威特	530504.6	483574.4	9.70	49095.3	50861.6	-3.47
新加坡	509162.5	592042.6	-14.00	48356.7	62315.3	-22.40

2014年，进口乙二醇同比上升2.07%。沙特阿拉伯仍是最大进口来源地，进口384.97万吨，同比上升1.78%，占进口总量的45.8%；从中国台湾进口增加12.52%，为140.76万吨，占进口总量的16.74%；从加拿大、韩国、科威特和新加坡进口数量分别占进口量的8.72%、7.15%、6.31%和6.05%。以上六个国家和地区共占进口总量的90.76%（表18）。

表19　对苯二甲酸分国别或地区进口

	进口数量			进口金额		
	2014年（吨）	去年同期（吨）	同比（%）	2014年（万美元）	去年同期（万美元）	同比（%）
总计	1163671.7	2743418.6	-57.58	107291.5	298832.3	-64.10
韩国	699728.7	1796100.1	-61.04	64373.1	193983.7	-66.82
泰国	189573.7	238472.4	-20.50	17872.4	25921.0	-31.05
日本	99697.5	120015.3	-16.93	8885.8	13184.4	-32.60
中国台湾	73600.3	415915.3	-82.30	6748.1	46437.7	-85.47
印度尼西亚	56194.6	41681.4	34.82	5169.5	4465.7	15.76
马来西亚	39993.6	110305.5	-63.74	3897.3	12541.6	-68.93

2014年，进口对苯二甲酸116.37万吨，同比降低57.58%。从韩国、泰国、日本、中国台湾、和马来西亚进口量均有不同程度的减少，从韩国进口量仍位居第一位，达69.97万吨，同比下降61.04%，从印度尼西亚进口量增加34.82%，但绝对数量较少，占进口总量比例仅为4.83%，但占到了进口量的第五位，以上六个国家和地区共占进口总量的99.58%（表19）。

表 20　聚酯切片分国别或地区进口

	进口数量			进口金额		
	2014 年（吨）	去年同期（吨）	同比（%）	2014 年（万美元）	去年同期（万美元）	同比（%）
总计	408344.7	212968.4	91.74	53022.9	40677.8	30.35
韩国	71365.5	67208.2	6.19	14423.9	14096.9	2.32
日本	50329.0	23855.3	110.98	6113.0	4695.6	30.18
美国	50133.6	32725.3	53.20	6182.5	5096.1	21.32
印度尼西亚	46335.9	1858.2	2393.56	4015.4	229.5	1649.94
中国台湾	39124.5	36683.2	6.66	5304.4	5811.3	-8.72
越南	36756.1	1606.3	2188.26	2769.5	224.0	1136.47

2014 年，聚酯切片进口总量为 40.83 万吨，同比增长 91.74%。其中，最大进口来源地为韩国，进口 7.14 万吨，同比增加 6.19%，占进口总量的 17.48%，同比减少了 0.14 个百分点；印度尼西亚和越南进口量均大增 20 多倍，合计占进口量的 20.35%。表 20 中六个国家和地区共占进口总量的 72.01%。

表 21　己内酰胺分国别或地区进口

	进口数量			进口金额		
	2014 年（吨）	去年同期（吨）	同比（%）	2014 年（万美元）	去年同期（万美元）	同比（%）
总计	223269.9	452889.2	-50.70	50420.2	107591.8	-53.14
俄罗斯	64891.0	113388.0	-42.77	14375.7	26610.7	-45.98
日本	60552.4	108985.9	-44.44	13779.2	26282.2	-47.57
比利时	22376.4	41323.3	-45.85	5143.9	9940.4	-48.25
波兰	22000.0	24860.0	-11.50	4947.5	5741.5	-13.83
美国	14955.7	31480.9	-52.49	3357.0	7423.1	-54.78
墨西哥	14784.0	46482.0	-68.19	3382.0	11055.4	-69.41

2014 年，己内酰胺从主要国家和地区进口全部有不同程度下降，进口总量为 22.33 万吨，同比减少 50.70%。其中从俄罗斯、日本、比利时、波兰、美国和墨西哥进口量分别占总进口量的比例为 29.06%、27.12%、10.02%、9.85%、6.70%和 6.62%。以上六个国家和地区共占进口总量的 89.38%（表 21）。

表 22 聚酰胺切片分国别或地区进口

	进口数量			进口金额		
	2014 年（吨）	去年同期（吨）	同比（%）	2014 年（万美元）	去年同期（万美元）	同比（%）
总计	861852.1	913576.3	-5.66	263037.2	284819.2	-7.65
中国台湾	265691.9	332041.2	-19.98	70492.4	91861.6	-23.26
美国	95904.9	97228.5	-1.36	29950.3	31082.6	-3.64
韩国	68306.4	81397.7	-16.08	22354.8	25597.9	-12.67
德国	48585.8	47239.4	2.85	18188.0	17745.4	2.49
加拿大	45188.8	35280.9	28.08	14169.0	11325.8	25.10
俄罗斯	43600.6	42175.3	3.38	10108.2	10384.9	-2.66

2014 年，聚酰胺切片进口总量为 86.18 万吨，同比减少 5.66%。其中，最大进口来源地是中国台湾，进口 26.57 万吨，同比降低 19.98%，占进口总量的 30.83%；从加拿大进口增加 28.08%；其他五个国家和地区进口量占总进口量的比例分别为 11.13%、7.92%、5.64%、5.24%和 5.06%，以上六个国家和地区共占进口总量的 65.82%，集中度相比其他原料较低（表 22）。

表 23 丙烯腈分国别或地区进口

	进口数量			进口金额		
	2014 年（吨）	去年同期（吨）	同比（%）	2014 年（万美元）	去年同期（万美元）	同比（%）
总计	517861.6	547582.0	-5.43	100172.3	98337.4	1.87
韩国	157847.5	223237.8	-29.29	30591.7	40120.8	-23.75
美国	152470.7	119680.5	27.40	29487.1	21236.8	38.85
中国台湾	143513.3	128435.4	11.74	27635.4	22661.3	21.95
泰国	24977.8	26938.6	-7.28	4848.7	5109.4	-5.10
日本	24848.4	43159.2	-42.43	4844.6	8159.2	-40.62
英国	6249.1	0.0	—	1198.9	0.0	—

2014 年，丙烯腈进口总量为 51.78 万吨，同比减少 5.43%。从韩国进口量 15.78 万吨，同比降低 29.29%，占进口量 30.48%，从美国进口增加了 27.40%，

占进口量29.44%；从中国台湾进口量增加11.74%，占进口总量的27.71%。从泰国及日本的进口量同比减少了7.28%和42.43%。从以上六个国家和地区进口共占进口总量的98.46%（表23）。

表24　人纤原料进口情况

	进口数量			进口金额		
	2014年（吨）	去年同期（吨）	同比（%）	2014年（万美元）	去年同期（万美元）	同比（%）
人纤原料总计	2269863.1	2014587.5	12.67	206368.1	192962.4	6.95
其中：棉短绒	128875.5	155605.7	-17.18	5713.3	6618.4	-13.68
人纤棉浆	1810.4	2099.4	-13.77	439.2	471.7	-6.90
人纤木浆	2085858.5	1803852.0	15.63	196136.1	182089.1	7.71
其他纤维素浆	53318.7	53030.4	0.54	4079.6	3783.2	7.84

2014年，主要人纤原料共计进口226.99万吨，同比增加12.67%。其中进口量最大的仍是人纤木浆，达208.58万吨，同比增加15.63%，占主要人纤原料进口总量的91.89%；棉短绒进口12.89万吨，同比减少17.18%，占总进口量的5.68%；其他纤维素浆进口量增加了0.54%（表24）。

表25　棉短绒分国别或地区进口

	进口数量			进口金额		
	2014年（吨）	去年同期（吨）	同比（%）	2014年（万美元）	去年同期（万美元）	同比（%）
总计	128875.5	155605.7	-17.18	5713.3	6618.4	-13.68
印度	55018.9	77955.5	-29.42	2444.6	2990.1	-18.24
土库曼斯坦	23886.6	8505.7	180.83	1106.1	385.1	187.20
土耳其	20000.1	27163.7	-26.37	790.2	1215.2	-34.97
巴西	11229.0	1045.5	974.04	443.9	40.4	999.04
美国	9720.3	22212.5	-56.24	521.3	1139.5	-54.25
巴基斯坦	2424.4	4333.2	-44.05	83.1	165.1	-49.66

2014年，棉短绒进口总量为12.89万吨，同比减少17.18%。其中，最大进口来源地是印度，进口5.50万吨，同比减少29.42%，占进口总量的42.69%；

从土耳其进口2.00万吨，同比减少26.37%，占进口量的15.52%；从美国和巴基斯坦的进口量分别由同期大幅增加变为本期的减少56.24%和减少44.05%，进口量分别为0.97和0.24万吨，占进口总量的7.54%和1.88%，从巴西的进口量同比增加近974%，占进口总量的15.52%，以上六个国家和地区共占进口总量的94.88%(表25)。

表26　人纤木浆分国别或地区进口

	进口数量			进口金额		
	2014年（吨）	去年同期（吨）	同比（%）	2014年（万美元）	去年同期（万美元）	同比（%）
总计	2085858.5	1803852.0	15.63	196136.1	182089.1	7.71
南非	394294.1	138551.1	184.58	34617.9	12474.4	177.51
巴西	312807.0	242218.3	29.14	29641.3	23380.7	26.78
加拿大	311396.3	385333.3	-19.19	27079.4	36257.0	-25.31
美国	246060.5	368343.4	-33.20	32566.0	47785.0	-31.85
奥地利	146141.1	92869.9	57.36	12917.9	8280.9	56.00
芬兰	145192.3	126289.1	14.97	12550.9	11510.1	9.04

2014年，人纤用木浆进口总量为208.59万吨，同比增加15.63%。南非、巴西、加拿大三国进口量占总进口量的48.83%，其中自南非进口39.43万吨，同比增加185%，占进口总量的18.90%，占进口总量的比例同比增加了11.2个百分点；自从奥地利进口同比增加57.36%，占进口总量的7.01%，以上六个国家和地区共占进口总量的74.59%，集中度相比其他原料较低（表26）。

二、出口情况

（一）化纤出口整体情况

表27　化纤出口主要品种

	出口数量			出口金额		
	2014年（吨）	去年同期（吨）	同比（%）	2014年（万美元）	去年同期（万美元）	同比（%）
化学纤维	3245919.7	2679724.8	21.13	689754.0	623338.3	10.65
其中：涤纶长丝	1573267.6	1292230.6	21.75	283875.3	251762.6	12.76

续表

	出口数量			出口金额		
	2014年（吨）	去年同期（吨）	同比（%）	2014年（万美元）	去年同期（万美元）	同比（%）
涤纶短纤	890996.0	733730.5	21.43	113215.9	101444.9	11.60
锦纶长丝	148096.8	136564.3	8.44	59861.0	56217.7	6.48
腈　　纶	19304.6	9382.1	105.76	5231.6	3135.0	66.88
粘胶长丝	85994.1	81853.9	5.06	48558.7	48421.8	0.28
粘胶短纤	263014.1	180646.8	45.60	45530.2	35281.1	29.05
氨　　纶	45466.5	46721.7	-2.69	31747.4	33024.8	-3.87

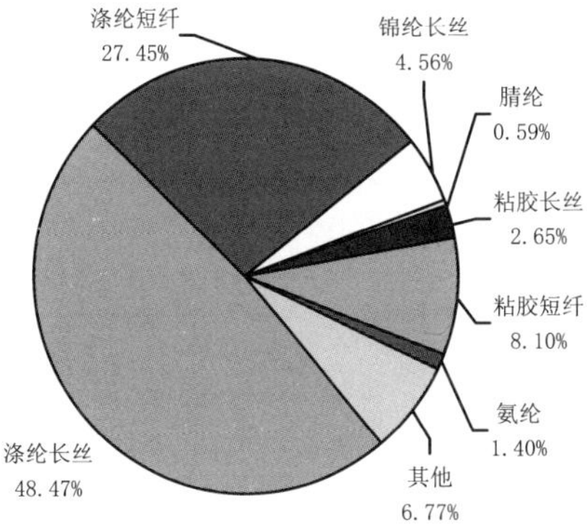

图4　主要化纤品种出口比例

2014年，共出口化纤324.59万吨，同比增加21.13%。分品种看：涤纶长丝出口量最多，达157.33万吨，同比增长21.75%，占化纤出口总量的48.47%；涤纶短纤出口89.10万吨，同比增长21.43%，占出口总量的27.45%，涤纶长丝和短纤品种合计占总出口量的75.9%；粘胶短纤出口26.30万吨，同比增加了45.60%，占出口量的8.10%，氨纶出口量同比减少，比2013年减少了0.13万吨（表27和图4）。

表28　化纤分国家或地区出口

	出口数量			出口金额		
	2014年（吨）	去年同期（吨）	同比（%）	2014年（万美元）	去年同期（万美元）	同比（%）
总计	3245919.7	2679724.8	21.13	689754.0	623338.3	10.65
土耳其	334081.2	287672.5	16.13	62168.3	58264.2	6.70
巴基斯坦	319552.7	260857.3	22.50	62942.5	57707.0	9.07
美国	316397.2	271377.4	16.59	52493.6	47045.4	11.58
越南	235305.5	197332.7	19.24	45723.6	41199.0	10.98
印度尼西亚	199239.3	130463.8	52.72	37334.1	27372.8	36.39
韩国	182905.5	147349.1	24.13	47939.9	42955.7	11.60

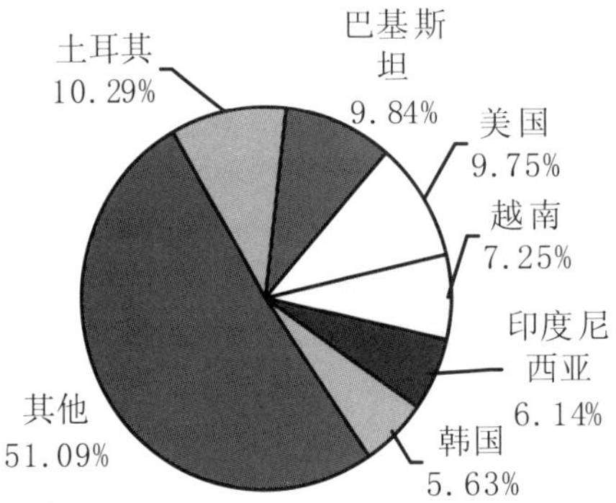

图5 化纤出口市场比例

2014年，化纤出口市场以土耳其、巴基斯坦、美国、越南、印度尼西亚和韩国为主，分别占化纤出口总量的10.29%、9.84%、9.75%、7.25%、6.14%和5.63%，对越南、韩国出口量增加，说明这些新兴国家的纺织产业快速发展加大了对化纤的需求，对以上六个国家的出口共占总出口量的48.90%（表28和图5）。

表29 化纤分贸易方式出口

	出口数量			出口金额		
	2014年（吨）	去年同期（吨）	同比（%）	2014年（万美元）	去年同期（万美元）	同比（%）
总计	3245919.7	2679724.8	21.13	689754.0	623338.3	10.65
一般贸易	1106745.7	872549.5	26.84	300367.1	263810.0	13.86
加工贸易	2108518.9	1779331.0	18.50	375412.1	347194.1	8.13
其中：来料加工	1613.4	3506.2	-53.99	790.3	1475.9	-46.45
进料加工	2106905.6	1775824.8	18.64	374621.7	345718.2	8.36
保税区	16381.0	12935.4	26.64	9356.8	7985.1	17.18
其中：仓储进出境	958.5	624.4	53.50	625.3	440.4	41.97
仓储转口	15422.5	12310.9	25.27	8731.5	7544.6	15.73

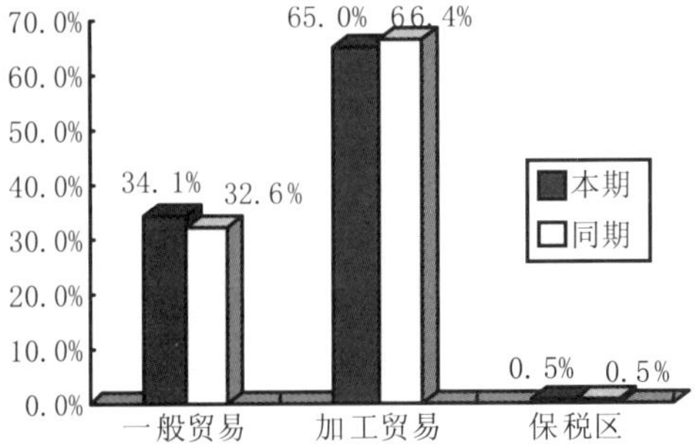

图6 化纤出口贸易方式比例

2014年，化纤出口贸易方式和去年同期相比没有明显变化，加工贸易所占份额基本稳定，占65.0%，一般贸易占32.6%；这和我国化纤原料短缺需大量进口有关（表29和图6）。

（二）化纤分品种出口情况

1. 涤纶出口情况

表30 涤纶长丝分国别或地区出口

	出口数量			出口金额		
	2014年（吨）	去年同期（吨）	同比（%）	2014年（万美元）	去年同期（万美元）	同比（%）
总计	1573267.6	1292230.6	21.75	283875.3	251762.6	12.76
土耳其	194700.2	195893.3	-0.61	31971.6	35360.7	-9.58
越南	164454.2	124454.3	32.14	27607.1	22946.9	20.31
巴基斯坦	137435.8	129473.0	6.15	23071.5	23613.4	-2.30
韩国	131370.2	99214.3	32.41	25240.2	20603.8	22.50
埃及	128288.0	111278.6	15.29	18532.5	17781.4	4.22
美国	96755.7	65806.4	47.03	19459.6	13823.8	40.77

2014年，涤纶长丝出口157.33万吨，同比增长21.75%。土耳其仍是第一大市场，出口量达19.47万吨，同比减少0.61%，占出口总量的12.37%；对越南、巴基斯坦、韩国、埃及和美国出口分别占总出口量的10.45%、8.73%、8.35%、8.15%和6.15%。对以上六个国家的出口共占总出口量的54.22%（表30）。

表31 涤纶长丝分贸易方式出口

	出口数量			出口金额		
	2014年（吨）	去年同期（吨）	同比（%）	2014年（万美元）	去年同期（万美元）	同比（%）
总计	1573267.6	1292230.6	21.75	283875.3	251762.6	12.76
一般贸易	507557.6	300432.6	68.94	101137.0	64529.8	56.73
加工贸易	1064098.0	990066.9	7.48	182287.9	186786.5	-2.41
其中：来料加工	15.0	86.0	-82.51	15.7	65.1	-75.83
进料加工	1064083.0	989980.9	7.49	182272.2	186721.4	-2.38
保税区	313.2	186.7	67.77	131.7	100.9	30.58
其中：仓储进出境	188.5	107.2	75.78	79.8	60.8	31.30
仓储转口	124.7	79.4	56.97	52.0	40.1	29.48

2014 年，涤纶长丝一般贸易出口增长 68.94%，占出口总量的比例为 32.26%，比重仍然偏低；加工贸易出口量同比增长 7.48%，占出口总量的比例为 67.64%；保税区出口量同比增加了 67.77%，但占出口比重仅 0.02%（表 31）。

表 32　涤纶短纤分国别或地区出口

	出口数量			出口金额		
	2014 年（吨）	去年同期（吨）	同比（%）	2014 年（万美元）	去年同期（万美元）	同比（%）
总计	890996.0	733730.5	21.43	113215.9	101444.9	11.60
美国	166230.2	159510.7	4.21	18237.5	18653.1	-2.23
巴基斯坦	122557.8	85186.8	43.87	15117.1	11691.6	29.30
印度尼西亚	60799.5	45497.3	33.63	7802.0	6723.2	16.05
印度	58661.0	30972.8	89.40	7366.2	4310.5	70.89
以色列	42727.9	37848.3	12.89	5610.0	5523.2	1.57
俄罗斯	40190.5	39235.9	2.43	5475.9	5704.5	-4.01

2014 年，涤纶短纤出口总量为 89.10 万吨，同比增长 21.43%。其中，对美国、巴基斯坦、印度尼西亚、印度、以色列和俄罗斯的出口分别占出口量的 18.66%、13.75%、6.82%、6.58%、4.79 和 4.51%，对以上六个国家的出口合计占短纤总出口量的 55.13%（表 32）。

表 33　涤纶短纤分贸易方式出口

	出口数量			出口金额		
	2014 年（吨）	去年同期（吨）	同比（%）	2014 年（万美元）	去年同期（万美元）	同比（%）
总计	890996.0	733730.5	21.43	113215.9	101444.9	11.60
一般贸易	199511.0	145586.5	37.04	23642.3	18662.3	26.68
加工贸易	688770.1	584781.9	17.78	89152.0	82231.1	8.42
其中：来料加工	67.4	176.4	-61.81	38.6	56.4	-31.57
进料加工	688702.8	584605.6	17.81	89113.5	82174.7	8.44
保税区	235.4	128.2	83.68	51.4	36.6	40.46
其中：仓储进出境	128.1	23.7	439.49	20.1	5.4	275.23
仓储转口	107.3	104.4	2.76	31.3	31.2	0.23

2014年，涤纶短纤一般贸易出口增加了37.04%，与同期70.49%相比增幅已经降低，占出口总量的比例同比为 22.39%，绝对数量仍然偏低；加工贸易出口量同比升高了17.78%，占出口总量的77.3%。占出口总量的比例同比降低了2.4个百分点，这与国产涤纶原料短缺有关（表33）。

2．锦纶长丝出口情况

表34　锦纶长丝分国别或地区出口

	出口数量			出口金额		
	2014年（吨）	去年同期（吨）	同比（%）	2014年（万美元）	去年同期（万美元）	同比（%）
总计	148096.8	136564.3	8.44	59861.0	56217.7	6.48
韩国	16955.3	12975.2	30.68	7517.4	5980.7	25.69
越南	11297.6	9406.8	20.10	3752.3	3217.1	16.64
中国台湾	11188.1	9857.4	13.50	4107.6	3639.0	12.88
印度	8742.4	11202.2	-21.96	2895.4	3750.5	-22.80
中国香港	7897.9	8790.3	-10.15	3817.9	4433.5	-13.89
美国	5934.5	5890.7	0.74	2168.3	2173.6	-0.24

2014年，锦纶长丝出口总量为14.81万吨，同比增加8.44%。对韩国、越南和中国台湾出口都有大幅增长，分别增长加30.68%、20.10%和13.50%。印度的出口量减少了21.96%，对表34中的六个国家和地区的出口合计占总出口量的41.87%。

表35　锦纶长丝分贸易方式出口

	出口数量			出口金额		
	2014年（吨）	去年同期（吨）	同比（%）	2014年（万美元）	去年同期（万美元）	同比（%）
总计	148096.8	136564.3	8.44	59861.0	56217.7	6.48
一般贸易	50409.2	47103.7	7.02	20407.4	19321.9	5.62
加工贸易	83089.0	78412.4	5.96	32171.4	31044.1	3.63
其中：来料加工	20.9	101.6	-79.45	9.7	41.6	-76.59
进料加工	83068.1	78310.8	6.07	32161.7	31002.5	3.74

续表

	出口数量			出口金额		
	2014 年（吨）	去年同期（吨）	同比（%）	2014 年（万美元）	去年同期（万美元）	同比（%）
保税区	14317.6	10748.5	33.21	7136.7	5719.7	24.77
其中：仓储进出境	71.4	26.3	171.78	41.1	12.9	218.10
仓储转口	14246.1	10722.2	32.87	7095.6	5706.8	24.34

2014 年，锦纶长丝一般贸易出口量 5.04 万吨，同比增加 7.02%，占出口总量的比例同比下降 0.45 个百分点，为 34.0%；加工贸易出口量增加 5.96%，达到 56.10%（表 35）。

3．粘胶长丝出口情况

表 36　粘胶长丝分国别或地区出口

	出口数量			出口金额		
	2014 年（吨）	去年同期（吨）	同比（%）	2014 年（万美元）	去年同期（万美元）	同比（%）
总计	85994.1	81853.9	5.06	48558.7	48421.8	0.28
巴基斯坦	24685.4	22467.2	9.87	13798.2	13084.4	5.46
印度	16457.3	17627.1	-6.64	9140.8	10578.7	-13.59
韩国	9857.8	9217.4	6.95	5577.8	5487.8	1.64
土耳其	8412.3	6007.5	40.03	4919.6	3657.6	34.50
意大利	7886.3	6175.2	27.71	4524.5	3649.2	23.98
摩洛哥	3105.5	4387.7	-29.22	1494.1	2228.8	-32.97

2014 年，粘胶长丝出口总量为 8.60 万吨，同比增加 5.06%，出口市场巴基斯坦、印度和韩国三国的出口占出口总量的 59.31%。其中对巴基斯坦、印度、韩国、土耳其、意大利和摩洛哥出口分别占总出口量的 28.7%、19.1%、11.5%、9.8%、9.2%和 3.6%，以上合计为 78.3%（表 36）。

表37 粘胶长丝分贸易方式出口

	出口数量			出口金额		
	2014年（吨）	去年同期（吨）	同比（%）	2014年（万美元）	去年同期（万美元）	同比（%）
总计	85994.1	81853.9	5.06	48558.7	48421.8	0.28
一般贸易	84204.5	80819.3	4.19	47614.5	47720.2	-0.22
加工贸易	1418.9	721.7	96.60	735.0	503.7	45.91
其中：来料加工	0	0	-	0	0	-
进料加工	1418.9	721.7	96.60	735.0	503.7	45.91
保税区	24.5	25.7	-4.93	23.6	25.8	-8.39
其中：仓储进出境	24.5	25.7	-4.94	23.6	25.8	-8.39
仓储转口	0.0	0.0	-	0.0	0.0	-

2014年，粘胶长丝出口贸易方式以一般贸易为主，出口8.42万吨，占出口总量的97.92%，其他贸易方式的出口量微乎其微（表37）。

4. 粘胶短纤出口情况

表38 粘胶短纤分国别或地区出口

	出口数量			出口金额		
	2014年（吨）	去年同期（吨）	同比（%）	2014年（万美元）	去年同期（万美元）	同比（%）
总计	263014.1	180646.8	45.60	45530.2	35281.1	29.05
土耳其	78067.6	48283.3	61.69	13031.9	9029.5	44.33
印度尼西亚	66172.3	34587.2	91.32	10606.9	6268.5	69.21
美国	36322.8	30222.8	20.18	7443.3	6786.0	9.69
巴基斯坦	17643.3	7588.3	132.51	2911.4	1530.9	90.17
中国台湾	10882.7	8620.9	26.24	1829.3	1635.4	11.85
越南	8583.3	9719.1	-11.69	1401.1	1782.5	-21.40

2014年，粘胶短纤出口总量为26.30万吨，同比增加了45.60%，出口市场中土耳其、印度尼西亚和美国的出口占总出口量的68.6%。其中对土耳其出

口同比增加 61.69%，占出口总量的 29.68%；对印度尼西亚出口同比增加 91.32%，占出口总量的比例达到 25.16%，对美国和中国台湾出口分别占出口总量的 13.81%和 4.14%，对以上六个国家的出口合计占总出口量的 82.76%，集中度相比其他产品较高（表 38）。

表 39　粘胶短纤分贸易方式出口

	出口数量			出口金额		
	2014 年（吨）	去年同期（吨）	同比（%）	2014 年（万美元）	去年同期（万美元）	同比（%）
总计	263014.1	180646.8	45.60	45530.2	35281.1	29.05
一般贸易	59260.5	117348.4	-49.50	10928.0	23127.5	-52.75
加工贸易	203372.5	62772.3	223.98	34523.9	12019.3	187.24
其中：来料加工	0.0	3.2	-	0.0	1.5	-
进料加工	203372.5	62769.1	224.00	34523.9	12017.9	187.27
保税区	29.6	34.8	-14.97	18.1	26.7	-32.34
其中：仓储进出境	0	0	-	0	0	-
仓储转口	29.6	34.8	-14.97	18.1	26.7	-32.34

2014 年，粘胶短纤一般贸易的贸易方式占据出口总量的 22.53%，占比同比下降了 42.4 个百分点，出口量同比减少 49.50%，加工贸易占总贸易量的比例为 77.32%，加工贸易量同比增加了近 223%，这与我国粘胶原料需要大量进口有关（表 39）。

5．氨纶出口情况

表 40　氨纶分国别或地区出口

	出口数量			出口金额		
	2014 年（吨）	去年同期（吨）	同比（%）	2014 年（万美元）	去年同期（万美元）	同比（%）
总计	45466.5	46721.7	-2.69	31747.4	33024.8	-3.87
韩国	5835.3	6688.0	-12.75	3834.7	4597.1	-16.59
印度尼西亚	4167.7	2715.6	53.47	3152.5	1966.0	60.35
中国台湾	4086.0	3599.9	13.50	3036.1	2653.8	14.40

续表

	出口数量			出口金额		
	2014 年（吨）	去年同期（吨）	同比（%）	2014 年（万美元）	去年同期（万美元）	同比（%）
比利时	4004.8	5110.8	-21.64	2521.3	3321.8	-24.10
越南	3901.6	3516.4	10.95	2661.8	2316.5	14.91
中国香港	3407.6	5018.7	-32.10	3232.4	4238.3	-23.73

2014 年，氨纶出口总量为 4.55 万吨，同比增减少 2.69%。出口量按出口市场分比较分散，韩国仍是我国氨纶第一出口市场，出口量为 0.58 万吨，同比减少 12.75%，占出口总量的 12.83%，排名第六位的是中国香港，出口量为 0.34 万吨，同比减少 32.10%，占出口总量的 7.49%，对表 40 中的六个国家和地区的出口合计占总出口量的 55.87%，对其他市场的出口量都很少。

表 41　氨纶分贸易方式出口

	出口数量			出口金额		
	2014 年（吨）	去年同期（吨）	同比（%）	2014 年（万美元）	去年同期（万美元）	同比（%）
总计	45466.5	46721.7	-2.69	31747.4	33024.8	-3.87
一般贸易	25164.2	26486.8	-4.99	17072.7	18680.6	-8.61
加工贸易	20236.0	20005.3	1.15	14624.0	14217.6	2.86
其中：来料加工	0	0	-	0	0	-
进料加工	20236.0	20005.3	1.15	14624.0	14217.6	2.86
保税区	29.3	193.5	-84.86	22.2	104.5	-78.71
其中：仓储进出境	19.2	0.2	8845.12	14.3	0.2	7275.00
仓储转口	10.1	193.3	-94.80	8.0	104.3	-92.36

2014 年，氨纶一般贸易出口量减少了 4.99%，占出口总量的 55.35%；加工贸易出口量增加 1.15%，占出口总量的 44.51%（表 41）。

（三）聚酯切片出口情况

表42 聚酯切片（含瓶片）分国别或地区出口

	出口数量			出口金额		
	2014年（吨）	去年同期（吨）	同比（%）	2014年（万美元）	去年同期（万美元）	同比（%）
总计	2303797.1	1964002.0	17.30	290429.7	281499.3	3.17
日本	328967.9	269396.2	22.11	41684.1	38569.4	8.08
美国	154345.4	80023.2	92.88	19420.3	11651.1	66.68
俄罗斯	142905.1	99595.6	43.49	17900.9	14036.9	27.53
印度尼西亚	99509.9	91019.2	9.33	12498.3	12724.6	-1.78
印度	96601.5	39586.2	144.03	11780.9	5577.5	111.22
菲律宾	94624.4	55550.3	70.34	11951.8	7783.8	53.55

2014年，聚酯切片（含瓶片）出口230.38万吨，同比增长17.30%。日本仍是最大接受市场，交易量为32.90万吨，同比继续增加22.11%，占出口总量的14.28%，居第一位；对印度出口增加144%，达到9.66万吨，占居出口总量的4.19%；对表42中六个国家的出口合计占总出口量的39.80%。

表43 聚酯切片（含瓶片）分贸易方式出口

	出口数量			出口金额		
	2014年（吨）	去年同期（吨）	同比（%）	2014年（万美元）	去年同期（万美元）	同比（%）
总计	2303797.1	1964002.0	17.30	290429.7	281499.3	3.17
一般贸易	21781.9	13821.7	57.59	3949.5	2957.4	33.54
加工贸易	2279162.3	1944532.6	17.21	285683.7	277427.4	2.98
其中：来料加工	3.7	3.7	0.00	0.9	0.9	0.71
进料加工	2279158.6	1944528.9	17.21	285682.8	277426.5	2.98
保税区	2332.0	5098.3	-54.26	700.7	1037.9	-32.49
其中：仓储进出境	96.7	106.2	-8.92	17.6	23.4	-24.59
仓储转口	2235.3	4992.2	-55.22	683.1	1014.5	-32.67

聚酯切片（含瓶片）的出口贸易方式以加工贸易为主，占出口总量的99%，其他贸易方式的出口量很少（表43）。

表44 聚酯瓶片分国别或地区出口

	出口数量			出口金额		
	2014年（吨）	去年同期（吨）	同比（%）	2014年（万美元）	去年同期（万美元）	同比（%）
总计	2125047.3	1777447.0	19.56	265482.9	252596.8	5.10
日本	286377.9	237404.7	20.63	36046.9	33801.4	6.64
美国	154188.8	79682.0	93.51	19360.6	11522.8	68.02
俄罗斯	142484.8	89078.7	59.95	17811.1	12474.7	42.78
菲律宾	94601.4	55517.3	70.40	11936.3	7770.3	53.61
乌克兰	82403.0	108920.0	-24.35	10254.1	15576.4	-34.17
印度尼西亚	77147.8	60186.7	28.18	9634.3	8440.2	14.15

2014年，聚酯瓶片出口212.50万吨，同比增加19.56%，占聚酯切片出口量的92.2%。日本仍是最大接受市场，交易量为28.64万吨，同比增加20.63%，占聚酯瓶片出口总量的13.5%，位居第一；对美国出口15.42万吨，同比大增93.51%，增幅居首，但仅占聚酯瓶片出口总量的7.25%；对俄罗斯、菲律宾和印度尼西亚的出口分别分别占总出口量的6.71%、4.45%和3.63%；对乌克兰的出口同比减少24.35%，占比为3.88%。对以上六个国家的出口合计占总出口量的39.40%（表44）。

表45 聚酯瓶片分贸易方式出口

	出口数量			出口金额		
	2014年（吨）	去年同期（吨）	同比（%）	2014年（万美元）	去年同期（万美元）	同比（%）
总计	2125047.3	1777447.0	19.56	265482.9	252596.8	5.10
一般贸易	14168.5	6829.1	107.47	2160.5	1133.0	90.69
加工贸易	2109898.5	1766803.7	19.42	263099.1	250852.4	4.88
其中：来料加工	0	0	—	0	0	—
进料加工	2109898.5	1766803.7	19.42	263099.1	250852.4	4.88
保税区	892.2	3779.4	-76.39	210.4	606.3	-65.30
其中：仓储进出境	30.5	62.5	-51.24	3.9	13.7	-71.62
仓储转口	861.8	3717.0	-76.82	206.5	592.6	-65.15

聚酯瓶片出口贸易方式以加工贸易为主，占出口总量的 99.29%，其他贸易方式的出口量很少（表 45）。

（四）化纤制纺织品服装出口情况

1. 化纤纺织品出口情况

表 46　化纤纺织品分国别或地区出口

	出口数量			出口金额		
	2014 年（吨）	去年同期（吨）	同比（%）	2014 年（万美元）	去年同期（万美元）	同比（%）
总计	5618291.9	5241553.0	7.19	3563658.1	3279599.1	8.66
越南	422725.5	300746.0	40.56	402911.2	234637.9	71.72
美国	272674.0	247302.4	10.26	197552.2	183427.3	7.70
孟加拉国	242365.4	229020.0	5.83	162698.4	146899.0	10.76
巴西	217491.7	206534.1	5.3%	116092.0	110167.2	5.38
阿联酋	215206.3	240868.9	-10.65	143102.0	172219.7	-16.91
印度尼西亚	206549.2	190695.8	8.31	125839.7	111119.0	13.25

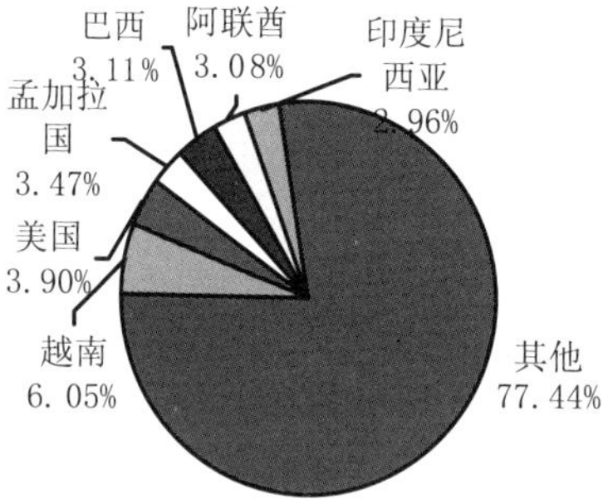

图7　化纤纺织品出口市场比例

2014 年，化纤纺织品共出口 561.83 万吨，同比增加 7.19%。主要出口市场是越南、美国、孟加拉国、巴西、阿联酋和印度尼西亚，占出口总量的比重分别为 7.52%、4.85%、4.31%、3.87%、3.83% 和 3.67%，对以上六个国家的出口合计占总出口量的 28.07%（表 46 和图 7）。

表 47　化纤纺织品分贸易方式出口

	出口数量			出口金额		
	2014 年（吨）	去年同期（吨）	同比（%）	2014 年（万美元）	去年同期（万美元）	同比（%）
总计	5618291.9	5241553.0	7.19	3563658.1	3279599.1	8.66
一般贸易	4743238.8	4363608.2	8.70	2996510.8	2791388.1	7.35

续表

	出口数量			出口金额		
	2014年（吨）	去年同期（吨）	同比（%）	2014年（万美元）	去年同期（万美元）	同比（%）
加工贸易	557772.8	582698.4	-4.28	277807.1	289206.3	-3.94
其中：来料加工	29744.8	31598.3	-5.87	16443.7	17618.0	-6.67
进料加工	528028.0	551100.1	-4.19	261363.4	271588.3	-3.76
保税区	21846.9	22357.5	-2.28	21196.6	19837.1	6.85
其中：仓储进出境	13331.8	14159.0	-5.84	12190.2	12031.6	1.32
仓储转口	8515.1	8198.5	3.86	9006.3	7805.6	15.38

2014年，化纤纺织品出口贸易方式以一般贸易为主，占出口总量的84.42%，同比增长8.70%；加工贸易出口量减少了4.28%，占出口总量的比重为9.93%（表47）。

表48　化纤机织物分国别或地区出口

	出口数量			出口金额		
	2014年（吨）	去年同期（吨）	同比（%）	2014年（万美元）	去年同期（万美元）	同比（%）
总计	3266317.4	3024411.4	8.00	2019374.4	1832916.9	10.17
越南	311573.4	212950.4	46.31	288898.7	154434.0	87.07
阿联酋	171437.0	194085.6	-11.67	108924.0	136120.5	-19.98
巴西	164016.0	147608.2	11.12	80627.9	74882.0	7.67
巴基斯坦	134234.3	112148.4	19.69	103597.6	95500.2	8.48
印度尼西亚	132550.6	116877.5	13.41	83298.2	71185.5	17.02
尼日利亚	96920.0	65788.0	47.32	37346.2	24899.1	49.99

2014年，化纤机织物共出口326.63万吨，同比增加8.00%。主要出口市场是越南、阿联酋、巴西、巴基斯坦、印度尼西亚和尼日利亚，占出口总量的比重分别为9.54%、5.25%、5.02%、4.11%、4.06%和2.97%。对以上六个国家的出口合计占总出口量的27.98%，此外，对缅甸、墨西哥、孟加拉和美国也有部分出口（表48）。

表49 化纤机织物分贸易方式出口

	出口数量			出口金额		
	2014年（吨）	去年同期（吨）	同比（%）	2014年（万美元）	去年同期（万美元）	同比（%）
总计	3266317.4	3024411.4	8.00	2019374.4	1832916.9	10.17
一般贸易	2999231.5	2766673.1	8.41	1801807.2	1681936.5	7.13
加工贸易	72446.0	85906.1	-15.67	33640.3	41070.6	-18.09
其中：来料加工	4233.4	5268.5	-19.65	1170.8	1309.3	-10.58
进料加工	68212.7	80637.6	-15.41	32469.5	39761.3	-18.34
保税区	7883.0	9612.9	-18.00	6806.5	7721.8	-11.85
其中：仓储进出境	4539.8	6205.9	-26.85	3744.0	4546.6	-17.65
仓储转口	3343.2	3407.0	-1.87	3062.5	3175.3	-3.55

2014年，化纤机织物出口贸易方式以一般贸易为主，同比增加8.41%，占出口总量的91.82%；加工贸易占出口总量的2.22%（表49）。

2．化纤针织品出口情况

表50 化纤针织品分国别或地区出口

	出口数量			出口金额		
	2014年（吨）	去年同期（吨）	同比（%）	2014年（万美元）	去年同期（万美元）	同比（%）
总计	7034280.8	6102356.2	15.27	839042.1	739573.6	13.45
越南	678352.0	567407.8	19.55	93199.3	68889.9	35.29
印度	542747.9	538286.7	0.83	37230.5	28832.0	29.13
巴基斯坦	514930.5	271880.2	89.40	28377.3	22016.2	28.89
美国	437428.2	410251.2	6.62	55480.3	53230.1	4.23
巴西	377908.5	337774.4	11.88	37555.4	37090.5	1.25
墨西哥	352905.2	264083.5	33.63	39154.5	29853.3	31.16

2014年，化纤针织品共出口703.43万吨，同比增长15.27%。其中，第一大市场为越南，出口量67.84万吨，占出口总量的比例为9.64%，出口量同比增加19.55%。对印度、巴基斯坦、美国、巴西和墨西哥的出口占出口量的比例为7.71%、7.32%、6.22%、5.37%和5.02%，对以上六个国家的出口合计占总出口量的41.29%（表50）。

表 51　化纤针织品分贸易方式出口

	出口数量			出口金额		
	2014 年（吨）	去年同期（吨）	同比（%）	2014 年（万美元）	去年同期（万美元）	同比（%）
总计	7034280.8	6102356.2	15.27	839042.1	739573.6	13.45
一般贸易	6704423.6	5674208.9	18.16	777773.1	678209.0	14.68
加工贸易	139610.6	149474.8	-6.60	29024.1	23243.5	24.87
其中：来料加工	16110.1	17470.7	-7.79	1164.1	1335.3	-12.82
进料加工	123500.5	132004.1	-6.44	27860.0	21908.1	27.17
保税区	22097.2	19038.5	16.07	3431.3	3564.6	-3.74
其中：仓储进出境	16617.2	13020.6	27.62	2575.5	2322.2	10.91
仓储转口	5480.0	6017.9	-8.94	855.8	1242.5	-31.12

2014 年，化纤针织品出口贸易方式以一般贸易为主，占出口总量的 95.31%，同比增长 18.16%；加工贸易出口量同比下降 6.60%，占出口总量的 1.98%（表 51）。

3．化纤服装出口情况

表 52　化纤服装分国别或地区出口

	出口数量			出口金额		
	2014 年（万件套）	去年同期（万件套）	同比（%）	2014 年（万美元）	去年同期（万美元）	同比（%）
总计	2887741.9	2669013.8	8.20	7955590.0	6993081.1	13.76
美国	600389.2	554443.3	8.29	1358319.1	1131862.7	20.01
日本	258332.2	263897.9	-2.11	907900.6	1002599.2	-9.45
阿联酋	141080.7	122617.0	15.06	266364.4	224510.8	18.64
英国	119080.9	95828.0	24.27	473765.7	350038.3	35.35
德国	106418.4	102731.9	3.59	385789.5	334635.1	15.29
中国香港	104857.7	82876.3	26.52	268547.0	287519.2	-6.60

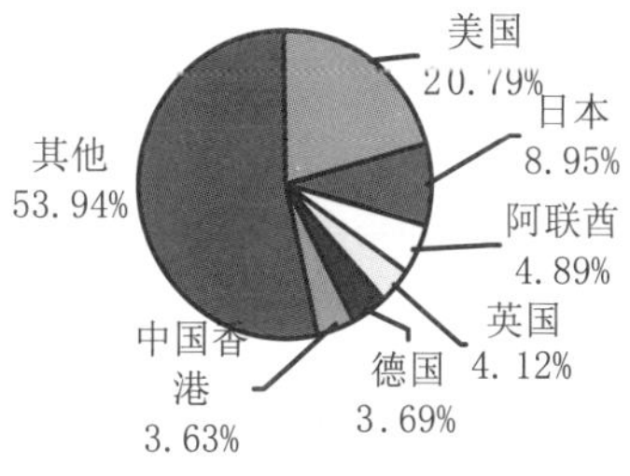

图8　化纤服装出口市场比例

2014 年，化纤服装共出口 288.77 亿件套，同比增加 8.20%。主要出口市场继续呈现增长趋势的是美国、阿联酋、英国、德国和中国香港，占出口总量比重分别达到 20.8%、4.88%、4.12% 、3.68%和 3.63%，日本出现了 2.11%的减少，占比为 8.94%，对以上六个国家和地区的出口合计占总出口量的 46.06%（表 52 和图 8）。

表 53　化纤服装分贸易方式出口

	出口数量			出口金额		
	2014 年（万件套）	去年同期（万件套）	同比（%）	2014 年（万美元）	去年同期（万美元）	同比（%）
总计	2887741.9	2669013.8	8.20	7955590.0	6993081.1	13.76
一般贸易	2248365.6	2033020.6	10.59	5856011.8	5088796.0	15.08
加工贸易	203803.9	207089.8	-1.59	901720.4	934422.3	-3.50
其中：来料加工	61450.9	68771.3	-10.64	320470.0	360255.5	-11.04
进料加工	142353.0	138318.5	2.92	581250.4	574166.8	1.23
保税区	65389.7	55263.6	18.32	251155.8	191694.7	31.02
其中：仓储进出境	38182.3	31614.5	20.77	133669.4	105979.5	26.13
仓储转口	27207.4	23649.2	15.05	117486.4	85715.2	37.07

2014 年，化纤服装出口贸易方式以一般贸易为主，同比增加 10.59%，占总量的 77.86%；加工贸易出口量同比下降 1.59%，占总量的 7.06%（表 53）。

（五）化纤主要品种进出口情况对比

表 54 化纤主要品种进出口对比

单位：吨

	进口数量		出口数量		净出口数量（出口总量减去进口总量）	
	2014 年	去年同期	2014 年	去年同期	2014 年	去年同期
化学纤维	822144.4	871657.5	3245919.7	2679724.8	2423775.3	1808067.3
其中：涤纶长丝	107619.7	110166.2	1573267.6	1292230.6	1465647.9	1182064.4
涤纶短纤	132503.5	128459.7	890996.0	733730.5	758492.5	605270.8
锦纶长丝	140021.7	161592.8	148096.8	136564.3	8075.1	-25028.5
腈　纶	158610.3	212094.4	19304.6	9382.1	-139305.7	-202712.3
粘胶长丝	6552.5	8744.5	85994.1	81853.9	79441.6	73109.4
粘胶短纤	171165.1	157431.4	263014.1	180646.8	91849	23215.4
氨　纶	24641.1	20227.7	45466.5	46721.7	20825.4	26494

2014 年全年，我国化纤主要品种净出口量为 242.38 万吨，其中涤纶长丝净出口 146.56 万吨，占到净出口量的 60.47%，涤纶短纤净出口量 75.85 万吨，占到净出口量的 31.29%；粘胶长丝、粘胶短纤和氨纶，虽然进口产品的品质有所不同，但从量上看均为正值。但锦纶长丝和腈纶则显现出进口量大于出口量（表 54）。

表 55　化纤主要品种进出口均价对比

	进口		出口		均价		
	数量（吨）	金额（万美元）	数量（吨）	金额（万美元）	进口（美元/吨）	出口（美元/吨）	价差（美元/吨）
化学纤维	871657.5	299394.4	3245919.7	689754	3434.8	2125.0	1309.8
其中：涤纶长丝	110166.2	31972.2	1573267.6	283875.3	2902.2	1804.4	1097.8
涤纶短纤	128459.7	24012.4	890996	113215.9	1869.3	1270.7	598.6
锦纶长丝	161592.8	58924.8	148096.8	59861	3646.5	4042.0	-395.5
腈　　纶	212094.4	52018.3	19304.6	5231.6	2452.6	2710.0	-257.4
粘胶长丝	8744.5	5920.2	85994.1	48558.7	6770.2	5646.7	1123.5
粘胶短纤	157431.4	41277	263014.1	45530.2	2621.9	1731.1	890.8
氨　　纶	20227.7	22292.9	45466.5	31747.4	11021.0	6982.6	4038.4

2014 年，我国化纤主要品种合计进口金额 29.94 亿美元，合计出口金额 68.98 亿美元，顺差 39.03 亿美元。分品种分析，涤纶长丝进出口产品的均价每吨有 1097.8 美元价差，与 2013 年的 1266.9 美元的价差相比有减少，价差最大的是氨纶，为 4038.4 美元/吨，比 2013 年的 2951.2 美元/吨升高近 36.8%，除考虑运输、保险成本外，品质差距、原材料受限也是造成价差的主要原因，要提高产品的附加值，还需要根据整个产业链，结合结构调整和技术进步，共同努力。进口价格低于出口价格的有锦纶长丝和腈纶，平均差价分别为 395.5 美元/吨和 257.4 美元/吨（表 55）。

表 56　2009~2014 年化纤主要品种进口情况

单位：吨

	2009 年	2010 年	2011 年	2012 年	2013 年	2014 年
化学纤维	861533.2	902250.3	884910.5	820978.7	871657.5	822144.4
其中：涤纶长丝	168339.9	165104.7	154963.4	120418.5	110166.2	107619.7
涤纶短纤	151418.8	143019.2	120205.0	112361.0	128459.7	132503.5
锦　　纶	197986.8	199951.5	169007.7	174689.1	171665.0	150303.2
腈　　纶	179966.0	196424.8	195291.7	186527.2	212094.4	158610.3
丙　　纶	7227.9	7214.5	5903.0	5577.4	5661.9	6730.1
氨　　纶	17159.9	18838.0	22803.7	18819.6	20227.7	24641.1

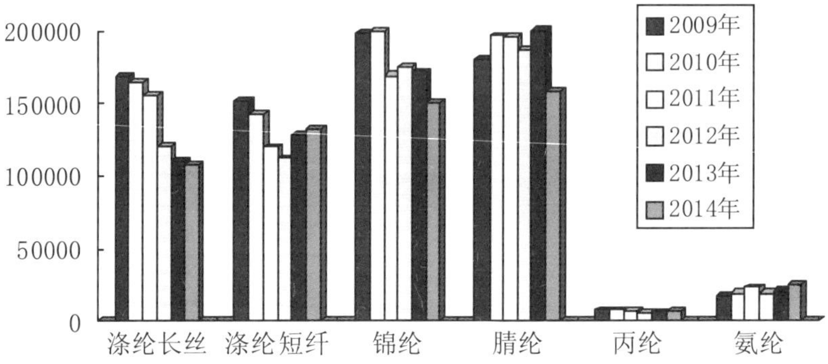

图 9　2009~2014 年主要化纤品种进口比例对比

2009~2014 年，我国化纤进口分品种分析，涤纶长丝呈下降趋势，这是国内近几年涤纶长丝的产量和品质得到提升满足了国内需要，涤纶短纤 2013 年 2014 年氨纶的进口量有所增加，主要是低熔点短纤量的增加以及东南亚短纤价格较低，对我国扩大出口。横向比较，锦纶和腈纶进口数量基本持平，丙纶进口数量最少（表 56 和图 9）。

表 57　2008~2014 年化纤主要品种出口情况

单位：吨

	2009 年	2010 年	2011 年	2012 年	2013 年	2014 年
化学纤维	1476689.3	1925339.4	2363068.5	2468100.6	2679724.8	3245919.7
其中：涤纶长丝	623321.2	808462.5	945181.8	1078877.0	1292230.6	1573267.6
涤纶短纤	406355.2	595611.8	816101.7	670652.0	733730.5	890996.0
锦　　纶	99013.2	129438.3	122589.8	120494.0	140951.8	152812.1
腈　　纶	5085.2	4411.7	4052.5	5780.9	9382.1	19304.6
丙　　纶	13634.4	17284.5	32078.5	26880.5	29233.4	30818.3
氨　　纶	28929.2	38805.8	34922.4	44148.8	46721.7	45466.5

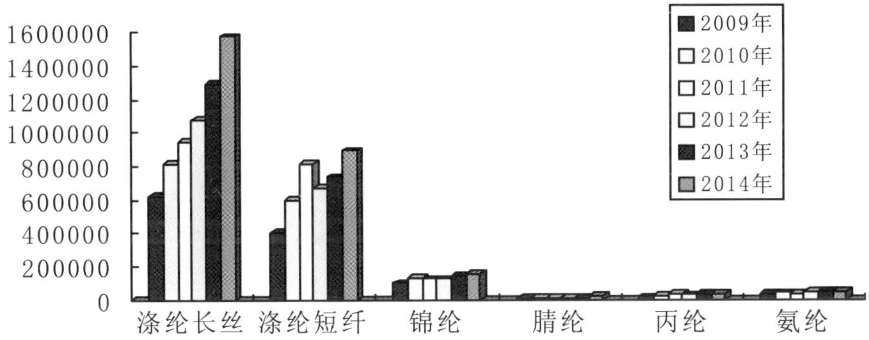

图 10　2009~2014 年主要化纤品种出口比例对比

2009~2014 年，我国化纤出口总量分品种分析，涤纶长丝呈增加趋势，这和国内近几年化纤的产量和品质得到提升有关；涤纶长丝的出口据出口量第一位，涤纶短纤出口量据第二位，基本呈增加趋势，腈纶出口量最少（表 57 和图 10）。

（以上数据，均据海关总署数据整理）

中国纺织工业科技创新发展思考
（化纤部分）

蒋士成

一、中国纺织工业发展地位

纺织产业是我国国民经济支柱产业、重要的民生产业、国际竞争优势明显的产业，战略性新兴产业的重要组成。2012 年，我国规模以上纺织企业工业总产值 5.8 万亿，纤维加工总量占世界 55%，纺织品服装出口额占全球 36%，用于新能源、航空航天、医疗卫生、环境保护等的产业用纺织品在我国纤维加工量中占比达到 23%。目前全行业就业人数约 2200 万人，涉及全产业链就业人数接近 1 亿。加快以创新驱动纺织产业可持续发展，事关国家经济安全和社会稳定。

目前，我国纺织产业正处于新旧增长模式转换，由大走向大而强的关键时期。面对日益严峻的资源环境问题挑战，世界新科技革命和新工业革命挑战，以及我国小康社会建设、发展战略性新兴产业等的重大需求，我国纺织产业要实现可持续发展，从规模世界第一走向规模和科技水平世界第一，实现纺织产业大而强，唯一途径是依靠科技创新驱动发展，并将创新驱动发展作为产业发展的长期战略。

二、我国纺织产业科技现状与问题

（一）我国纺织产业科技现状

1. 科技进步成绩显著

（1）纤维材料。化纤产品的差别化水平显著提高。细旦和超细纤维、异型纤维、高导湿涤纶纤维、“超仿棉”聚酯纤维等关键技术相继突破并实现产业化；生物基纤维取得新发展。以可再生、可降解的竹浆粕、麻秆浆粕为原料的生物基纤维实现产业化生产，溶剂法纤维素纤维已突破千吨级准工业化关键技术。黄麻纤维精细化关键技术得到突破并实现精细化黄麻的产业化应用，针对蚕丝品质和加工性状遗传改良的需求完成了家蚕基因组框架图，并突破了天然彩色桑蚕丝关键技术；高产优质转基因棉花研究取得重大突破，可大幅度提高棉花产量，显著改进棉花纤维细度。

（2）纺织加工技术。纺织品功能和品质、纺织加工效率和水平得到提升。集聚纺系统及关键技术、高效短流程嵌入式复合纺纱技术，超高支纯棉面料加工关键技术、复合织造加工技术，高机号精密纬编针织技术、电脑控制针织技术、成形针织技术、产业用针织品经编技术，以及大型化差别化纺熔、纺粘、静电纺非织造技术等的研发、产业化应用、推广普及，加上连续化、自动化、高速化新型纺织装备的广泛应用，使纺织产品的纱支、品质、品种有了质的飞跃，纺织加工过程呈现节能降耗、自动化、生态环保，纺织品应用领域不断拓展等趋势。

（3）产业用纺织品技术。产业用纺织品原材料及加工技术取得新突破、产品性能大幅提升。高性能纤维产业化取得重要突破。碳纤维 T300、间位芳纶、芳砜纶、超高分子量聚乙烯、聚苯硫醚和玄武岩等高性能纤维实现了产业化突破，推进了高性能产业用纺织品的研发；产业用纺织品加工技术和装备取得突破性进展。碳/碳复合材料工艺技术装备、凝胶纺高强高模聚乙烯纤维及其连续无纬布的制备技术、半刚性玻璃纤维网隔经编工艺及装备、高性能三维编织复合材料构件技术及装备、直接梳理成网和高速加固的非织造技术等研发成功及产业化应用，以及静电纺纳米纤维细化和宏量制造关键技术的研发和突破，大大拓展了新兴产业用纺织品及其应用领域。

（4）纺织装备技术。纺织流程关键装备取得新突破、纺织机械设计制造水平不断提升。国产纺织机械国内市场份额达到70%以上，三分之一规模以上纺织企业的装备达到国际先进水平，纺织装备的机电一体化已向智能化、模块化、网络化、系统化方向发展。化纤长丝纺丝机机电一体化关键装置，大容量涤纶短纤成套设备，新型清梳联合机、自动络筒机等棉纺生产线，机电一体化喷气、剑杆织机实现批量生产，部分产品达到国际先进水平；纺粘、熔喷、水刺非织造布设备以及电脑提花圆纬机、电脑自动横机、高速特里科经编机等针织设备，数字化经编装备的关键技术、簇绒地毯织机系列成套装备技术、数字化经编装备关键技术均已推向市场。

（5）纺织信息化技术。生产过程集成技术得到进一步提升，产品智能化设计制造实现突破，发展了纺织品服装电子商务和营销。纺织品印花调浆的全自动电脑调浆系统、纺织品数码喷印系统、棉纺设备网络监控系统、纺织服装生产数据在线采集与智能化现场管理系统、集数字化和信息化与工业化于一体的RCMTM定制平台等技术和系统的研发成功和产业化应用，以及纺织企业信息化示范工程、中国纺织行业公共信息平台建设、产业创新平台信息化建设、纺织行业知识库系统、纺织产业预警平台建设等一系列重点信息化工程建设项目的建设，提升了纺织产品研发、设计、生产过程检测控制、管理和营销的水平，推进了纺织产业信息化与工业化的两化融合。

（6）纺织产业经贸与管理技术。企业生产管理和营销网络化、信息化快速进展，有效提升了纺织企业以及企业竞争力。现场总线技术和远程通信技术等在生产领域得到广泛应用，企业管理信息化取得较大进展，规模以上纺织企业应用企业资源计划系统（ERP）的比例达到近10%，其中化纤、纺机、棉纺企业应用比例较高，大型骨干企业普遍采用，极大地提升了相关纺织企业的运行管理水平和竞争力；射频识别技术（RFID）取得研发突破并进入产业推广阶段；纺织服装业中包括电子商务、微博、微信、微电影、APP等新媒体等营销工具快速发展，正逐渐成为服装品牌用以提高品牌知名度的重要营销工具。

2．企业技术持续更新

盛虹股份、恒力集团等企业已经实现产业化的高品质超细纤维打破国外技术垄断，获得国家科技进步二等奖。福建百宏集团有限公司通过产学研用深度结合促进成果高效转化，熔体直纺聚酯纤维功能化和差别化率已达68%；江苏恒神纤维材料有限公司研发生产的碳纤维 T300 、T700 实现连续生产，T800 已经工艺固化，形成年产碳纤维 3000 吨生产能力。该公司的碳纤维用于复合材料液压油缸，在同样技术条件下比金属的减重30%，已经在中联重工的混凝土搅拌车等装备上使用。

（二）发展瓶颈

1．纤维材料高性能、多元化、生态化水平有待提升

高性能纤维自主创新能力弱。包括碳纤维、芳纶和超高分子量聚乙烯纤维等的研发对基本科学规律认识不足，关键技术和装备尚未突破，难以达到产业规模。对位芳纶进口依存度超过95%，碳纤维进口依存度超过80%；高附加值的新型纺织纤维核心技术大多仍由发达国家所控制。我国新型功能纤维尽管有

了长足发展，但在质量与数量上与发达国家仍有差距，高仿真纤维的品种及仿真效果有待拓展和提升，功能化、差别化纤维占比仍然偏低；化学纤维对化石资源依赖性大。2012年我国化学纤维产量达到3800万吨，其中大部分以化石资源为原料的石油基化纤，目前化纤行业对化石资源的依存度已经超过警戒线。而非石油基的新型生物基纤维研究基本处于跟踪阶段，已投入生产的则存在产能分散、技术集成度低、装备相对落后、产品低端、原料体系不平衡、经济效益低等问题；天然纤维受16亿亩粮田“红线”制约，以及品质提升关键技术制约，产量不能满足产业发展需求，棉纤维质量与美国、土耳其等有较大差距。

2. 先进纺织加工技术能力亟待形成

纺织加工行业长期粗放发展积累的矛盾和问题尚未根本解决，传统的低成本制造竞争优势衰减明显，复合、高支、时尚、舒适、高品质等走向价值链高端的技术能力亟待形成。代表当前先进水平的高速、高质量、大容量纺纱技术，高速、大卷装、高质量、高品种适应性、低维护、低损耗、环境友好机织成形技术，高机号、多功能、高速、低维护、全成形等针织技术，非织造的均质、多重加固技术等尚须突破。纺纱技术方面精梳机与细纱机已接近国外先进水平，基本可以替代进口；但短片段自调匀整并条机、自动络筒机、半自动转杯纺机，目前与国外比仍有一定差距，粗细联、细络联、全自动转杯纺机、喷气涡流纺机等国内起步较晚，与国外差距更加明显。国内喷气织机在技术创新和改进方面的工作还缺乏高度和力度。

3. 纺织产业信息化技术应用水平尚须提升

CAD/CAM、MES、REID、ERP 等信息技术在行业中的推广多限于具有一定规模的大中型企业，且多数企业仍处于局部应用阶段。企业信息化的协同与集成应用水平偏低，管控一体化应用程度不高。纺织检测与监控手段相对简单，测试速度慢，人为因素干扰多，测试误差较大，监控系统网络化方面缺少原创技术和核心技术，软件开发来源于国外，有的纺织加工检测项目只能依靠人工主观评判。在ERP企业管理软件方面，主要靠引进国外成熟度高的产品，国内进行软件产品二次开发和实施。纺织行业电子商务应用仍相对较少，物联网应用于纺织行业的关键技术尚待开发。

4．产业用纺织品尚不能满足国家的需求

国际纺织品市场中新兴产业用纺织品的比例不断增长，特别是工业发达国家产业用纺织品发展强劲，美国、欧洲、日本等产业用纺织品加工量占纺织纤维加工量的比例超过已达40%以上。尽管我国产业用纺织品加工量目前已占纺织纤维加工量的22%，比重仍相对偏低。我国高端生物医用纺织品每年进口达60亿美元，与产业用纺织品相关的三维织造技术、纺织结构复合材料成型技术等关键技术还在寻求突破。产业用纺织品的协同开发不足，专用纤维原料、装备、制品及应用领域尚未形成有效对接，影响产业用纺织品的市场开拓。生产领域的产品标准与应用领域的使用规范不够协调统一，产业用纺织品的权威检测和认证机构的缺失，制约产品进入高端应用市场。

5．全生命周期低碳绿色纺织亟待形成

我国是世界化纤生产与应用大国，每年废弃的纤维制品达2600万吨，废旧化纤制品，特别是聚酯纤维制品还处于极低的回收利用水平，大量难以降解的废弃化纤纺织品进入自然界，不仅带来沉重的环境压力，而且意味着巨大的资源浪费。目前我国7万多纺织企业中，只有200多家企业获得国际生态纺织品标准（Oeko-Tex Standard 100）认证证书，其中大部分是外贸企业以及外商独资或合资企业。纺织服装行业中的上游企业很少申请生态纺织认证。印染纺织品生产企业在禁用的偶氮染料使用方面的环保意识普遍较差。对席卷全球的绿色消费浪潮缺乏敏感，对国外的绿色贸易壁垒缺乏足够的重视。

6．协同创新能力弱、投入不足、人才缺乏

纺织产业科技创新资源按隶属关系分散在高校、科研院所、大型企业中，即使在同一个系统中，由于传统的科研协作关系注重局部利益，对纺织行业科技进步的支撑是点状技术的支持，难以形成针对行业整体的技术协作和集成；企业对科技创新的投入不足。在国内制造业32个行业中属于纺织行业的化学纤维制造、纺织、服装服饰业的年度R&D经费投入强度都低于1%，而且纺织、服装服饰业的年度R&D经费投入强度排名居于制造业32个行业的中下游，而且企业投入的研发资金主要用于其硬件设施的引进、更新；相关高校的人才培养与实际应用结合不够紧密，产学研合作、校企合作、工学结合等人才培养机制尚未广泛形成，面向纺织企业提供人才培训服务的公共平台功能尚不健全，全行业严重缺少高素质的科研、设计、管理人才和高水平的专业工程技术人才。

三、纺织产业主要领域科技发展趋势

（一）世界科技发展趋势

当今世界正处于互联网、新能源、新材料、生物技术，以及绿色、智能、普惠和可持续为特征的新科技革命和第三次工业革命重合期，数字化、智能化、定制化等使得科技创新与企业和经济发展的关系比以往任何时候都更加直接和密切。为应对第三次工业革命的浪潮，美国、日本、英国、德国等发达国家都以科技创新布局未来发展。

美国计划将 GDP 的 3%以上用于研究和开发，投入强度将超过“太空竞赛”的水平。2011 年美国政府发布《美国创新战略（A STRATEGY FOR AMERICAN INNOVATION）》，提出了无线网络、专利审批改革、教育改革、清洁能源、创业美国五项行动计划，要在未来 5 年内使美国高速无线网络接入率达到 98%，专利的平均审批时间从 35 个月缩短到 20 个月，在未来 10 年内新培养 10 万名科学、技术、工程和数学教师，到 2015 年使美国成为全球第一个电动车数量过百万的国家，到 2035 年页岩气占天然气比例将达到 49%，清洁能源发电占全国发电总量的比例提高到 80%。同时，美国将帮助中小企业创业并提高就业，使科研成果能尽快从实验室走向市场，增加新公司成功的机会，从而保持领先优势和全球经济的领导地位。

英国政府坚持在经济危机中利用科技进步推动经济发展的思路，2010 年底，发布了《国家基础设施计划》，宣布投资 2000 亿英镑，重点推动低碳经济、数字通信、高速交通系统和科学基础研究方面的科技基础设施建设，并出台了《技术创新中心报告》，提出构建国家层面的技术与创新中心，以及技术转移战略。2011 年 3 月，英国政府宣布在工程和物理科学研究理事会下建立 9 个创新制造研究中心，并资助未来先驱制造计划，10 月，首个技术创新中心（TIC）成立，该中心将致力于在制造业领域降低创新的风险，将科学成果经过进一步的研发转化为真正的产品，以推动英国制造业的发展并吸引国际企业。

日本提出了“ITC 新政”，旨在 3 年内创造 100 万亿日元规模的市场新需求，推动相关领域的产业结构改革，提升国际竞争力。2011 年初，日本综合科学技术会议围绕“绿色创新”和“生活创新”两个主题选择了 329 项最尖端研究开发支援项目作为科技发展重点。

德国政府 2011 年首次在高技术战略框架下将政府所有有关纳米的促进行动纳于一个计划，通过了《纳米技术 2015 行动计划》；准备投入 24 亿欧元，支持“生物经济 2030 国家研究战略”；对现行《可再生能源法》进行调整修改，着重对生物质能源发展进行合理引导和规范。

法国政府 2011 年初宣布，将投入 100 亿欧元在近海建设风力发电设施，新建风力发电设施的装机总容量将达到 3000 兆瓦。政府通过此举将风力发电发展成国家的支柱产业，并在未来向国外出口电力。2011 年 9 月，法国签署《获取与惠益分享名古屋议定书》，以加强对自然资源的合理开发，为医学、农业等领域带来创新，保护自然资源和生物多样性。

韩国政府延续绿色经济增长战略，2011 公布了 2020 年产业技术创新战略思路，提出要实现从“快速跟踪”战略到“领跑者”战略的转变，并实施“独一”未来成长战略。面对转型的巨大压力，韩国将科技发展置于国家发展的优先位置，通过持续增加研发投入，大力发展高新技术和应用先进适用技术，不断增强经济发展的内生动力，从而提升韩国重点产业的国际竞争力。

（二）我国纺织产业科技发展趋势

1．纤维材料技术

遵循纤维性能向高性能化、纤维品种向差别化、纤维加工向生态化、纤维尺度向纳米化的发展趋势。高性能纤维领域注重开展纤维生产制备过程中多尺度结构形成机制、演变规律及其调控方法的系统研究，高性能纤维成纤聚合物连续稳定制备的关键技术和设备、液晶纺丝的关键技术和设备、冻胶纺丝关键技术和设备、高黏度纺丝流体脱泡关键技术和设备等的研发，以及低成本碳纤维制备技术等的研发；差别化与功能化纤维领域注重聚酯纤维的高仿真技术、聚酰胺纤维高质量切片原料技术及其配套技术等的研发，推动纤维和纺织品一条龙的应用开发，拓展下游应用领域，寻找新的增长点，引领市场。注重开展静电纺纳米纤维功能性防护材料中功能膜与纺织面料的复合技术，静电纺纳米纤维膜生物医用材料等的研发，以及开展静电纺纳米纤维宏量化制造，实现其多样化应用；新型生物基纤维领域注重生物基纤维及生化原料的发展，充分利用农产品、农作物废弃物和竹、速生林等资源，实现可再生、可降解、可循环，对环境友好的生物基纤维及综合开发利用的产业化。以 Lyocell 工艺法、离子液体法、碱/尿素法等开展新溶剂清洁化生产工艺生产纤维素纤维制造。在现有聚乳酸、多元醇聚酯等非石油基纤维材料制备技术的基础上，研发能够大规模取代涤纶的生物基合成纤维新品种等。

2．纺织加工技术

遵循纤维集聚多元化、织物构造多维化、纺织整体工艺高效低耗绿色化的发展趋势。国产集聚纺技术日趋成熟，成纱质量已趋与国际同步，集聚纺纱技术向多品种、通用性拓展。低扭矩环锭单纱生产技术、高效短流程嵌入式复合纺纱技术，聚纤纺技术等高品质、高效率、节能降耗的纺纱技术正在不断推广和进一步创新；织机不断提升高速运转机构稳定性和节能降耗、宽幅化，剑杆织机向模块化、智能化、数字化、自动化、高速化和多品种适用方向发展，针织装备技术向高速、阔幅、高产量方向发展，环保接枝改性淀粉浆料技术的发展等，推进了织造技术走向高品质、高效率、节能环保步；机织 CAD 技术向复杂纱线模拟，重结构、多层结构复杂组织模拟，高度逼真织物模拟，动静态织物模拟，虚拟场景模拟等方向发展，推动纺织复合材料向程序化、自动化、低成本制造技术方向发展。

3．产业用纺织品技术

遵循原料趋向新型的高性能、生物基、纳米尺度等新型纤维，加工技术和装备趋向多维纺织复合、多元非织造工艺组合和复合等，产品功能与性能持续提升等趋势。产业用纺织品专用的碳纤维、超高分子量聚乙烯、芳纶等高性能纤维，新型功能纤维、生物基纤维等原料持续升级，并由被动需求适应向主动创新设计方向发展；静电纺纳米纤维功能性防护材料、静电纺纳米纤维膜生物医用材料加快发展，推动发展静电纺纳米纤维宏量化制造，实现静电纺纳米纤维制品的多样化应用；经编、纬编，机织等纺织复合材料新技术的运用，推动纺织结构复合材料逐步向高性能低成本方向发展，预制件制备新技术和复合材料成型新技术推动纺织复合材料向大型化、复杂化、高质量化和智能化发展；智能化闭环控制的气流梳理、射流梳理等非织造技术的不断更新，推动了医疗防护用纺织品技术的发展，可穿戴医疗用品中的生理信号监测用纺织制品技术也在不断突破。

4．纺织装备技术

遵循纤维材料加工装备大容量、精细化，纤维制品加工装备高速、高质、自动化、连续化，染整装备节水、节能、环保，纺织装备整体光、机电一体化及智能化的发展趋势。进一步研发基于信息化架构下的智能化与数字化高端纺织装备设计技术平台，开展纺织装备的人因工程工业设计、碳约束下的纺织装备可持续绿色设计、纺织装备的RFID物联网设计等；针对纺织装备复杂系统，开展纺织加工过程中的检测控制技术、机械结构运动力学分析、机械振动分析、可靠性工程技术研究，以及气体力学、流体力学、电子、激光等基础理论在纺机行业中的应用研究，提升国产纺机的性能、效率及加工质量。开展纺织装备中的专用传感器、纺织装备中“纤维束及织物”与“固体”或“流体”的相互作用机理、纺织装备的多电机协同控制技术、工业纺织机器人技术、纺织装备分布式网络监控技术等研究；提高纺织机械关键部件的性能和寿命，开展纤维、织物与金属材料之间的磨损机理、纺机零件表面处理、热处理等高性能化技术、纺机零件专用材料制备技术等研究，以及柔性、精密工装及制造综合误差控制理论与方法，形成纺机关键零部件的柔性化、绿色化、集成化、智能化制造关键技术研究；围绕纺织工业结构调整的需要，开展高性能产业用纺织机械和节能减排型纺织机械等纺机产品差异化、模块化研究。

5. 纺织产业信息化技术

遵循纺织设计与制造集成化、模块化、智能化，纺织全流程管理过程可视、即时可控，产品营销运用物联网、云计算的趋势。适应纺织产品“小批量、多品种、高质量、快交货”的市场快速反应机制，发展数字化纤维与复合材料智能化技术，进一步加强ERP系统等生产数据采集与反馈控制系统研发；适应纺织加工装备及工艺技术继续向自动化、连续化、高速化、信息化，以及高效、智能、节能、模块化应用方向发展，加强数字化智能化纺织技术及数字化纺织装备与网络化制造技术研究，研发有效的信息分析工具，以自动、智能和快速地发现大量数据间隐藏的依赖关系并从中抽取有用的信息或知识，从而为工艺优化及产品质量的提高提供依据，并发展数字化高端纺织装备；适应节能、环保、高效是印染工业可持续发展的方向，加快研发高可靠的染整检测技术、染整系统的智能适应性与优化技术、模拟自然的环保型染整技术、数字化智能化染整技术；适应数字化与智能服装技术、数字化纺织管理和商贸技术的发展，加快研发与行业发展相关联的物联网，云计算、智能化技术，促进可穿戴智能纺织品技术快速发展，以及适合纺织各个细分行业的ERP系统，纺织行业电子商务平台，服装企业集CAD、CAM、CAPP、PDM和管理营销网络为一体的通用系统平台，纺织工厂生产信息监测和管理系统等。

四、纺织产业科技战略需求

（一）我国经济社会发展趋势分析

根据全面建成小康社会的目标要求，到2020年，我国转变经济发展方式取得重大进展，在发展平衡性、协调性、可持续性明显增强的基础上，实现国内生产总值和城乡居民人均收入比2010年翻一番。科技进步对经济增长的贡献率大幅上升，进入创新型国家行列。工业化基本实现，信息化水平大幅提升，城镇化质量明显提高，农业现代化和社会主义新农村建设成效显著，区域协调发展机制基本形成，对外开放水平进一步提高，国际竞争力明显增强。2012年底，美国国家情报委员会报告预测，2030年前，中国将超越美国成为全球最大的经济体。因此，未来5~15年，在建成小康社会和走向全球最大经济体的进程中，我国经济社会的发展将面临一系列的变化，其中包括城镇居民人均可支配收入较大增长，人民群众更加追求美好生活的质量；城镇化率将进一步得到提高；劳动力年龄人口将减少，人口更趋老龄化；经济发展和资源环境的矛盾将依然突出，并制约经济社会的发展；各行业都将面临产能过剩，发展趋于饱和；全球的需求将继续趋于疲软等等。

（二）经济发展对纺织产业科技创新的需求

1．纺织产业科技发展须支持产业走向高端化、品牌化

虽然目前我国人口“红利”时代面临结束，但我国庞大的人口基数，使得纺织产业即使在未来的几十年内也不可能转移到其他国家。纺织产业将长期是我国解决民生问题的支柱性产业之一。目前我国纺织产业整体依然在产业盈利曲线低端（图1）徘徊，以资源环境弱化为代价而取得国际竞争力。未来5~15年，面对我国纺织产业由大走向大而强，破解产能过剩难题，以及我国城镇化发展中人民群众对更好就业的新期待等，纺织产业科技的发展一是要能够支持产业进一步增强品牌、设计、新产品研发能力，另一方面要进一步优化改善加工制造的环境和形态。因此纺织产业科技的发展必须要充分应用信息技术、生物技术、材料技术、环境技术等高新科技的演变，面对创新全球化所带来的机遇，加快推进行业的工业化与信息化结合，提高企业快速反应能力和产品质量，走高科技、高附加值的发展之路。纺织产业科技的发展必须要能够迅速将前沿基础研究新成果投入工程化产业化开发，缩短新技术开发周期，加快将我国纺

织产业推向资金、技术密集型的产业形态。通过关键技术原创与工程化的大跨度协同创新，大幅度提高我国纺织产品品质和附加值，引领产业在各层面的终端产品走向高端，整体提升我国纺织产业的非价格竞争力，进一步巩固和提高纺织产业的国际竞争力、扩大国内的需求。从而达到在推进纺织产业走向高端化、品牌化，大而强的同时，提供足够的人民群众所向往的就业岗位，达到支持国家经济发展、社会稳定、实力提升的目的。

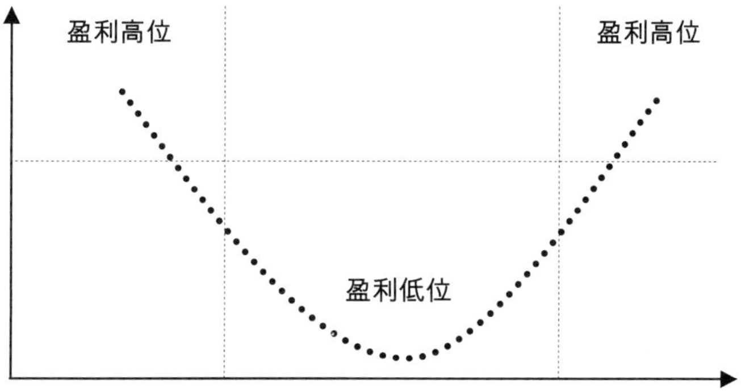

图 1　产业盈利曲线

2．纺织产业科技发展须支持产业走向高新技术集成化

随着发达国家纺织产业逐步形成衣着用、装饰用、产业用纺织产品各占三分之一比例的格局，国际上一方面重新定义纺织品不仅是服装、装饰、流行产品，而且是重要基本材料和工程材料，另一方面将纺织材料列入国家科技发展规划，不断进行纺织产业结构调整。在我国，纺织产业对国民经济的影响力系数达到 1.25，对相关产业同样具有明显的拉动作用。事实上纺织产业已经成为战略性新兴产业的组成部分。目前新一代非民用消费品的纺织品在高效除尘节能环保制品、组织工程等生物医用制品、生物制造中的非粮原料纤维素纤维制品、风能发电等新能源用制品、新材料中的高性能复合材料等国家重点发展的战略性新兴产业领域的发展空间巨大。国际、国内未来若干年非织造材料、碳纤维、碳纤维复合材料的分布及需求量，以及我国目前包括纺织复合材料在内的复合材料发展状况见图 2~图 5。纺织产业的发展将更深地融入战略性新兴产业，以促进社会发展与人类进步。

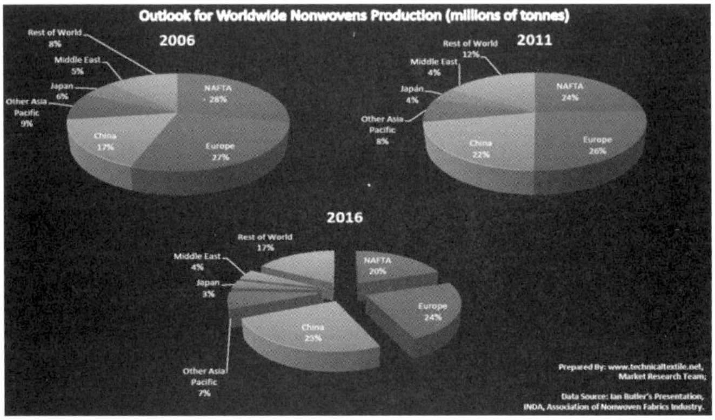

图2　世界非织造布产量分布比例变化

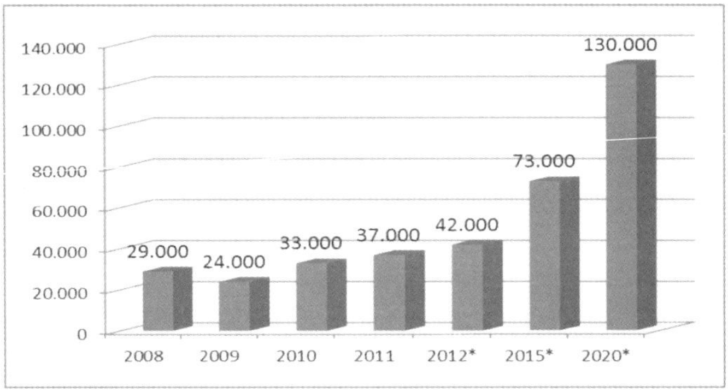

数据来源：AVK2012

图3　全球碳纤维需求量（吨）

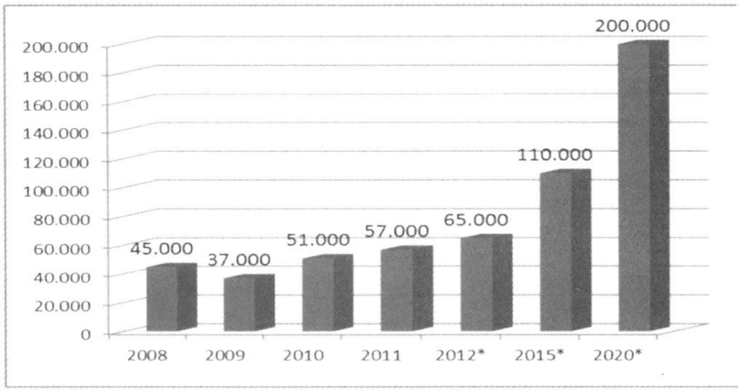

数据来源：AVK2012

图4　2008~2020年全球碳纤维复合材料需求量（吨）

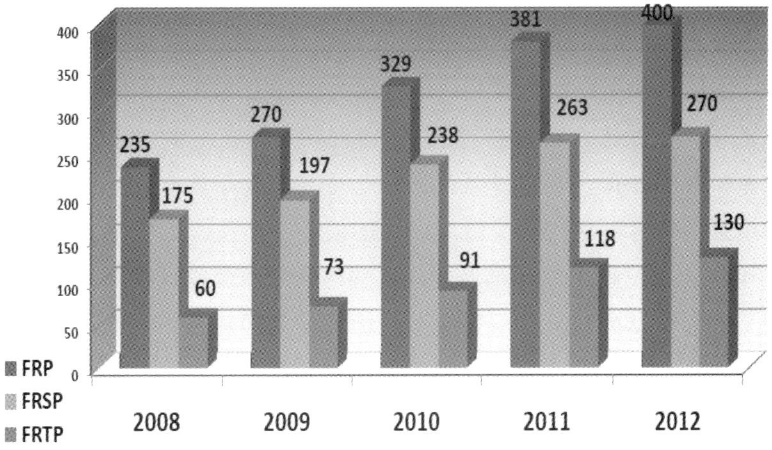

数据来源：中国复合材料行业协会 2012 年经济运行情况

图 5　2008~2012 年中国复合材料产量图(万吨)

图中 FRP 指纤维增强复合材料，FRSP 指纤维增强热固性树脂基复合材料，FRTP 指纤维增强热塑性材料。

因此，未来 5~15 年纺织产业科技的发展须能够支持开发完善碳纤维品种，并拓展碳纤维在民用如汽车行业、纺织行业领域中的应用；形成自主创新的芳纶、超高分子量聚乙烯纤维完整技术体系，打造具备国际竞争力的产业链条；建立具备自主知识产权的其他有机高性能纤维如聚酰亚胺纤维、PBO 纤维以及聚苯硫醚（PPS）纤维产业路线，形成国际领先技术，并不断开发完善其它有机高性能纤维品种；完善无机高性能纤维品种，解决无机纤维稳定化、连续化生产制备过程中存在的科学及技术问题，满足国防军工需求；研发和量产生物医用纺织品、多用途纺织复合材料、交通建设用土工复合材料、安全防护用纺织品等，在造福人类、优化产业结构、促进产业升级，给纺织业带来持续的发展动力的同时，支撑国家战略性新兴产业的发展。

3．纺织产业科技发展须支持产业适应社会生态文明建设的需求

面对越益严重的环境压力和气候变暖影响人类生存环境，建设资源节约型、环境友好型社会，大幅降低单位国内生产总值能源消耗和二氧化碳排放，显著减少主要污染物排放总量是国家发展的必然选择。纺织产业的发展必须适应国家建设生态文明的需要，同时也必须重视纺织品的绿色和安全不仅影响到

消费者，也影响到“中国制造”的全球声誉，最终会影响中国纺织产业生存。为此，未来5~15年，纺织产业科技在纺织原料领域必须能够支持开拓新型纤维资源，发展生物基纤维新材料，促进我国现有生物基化学纤维企业的生产方式向清洁化、环保化、低成本、零排放方向转变。进一步加强废旧聚酯材料再生回收基础研究，提升再生纤维品质，提高市场占有率，形成再生纤维产业集群，并增强消费者对使用再生纤维产品的信心。开发超仿真化学纤维，节约农业纤维用耕地，发掘天然纤维潜能，缓解棉纤维、合成纤维原料不足的压力；在纺织染整领域必须进一步开发高效短流程前处理新技术、冷轧堆前处理等更加先进的加工技术，发展少水及无水印染加工等高新技术，为行业实现清洁生产、提高可持续发展能力提供技术支撑。同时必须在纺织品全生命周期的生态化概念下，加强增强染色牢度、生态环保染整原料和无害安全纺织化学品等绿色化染整新技术的研发，确保纺织品的高质量和环保、卫生、安全，破除发达国家对纺织产品的“绿色壁垒”，保证纺织产品在国际、国内市场上越来越受消费者欢迎。

4. 纺织产业科技发展须支持各层次人群对高品质纺织服装产品的需求

“衣食住行”衣为先，是人类基本需求。一方面，我国进入小康社会，城镇化的发展，居民收入持续增长，各类人群的衣着类消费都在增长，纺织服装消费市场结构发生明显变化，大众市场与高端市场分化，高端与低端市场规模都在扩大，而中端市场缩小。无论哪类市场都越益追求纺织服装产品的时尚化和功能化，而且人们对产品的健康舒适性更为重视。因此纺织产业科技的发展需通过提升设计，开发新款式，研发具有舒服、高档、保健、自然等新时尚的差别化纤维，开发各种新颖面料，提高纺织服装产品的品质和档次；另一方面，我国的纺织产业作为国际竞争优势明显的产业，其产品必须适应世界上大多数人口生活在发展中国家和不发达国家与地区这个现状。由此能够保证我国纺织产业的产能得到释放，并继续保持国际竞争的优势。满足全球几十亿人口不断增长的纺织服装产品量的需求，还应是高品质的和相应人群能够支付得起的终端产品，纺织产业科技的发展不仅要提供差别化、功能性高附加值纤维，多组分纤维面料，化纤仿真面料的染整技术以及纺织品特殊功能整理技术，实现产品的多元化、个性化等，还要提供能够支持产业的高效率、量产化、低成本、高品质的技术工艺、装备和原材料；再者，应对未来社会人口的老龄化趋势，以及人类对健康、安全更加关注的趋势，纺织产业科技的发展还将通过进一步发展阻燃、抗熔滴、抗菌除臭、排湿吸汗、耐高温等功能性纤维，以及提升非织造材料、膜材料，研发可穿戴的智能型纺织服装产品等，服务民生，并改善和影响未来人类生活。

5．纺织产业科技发展须支持产业开拓未知领域

所有的科技发展其本质都是创新，开拓未知领域是科技创新的重要目的。开拓纺织产业科技的未知领域，提高纺织产业科学技术水平，进而以纺织产业科技带动纺织产业的创新发展，进一步提高对国民经济的增长的贡献和促进作用。因此，未来 5~15 年纺织产业科技的发展必须重视对纳米纺织科技等原创性、基础性、尖端性、前沿性、理论性研究，重视对事物本质（如机理、结构）的研究，如此才能有突破性和革命性的发现，从而形成纺织产业根本性和颠覆性的创新，支持我国纺织产业以独特的竞争力持续发展，使我国纺织产业科技达到引领世界的新高度。

总体上，未来 5~15 年，我国纺织产业须遵循科技发展趋势、瞄准国家需求，确立纤维新材料关键技术、先进纺织加工关键技术、生态染整关键技术、现代服装产业关键技术、高端纺织装备关键技术、纺织信息化关键技术，以及纺织产业经贸及管理关键技术科技创新方向。以关键技术交叉融合集成创新，突破纺织产业受资源环境约束严重、新兴产业用纺织品技术弱、整体产品附加值低等瓶颈性问题，以及产业整体形态尚处于劳动密集型的问题，强有力地支撑我国纺织产品走向高品质、高附加值和高性能、多功能，纺织产业走向生态、绿色、低碳，数字化、智能化，整体实现大而强，并在一些领域实现引领世界。

五、发展战略定位与目标

（一）我国纺织产业科技创新发展战略定位

纺织产业作为我国国民经济支柱产业、重要的民生产业、国际竞争优势明显的产业，以及战略性新兴产业组成部分和民族文化重要载体，未来 5~15 年仍然有巨大的发展空间。为支撑纺织产业持续发展，须大幅提升纺织科技原始创新、自主创新能力，发展战略定位为：适应国家经济、社会、国防发展重大需求，以及人民生活、市场模式重大变迁，聚焦纤维新材料技术、先进纺织加工技术、生态染整技术、现代服装产业技术、高端纺织装备技术、纺织产业信息化技术以及纺织经贸管理技术领域开展持续创新；提升我国纺织产业科技水

平整体达到国际一流和国际领先，引领我国纺织产业由劳动密集型、资源消耗型走向技术密集型、资源节约型、环境友好型，实现“价值导向”型的战略转变；支撑我国2020年实现纺织产业大而强，2030年实现纺织科技引领世界。

（二）我国纺织产业科技创新发展战略目标

紧紧围绕国家经济社会发展的战略需求，发展高性能、多功能、多元化、低碳化纤维材料产业，高品质、高附加值、高效率纺织加工产业，生态化，绿色化、低消耗、多功能染整加工产业，功能化、个性化、智能化、品牌化服装设计和加工产业，以及光、机、电一体化，数字化、智能化纺织装备，流程可视、即时可控，物联网、云计算管理和营销，行业生产、管理、营销整体信息化的原始创新和自主创新核心新技术：

1．加强纺织科技应用基础研究

加强纺织产业关键技术原理、机理、机制等应用基础研究，开展跨领域、跨学科的交叉融合，集成现代生物、信息、纳米、新材料等新技术，创新纺织科技基础研究体系，支撑纺织产业科技持续创新。

2．大幅提升我国纺织产业科技原创和自主创新能力

开展原创性和自主创新的纺织产业关键领域核心技术研究，形成我国原创和自主创新的纤维新材料、先进纺织加工、生态染整、先进服装设计与加工、新兴产业用纺织品、高端纺织装备、纺织信息化核心技术。

3．大力推进纺织科技创新成果工程化、产业化

我国原创和自主创新的纺织产业关键领域核心技术成果在主要纺织企业加快实施工程化和产业化，主要纺织企业新技术国内原创和自主创新的比例显著提高。

4．完善纺织科技创新体系

在国家层面布局建设一批面向纺织产业各领域基础研究、工程技术研究的重点实验室和工程研究中心，建成纺织国家实验室，统领我国纺织科技创新，整体完善我国纺织产业科技支撑体系。

5．加强纺织科技人才队伍建设

加大纺织科技领军人才队伍建设，推进纺织科技创新团队建设，加强纺织科技人才培养，构建高素质、国际化、多层次的纺织科技创新人才体系。

总体上我国纺织产业科技水平2020年达到国际先进或国际一流，2030年

达到国际先进或国际领先。以纺织产业科技创新支撑我国纺织产业突破瓶颈制约，加快纺织产业走向生态、绿色、低碳，数字化、智能化，向新兴产业领域深度拓展，为实现我国纺织产业的大而强提供强有力的支撑，进一步提高纺织产业对国民经济发展的贡献度。

六、发展战略重点

（一）纤维新材料科技创新重点

未来5~15年，纤维新材料科技创新重点瞄准高性能纤维制备及应用、新型功能纤维的高效开发、生物基纤维的低成本与高附加值、纺织纤维的资源再生循环利用、纳米纤维的制备与应用。

1．突破高性能纤维制备及应用关键技术

（1）碳纤维。开发聚合、纺丝、氧化碳化及分析表征新方法或新途径，开发新体系，开展高性能化、低成本化、高稳定化的基础和应用基础研究，针对碳纤维制备过程中的质量稳定化技术、性能提高关键技术、连续生产技术等关键问题，开发适用于不同领域需求的碳纤维生产线。

（2）有机高性能纤维。深入研究有机高性能纤维成型与控制机制，结合应用领域对产品性能的具体需求，重点研究有机高性能纤维制备过程中的质量稳定化技术、性能提高关键技术等，从原料、结构设计以及制备工艺等多方面实现有机高性能纤维性能的优化。进一步突破芳纶、超高分子量聚乙烯纤维稳定化生产关键技术，提升纤维性能；开发新型有机高性能纤维，满足国防领域及民用领域需求。

（3）无机高性能纤维。深入研究无机高性能纤维微结构设计与控制机制，结合应用领域对产品性能的具体需求，在建立完善无机高性能纤维试验基地的基础上，重点研究无机高性能纤维连续、稳定制备技术，从结构设计以及制备工艺等多方面实现无机高性能纤维性能的优化。进一步突破无机高性能纤维连续、稳定化生产关键技术，提升纤维性能；开发新型无机高性能纤维，满足国防领域及民用领域需求。

2．突破新型功能纤维关键技术

（1）大容量聚酯熔体装备研发及制备技术。开发在反应器内部设置点阵式多处气相热媒供能装置，实现高效高均匀传热；开发超大型酯化反应釜。采用多次分段回火，表面渗氮控制技术；解决大容量与柔性化、差别化的矛盾，

形成自主知识产权的超大容量聚酯长丝柔性化生产关键技术。

（2）高仿真全流程成型技术。建立数字化研究平台与纺丝技术数字化平台，实现全流程数字化控制。以熔融纺丝仿真工程模型为指导，开发聚酯微量改性、自洽环吹风冷却工艺与装置、高温高剪切挤出、缓冷与高温冷却纺丝等关键技术。

（3）多重改性技术为一体开发体系。集微量添加、有机无机原位共聚合、管道在线添加、纤维形态调控于一体的改性体系对通用纤维进行综合改性，形成高品质差别化功能化的制备技术。利用多重改性手段对通用纤维进行综合调控，形成高品质差别化功能化纤维制备技术。

聚酰胺纤维高效连续生产关键技术体系。解决功能纤维功能性无机粉体的表面多重修饰技术，己内酰胺 CPL 原料不足，染色技术以及研究低纤度锦纶高速纺丝与加工过程控制技术。自主开发锦纶原料的合成技术、锦纶纤维复合及改性技术、锦纶高效连续的纺丝技术、锦纶制品技术等，实现锦纶 66 纤维生产逐级优化。

3．开发生物基纤维低成本、高附加值关键技术

（1）新型纤维素纤维。开展原创性的离子液体法、碱/尿素法等基础研究，开发具有国际领先水平的新型纤维素纤维制备技术，实现规模化稳定生产。进一步开发纤维素原料制备技术，利用生物合成技术合成细菌纤维素等，加大我国富产的甘蔗渣、竹、芦苇等纤维素资源的利用效率。采用溶剂法清洁化生产工艺生产新型纤维素纤维，包括 Lyocell 工艺法、离子液体法、碱/尿素等，在一定程度上替代粘胶纤维。开发热塑性纤维素原料，实现纤维素衍生物熔融纺丝。

（2）生物基聚酯纤维。开展原创性的聚对苯二甲酸多组分二元醇酯（PDT）和 3-羟基丁酸酯和 3-羟基戊酸酯共聚物（PHBV）纤维等基础研究，提升我国生物基聚酯纤维科技的国际竞争力。开发具有国际领先水平的生物基聚酯纤维制备技术，实现规模化稳定生产。突破生物基纤维非粮食原料低成本制备、用生物基纤维替代大品种石油基合成纤维、生物基合成纤维制备过程的低成本化等系列关键技术。

（3）海洋生物基纤维。开展壳聚糖、海藻酸纤维等基础研究，形成具有原创性产业化技术，提升我国海洋生物基纤维科技的国际竞争力。开发纯海洋

生物基纤维、海洋生物基复合纤维、改性海洋生物基纤维，掌握具有国际领先水平的海洋生物基纤维制备技术，实现规模化稳定生产。

（4）生物蛋白质纤维。开展原创性的大豆蛋白纤维、乳酪（牛奶）蛋白复合纤维、蚕蛹蛋白复合纤维等基础研究。开发具有国际领先水平的生物蛋白质纤维制备技术，实现规模化稳定生产。利用生物工程和转基因技术，实现蜘蛛牵引丝（拖丝）蛋白质的高效低成本生产和纺丝加工，生产医疗用和防护用超高强化学纤维。进一步支持转基因桑蚕丝天然彩色品种扩繁及工程化应用和特种专用性能纤维研发。

4．研发废旧纺织品资源再生循环利用关键技术

建立废旧纺织品、塑料等回收与资源化体系，调整化纤再生与循环产业结构与原料构成，大幅度提高优质产能与再生专用纺织品比例，促进化纤再生与循环骨干企业发展。

推进再生循环技术创新，建立以高品质、功能、低能耗为特征的新一代化纤循环产业体系；提高节能减排能力，缓解再生化纤与纺织行业发展中积累的资源和环境矛盾；制定行业标准，规范我国化纤循环产业；进行品牌建设，提升企业信誉，推动化纤循环产品消费。

5．突破静电纺纳米纤维关键技术

（1）纳米纤维稳定宏量制备。基于现有纳米纤维制备技术与宏量中试研究基础，结合宏量制备关键技术瓶颈的突破创新，开发适用于不同规模需求的静电纺纳米纤维生产线。开发具有国际领先水平的纳米纤维宏量制备生产线，实现纳米纤维的规模化稳定生产。克服静电纺纳米纤维宏量制备关键技术瓶颈，包括射流组的可控固化、纤维质量的稳定控制、生产线各系统的自动化集成。

（2）纳米纤维过滤材料。深入研究静电纺纳米纤维过滤膜结构成型与控制机制，结合应用环境的对产品性能的具体需求，从原料和结构两方面实现对静电纺纳米纤维过滤膜综合应用性能的优化。进一步开发耐高温、耐腐蚀、长寿命过滤材料，提高静电纺纳米纤维的可加工性能，分别满足高温、高粉尘量、高酸性、高氧化性等气体的过滤需求。研究纳米纤维过滤膜结构与过滤性能的构效关系，调控纳米纤维生产过程，实现产品性能的稳定可控，满足不同类型空气过滤的需求。

（3）纳米纤维防护服材料。从纳米纤维本体功能化改性出发，调控聚集体孔道结构，构建织物功能层；根据所应用领域对于面料性能的不同需求，进行设计优化，建立数据库。开发多功能集成（拒液、透湿、隔热等）的静电纺纳米纤维防护面料，为研制新型防化服、消防服、抢险救援服、矿工防护服等产品提供面料。掌握纳米纤维膜三维曲孔结构的构筑与调控规律，优化纳米纤维功能层与常规纤维织物的复合工艺，保证功能层应用性能的稳定性。

6．拓展工程用纤维应用领域

国产高等级工程用纤维替代进口产品，扩大出口；充分认证纤维的应用特性和工程应用指标，扩大应用面；开发设计专用技术装备，提供安全可靠稳定的产品。

（二）高端纺织装备技术科技创新重点

1．加强支撑高端纺织装备研发的基础理论研究

（1）高端装备动力学、可靠性技术等基础研究。开展与高端纺织装备的高速化、可靠性和稳定性相关的机械动力学、机械振动、可靠性技术、摩擦学等基础理论研究。

（2）纺织加工过程柔性体与刚体或流体的相互作用机理。开展纺织加工过程中，纤维、纱线、织物等柔性体与刚体或流体的相互作用机理等研究；开展纤维材料成型理论、纤维在梳理过程中的应力应变特征、成纱机理等研究。

2．发展高端纺织装备的数字化、智能化技术

（1）纺织装备中的专用传感器。研究纺织装备专用新型传感器的检测原理和方法，实现纺织机械装备动态运行状态的有效监测。

（2）纺织装备的多电机协同控制技术。研发“电机－机械－纤维－织物”构成的复杂机电系统动态特性、适合于频繁启停运行模式下的高效新型电机及其驱动技术、带有能量回收功能的多电机协同控制技术、多电机协同控制所带来的电网冲击和安全问题等。

（3）纺织机器人技术。研发穿经机器人、落轴机器人、挡车机器人和织机搬运机器人、袖口及立体缝制机器人等。

（4）纺织装备分布式网络监控技术。研究各种纺织装备的监控需求，了解各种现场总线技术的特点，以及最新的基于分布式网络的控制技术，实现通讯的标准化以及分布式网络控制技术水平的进一步提升。

3．提升纺织机械关键零部件和专件制造与强化关键技术

（1）纺织装备关键零部件精度控制技术。研制具备加工精度高、效率高、适应性高的数控专用设备和工装；研究高效光整技术，开发实用性的光整设备或装置；研究复杂薄壁零件和难加工材料的加工工艺；研究表面光整技术，研制针对不同工况的光整设备；研发高性能专用检验仪器。

（2）纺织装备关键零部件表面强化技术。开展针对工况条件的纺织材料与零部件表面之间的摩擦、磨损、以及腐蚀机理研究；针对不同专件，开展化学热处理、可控功能性镀覆、镀膜技术、喷丸强化等研究；研究过纱零部件、器材表面处理技术；研究薄壁零件热处理技术，解决纺织专件加工、热处理变形问题，提高尺寸稳定性和精度；研究针对某些专件的化学热处理、复合热处理技术和装备。

（3）新材料在纺织装备关键零部件上的应用技术。研制纺机零部件专用材料；研究各种新材料在纺织装备关键零部件上的应用技术；研究复合材料在纺织机械上的应用；工程陶瓷材料在纺机零部件和器材上的应用；通过改进化学热处理和复合热处理工艺，拓展中、高合金钢的应用范围。

4．创新纺织装备设计制造技术与手段

（1）基于信息化架构下的智能化、数字化高端纺织装备设计制造。开发面向产品全生命周期的、网络环境下的数字化、智能化创新设计方法及技术，计算机辅助工程分析与工艺设计技术。

（2）碳约束下的纺织装备可持续绿色设计。开展纺织装备新材料开发与试制、产品结构的机—电可替代设计、产品机电解耦设计、面向可回收的产品全生命周期设计。

（3）纺织装备的物联网设计。研究 RFID 技术，将物联网技术与装备智能化技术密切结合，提高纺织装备自身的自动化水平，加强机台之间、前后工序之间的连接，提升多装备生产线整体上与互联网融合的能力。

（六）纺织产业信息化技术科技创新重点

1．发展纺织生产过程全流程集成技术

（1）数字化纤维全流程生产技术。攻克化纤加工工艺流程长、控制难、产品质量波动大的瓶颈难题，结合纤维聚合、纺丝、水洗、牵伸、氧化碳化、后处理等具体成形单元过程，建立化纤工艺参数的软测量模型，及时准确地获

得某些无法直接测量的关键参数。研究新一代机器视觉智能检测技术和连续化均匀化和稳定化的生产过程控制方案，采用先进控制与复杂工业流程优化方法研发网络化的过程控制系统、生产工艺执行系统、生产计划优化系统和全流程供应链的资源管理系统。

（2）数字化智能化纺织加工技术。要以高速高效、高灵活性、高品质和节能环保为目标，开发和研究新型数字化智能纺织技术，实现各工序生产设备的数字化智能控制，各种纺织品及设备的在线自动检测，纺织品设计的数字化以及生产营销管理产业链全过程的数字化智能管理。研究利用现场总线技术的控制系统提高设备的计算和通讯能力，实施生产过程的集成控制。开发数字化、智能化的成套设备。这个是纺织企业进步和市场发展的需要。在信息化普及的今天，一些以传统加工技术维持低成本竞争优势的企业，将不得不重新审视自己，制定符合自身企业长期发展的新战略。考虑如何将新技术应用于产品中，并使设备性能效果更好，而且成本更低，或者是为新技术寻求新的应用领域。

2．突破智能化纺织服装设计与制造技术

（1）数字化纤维工艺设计与制造技术。建立基于知识与机理融合的复杂生产过程的稳态与动态模型。研发通用纤维加工工程全流程数字化生产集成系统，开发化纤工艺数字化集成软件，动态模拟纤维加工成形过程，优化生产工艺，实现纤维成形过程的优化与控制一体化；研究三维纺织复合材料的可视化虚拟编织技术，开发可视化三维虚拟编织的软件，实现三维纺织复合材料的可视化虚拟编织，加工装备的智能控制；建立基于物联网的在线数据采集系统，挖掘化纤工艺流程对纤维结构性能的关联机制，实现化纤生产向高效、节能、降耗、减排以及大容量、差别化、柔性化、多样化方向发展。

（2）数字化纺织工艺设计与制造技术。研究设计知识的自动获取、组织、表达、集成和使用，实施织物服用性能的质量预测，建立预测分析模型，用预测结果逆向指导纺织设计过程的决策；建立纺织品全球化质量标准体系，实现数字化纺织品的网络化质量评价和测试。

（3）数字化服装设计与制造技术。加快数字化与智能服装技术在服装产品设计、制造、使用及回收利用等全生命周期中的应用，开发新型绿色服装制造技术和节能降耗技术，形成高效、节能、环保和可循环的新型服装制造工艺，使服装行业资源消耗、环境负荷水平进入国际先进行列；大力开展智能服装中柔性电子产品植入服装的方式、技术及加工设备的研究，将微电子技术、信息与计算机等技术结合在服装的结构设计和加工中，开发功能性、智能化的服装产品。

3. 开发面向服务的智能化纺织服装管理和商贸技术

发展面向生产制造层面的制造执行系统（MES），面向企业管理层面的以ERP 和 RFID 为核心的纺织企业信息系统的集成应用，面向供应链和行业宏观决策层面的纺织宏观经济决策支持和知识库系统，面向服装产品专业市场的电子商务服务平台，面向服装营销管理的物联网系统；以节省成本，提高产品质量和劳动生产率，缩短产品开发周期，提升纺织企业的运行管理水平和竞争力，以及应对快速、个性化时尚和品牌构建，适应不同纺织企业不同管理特点的个性化需求为目标，构建纺织企业信息系统、电子商务服务平台、纺织宏观经济决策支持和知识库系统，并将不同生产类型的生产活动的共性内容作为管理系统的基础功能模块，构建可重构的纺织业管理系统。

七、重大专项建议

（一）新一代高性能纤维

1. 新一代碳纤维

以工程技术为核心，集成聚合纺丝等新技术，实现通用级碳纤维低成本规模化生产。探索超高分子量、高粘度、高浓度凝胶法纺丝制备高性能 PAN 原丝新途径，高取向度，细径原丝的制备；预氧化、碳化、石墨化处理搭配技术及相关设备的研究，开发相当 T1000 及以上高性能碳纤维品种，填补国内空白；研究超高分子量冻胶法以及凝胶纺丝及其凝固扩散动力学、缺陷控制等机理；开发相当 M55 及以上纤维，相当 T700、T800 等的木质素碳纤维。

2. 新一代无机高性能纤维

研究 SiBN 前躯体聚合物分子结构设计、合成与表征、惰性气体保护纺丝，专用设备、高温陶瓷化及其微量碳去除等关键技术，建立前驱体批量制备、公斤级纺丝、连续裂解等装备，改性先驱体和优化生产工艺以降低纤维中 C 的含量；改善无机转化法制备的 BN 纤维，解决由气-固非匀相反应导致的成分不均以及 B_2O_3 原纤维的吸潮问题，提高 BN 纤维力学性能和介电性能的稳定性。加快 BN 和 SiBN 纤维新研发，探索新的可熔融及非湿敏的先驱体，优化先驱体的不熔化和氮化处理工艺，以及对陶瓷转化过程中的化学和组织结构变化的研究等。进一步提高纤维的力学、界面相容性等性能。通过纤维表面活性基团钝化，表层成分优化及纤维形貌平整化等表面改性，提高纤维的耐环境性和性能稳定性。改善纤维在透波复合材料中的使用状态，充分发挥纤维的增强作用，提高透波纤维的应用价值。

3. 新一代有机高性能纤维

研究并掌握芳杂环有机高性能纤维制备及产业化应用关键技术。研究解决溶剂体系、熔融单体的精密计量、高速混合器、双螺杆聚合反应器中反应条件的控制等关键技术；研究纺丝液制备、脱泡、纺丝速度、凝固液配置、干喷湿纺纺丝工艺以及纺丝组件及设备等因素对成丝质量的影响，突破纺丝原液高效脱泡，高速稳定纺丝关键技术；研究溶剂回收技术和装置，建立回收体系，降低水分含量，提高回收率，满足回用要求。

（二）生物基纤维材料新资源

再生纤维素高效清洁化生产技术与装备集成化开发、生物基合成纤维制备与产业化技术开发等。研究新型生物基纤维（新型纤维素纤维、生物合成纤维、海洋生物基纤维和生物蛋白质纤维等）生化原料及纤维制备的工程化产业化核心技术。

建设生物基合成材料及化工原料生产基地。围绕生物基合成材料及原料产业规模化发展，降低生产成本，建设年产十万吨级生物基合成材料及化工原料生产线。取代现有合成纤维，包括服用和产业用纤维材料，提高我国纤维原料生物质碳的比例，降低合成纤维对石油的依存度。研究国内外最新聚合、纺丝及多领域应用技术，实现产业化突破。

以生物法1,3-丙二醇（PDO）、乙二醇、1,4-丁二醇（BDO）等为重点，实现产业化突破，形成多元醇的规模化、产业化生产和应用。研究生物基聚酯聚合反应机理及动力学，高效短流程聚合工程及稳定性控制技术，突破生化法聚对苯二甲酸丙二醇酯（PTT）、聚对苯二甲酸多组分二元醇酯（PDT）聚酯及纤维产业化成套装备、工程化技术及其制品生产技术。通过聚丁二酸丁二醇酯（PBS）聚合机理以及增粘技术的研究，提高PBS的相对分子量，建设丁二酸及PBS产业化生产线。开发服用和产业用聚乳酸（PLA）纤维材料，包括研究开发能够取代涤纶纤维作为针织、机织物防装面料的聚乳酸纤维新品种；取代丙纶在卫生无纺布、汽车材料等产业用的聚乳酸纤维新品种。重点建设聚乳酸单体及聚合物、生物长链二元酸、戊二胺、锦纶 54、锦纶 1212、锦纶 12T、生物基多元醇、生物基聚氨酯的规模化生产线。建设万吨级以上以非粮生物质资源等为原料，生物基烯烃、丙烯酰胺、氨基酸、柠檬酸酯等生物基化工原料的产业化和应用示范生产线。加快建设芒草、菊芋等非粮生物质能源作物的种植与加工研发与产业加工基地。

建设生物基再生材料示范线。围绕再生纤维素纤维的资源化、连续化、低成本化、功能化，建设万吨级麻纤维绿色加工新技术及产业化生产线，形成单线产能 3~5 万吨/年示范工程；建设高性能竹浆纤维产业化生产线，形成 20 万吨生产规模；建设绿色制浆及浆纤一体化及应用，形成年产 20 万吨生产线；建设万吨级 Lyocel 纤维生产线，形成 10 万吨生产规模。建设千吨到万吨级海藻、壳聚糖、甲壳素/纤维素复合纤维及功能材料生产线，溶剂回收能耗降低 50%，综合能耗下降 50%，水耗下降 50%，COD 排放下降 50%，纺丝效率提高 200%。建设万吨级超细特种动物毛蛋白粉体的制备及纤维素/蛋白复合纤维产业化能力。

（三）高品质、高附加值、高效率纺织技术

1. 新型功能纤维制备及产业化应用技术

在大容量聚合熔体直纺基础上，开发多重在线添加、泵前注入与均匀输送模块，满足熔体直纺工艺生产小批量、多品种、高品质改性需求；开发单板多孔、单板双头、双头双排等紧密纺丝组件与冷却成形模块与控制技术，适应细旦多孔、细旦（低总纤度）等不同规格节能高效工程制备，实现不同旦数、不同孔数、不同孔型的柔性化调控，突破现有化纤工艺与装备刚性设计瓶颈，满足市场 98%以上产品高品质低能耗生产要求；开发 wings、无油低油牵伸、ITY（POY 与 FDY 混纤）等模块，调控纤维理化性能与品质，实现节能与清洁生产；开发物流和信息自动化软件，实现大容量多批号产品的信息自动化及产品可追溯性。通过本技术体系开发，聚酯与纤维柔性化大幅提升，平均加工能耗降低 20%，差别化纤维的优等品率提升 30%。

2. 新型纺织加工工艺和装备技术

主要包括新型高效低耗纺纱关键技术研究、全成型针织关键技术、高性能非织造技术及相关的装备技术等。研究新型纺纱过程技术和过程质量检测、预报和监控技术；气流场和力场的耦合控制技术；纱线结构参数和纱线性能预测

件数；研究纺织品功能设计理论及方法，面料各项基本物理性能与形态风格、光泽、手感、各项功能的关系，及其与原料性能和纺织工艺的关系；天然、差别化经编服装面料开发的关键技术研究，对经编生产工艺流程，如纱线前处理、整经机机构及工艺、经编机关键机构、经编织物组织结构设计、以及后整理加工工艺等进行技术创新改造，以达到对具有各种健康保健、功能舒适性的新型纱线原料进行经编服装面料加工开发的要求；研发全自动转杯纺纱机、喷气织机，粗细联、细络联系统，以及新型针织机械。

（四）低碳绿色纺织技术

1．再生循环纤维技术

废旧纺织品高效分离分级技术、化学法聚酯降解及重聚关键技术等。结合废旧纺织品回收过程中面临的瓶颈问题，对废旧纺织品纤维回收技术路线进行优化、设计，结构系列关键技术的突破，设计并建设出国际领先的废旧聚酯制品回收再生生产线，提高回收利用率；针对不同应用领域的需求，设计开发循环梯度，对废旧制品分级回收利用，拓宽再生制品应用领域，提升市场份额，形成产学研一体化的废旧聚酯再生产业模式。

2．纺织品的生态设计、评估与控制

（1）纺织品全生命周期评价（Life Cycle Assessment）。通过能值分析与碳排放分析工具，对纺织品进行原材料提取和加工、产品制造、运输和销售、产品使用、再利用和维护、废弃物的再生利用和最终废物的处置等全生命周期的评价。

（2）纺织品的生态制造。结合生命周期评价与工业代谢理论，以自然生态和环境资源保护为核心，全面采用具有生态特征的原料材料、低碳、低污染排放等清洁生产技术，进行优化的生态设计，改变企业的传统生产方式，使未来的主导产品成为生态化产品。

（3）纺织品的生态控制。建立纺织品生态设计及其生态附加值估算方法标准体系，通过碳交易、水交易、污染物排放交易等市场价格系统，根据产品的生态效益与经济效益的相互关联程度，通过市场价格体现生态资源的价值，控制纺织品生命周期内各个阶段的生态指标，促进整个产业的可持续发展。

（五）新兴产业用纺织品设计制造及应用

1．纺织复合材料技术

低成本、高性能特种预成型体编织技术、高性能纺织结构柔性复合材料技术等的研发。研究低成本、高性能纺织结构复合材料工程化、产业化核心技术，深入研究纺织结构复合材料预成形体缝合技术、纺织结构复合材料预成形三维机织技术、三维编织技术、针织及多轴向经编技术、纺织结构复合材料成型技术和设计技术等关键技术；研发纺织结构复合材料的核心技术与及装备，为纺织结构复合材料及新材料的产业化提供支撑。

2．生物医用纺织品技术

轻量化多尺度结构补片成型设计与加工方法、多功能医用敷料的结构设计与成型等的研发。研究能够积极参与伤口愈合的多功能医用敷料的结构设计与成型，基于微纳界面及电纺技术的载体添加形式及可控释放作用机制，多元复合成型结构的产业化工艺与应用评价；研究具有轻量化多尺度结构补片的成型设计与加工方法，典型补片的防粘连机理与功能复合机制，通过结构成型设计实现其降解性能的智能控制，形成人体典型部位修复补片的产业化工艺路线；研究具有多分叉结构特征的梯度结构小口径人造血管的设计与成型加工，实现精细化加工与智能可控成型技术的突破。研究人造血管的功能化处理技术，实现体内的抗凝与促内皮化等功能；研究多重、多元、多尺度结构精细化加工与智能可控成型关键技术及装备，结合生物医用纤维的物理特征，形成工艺加工参数设计与优化，为适应低强力生物医用纤维的加工性，多集合纤维加工的张力控制与稳定性，提高生物医用纺织制品成型的均匀性、完善生物医用纺织品的功能性提供技术支撑；研究医用纺织制品成型加工的原位功能复合整理技术与工艺，实现辐射和纳米改性等技术集成创新，形成功能性界面复合整理工艺路线；研究生物医用纺织品的人工结构化特征与成型设计，探讨其对服役环境的适应程度与性能演变，评估生物医用纺织品结构随服役时间推移的老化机理及对作用环境的影响。

3．纳米纤维纺织品技术

纳米纤维宏量制备关键技术、纳米纤维产业化应用关键技术等。研究高性能、多功能纳米纤维工程化、产业化核心技术，深入研究纳米的结构多样性和复杂性对纤维成型与性能的影响，形成精确控制和优化纳米纤维的核心技术推进纳米纤维的规模化生产技术与装备的开发进程，建立纳米纤维加工的产业集群；深入研究无针纺丝非织造技术的制备技术及成型机理，为纳米纤维的批量化生产提供理论基础；系统研究异形纳米纤维的成型机理，掌握制备具有不同次级结构纳米纤维的成型技术；研究纳米纤维在组织工程、药物控释、创伤修复、过滤、个人防护、传感器、催化剂、储能材料等重要领域的应用潜力，为不同领域的应用提供具有不同次级结构异形纳米纤维的个性化解决方案，推进其产业化应用进程。

4. 防护服装技术

高性能防护服装构成设计原理与方法、高性能防护服装加工技术、高性能防护服装综合性能评价等。深入开展防护服装研发理论研究包括应用需求分析与功能设计手段的搜集和筛选，开发集成设计新技术、防护服装的构成设计与加工技术，建立防护服装功能综合评价体系，包括检测方法与评价标准的研制，突破产业化关键技术。重点研究采用芳纶、聚酰胺纤维等高性能纤维，开发耐高温阻燃面料。提高防弹、防刺、防穿刺服装的综合防护性能。提高防护纺织品的智能化水平。

（六）高端成套纺织装备

1. 化纤长丝数字化、智能化生产成套装备产业化

研究实现差别化、功能性纤维生产的在线添加技术；研究纺丝工艺参数数字化控制技术；研究高速卷绕头与计量泵联动的闭环数字化控制技术；研制从纺丝、卷绕、自动落筒、智能识别、分类、包装、传输、堆放、仓储全流程的智能化控制系统。

2. 智能化纺纱成套生产线

实现粗细联合系统的产业化，提高全自动集体落纱的准确率、稳定性、自动化水平和控制精度；实现细络联合机的产业化，提高联机系统的控制精度、络筒机的效率和可靠性；开发适合于纺纱工艺流程的搬运机器人和物流输送系统；利用检测技术、网络化技术和数据库管理技术，结合区域物流信息化系统，对纺纱全流程的多机设备进行网络化智能优化调度，将清梳联、粗细联、细络联及条筒、精梳小卷输送进行系统集成，建立智能化纺纱工场。

3. 建立智能化纺纱工场

研究高动态高精度电子横移技术、全闭环恒张力电子送经和牵拉技术；开发多机台智能控制技术，位置、动态张力、测速传感器和RFID装置；研制经轴智能调度系统，织物自动落布与传输系统；研究成衣自动化包装技术，开发

成衣自动包装装备，形成经编成衣生产、分级、包装智能管理；实现经编生产的工艺参数自动调节、质量在线检测、生产数据实时采集和故障远程诊断。

（七）纺织全流程数字化与智能化

1. 纺织生产过程全流程集成技术

（1）数字化纤维全流程生产技术。构建规模化生产连续性与均匀性和稳定性的过程控制系统，形成纤维加工过程全流程数字化集成系统。

①化纤生产流程的先进控制与检测技术。采用先进控制方法，研发网络化的过程控制系统，通过化纤工艺参数的软测量模型，及时准确地获得某些无法直接测量的关键参数。研究新一代基于机器视觉的智能检测技术，开发满足喷丝孔检测的检测仪器。通过在线故障检测，预测维修等新方法监控生产设备，保持化纤规模化生产的连续性、均匀性和稳定性。

②纤维加工过程全流程数字化集成。综合工艺执行系统、生产过程控制系统、设备监控系统、生产计划优化系统和全流程供应链的资源管理系统，实现纤维加工工程全流程数字化集成。实施全流程生产模拟软件与实际生产过程的并行运行，实时通讯，并通过事件驱动与智能系统的应用，实现生产参数的在线优化与调整，并提供生产过程分析、产品质量预测、生产计划与企业决策的功能。

（2）数字化智能化纺织加工技术。研究纺织工序连续化技术，开展纺织生产流程中的物流机器人系统技术与应用。

①纺织工序连续化技术。针对纺织加工对象的特殊性，开发纺织专用传感器，实现异纤检测、棉条（网）均匀度检测、断纱（丝）自停、张力检测、色差检测、浓度检测、疵点检测的精确化和智能化；实现粗细联合系统的产业化，提高全自动集体落纱的准确率、稳定性、自动化水平和控制精度等；开发纺纱生产、环境的自动监控系统，提高纺纱生产的质量和稳定性。结合区域物流信息化系统，对纺纱全流程的多机设备进行网络化智能优化调度，将清梳联、粗细联、细络联及条筒、精梳小卷输送进行系统集成，建立智能化纺纱工场。

②纺织生产流程中的物流机器人系统技术与应用。开发适合于纺纱工艺流程的搬运机器人和物流输送系统，如条桶、精梳小卷输送系统；开发棉条、粗纱、细纱、络筒工序中的自动接头机器人；研究基于机器视觉的漏纱、次纱、废纱、织物疵点的检测方法，以及具有工序切换或补给功能的柔性化机器人技

术；研究柔体包装对象传输的实时控制、柔-固耦合机理及动态张力控制，气动多执行单元伺服控制与协同控制，针织品数字化、智能化、网络化高端包装装备等；开发适应智能化落筒、上管、卷装分类、传输、堆放、包装工艺的关键机构与装置，实现智能化识别、卷装与分类仓储。

2. 智能化纺织服装设计与制造技术

（1）数字化纤维工艺设计与制造技术。研发具有自主知识产权的化纤工艺优化与全流程生产模拟软件，根据成纤高聚物分子结构与化学反应，建立纤维材料的结构模型，并根据实验和生产数据调整模型参数，分析产品性能与生产工艺的关系，优化工艺流程和生产参数。针对纤维聚合、纺丝、水洗、牵伸、氧化、碳化、后处理等具体的纤维成形加工过程，采用数据驱动与机理结合的方法，建立过程稳态和动态模型，在此基础上开发化纤工艺优化与全流程生产模拟软件。

（2）数字化纺织工艺设计与制造技术。借助于人工智能、数据库、光电子检测等核心技术，实现纺织加工工艺的智能化。重点研发：纱线纺前自动配料系统；纺织工艺智能化设计系统；面料设计的信息集成及服务系统。借助无线传输、计算机网络等技术，进行纺织加工过程特征抽取、实体描述及过程建模、多工序条件下的质量预测与反演、动态变化条件下纺织加工过程优化。

（中国化学纤维工业协会整理，摘自中国工程院《我国纺织产业科技创新发展战略研究（2016~2030）报告》）

中国化纤工业总量发展趋势研究

端小平　吴文静

中国化纤工业在经历了快速发展的“十五”和“十一五”，奠定了全球化纤生产大国的地位之后，进入“十二五”以来，化纤行业加快推进转型升级，产业结构进一步优化。随着基数越来越大，以及行业自身结构调整的需要，化纤总量增长速度逐渐放缓。“十三五”期间，总量问题仍是行业发展不可回避的关键点之一。

一、关于总量的预测

纤维加工量（假设年度库存不变的情况下，纤维加工量同纤维需求量）是衡量一个行业发展远景的重要指标之一，多方机构对于全球和中国纤维加工量有着大体相同又不尽一致的预测，由于预测的时间起点和终点不完全一致，因此我们采用其方法对数据进行一定的处理，以增加数据和结论的可比性。

（一）中国国家信息中心预测

2012 年，化纤协会配合中国国家信息中心采取了定性分析法和模型分析法，以 2011 年之前的数据为基数，对 2017 年全球及中国的纤维加工量进行预测。

1．定性分析法

1990 年来的历史数据（图 1）显示，全球 GDP 增速与全球纤维加工量增速的曲线走势基本同步，表明全球经济增长与纤维需求规模扩大有明显的正相关性。经济增长带动私人收入增加，促进消费性支出扩大，从而影响纤维需求。

从影响因素分析发展趋势，“十三五”乃至更长时间全球和中国的纤维加工量仍有相当的增长空间，原因如下：首先，人口增长必然促进全球纤维需求持续扩大。其次，经济增长仍可继续拉动纤维需求扩大，发展中市场的需求潜力将进一步释放。另外，产业用纺织品需求仍有较大扩展空间。

尽管纤维需求仍将呈现持续扩大趋势，但是与国际金融危机爆发以前的高速增长阶段相比较，未来五年全球纤维需求的增长也面临一系列制约因素，特别是经济的低速增长，与之前的需求高速增长阶段相比较，增速将有所下降。

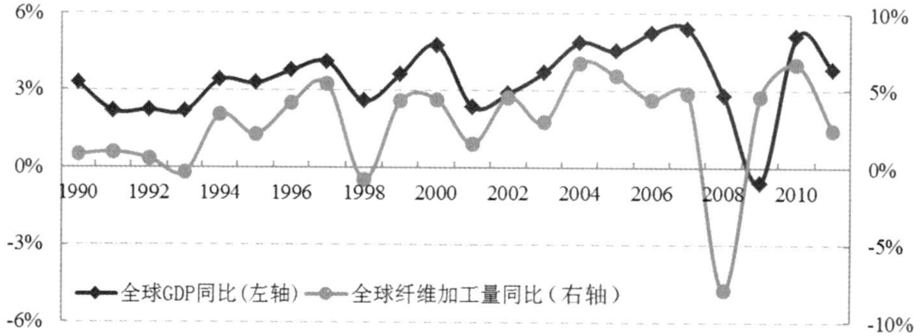

数据来源：国际货币基金组织、纤维年鉴

图 1　全球 GDP 与全球纤维加工量同比增长情况

在全球 GDP 及全球纤维加工量同比增速的散点图（图 1 ）中，数据点分布情况表明，当经济增速高于 4%时，纤维加工量增速通常处于高位，甚至高于经济增速（此区间内共 9 个数据点，44%的数据点分布在同等增速分割线上方，44%的数据点分布在分割线下方，但接近分割线），而当全球 GDP 增速低于 4%时，纤维加工量增速通常低于经济增速（此区间内共 18 个数据点，77%的数据点分布在同等增速分割线下方），但接近分割线，也就是说，纤维加工量增速既和全球 GDP 增速正相关，同时纤维的需求增长还是存在一定的刚性，这应该与全球人口的稳定增长及纤维用途的不断扩大有关。

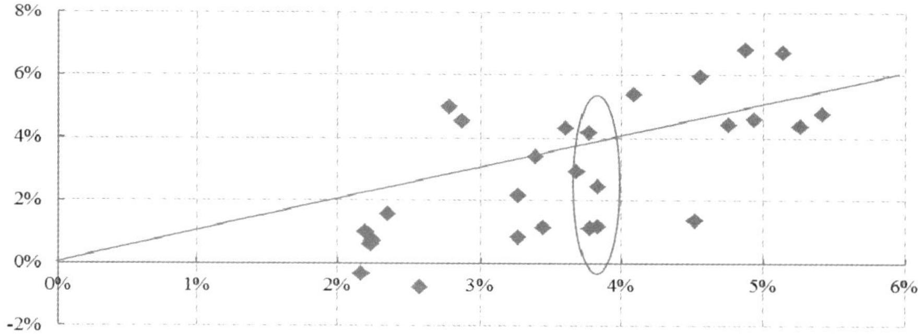

注：X 轴为 GDP 同比增速，Y 轴为纤维加工量同比增速。1982、1985、2008、2009 四年数据点因增长异常被删除。

数据来源：根据国际货币基金组织、纤维年鉴数据整理

图 2　1981~2011 年全球 GDP 及全球纤维加工量同比增长率散点图

综合整理国际货币基金组织、世界银行等权威国际组织及研究机构现阶段的预测数据，预计 2012~2017 年全球 GDP 年均增速可达 3.7%~4.1%。根据历史数据规律，全球纤维加工量增速应略低于这一水平。结合图 2 中历史数据在这一区间的分布情况，参考区间内年份较近的数据点，并综合考虑前述各种影响因素，推算 2012~2017 年全球纤维加工量年均增速约为 3%。以此增速计算，到 2017 年全球纤维加工量约达到 9800 万吨。

2．模型分析法

全球纺织纤维加工量的样本区间选择1980年～2011年（表 1）。

表 1　全球纤维加工量

时间	全球纤维加工量（万吨）	时间	全球纤维加工量（万吨）
1980	3566.4	1996	5061.6
1981	3591.8	1997	5334.4
1982	3481.0	1998	5293.8
1983	3654.5	1999	5521.5
1984	3821.7	2000	5765.1
1985	4298.3	2001	5854.5
1986	4346.5	2002	6120.4
1987	4394.3	2003	6299.6
1988	4454.0	2004	6727.1
1989	4506.2	2005	7127.4
1990	4543.6	2006	7438.5
1991	4588.9	2007	7793.2
1992	4616.2	2008	7174.9
1993	4600.8	2009	7505.1
1994	4757.3	2010	8008.4
1995	4859.3	2011	8203.4

数据来源：纤维年鉴

通过反复的建模和尝试，经过平稳性检验，方程演算结果如下：

$$D(SFPW,2) = 5.89 - 0.007\,AR(1) - 0.15AR(2) - 1.49MA(1) + e_t$$

利用模型进行样本期内的仿真和预测。对 2012～2017 年的全球纤维加工量预测的结果见表 2。可利用同样的方法，预测全球化纤产量和中国化纤产量。

表 2　2012~2017 年全球纤维加工量及增速

时间	纤维加工量（万吨）	增速（%）
2012	8393.59	2.21
2013	8638.27	2.92
2014	8890.14	2.92
2015	9140.39	2.81
2016	9396.40	2.80
2017	9659.46	2.80

3．预测结果汇总及分析

未来五年，中国化纤工业将继续在满足全球纤维消费需求中发挥重要支撑作用，化纤产量仍会稳步扩大，在全球产业格局中的比重也仍有一定提升空间。上文分别使用需求定性分析、产量/加工量时间序列模型和产量/加工量增速时间序列模三种方法对 2017 年全球纤维加工量、化纤产量及中国化纤产量做出了定量预测，结果见表 3。

表 3　三种方法预测结果汇总

	需求定性分析法		数量时间序列模型		增速时间序列模型	
	2017 年（万吨）	2012~2017 年均（%）	2017 年（万吨）	2012~2017 年均（%）	2017 年（万吨）	2012~2017 年均（%）
全球纤维加工量	9800	3.0	9659	2.8	—	—
其中：化纤产量	6800	4.4	6620	3.9	—	—
其中：中国化纤产量	4750	5.9	5555	8.7	6898	12.7

综合考虑影响纤维消费的多种因素和每种预测方法的缺陷，对三种方法的测算结果进行适当修正，得出结果见表 4。

表 4　2017 年全球和中国纤维加工量及化纤产量预测

		2017 年（万吨）	2012~2017 年均增速（%）
全球	纤维加工量	9800	3.0
	化纤产量	6800	4.4
中国	纤维加工量	5730	4.8
	化纤产量	4650	5.5

（二）日本化纤协会预测

日本化纤协会以全球人口和经济增长为影响因子，测算出之前一段时期的人均纤维消费年增速，再按照联合国发布的未来一段时期的人口年增速，测算出纤维消费年增速，依此预测 2016 年全球纤维加工量，预测结果见表 5：

表 5　2016 年全球纤维加工量

	2011 年（万吨）	2016 年（千吨）	年均增速（%）
棉花	2710	2548	-1.2
羊毛	113	117	0.8
合成纤维	4542	5793	5.0
人造纤维	366	445	4.0
合计	**7731**	**8904**	**2.9**

数据来源：日本化纤协会

（三）联合国预测

联合国相关预测显示，2050 年全球纤维加工量将达到 2.53 亿吨。以 2010 年全球纤维加工量 8082 万吨为基数，据此按复式计算，全球纤维加工量年均增长率为 2.89%。

（四）几种预测的比较

实际上，1990~2013 年，全球纺织纤维加工量年均增长 3.02%，其中化学纤维年均增长 5.06%（图 3）。1990~2013 年，中国纺织纤维加工量年均增长 9.28%；1992~2013 年，中国化学纤维加工量（考虑了进出口因素）年均增长 11.96%。

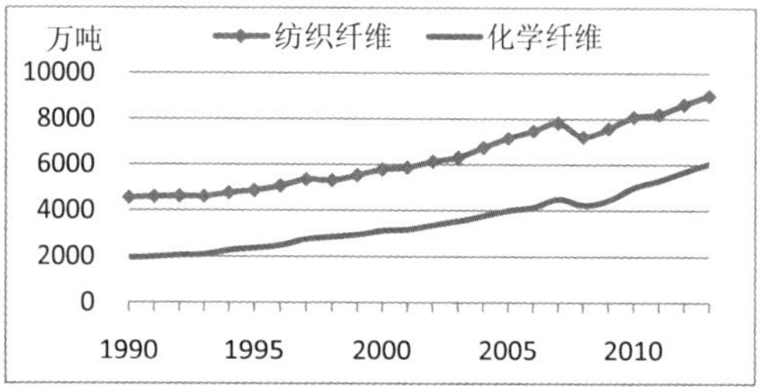

数据来源：纤维年鉴

图3　1990~2013年全球纤维加工量变化

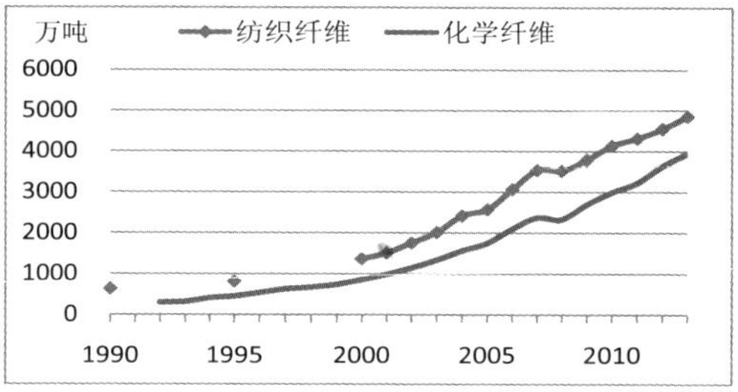

数据来源：中国纺织工业联合会、中国化学纤维工业协会

图4　1990~2013年中国纤维加工量变化

由于日本化纤协会采用的数据口径和其他两种方法不一致，因此我们只采用其方法，按照统一的数据口径进行处理。以几种方法的预测值和预测增速，倒推2013年全球纤维加工量，几种预测方法的吻合度较高，但是与实际值相比均偏于保守（表6）。

表6　验证全球纤维加工量的几种方法测算与实际值的吻合度

	预测值（万吨）	预测增速（%）	倒推2013年（万吨）
2013年实际值	—	—	**9011**
以中国国家信息中心数字倒推	9800（2017年）	3.0	**8700**
以日本化纤协会2.9%增速测算	9740（2017年）	2.9	**8690**
以2.53亿倒推	25300（2050年）	2.89	**8820**

综上所述，预计到2020年全球纤维加工量年均增长速度在2.8%~3.0%之间。2012~2017年中国化纤产量年均增速5.5%，但考虑到中国化纤远高于其他国家和地区的庞大的基数，以及中国经济进入结构性调整和降速的“新常态”，受此影响，中国化纤产量增速也将有所下调。但中国化纤产业在技术、规模效益、产业链配套等方面的竞争优势不会出现明显的下降，特别是中国的内需市场仍将主要依靠本国的化纤产业来满足，因此，预计2020年之前中国化纤产量增长速度仍将高于其他国家和地区，至少是同步增长，但以挤占其他国家和地区市场份额而增长的发展模式将一去不复返。乐观估计，假定其他国家和地区的化纤不增长，全球纤维加工量年均2.8%~3.0%的增速全部由中国化纤来贡献，中国占全球的市场份额按70%计算，中国化纤产量年均增速应为4%~4.3%。其他国家和地区化纤产量增长速度超过中国的可能性不大，因此中国化纤产量最低增长速度即与全球保持2.8%~3.0%的同步增长。综合考虑上述因素，到2020年，中国化纤产量年均增长速度约为3.5%。

表7　预测2020年全球纤维加工量

	2014年（万吨）	预计增速（%）	2020年（万吨）	增加量（万吨）
全球纤维加工量	9350	2.9	11100	1750
中国化纤产量	4390	3.5	5400	1010

注：2014年全球纤维加工量数据为估算值。

以2014年数字为基数，到2020年，预计全球纤维加工量将达11100万吨，中国化纤产量将达5400万吨（表7）。如果开工率按较为理想的85%计算，2020年中国化纤产能应为5700万吨，年均增长3.3%（2014年产能约为4700万吨）。目前在建化纤项目480万吨将于未来1~2年形成产能，而到2020年估计淘汰落后产能的空间约有300万吨，因此到2020年中国化纤产能的实际增长空间仅820万吨，低于产量1010万吨的增长空间。

二、全球产业分工调整

随着经济全球化的不断深入发展，国际化纤产业格局也在进行着进一步的调整。

（一）中国占全球市场份额的变化

近二十年来，中国化纤及纺织工业占全球市场份额迅速提高。中国化纤产量占全球比重从1995年的13.6%提高到2013年的68.4%（图5），中国纺织纤维加工量占全球比重从1995年的16.7%提高到2013年的53.8%（图6）。

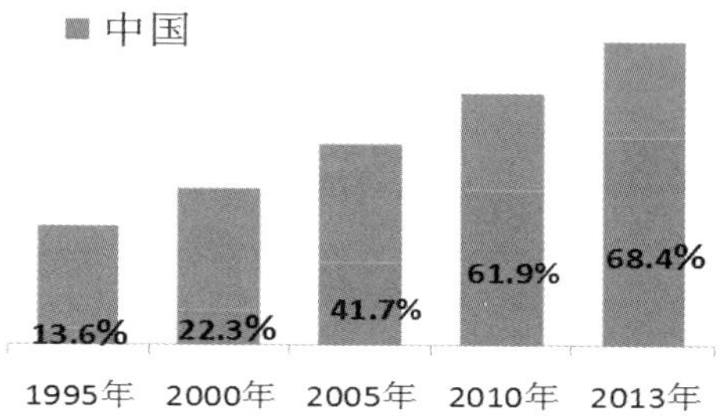

数据来源：据国家统计局、纤维年鉴数据整理

图5　中国化纤产量占全球比重

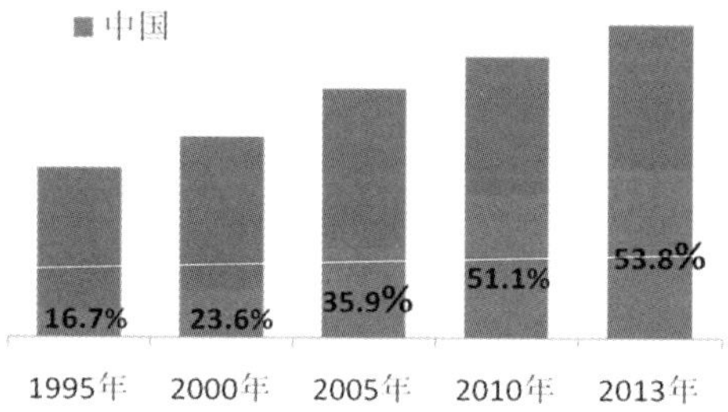

数据来源：据中国纺织工业联合会、纤维年鉴数据整理

图6　中国纺织纤维加工量占全球市场份额

但是这种提高的趋势在逐步放缓，如图7所示形似抛物线走势，尽管该抛物线还没有达到顶部，但是已经接近顶部，预示着也许在未来某一个时间点，中国纤维加工量的增长速度将很有可能和全球纤维加工量的增长速度保持同步，也就是说中国纤维加工量在全球达到一定的市场份额后，不会再继续增长。

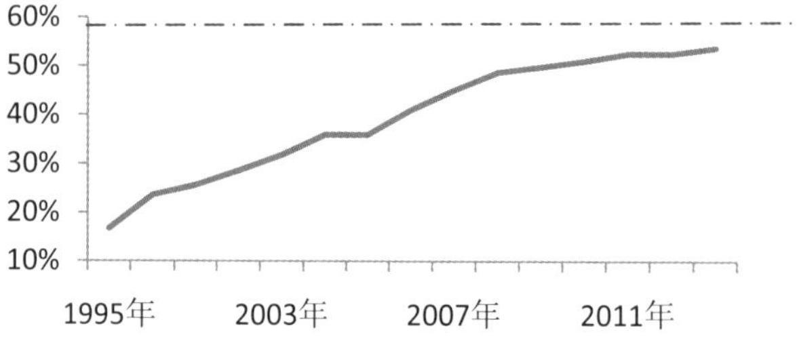

数据来源：据中国纺织工业联合会、纤维年鉴数据整理

图7　中国纺织纤维加工量占全球市场份额的变化

（二）国际纺织品服装贸易格局的变化

在国际纺织品服装贸易领域，中国长久以来拥有着绝对的优势，但是目前这种优势正在逐渐此消彼长。在中国纺织品服装传统出口市场中，占美国和欧盟的进口市场份额分别在2010年达到峰值，占日本的进口市场份额在2009年就达到了峰值，随后出现逐步下降的趋势，失去的市场大部分由越南、孟加拉、印度、印尼等国所取代（图8）。

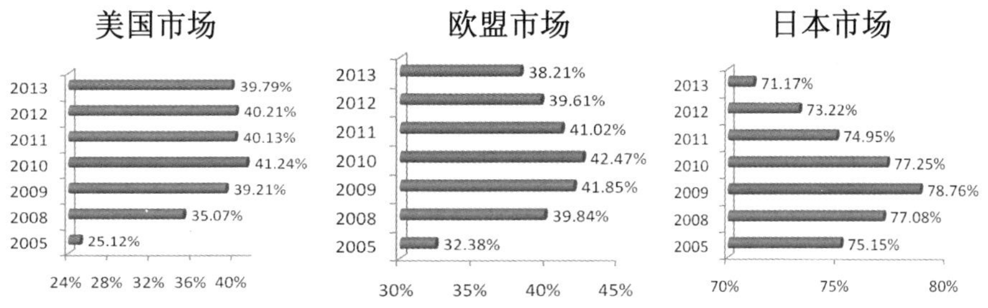

数据来源：中国纺织工业联合会

图8　中国纺织品服装占美、欧、日进口市场的份额

除了欧美发达国家和地区，中国纺织品服装对东盟的出口也发生了变化。2010年中国—东盟自贸区建成，中国纺织品服装对东盟出口额逐年增加，但增长速度却呈明显下降的趋势（图9）。东盟的纺织化纤产业集中在越南、印尼、泰国和马来西亚，随着这些国家纺织产业的快速发展，进口增长速度出现下降是必然的，这和中国纺织业发展初期“以产顶进”是相类似的过程。

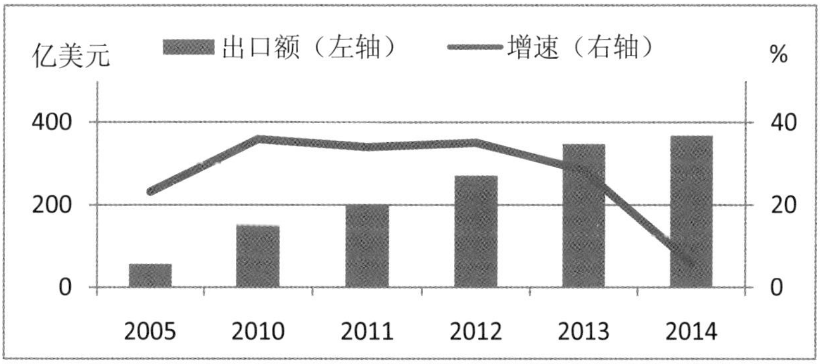

数据来源：中国纺织工业联合会

图9　中国纺织品服装对东盟出口变化

国内外棉价差固然是削弱中国纺织业国际竞争力的原因之一，但更主要的是由于中国在传统纺织产业的劳动力减少、劳动力成本上升，以及资源瓶颈、环境压力等，也有发达国家区别导向性的贸易政策因素。

（三） 企业发展面临的变化

1. 海外化纤产业的发展规律

全球化纤产业似乎进入了新一轮的产业分工调整阶段，而这种分工调整在之前发达国家工业萎缩时期也出现过，因此有必要分析海外化纤产业的发展规律。过去15年当中，传统的化纤生产国家和地区的企业以各种方式退出，目前仍然以化纤为主业的企业数量基本上是十几年前的一半。

美国和西欧是全球化纤工业的发源地，但是自20世纪90年代起，开始逐渐退出常规化纤生产，或者通过兼并重组，组成规模更大的专业化企业集团。日本化纤业坚持利润导向型的发展思路，部分企业从非盈利领域撤出，如：2003年帝人杜邦退出尼龙业务；Fujibo和Kojin退出化纤业务；2005年东洋纺破产，化纤被Seiren宇峰收购，改名KB宇峰。日本化纤产量从2000年的164万吨降到2013年98万吨，但是高新技术纤维扩大了生产，同时更加关注下游终端需求合作。台湾地区化纤产业成熟也较早，近十多年来化纤企业数量没有太大变化，其发展重点在于积极开拓海外市场、将生产基地转移或者扩大到海外，原有本土企业以研发和产品提升为主。中国化纤企业目前的投资取向也更加多元化，可以立足于本产业做大做强、发展上游原料、加强全球资源配置，或者跨行业投资，退出也是选择之一。

目前这种分工调整的趋势和中国承接欧美和日韩台的纺织化纤产业转移相似，但又有很大不同。中国庞大的人口和内需市场决定了中国消费的纺织品和服装不可能依靠国外任何一个国家来生产，对于中国的纺织化纤企业来说，未来的调整应该是国内外分工和布局的考虑，而不是转移，也就是说，全球未来化纤的增量，可以是中国做，但不一定是在中国做。

2. 政策的引导

随着中国经济发展方式和要素结构的转变，原有的“人口红利”、“土地红利”优势开始减弱，当前中国经济转型的关键是要实现增长动力的转换：从“要素驱动”、“投资驱动”转向通过技术进步来提高劳动生产率的“创新驱动”，从过度依赖“人口红利”和“土地红利”转向靠深化改革来形成“制度红利”，促进经济内生增长。政府在这方面已经做了一些调整，其中有两点对纺织化纤行业的发展影响较大。一是改革 GDP 主义的政绩考核模式，由于化纤工业具有低投入、高产出的特点，对地方 GDP 的贡献非常大，因此以往地方政府热衷于发展化纤工业，改革 GDP 政绩考核后，有利于减少化纤行业的盲目扩张。二是加大市场在资源配置中的决定性作用，有望打破金融、石化行业的垄断，给民营资本多一条出路。

3. 企业二代接班问题

未来 10~20 年，中国民营企业将进入“交接班”高峰期。中国民营化纤企业数大约占 70%，合计产能约占全国的 75%。民营化纤企业能否顺利交接班，关系到中国化纤工业的可持续发展和发展方式的转变。而大部分民营企业的二代接班人有国外留学背景，受到“华尔街精神”的熏陶，这些二代比父辈们更关注资本市场，特别是在资本市场快速成长的中国，他们对实业的关注度可能会大幅下降。

三、小结

在常规纤维领域，技术进步带来效益的边际效应正在逐步显现。近几年常规纤维的装备和工艺并没有取得跨越式的进步，落后产能变得相对了，淘汰落后产能成为社会资源的另外一种形式的浪费。行业后进入者所带来的后发技术优势将不复存在，行业以前一直所用的发展—淘汰—发展的模式也将面临巨大的考验。

在高新技术领域，虽然生物基纤维和高性能纤维的发展在近些年取得了很大的突破，但是受制于生产技术、产品价格、产品性能等因素的影响，未来化纤的增量主要还是要依靠涤纶、锦纶等常规纤维。生物基纤维和高性能纤维能否发展为“常规纤维”，还需要观察，如果不能突破某些技术瓶颈，比如高性能纤维的回收处理技术、清洁生化技术，将会造成新的环保问题。

过去二十多年，全球纺织纤维加工量保持了 3.02%的年均增长速度，中国的增长速度远高于全球。随着全球经济增长和人均纤维消费量的提高，全球纤维加工量仍会进一步增长，预计年均增长速度在 2.8%~3.0%，增量绝大多数是化纤。我们仍然看好中国化纤行业未来的成长性，中国的增长速度将继续高于全球平均水平，但中国的增长速度会由于基数的原因，并且随着全球分工的调整和中国经济的降速而出现较大幅度的下降，中国企业家将被迫考虑全球布局。短期而言，中国未来三年理论上不用增加新的装置，仅仅依靠在建装置投产和提高现有装置的开工率，就能够满足市场需求的增长。

参考文献：

[1]中国化学纤维工业协会，中国国家信息中心. 我国聚酯及涤纶行业转型升级和产业布局研究[R]. 北京.2013.

[2] 上田英志.全球化纤中期供求预测和结构调整[R].桐乡：第19届中国国际化纤会议，2013.

[3] 姚穆. 资源匮乏下的纺织产业出路[J]. 纺织服装周刊. 2013，27.

[4] 日本化纤协会、台湾人纤公会、纤维年鉴等相关资料.

化纤行业促进“信息化与工业化融合”发展战略研究

付文静　王玉萍

引言：

全球制造业正在悄然经历着一场深刻的调整，全球产业发展日益呈现出集群化、智能化、绿色化、服务化等趋势。美欧“再工业化”以及智能机器人的应用，已经发出强烈的信号，信息、知识将成为21世纪生产要素中的一个独立成分而发挥越来越重要的作用，新一轮科技革命以及由此引发的深刻的经济社会革命正在处于大爆发的前夜。在此背景下，中国经济发展面临“中高速”、“优结构”、“新动力”、“多挑战”的新常态，制造业的可持续发展也面临新的机遇和挑战，工业和信息化部关于印发信息化和工业化深度融合专项行动计划（2013~2018年）提出：“推动信息化和工业化深度融合，以信息化带动工业化，以工业化促进信息化，对于破解当前发展瓶颈，实现工业转型升级，具有十分重要的意义。”

一、 信息化和工业化融合的背景和内涵

（一）信息化数字技术正在再一次改变全球价值链和经济结构

信息化数字技术的新一轮浪潮正在深入渗透到经济活动的各个环节，信息化自动化正在越来越复杂的任务中取代劳动力，这一趋势、从ATM机、网上银行、企业资源规划、客户关系管理、移动支付系统蔓延到商品制造生产环节。此次数字技术浪潮以机器人和3D打印为标志，将通过劳动力替代来降低企业成本，而数字资本密集型技术，将使生产环节向终端市场转移，构成了全球供应链结构的重大变化，制造“再本地化”将成为普遍现象。所有国家都将围绕数字技术的部署以及人力资本的扩张，来重建增长模式，全球迎来新一轮产业分工调整，工业化步入数字化、智能化和网络化的时代。各国、跨国公司，根据全球要素分布的新特点，加紧在全球范围重构产业链，优化产业布局，正在形

成新的竞争优势。信息、知识将成为21世纪生产要素中的一个独立成分，发挥越来越重要的作用。美欧"再工业化"以及智能机器人的应用，已经发出强烈的信号，新一轮科技革命以及由此引发的深刻的经济社会革命正在处于大爆发的前夜。

（二）科技革命新浪潮和经济"新常态"下我国工业发展面临机遇和挑战

与此同时，中国社会经济的发展面临的新常态呈现"中高速"、"优结构"、"新动力"、"多挑战"四大特征。**中高速：**从速度层面看，经济增速换挡回落、从过去10%左右的高速增长转为7%~8%的中高速增长是新常态的最基本特征。**优结构：**产业结构，第三产业逐步成为产业主体。需求结构，消费需求逐步成为需求主体。城乡区域结构，城乡区域差距将逐步缩小。收入分配结构，居民收入占比上升。**新动力：**从要素驱动、投资驱动转向创新驱动。**多挑战：**从风险层面看，楼市风险成为关注的焦点。地方债风险、金融风险等潜在风险渐渐浮出水面。这些风险因素相互关联，有时一个点的爆发也可能引起连锁反应。面临新形势，如何加快工业的转型升级、提升竞争力，正成为我国亟需自行探索实践的迫切任务。

加快推进信息化与工业化融合（以下简称两化融合），是党中央、国务院在新时期做出的重大战略部署，党的十七大提出要"大力推进信息化与工业化融合，促进工业做大做强"，党的十八大又进一步提出要"推进信息化与工业化深度融合，工业化与城镇化良性互动，城镇化与农业现代化相互协调，促进工业化、信息化、城镇化、农业现代化同步发展"。面对复杂多变的国内外经济形势，积极推进两化融合是应对国际竞争格局调整的战略举措，是加快工业转型升级的重要途径，是建设资源节约型、环境友好型社会的必然选择。

（三）工业化和信息化融合也是化纤行业转型升级的重要驱动力

在日趋复杂的发展背景之下，我国化纤工业经历了较长时间的高速增长后，核心竞争力不足、资源环境约束强化、要素成本上升、产能结构性过剩等矛盾日益突出，正处于转型升级的攻坚时期，行业发展要更加关注结构调整和转型升级，要加快推动自主创新、技术改造、节能减排、绿色发展、淘汰落后等转型升级的重点内容。其中转型升级与各项先进技术的发展和应用紧密关联，应用电子、信息、自动化、新材料等高新技术改造与化纤产业深度融合并创新发展，高新纤维技术和高端装备技术是影响化纤升级发展的关键核心。信息化技术广泛应用提高行业劳动生产率、降低制造成本、改善生产环境，在互联网、物联网、云计算、大数据等信息技术的强力支持下，推动行业生产模式、流通模式和营销模式的创新发展。可以说，工业化和信息化融合是实现行业转型升级的重要驱动力。

（四）信息化和工业化融合的内涵

信息化和工业化的融合，是指以信息化带动工业化、以工业化促进信息化，走新型工业化道路；两化融合的核心就是信息化支撑，追求可持续发展模式。

两化融合的主要内容包括产品构成、工业设计、生产过程控制、物流与供应链，以及经营管理与决策五个层面的融合。从行业来看，两化融合、将从装备、原材料、消费品三大类产业向更细分行业拓展，从工业拓展到生产性服务业；从领域来看，两化融合将从单个企业的信息化向产业链信息化延伸，从管理领域向研发设计、生产制造、节能减排、安全生产领域延伸。从层次来看，两化融合不只停留在技术应用层面，还催生了新型业态，促进制造业服务化和服务业产品化；从应用上来看，物联网、云计算等新一代信息技术在工业领域得到应用，企业信息化从单项应用向全面继承应用发展，生产的各个环节的智能化水平将更高。

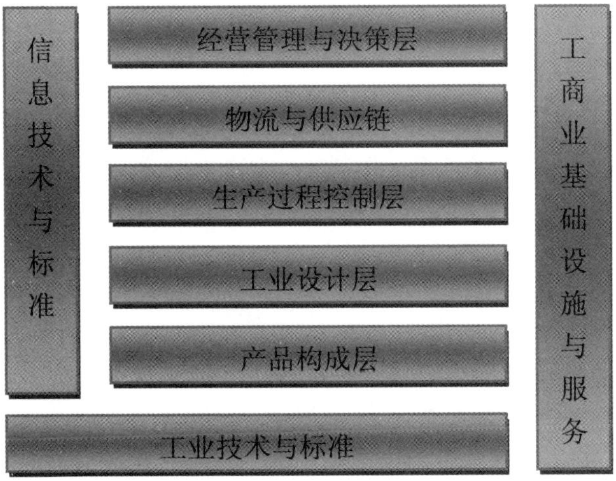

图 1　信息化与工业化融合的主要内容

二、纺织化纤行业两化融合的发展现状

我国是一个纺织化纤大国，在“十五”和“十一五”期间，信息数字化智能化制造技术在纺织行业的应用程度不断提高，生产效率、产品开发能力以及节能减排水平都获得大幅提升，提高了劳动生产率，也有效支撑了纺织产业结构调整和产业升级；但还应看到，与国际先进水平相比，装备的数控、智能化技术的普及率仍存在差距。

（一）化纤制造

化纤行业在生产制造环节具有自动化水平较高的优势，随着信息技术的逐步渗透，“工业机器取代人工”成为一种新的发展模式，从落丝、检测、仓储到包装实现了智能化，以荣盛集团旗下的盛元化纤纺丝车间为例，一卷卷纺丝从生产终端下线后，由一台台机器设备进行输运，并进入流水线自动作业，实现了具有卷绕自动落丝—中间立体仓储—自动包装等全自动一体化功能。浙江海利循环产业园，也实现车间机器人和智能仓储替代工人实现全程操作自动化。“机器换人”节约人工成本，还大幅度减少人工误差从而提升产品品质。通过智能化信息技术的应用，使企业内部管理、技术开发、产品设计及生产营销方式发生变化，转变粗放的经济发展方式。

（二）纺纱

棉纺通过自动化、连续化和高速化工艺技术的推广应用，提高了生产效率和产品质量，近年来在棉纺中得到重点应用的工艺主要围绕缩短流程、减少用工和提高品质几个方面。

清梳联系统：清梳联设备流程短，适纺性广，实现了清花短流程，梳棉高产、高质、大卷装。近几年国内新增和技改项目，自主化清梳联设备占 85% 左右。国产清梳联设备已经广泛采用了光、电、气、仪、变频传动、伺服电机及计算机通讯等新技术。

细络联纺纱系统：细络联是在细纱机和自动络筒机之间增加一个联接系统，细纱机带集体落纱可以减少用工 50%，并且落纱、插管全部采用自动化，既减少了落纱工人、运纱工人数量，也提高了劳动生产率和纺纱质量，降低了劳动强度。根据统计，每万锭平均可节约 10 个劳动力。

新型纺纱技术：我国新型棉纺织技术的应用范围逐步扩大，紧密纺、喷气纺、涡流纺及转杯纺等新型纺纱技术的应用，在纺纱结构、喂入方式、新型多纤维复合混纺、工艺参数等方面创新技术，为下游工序加工出了风格各异的纱线新品种，不仅满足了市场需求，也给企业带来较好的效益，2010 年以上几种新型纺纱产量占全部纱产量的 20%左右。

电子异纤清除装置：针对棉花三丝问题比较严重的情况，越来越多的企业选择电子异性（色）纤维、杂物自动检测清除系统（简称异纤清除装置）用以代替人工拣杂。

毛纺嵌入式复合纺纱技术已在毛纺行业得到产业化应用，开发出了羊毛 500 公支的高支纱线；半精梳毛纺加工技术取得突破，2009 年生产能力达到 100 万锭，比 2005 年增加了 70 万锭。特种动物纤维绒毛分梳及改性加工技术达到世界领先水平，已在 25%左右的羊绒分梳企业得到应用。

（三）织造

新型电子提花装置的大量应用、多种纤维的混纺交织以及织物结构的创新大大丰富了纺织面料的品种，我国棉纺、毛纺及一批化纤面料已经达到或接近国际先进水平。织造技术进一步向宽幅、高速、高产的方向发展，自动化程度进一步提高，2010 年我国棉纺织行业无梭织机的比重达到 46.6%，比 2000 年增加 37.3 个百分点。

针织的技术进步主要体现在机速的不断提高、针织机的多功能性与可变换性、全成型针织技术以及经编针织技术的快速发展，电子和信息技术在针织生产的花型设计、程序控制以及成圈编织等工艺中应用普遍，有效提高了自动化程度、增加了花色品种、提升了产品质量。经编技术的更新换代体现在高速经编机转速达到 4000 转/分钟以上，产业用经编和立体编织技术进步大大拓展了复合骨架材料的加工领域，突破了风力发电叶片、卫星支架、火箭喉衬等加工难度极大的产业用纺织品成型技术。

非织造技术取得重大跨越性突破，直接梳理成网技术使加工流程大大缩短，高速加固技术大幅降低了运行成本，同时在产品的各向同性、均匀度、手感、厚薄等性能上显示了传统纺织材料无法比拟的特点。

（四）染整

染整技术的创新和进步，主要体现在印染清洁生产技术、新型纺织材料的染整加工技术、多组分纤维的染整加工技术、新型染料和助剂的应用、废水深度治理与回用技术、资源循环利用技术等方面的突破。活性染料冷轧堆前处理及染色、数码印花、涂料印花等一批印染新技术，电子分色制版、自动调浆、在线检测等先进电子信息技术，由抗菌、抗皱等单一功能整理发展至多功能整理的技术等，大大提高了面料质量的稳定性和附加值。

（五）制品加工

在服装和家纺产品领域得到广泛应用的先进工艺技术主要体现在现代信息技术在生产制造领域的广泛应用，包括计算机辅助设计和计算机辅助生产（CAD/CAM），程序化、自动化、高速化的成衣生产线，以及三维人体测量、自动化裁剪、实时数据采集及生产管理系统等先进的技术也在逐渐推广应用。

三、化纤工业“两化融合”的发展重点和途径

化纤行业作为资本密集型行业，在装备和生产环节具有较高的自动化基础，更应充分利用两化融合为驱动力，加快行业的转型升级。化纤行业推进“两化融合”式发展模式，需要着力抓好“装备现代化”、“过程信息化”、“管理集约化”和“市场协同化”四个方面。

“装备的现代化”主要包括：装备自动化、数字化和智能化；**“过程的信息化”**包括：产品研发与工艺过程数字化、网络化和智能化，生产制造工序、生产线的数控化程度，采购、销售等业务过程的优化和管控以及生产制造全过程的信息跟踪、优化控制和精细管理；**“管理的集约化”**包括产品设计与制造集成，管理与控制集成，产供销集成，财务与业务集成以及决策支持；**“市场协同化”**是指：产品协同创新和绿色发展以及产业链信息、资源、业务和市场协同。与合作伙伴共同实现跨企业的网络化协同设计与制造，共同实现贯穿产品全生命周期各阶段的产品状态信息跟踪与反馈，共同实现产品全生命周期服务延伸和管控，共同实现覆盖绿色设计、绿色工艺、绿色制造、节约使用、循环利用等产品，全生命周期各环节的综合节能降耗。

以上四个方面的重点目标，对化纤行业提高产品质量，智能化、自动化，连续化，降低工人劳动强度、提高劳动生产率和节能降耗等方面提出了更高要求。

（一）推进数字化智能化制造，实现“装备的现代化”和“过程的信息化”

数字化智能化制造的最直接作用是提高劳动生产率，全自动细络联系统、高性能数控系统、纺纱自动接头、自动化仓储等智能化的生产新技术在纺纱、织造、服装、物流等领域的应用，通过流程化、自动化流程实现机器替人，减少用工，大幅提高劳动生产率，应对纺织行业劳动力资源越来越紧缺的形势。

实现柔性化生产，建立基于网络的纺织产品数字化柔性生产系统，通过应用新一代的网络和通讯技术，将纺织产品的个性化需求和生产制造环节相衔接，采用管理技术、系统集成和优化技术、数码技术，形成产品、技术、市场相衔接的协同设计和制造的柔性化生产。

通过数字化智能化制造技术的应用，形成从纺纱（纺丝）到最终制成品（服装、家纺产品）的数字化工厂，保障产品质量的一致性和稳定性，在线的质量监控提高产品合格率，数字化的控制技术保障产品个性化、差异化的小批量、多品种生产模式，从设计到生产到最终消费的数字化信息管理保障产品质量的全程可控。

1．**研发差别化涤纶长丝成套生产线**，采用数控、智能技术，实现从纺丝、假捻变形到丝饼检验分级、包装、仓储全流程自动化、信息化，改变目前涤纶长丝生产品种单一，产品质量不能追溯的现状，提高产品质量和企业经济效益。2015 年实现丝饼数字化精密卷绕成型；丝饼全自动套封袋包装；纺丝卷绕加弹生产流程数字化控制；卷绕满筒率达到 98%，产品质量提高 10%，经济效益提高 20%；建立 1～2 条示范线。2020 年实现纺程中每束丝张力自动监测；丝饼在线外观检测，等级判定精确度达到 98%。质量属性自动跟踪；产品质量提高 20%，经济效益提高 40%；具备推广 5～10 个生产厂的条件。

2．**差别化涤纶长丝生产工厂**（包括纺丝、假捻变形、卷绕成型、在线检测及全自动物流仓储）,完成智能涤纶长丝纺丝、假捻变形工厂的管理，实现纺丝、假捻变形设备控制数字化，操作自动化；实现长丝生产、丝饼检验、转运、包装、仓储全流程智能化。2015 年实现差别化涤纶长丝生产在线添加、全自动卷绕换筒、丝饼智能转运、自动包装的控制技术数字化。假捻变形机实现全自动落筒、换筒功能，工艺参数实时精密检测与智能控制；实现落筒机及引导搬运车全自智能运送丝饼。实现丝饼包装自动化；生产车间建立数字化控制，工艺参数网络化管理体系；建立示范生产工厂。2020 年实现纺丝、假捻变形工艺参数在线控制，丝饼在线智能检测与分级，丝饼转运、质量信息、仓储的实现智能化管理；生产车间信息化、网络化管理；建立智能纺丝生产工厂的示范基地。具备推广 5～10 家生产厂的条件。

3．**纺织产业数字化车间（工厂）**。形成智能管理的差别化涤纶长丝、假捻变形 2 个生产工厂，染色生产工厂 1 个，经编成衣生产工厂 1 个，共 4 个工厂。2015年完成设备智能化制造，生产工厂建立数字化、网络化体系，建立1～2个示范生产链。2020年完成经编内衣生产链的全部智能化管理，并具备推广5～10个生产企业的条件。

专栏1、差别化聚酯涤纶纤维成套生产线智能化、自动化、信息化融合

成套生产线上采用数控、智能技术，实现从纺丝、假捻变形到丝饼检验分级、包装、仓储全流程自动化、信息化，改变目前涤纶生产品种单一，产品质量不能追溯的现状，提高产品质量和企业经济效益。

通过项目实施实现在直接纺聚酯生产线上全面采用智能加工系统进行涤纶长丝的生产，包括：聚合PTA、MEG及DEG智能输送，纺丝智能加工（落筒包装）系统的研发与应用，加弹智能加工（落筒包装）系统的研发与应用，及所有环节智能物流系统的研发与应用，辅助物流、销售、管理为一体的信息化管理系统。如：纱车搬运机器人系统、中转立体库系统、出入库输送系统等研发与应用。

实现化纤工厂从原料智能输送；纺丝智能加工（落筒包装）；加弹智能加工（落筒包装）；以及所有环节智能物流信息管理。以推动信息技术在工业企业研发设计、生产制造、运营管理、供应链管理、产品信息化等关键环节的在化纤行业的深度应用；以信息化创新研发设计手段、推动行业生产过程智能化、管理信息化。同时，通过项目的实施可实现生产的自动化、管理的信息化、物流的一体化，产品的优等品率将大幅提升，可有效的减少了生产线的用工人数，降低单位产品的生产成本， 一方面解决企业面临的生产成本上升和劳动力短缺的问题，另一方面为行业发展提供示范。

专栏2、数字化仿真与纺丝技术的高度融合，开发全流程数字化控制软件

基于物性参数、成形动力学、 成形流场参数、 全工艺过程结构与性能仿真建立全流程仿真工程模型，实现大容量聚酯差别化与高品质结合， 促进信息技术与化纤工业融合。在聚酯分子链中引入高效新单体， 在保证可纺性的基础上调控大分子序列结构及非晶区结构， 制备出良好染色性、 亲水、 阻燃的共聚酯材料及其纤维； 设计新型聚醚酯与金属离子化， 实现共混聚酯亲水性能与抗静电性能的调控； 设计新型功能材料， 制备发热、 防辐射、 吸波、 导电、 荧光等改性聚酯材料与功能纤维； 应用有机与无机亲水剂、 扁十字／带翼中空等调控纤维表面凹槽结构和界面性质，提高透气、导湿、吸湿能力与润湿速度。

未来聚酯熔融纺丝将继续坚持数字化仿真与纺丝技术的高度融合，建立数字化研究平台与纺丝技术数字化平台，实现速度温度应力直径在线检测；开展同步辐射在线研究在快速形变过程中的流动特征及取向、结晶机理研究；从熔融纺丝拓展到溶液纺丝、静电纺丝、相分离纺丝、液晶纺丝等领域；紧密结合行业技术与产品开发需求，建立数字化开发平台，研究负压纺丝、wings FDY 高效新工艺；仿棉纤维等多重改性纤维成形；基于唯象工程模型、性能预测模型等，结合实际生产过程，开发全流程数字化控制软件。

（二）业务融合与新业态衍生促进“管理集约化”和“市场协同化”

业务融合是指信息技术应用到企业研发设计、生产制造、经营管理、市场营销等各个环节，推动企业业务创新和管理升级。例如，化纤行业使用的 ERP 系统（如荣盛、恒逸），改变了传统手工台账，极大地提高了管理效率；B2C 的网络营销成为一种新的市场营销方式，受众大量增加，降低了企业的营销成本。

新业态衍生是指两化融合可以催生出的新产业，形成一些新兴业态，如出现了专业的化纤机械电子控制系统、工程软件服务配套（如三联虹普、大连合纤所等）、B2B 电子商务（如阿里巴巴）、工业原材料或化纤的电子平台交易或产成品大宗交易（如郑交所的 PTA 品种）。当前，基于信息网络的融合创新不断涌现，可积极利用生产流程智能化、电子商务、工业云、大数据等新技术，实现全产业链智能设计、物流、数据库共享平台等。

以纺织供应链为例，大数据、智能技术和云平台技术的迅速发展以及中国纺织工业积累的大量生产样本和数据，为挖掘和开发面向行业供应链优化的产品数据和管理系统提供了技术上的保障。通过开发面向纺织的产品数据管理系统，可改善纺织生产和物流的现有组织管理结构，拉近生产商、产品设计者和消费者的距离，使传统纺织供应链成为以消费者需求为驱动的生产方式。

从长期目标上，可打通连接从纤维生产到成衣的整个供应链的信息通道；建立一个信息完备的大规模纺织材料库，包括纤维库，面料库和成衣库；在材料库的基础上，建立纺织生产和设计的知识库，以辅助服装设计师，选择最佳面料和最佳设计方案，同时辅助纤维生产厂家确定开发方向。最终建立面料和纤维原料的终端成衣的虚拟时尚展示平台。

专栏3、面向纺织服装供应链优化的产品设计智能系统

从面料到成衣的信息搜寻或设计推荐系统，以帮助服装设计师选择符合其设计理念的最佳面料，最佳颜色及纹理和最佳款式或版型。系统应包括：面料库，人体库，版型库和颜色库，设计知识模型和规则，多指标（技术和时尚）的综合智能推荐系统，设计方案的虚拟展示和评估系统 。

从纤维选择或工艺选择到成衣的信息搜寻或生产推荐系统，以帮助纤维生产者或面料生产者了解产品终端的表现，并把其产品功能在终端设计中展现出来。系统应包括：纤维库、工艺知识库、纤维分类算法，多指标的综合智能推荐系统，产品功能的虚拟展示平台和展示流程及相关评估。

四、化纤行业“两化融合”发展的保障措施

（一）加强政策引导，创新“两化”融合推进机制

国家相关部门已出台一系列政策措施和指导规范，促进两化融合发展。

《2006～2020年国家信息化发展战略》

《工业转型升级规划（2011～2015年）

《关于加快推进信息化与工业化深度融合的若干意见》（5部委）

《工业企业“信息化和工业化融合”评估规范（试行》（工信部2011年第39号

《信息化和工业化深度融合专项行动计划（2013～2018）》

《工业企业信息化和工业化融合评估规范》国家标准(GB/T23020～2013)于2014年5月1日起正式实施

2013年，工业和信息化部发布了《信息化和工业化深度融合专项行动计划（2013～2018)》,《行动计划》提出八大专项行动，包括：（1）“企业两化融合管理体系”标准建设和推广行动；（2）企业两化深度融合示范推广行动；（3）中小企业两化融合能力提升行动；（4）电子商务和物流信息化集成创新行动；（5）重点领域智能化水平提升行动；（6）智能制造生产模式培育行动；（7）互联网与工业融合创新行动；（8）信息产业支撑服务能力提升行动，并配套保障措施，对引导工业企业两化融合创新发展具有实际意义。

此外，促进“两化融合”工作的第一个国家标准-《工业企业信息化和工业化融合评估规范》国家标准(GB/T23020~2013)也于2014年5月1日起正式实施。

“两化融合评估国家标准”的框架体系设计，强化了信息技术与工业技术紧密结合环境下，突出两化融合的关键作用点，并综合考虑了对企业两化融合发展水平现状的反映以及对未来发展方向的科学引领。通过评估框架体系可明确两化融合发展路径，引导企业通过两化融合实现创新发展、智能发展和绿色发展，获取和提升可持续发展的竞争能力。评估框架包括水平与能力和效能与效益两个部分。如图2所示。

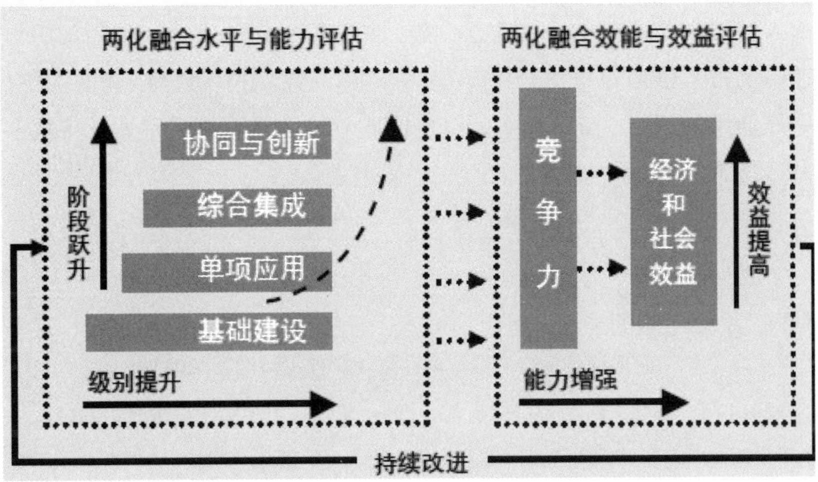

图2　评估框架体系

（二）实施推广《工业企业“信息化和工业化融合”评估规范标准》，及时发布本行业标准及相关配套工作

要在《工业企业“信息化和工业化融合”评估规范标准》的基础上，并依据化纤行业特点，制定本行业标准；在此基础上，行业协会参与建立第三方认定管理组织和服务机构，开展咨询、认定、培训等专业服务工作。

（三）选择重点行业企业，加大专项支持力度

参与推广实施工业企业“两化”融合评估体系和行业评估规范，在本行业培育国家级“两化”融合促进中心，树立一批“两化”融合典型应用示范企业。引导重点行业企业成为“两化融合”创新技术、应用推广的主力军，形成以骨干企业为创新主体的市场化产业发展机制，开展典型案例的经验总结和推广工作，针对重点行业开展典型案例研究，提炼出能够让全行业受益的先进技术和管理经验，将先进的数字化智能化制造技术辐射到更多企业

（四）从全产业链角度研究数字化智能化制造

提高生产效率、降低能源消耗、减少污染物排放、提高产品质量、丰富产品功能等是促进纺织工艺技术进步的根本要求，工艺技术的进步又是和纤维材料、生产装备、管理技术等方面的进步紧密关联，要从全产业链的角度综合考虑数字化智能化的实施路径及投入产出效率。

（五）以产业联盟的方式开展数字化智能化应用研究

深入开展产业联盟的方式合作创新，加强产业链上下游、生产部门与应用部门之间的技术供需对接与合作开发，推动建立高新技术纤维、染整关键技术、高性能产业用纺织品、高端装备、纤维回收利用等重点产业联盟，将数字化智能化制造技术应用融合到相关的产业联盟中去。

参考文献：

[1]《信息化和工业化深度融合专项行动计划（2013~2018）》. 2013.5.

[2]《2014 年中国化纤经济形势分析与预测》. 北京：中国纺织出版社，2014.

[3]《中国化纤行业发展规划研究》.上海：东华大学出版，2012.

[4]《两化融合背景下传统产业发展研究》. 两化融合与物联网发展学术研讨会，北京：2011.

[5]《国家两化深度融合推进政策解读和企业两化融合发展重点和路径》，北京：2013.

关于我国纺织工业原料保障体系建设的研究

吴文静　万　蕾

一、纺织原料保障体系的重要意义

纺织工业是我国国民经济的传统支柱产业和重要的民生产业，也是国际竞争优势明显的产业，在繁荣市场、出口创汇、吸纳就业、增加农民收入、促进区域经济发展等方面发挥着重要作用。

新世纪以来，纺织工业在规模、结构、科技与品牌、质量效益、开拓国内外市场等方面取得了巨大的发展和进步。中国纺织工业纤维加工量占世界的比重从2000年的25%上升到2013年的54%，纺织品服装出口总额占世界的比重从2000年的24%上升到2013年的38%。纺织工业为中国惠及十几亿人口更高水平的小康社会不仅创造了日益丰富和更加美好的衣着生活，还创造了2000万就业岗位。

纺织工业还是我国最大的出口创汇产业，2013年我国纺织行业出口额2920.75亿美元，占全国出口总值的13.2%，纺织贸易顺差2645.3亿美元，超过全国2597.5亿美元的贸易顺差。纺织产品的大量出口，调节了我国纺织品产业结构，同时还为国家创造了大量的外汇收入，在出口创汇中具有非常重要的作用。

纺织工业是纤维加工产业，高品质原料的稳定合理供应是行业实现平稳健康发展的基础。近年来，受到国内棉花管理体制、农业种植技术以及化工原料建设中一些社会舆论方面的影响，我国纺织原料供应面临的问题日益增多，对纺织行业发展的制约也日趋明显。纺织原料的安全问题是关系到今后一段时期内，中国纺织工业能否健康、平稳发展的一个重要因素。

国内棉花的不稳定供应和内外棉价差大大削弱了我国纺织工业的国际竞争力，各种纺织原料供应不足、进口依存度过高，也暴露了我国的纺织原料短缺的矛盾，未来纺织原料对国内纺织经济发展的制约作用越来越大，势必会影响到我国纺织经济安全，需要引起纺织产业链的利益相关方引起高度重视，让纺织原料工业在纺织产业转型升级中分享红利、共同发展。加强纺织原料的供应保障，已经刻不容缓。

从长远看，石油天然气的价格会逐步上升，我国是石油天然气净进口国，2009年中国进口原油约2.04亿吨，消费的进口依存度突破国际警戒线50%，达到52%。我国化学纤维中有90%是合成纤维，对石油的依赖是不容置疑的，但石油是不可再生资源，终有一天会面临石油枯竭危机，必须尽早寻求石油替代材料，储备战略技术，保障我国纺织工业可持续发展。

二、我国纺织原料发展现状

我国纺织工业原料主要包括化学纤维和棉、毛、麻、丝等天然纤维。2013年，我国纺织纤维加工总量达4850万吨，占全球的54%。其中：化纤3902万吨，占纺织纤维加工总量的80.4%；棉花810万吨，占16.7%；麻80万吨，占1.6%；毛45万吨，占0.9%；丝13万吨，占0.2%。随着我国纺织工业的快速发展，对原料的需求也不断增加，天然纤维受制于种植、养殖业规模的限制，难以有大幅度的增加，甚至出现下降，因此，纺织纤维原料需求的增长主要依靠化纤来满足，化纤占纺织纤维加工总量的比重不断提高，天然纤维比重持续降低。

（一）棉花

我国主要的种棉区分布在长江流域、黄河流域和西北内陆，其中西北内陆主要指新疆地区，国产棉花以新疆棉品质最优，且我国长绒棉全部产自新疆。中国不仅是世界上最大的棉花生产国、进口国，还是最大的消费国。近五年，纺织行业用棉总量基本稳定在1000万吨左右，棉花对外依存度达30%以上。

我国棉价受国内宏观政策以及国际棉花价格走势的影响而大起大落，2010/2011年度最高达31000元/吨，随后快速跌至20000元/吨以下，但是受国内棉花政策的影响，内外棉价存在较大差距，纺织行业竞争力下滑。同时，由于棉花加工能力严重过剩，在棉花紧缺时企业争抢资源、哄抬棉价、混等混级，异性纤维问题突出，棉花加工质量下降。

（二）化学纤维

化学纤维是我国纺织工业最主要原料，在数量上已经完全能够满足纺织需求。2013年，我国化学纤维产量达4122万吨，比2010年增加33.4%，年均增长10.1%，占全球化纤产量的比重达到68%。化纤产品品种结构完整，各品种产量见表 1，长丝和短纤比例约为 67：33。

表 1　2013 年化纤产量

	2013 年（万吨）	比 2010 年增长	年均增长
化学纤维	4121.94	33.41%	10.09%
其中：粘胶纤维	314.48	71.38%	19.67%
涤　纶	3340.64	32.92%	9.95%
锦　纶	211.28	30.58%	9.30%
腈　纶	69.43	5.65%	1.85%
维　纶	10.09	78.27%	21.25%
丙　纶	26.43	-21.87%	-7.90%
氨　纶	38.97	42.07%	12.42%

随着化纤行业不断的技术进步和产业升级，化纤产品功能化、差别化水平明显提高，产品竞争力也明显增强，在数量和质量上基本实现替代进口，2010 年以来化纤进口量维持在 85 万吨左右，占国内消费量的不到 3%，同时化纤出口量大幅增加，2013 年达 268 万吨，比 2010 年增加 39.2%。化纤产品已开发出细旦、超细旦、异型、阻燃、抗菌、抗静电、吸湿排汗等功能化、差别化产品和多功能复合产品，为纺织、服装产品提供了优质纤维原料。原液着色纤维生产技术将染色和聚合纺丝融为一体，相对于一直沿袭的“先纺丝织造，后印染整理”的纺织生产模式，生产成本大幅下降，更重要的是省去了涤纶产品后续染前处理、高温高压染色、染后漂洗等高能耗、高排放工序，对纺织产业链的节能减排和环境保护做出了积极的贡献。

（三）再利用纤维

我国再生化学纤维在产量和质量方面不断地发展和提升，从最初的以填充用再生涤纶短纤为主，发展到棉纺用再生涤纶短纤、再生涤纶长丝、再生涤纶工业丝以及再生丙纶长丝，应用范围覆盖服装、家纺、产业用领域。但是，由于再生化学纤维在资金和技术上的进入门槛较低，近年来借循环经济的东风，再生化学纤维行业产能快速扩张，导致行业同质化发展严重，市场竞争激烈。

在废旧纺织品综合利用方面也取得了一定的进展。根据国家发改委 2013

年发布的《中国资源综合利用年度报告》显示，2011年我国废旧纺织品综合利用量230万吨，相当于节约原油300万吨。成功研发了“废旧服装-再生切片-纤维高值化再生利用”生产工艺，建成国内第一条年利用3000吨废旧服装再生切片生产线。科技部将涤纶与涤棉废旧纺织品回收利用关键技术研究项目列入国家863计划。2012年11月由中国资源综合利用协会发起，联合28家企业、高校和科研院所等单位共同成立了废旧纺织品综合利用产业技术创新战略联盟，致力于建立废旧纺织品综合利用技术创新的长效机制，做为废旧纺织品综合利用产业的产学研合作平台和公共服务平台，促进企业转变发展方式，推动社会循环经济发展。

（四）生物基纤维

生物基化学纤维及其原料可再生、可降解，有助于解决当前全球经济社会发展所面临的严重的资源和能源短缺，以及环境污染等问题。《“十二五”国家战略性新兴产业发展规划》将生物基化学纤维及其原料列为支持产业之一，进一步推动了生物基化学纤维及原料的发展。

2012年新型生物基纤维总产能达15万吨。竹浆纤维、麻浆纤维、聚对苯二甲酸混合二元醇酯（PDT）纤维、聚对苯二甲酸丙二醇酯（PTT）纤维、对苯二甲酸丁二醇酯（PBT）纤维、聚乳酸（PLA）纤维、壳聚糖纤维、蛋白纤维等已实现产业化；Lyocell纤维、PHBV与PLA共混纤维、海藻纤维已突破产业化关键技术；聚丁二酸丁二醇酯（PBS）系列纤维、离子液体法纤维素纤维等由中试向产业化突破。

三、我国纺织原料存在的突出问题

（一）棉花问题

1. 国内棉价长期高于国际棉价

自2011/2012年度以来，市场下游需求疲软，全球棉花市场形成供过于求的格局，国内外棉价自历史高位开始下跌。为稳定棉花生产、保护棉农利益，从2011/2012年度起，国家连续三年启动棉花临时收储政策，年度之内固定的收储价格成为国内棉花的价格底线，而国际棉价则在供需调节作用下一路下跌至历史较低水平，自此国内棉价持续大幅高于国际棉价，导致我国纺织工业竞争力大幅下降，企业效益大幅下滑，减产停产现象不断增加。

2. 国内棉花产量难以满足用棉需求

随着国家经济的发展和人民收入水平的提高，纺织纤维消费量持续增长，2013年纺织纤维加工量达4850万吨，较2012年增长350万吨；棉纤维直接加工量810万吨，其中包含进口原棉415万吨。预计人均棉型纤维消耗量仍会逐年增长，需要稳定并增加国内棉花产量，以确保纺织用棉需求。

（二）化纤原料问题

1. 石油价格安全问题

对高度依赖石油资源的合成纤维工业来说，国际原油价格剧烈波动的不确定性，无疑是行业的灾难。处于石化产业链末端和纺织产业链前端的化纤工业，承担着资源型物资价格趋高的冲击，原料价格波动是行业面临的最大威胁。

2. 原料短缺问题

原料短缺一直是制约我国化纤工业发展的主要矛盾。近几年，随着PTA产能的快速扩张，PTA短缺的问题已经解决，但随之而来的是PX严重短缺问题，PX“有毒说”以及屡闹屡胜的“群体性事件”，使PX项目建设陷入困局，2013年PX进口依存度高达54%，严重威胁我国聚酯产业安全。此外，乙二醇和丙烯腈进口依存度分别达69.4%和30.1%，人纤木浆为74.4%。

（三）生物基纤维关键技术和产业化问题

发达国家和地区把生物基化学纤维及其原料的相关技术列为国家级控制水平，我国的发展依靠国际合作的空间甚少，必须要靠自主研发，面临核心技术、工程化、产业化等一系列问题。科技和工程交叉复杂，所涉及到的基因技术、工业微生物、生化技术处于产业化前期基础研究阶段，难度大，流程长，关键环节较多。中国化纤产业仍处在“规模发展的利润回报期”，而我国生物基化学纤维及其原料产业尚处于起步阶段，投入大、效益少，市场倒逼和追逐利润的动力不足，相当有实力的大企业未成为生物基化学纤维及其原料技术创新和产业化的主体，中小型企业积极性虽高，进入快，但企业素质不高，产业难以做大做强，难于形成以企业为创新主体、产、学、研、装备工程相结合的工程化利益共同体。

（四）资源回收再利用问题

目前我国废旧纤维制品的回收利用还处于初级发展阶段，综合利用率不足10%。由废旧聚酯瓶生产再生涤纶纤维的回收利用技术已经相当成熟，但是产品质量还有进一步提升的空间，品牌建设需要进一步加强，部分小规模聚酯企业在节能减排方面仍有欠缺，行业需要加快转型升级步伐。废旧纺织品回收目前只能简单回收单一成分的废旧纺织品，主要是纯聚酯纤维制的纺织品，而大多数纺织品和服装都是由多种成分的纤维材料制成，必须要攻克这一技术难关才能提高废旧纺织品的回收利用率。另外，国内消费者对回收再利用产品的质量和卫生安全表示担忧，存在一定的心理抵触心理。

四、“十三五”期间中国纺织原料发展趋势分析

“十三五”期间，全球人口将继续增长，由此带来的直接作用，一方面是纤维需求的增长，另一方面是资源制约将更加突出，粮棉征地问题进一步加剧。我国耕地面积已经逼近 18 亿亩的耕地红线，中国粮食也已全面进入“净进口”时代，棉、麻种植面积会越来越少。因此，必须保障化纤产品的供应，同时加快发展其他可替代纤维产品。

（一）纤维加工量和结构预测

通过 30 年历史数据，发现纤维需求量和经济增长存在明显的正相关性。随着全球经济增长和人口增长，全球纤维消费量仍会进一步增长。我国纺织内需市场将随国内经济的增长和人民消费水平的提高而进一步扩大，同时，国际市场将随我国纺织工业国际竞争力的提升，也会进一步扩大。中国纺织纤维加工量的增长速度将继续高于全球平均水平,但中国的增长速度会由于基数的原因，并且随着全球分工的调整和中国经济的降速而出现较大幅度的下降。

纺织纤维结构将进一步调整。天然纤维发展受限，单纯依靠扩大种植和养殖规模发展天然纤维的模式难以为继，纺织纤维消费增量中绝大多数是化纤，用棉比例将呈下降趋势。预计“十三五”期间用棉总量仍将保持在每年 1000 万吨左右，而化纤产量将继续增长，占纺织纤维加工总量的比例继续提升。

（二）纺织原料的有效路径

1．继续促进化学纤维常规产品提升

目前，我国化学纤维仍以常规产品为主，差别化率虽然达到 55%，但主要集中在细旦、粗旦、有色、大有光和全消光等技术层次相对较低的品种上，占到 80%的比例。在多组分、多性能、多功能方面还有所欠缺，而这些正是高新技术水平和应用水平的体现。随着纤维结构功能关系研究的深入，纤维材料设计发展加速，产品正由单一功能向多功能、高仿真、高性能、舒适化、特色化

等方向发展，以满足纺织工业对高品质原料的需求，满足消费者对健康、安全、舒适、时尚、个性化以及高技术发展的要求。

2．大力发展“超仿棉”等新一代聚酯纤维

“超仿棉”是为缓解天然纤维不足而生。面对棉花紧缺的现实，化纤产业技术创新战略联盟承担了国家“十二五”科技支撑计划“超仿棉合成纤维及其纺织品产业技术开发”项目，旨在聚酯纤维的共性缺点，将纤维的优点充分体现在纺织品上。自 2011 年 1 月立项以来，共有 25 家化纤产业技术创新战略联盟单位参与。目前已开发出 3 种超仿棉聚酯纤维产业化技术，分别是易染色纤维、亲水细旦纤维和高亲水聚酯连续聚合纺丝产业化技术，通过独特的分子结构设计和创新的聚合技术，直接改变了聚酯纤维的分子结构，从本质上赋予了纤维及其面料突出的仿棉特性。大力发展“超仿棉”等新一代聚酯纤维，不仅能够化解聚酯涤纶产能过剩问题，有助于涤纶产品结构调整和升级，同时还能解决棉花短缺和国内外棉价差导致的纺织品服装市场竞争力下降问题。“十三五”期间，应继续发挥产业技术创新联盟在技术推广、产品应用、知识产权及标准化方面的优势，促进上下游技术紧密衔接，推动新产品、新技术的快速应用。

3．加强废旧纺织品综合利用

目前，我国废旧纺织品社会存量巨大，回收利用率很低。一些发达国家已经将废旧纺织品回收发展成为投资少、收益高的产业，而我国却还没有建立一套成体系的纺织材料循环模式，对于中国庞大的纺织品消费市场来说，这无疑是一座尚待开发的“金山”。如果能将中国千万吨的废旧纺织品进行循环利用，不仅能有效缓解我国纺织原材料资源紧缺的现状，对实现产业的可持续发展也将发挥巨大作用。有关资料显示，我国废旧纤维制品的综合利用率如果能够提高到60%，每年可节约原油1880万吨，节约耕地1634万亩。

随着消费者绿色消费理念的逐渐提升，以及废旧纺织品回收技术的成熟和监管的完善，再生制品会更容易被大众接受。因此要大力加强纤维资源再生循环与利用，通过技术创新，开发出能够回收含有多种成分纺织品的回收技术，以回收多种混纺的废旧纺织品，真正实现产品的循环经济，将提高废旧纤维制品再生利用水平作为化解纺织原料紧缺的战略性重要途径。

4. 加快发展生物基纤维及其原料

从国家战略和安全考虑，生物基技术可作为石油替代战略的储备技术，世界各国特别是发达国家在世界金融危机后，均把发展生物产业作为走出困境、争夺高新技术制高点、重新走向繁荣的国家战略。从20世纪90年代起，美国、欧盟、日本等传统化纤生产强国一方面受石油短缺、环境问题影响，逐渐退出常规化纤生产，另一方面重新定义纤维材料不仅是服装、家纺、产业用纺织品的原料，而且是重要的基础材料和工程材料。他们不断进行产业结构调整，逐步把纤维产业转向利润更高、受资源或环境影响更小的高性能化学纤维和生物基化学纤维的研发和生产。

我国《“十二五”国家战略性新兴产业发展规划》和《化纤工业“十二五”发展规划》把发展生物基化学纤维及其原料作为重要专项内容，足见发展生物基纤维材料的重要性。“十三五”期间，要继续从维护国家安全，培育战略性新兴产业的高度，利用可再生、可降解、可循环、环境友好的生物质资源，加快发展生物基纤维材料，来满足纺织工业以及国民经济其他领域生产发展和消费增长的需要。

五、“十三五”期间发展中国纺织原料的重点任务

（一）原料的共性和关键技术

大力研发和推广棉花高产种植技术，提高棉花种植效率。通过技术创新、产业链各环节紧密合作、标准体系建设与产品认证、品牌推广等多种方式，完成系列化“超仿棉”新一代聚酯的产业化技术开发，同时完成相应的纺织染整技术开发，实现工业化生产。适应绿色环保和可持续发展的需求，按照生物基化学纤维 “三替代、三结合、三重点”的发展原则，加快开发生物基化学纤维及其原料生产技术。创新发展高性能纤维低成本化技术，拓展工业用、民用领域。

（二）积极促进棉花产业链健康发展

棉花生产部门与纺织行业应共同加强调查研究，完善棉花生产技术手段与政策保障体系，促进棉花种植效率的提升与品质的改善。

继续深入优化全国棉纺产业布局，坚持由东部地区产能向中西部地区转移的政策导向，适度优先发展新疆棉纺工业。给予新疆棉纺企业出口周边邻国的免关税政策，鼓励依靠地理位置优势直接出口棉纺产品。

积极与棉花流通部门沟通行业原料需求，协同推进棉花流通体制的改革，

理顺市场流通关系，充分发挥市场的资源配置功能，取消棉花进口配额总量限制，实现国内外棉花资源有效统筹，使市场机制对于国内棉花供需真正发挥调节作用，从根本上促进棉花产业链长远健康的发展。

（三）大力推进化纤行业的转型升级

充分发挥好产业技术创新联盟的作用，加强产业链的协作创新，强化下游应用与上游化纤原料企业在创新体系的积极作用，开发出新的、更优的和真正符合市场需求的纤维产品。加强化纤及主要原料行业的治理，规范市场行为与秩序，防止过渡竞争及价格波动，为下游纺织产业链创造稳定的市场环境。加快化纤短缺原料行业的发展，突破原料瓶颈，促进产业链协调发展，同时加快实施走出去战略，在海外投资发展原料基地、加工基地等，有效弥补国内产业链薄弱环节。

（四）加快突破废旧纤维制品的再生利用

立足于废旧纤维制品的资源化，协调民政、商贸、环保等有关部门，加快推动建立覆盖全社会的废旧纤维制品回收系统，建立相关标准制度与渠道体系，形成有利的基础条件。结合产业链有关力量加强突破纤维再生利用关键技术与装备配套，形成经济可行、生态安全的织造能力，真正发挥缓解原料短缺矛盾的重要作用，完善纺织原料服务保障体系。围绕促进纤维产业链加强沟通合作，积极搭建各种媒介的公共服务平台，开展贸易对接等活动，促进纺织加工企业与纤维原料生产流通企业的充分沟通，活跃国内国际原料贸易合作，提高资源配置效率。

六、我国纺织原料保障体系的建立和完善

（一）保障棉花安全供应及生产

为保障棉花安全供应及生产，市场调控机制需进一步完善。一是建立稳定棉花生产的长效机制，从根本上解决棉花生产和棉农收益波动频繁的问题，从而稳定国内棉花市场价格，为纺织生产用棉提供良好的市场环境。二是进一步健全市场调节机制，使得市场作用能够正常发挥。三是充分利用国内、国际两个市场，综合运用储备和进出口两种调控手段，作为市场机制的有益补充，完善利用国际市场资源补充储备的机制。

（二）加强化纤原料供给保障

支持发展对二甲苯（PX）大型建设项目，关注 PX 引起的环保与社会问题，

加强舆论引导，及时研究对策化解相关矛盾，避免形成原料瓶颈。支持非石油路线的乙二醇项目建设。鼓励海外投资原料项目，支持有条件的企业到海外投资乙二醇、人造纤维木浆等项目，尽快缓解国内重点原料短缺的矛盾。

适当降低己内酰胺、丙烯腈等化纤原料进口关税，解决化纤原料进口关税倒挂问题，促进相关产业链健康发展。

（三）建立石油替代战略体系

加快转变经济发展方式，建立石油替代战略体系，攻克技术瓶颈，促使纺织原料来源多样化。

强化煤化工战略，规划科学调整煤化工产业布局以逐步构建起适合我国国情的能源替代体系，国家要在投资、贷款和税收等方面给予支持，同时也要采取有效措施适当控制，严防煤化工高端产能过剩。加快煤制乙二醇、煤制芳烃核心技术的产业化，实现煤制乙二醇—芳烃—聚酯一体化路线。

依照中国生物基纤维及其原料科技与产业发展（30年）路线图，加快培育生物基化学纤维制造产业。大力发展生物基化学纤维及其原料，充分利用农作物废弃物、竹、麻、速生林及丰富的海洋生物资源等，以微生物细胞工厂构建石油化工产品的合成通道，开发以生物可再生资源替代化石资源的工业原料路线，加大绿色、低碳、可再生的生物基化学纤维及原料比重，进而降低石油资源依赖、减少CO_2排放、实现低碳经济与化纤纺织工业的可持续发展。

（四）建立废旧纺织品回收再利用体系

大力推动废旧纺织品综合利用产业技术创新战略联盟工作，研究开发废旧纺织品新型、快速、有效分类识别和分拣技术，以及低成本检测消毒清洗技术，加快研究复杂成分织物的再加工工艺。设立纺织服装专门回收点，集中回收分类，尽快建立起规范统一的废旧纺织品回收渠道。在服装企业、消费者、慈善捐赠机构、废旧纺织品综合利用企业之间，建立起生产、消费、再利用、再生利用，可持续发展的封闭式循环体系。制定法律法规和相应的标准，指导、规范废旧纺织品的回收再利用过程，加强对回收再利用环节进行监管，防止“黑心棉”流入市场。完善废旧纺织品回收方面的政策体系，在资金和税收两方面对实施废旧纺织品回收利用的企业进行政策引导和鼓励。加强正面宣传引导，增强人们对废旧衣物回收利用的意识，提倡绿色消费理念。

（五）加快实施“走出去”战略

加快实施“走出去”战略，有效利用境外资源，完善产业链全球布局，稳定原料供应渠道，减少市场风险，保障我国化纤、纺织工业的原料供应。要从战略角度积极谋划和设计向终端资源的延伸，人纤行业以木浆为起点向森工、森林资源整合发展，可充分利用北美、巴西和俄罗斯丰富优质的森林资源，以及下游一些木浆生产企业；合纤行业要立足于乙二醇（MEG）、对二甲苯（PX）统筹规划，可充分利用俄罗斯、中东地区和北美丰富的石油、天然气资源，分步实施向炼化，甚至油气开采、权属收购整合发展。国家要在政策上鼓励支持有条件的企业“走出去”，提高境外投资的审批效率，加大对境外投资企业在融资、保险和救济等领域的政策支持，加大在财税和信息咨询等领域的支持。

（六）建立国际合作体系

积极开展国际竞争与合作，建立国际合作体系。在技术、装备、资源、品牌、标准等方面，加强与国外相关机构和企业之间的合作。打造中国国际棉纺织会议、中国国际化纤会议和中国国际纺织原料会议的国际品牌，充分利用国际会议平台，促进纤维新材料、新技术领域的交流与合作。积极参与和承担新型纤维材料国际标准的制定工作，推进化纤国际标准化工作，推动我国纤维标准与国际标准实现对接和转化，提高我国化纤行业在国际竞争中的话语权。

（七）完善期货市场监管体系

进一步强化市场监管，坚决抑制过度投机，维护市场平稳运行。有针对性的完善交易规则，满足相关产业链企业在价格波动中管理价格风险的需求，提升期货市场服务实体经济的能力。充分发挥期货市场的价格发现和套期保值功能，规避价格波动风险，现货企业应学习和正确应用期货工具，通过套期保值来锁定利润和成本，保证行业健康持续发展。

（八）加强产业链沟通与协调

纺织原料涉及到生产流通以及纺织加工诸多环节，健全产业链的沟通与协调并促进共同发展，是当前形势下解决原料保障这一紧迫问题的重要途径。中国纺织行业要立足于全球以及全产业体系的事业，积极促进产业链各部门、各环节之间的沟通与协调，形成有效供给，顺畅流通。优化应用纤维产业链，是纺织行业原料保障和顺利推进转型升级的基础，同时，也促进了纤维生产流通等相关环节在纺织产业转型升级中分享红利、共同发展。

中国化纤协会社会团体标准探索与实践

李德利　关晓瑞

前言

GB/T 20000.1-2002《标准化工作指南 第1部分 标准化与相关活动的通用词汇》对于标准化层次的解释："………，标准化可以在行业协会层次上开展。"在标准发达国家，如美国、日本、德国等的标准层次中明确规定了协（学）会标准是非常重要的标准层级。自从20世纪80年代我国部级改革以后，许多行业协会陆续开展了协会标准的制修订和研究工作，目前已完成发布协会标准近700项。中国化学纤维工业协会（以下简称化纤协会）从行业实际需要出发，从2011年开展了化纤协会社会团体标准化工作，在通用基础、方法、产品等方面的技术标准进行了探索和实践。从运行效果来看，化纤社会团体标准对于规范市场、促进创新、推动行业转型升级起到积极的支撑引导作用。

一、化纤协会标准出台的背景

（一）国内外标准层级分析

按照《中华人民共和国标准化法》规定，我国的标准分四级，即：国家标准、行业标准、地方标准和企业标准。世界标准化发达国家，如美国、德国、英国、日本等，标准一般分为国家（政府）级标准、协（学）会级标准、企业（公司）级标准等三个等级。

从标准的级别来看，我国的标准级别要比发达国家的标准多一级。发达国家的中间这一级是完全自愿性协会级标准，与之相对应的我国是带有政府管理色彩的行业标准。另外，国外也没有地方标准这一级。

从标准的范围来看，我国的国家标准是对需要在全国范围内统一的技术要求进行制定，多为通用、基础、公共安全、卫生等，分为推荐性和强制性国家标准；企业标准作为在产品没有国家标准和行业标准的情况下由企业制定，并须报当地政府标准化行政主管部门和有关行政主管部门备案，是作为企业组织生产和贸易的依据，对于已有国家标准或者行业标准的，国家鼓励企业制定严于国家标准或者行业标准的企业标准，在企业内部适用。发达国家的“国家（政府）级标准”一般是基础、通用、共性以及对国内有普遍应用价值的标准，这些标准都是自愿性标准；另一种是重要的农产品、环保卫生、食品与药物等方面的标准，这些标准多与相关技术法规配套使用，故带有强制性。“企业（公司）级标准”一般是用于公司内部设计、制造、采购和质量控制的标准，这类标准涉及的范围最广，包括各种产品标准。各企业为了竞争的需要，争相采用新技术，抢占技术制高点，纷纷制定本公司的标准，以获得最大的利润。国内外对于国家标准和企业标准的规定和适用范围差别不大，体现了标准的公共性和私有性兼顾的特点。

在行业标准和协会标准的管理、组织、内容等方面，我国和标准发达国家有明显不同。我国标准化法规定：对没有国家标准而又需要在全国某个行业范围内统一的技术要求，可以制定行业标准。行业标准由国务院有关行政主管部门制定，并报国务院标准化行政主管部门备案，在公布国家标准之后，该项行业标准即行废止。发达国家“协（学）会标准”一般是由各行业协会或专业学会制定的适用于本专业或本行业的标准，这类标准数量很多，是这些国家的标准中最重要的组成部分。

（二）国内协会标准现状

国家机构改革以来，我国的协会标准制定工作刚刚起步，部分行业协会开始陆续开展了协会标准的制定、修订工作，根据相关资料显示，到2014年，我国共有接近30家行业协会出台了超过700项协会标准。作为国家标准和行业标准的必要补充，也作为协会标准化工作的有益尝试，协会标准在推动行业技术创新等方面发挥了基础性关键作用。

1. 什么是协会标准

在我国目前的标准化体制中，标准按发生作用的范围或其审批权限，可以分为国家标准、行业标准、地方标准以及企业标准级。其中，狭义的行业标准指的是由国务院有关行业主管部门批准发布的标准，广义的行业标准还应包括由国家认可的行业协会（学会、联合会等）批准发布的标准，后者通常称之为协会标准，主要包括产品标准及与产品相关的基础标准和方法标准。

行业协会是介于政府、企业之间，商品生产者与经营者之间，并为其服务、咨询、沟通、监督、公正、自律、协调的社会中介组织，属于我国《民法》规定的社团法人。作为政府与企业及企业与企业之间的“桥梁”和“纽带”，指导企业贯彻执行国家和地方有关标准的法律、法规、方针政策，参与制、修订各类标准，对标准的实施进行监督培训等是行业协会社会经济职能的一部分。

通常，行业协会结合自己的工作性质与业务领域，以本协会的企业产品为主体，市场为导向，业务领域为重点，兼顾与国家标准、（行业主管部门制定的）行业标准、企业标准的相互协调，开展完全自愿性的标准制定、修订，有一套完整的编号原则、编写格式和出版印刷形式。通过制定和实施协会标准，促进行业整体标准化水平的提高以及协会内企业的技术发展与科技创新。

2. 我国协会标准工作现状

（1） 行业协会内标准化管理部门的设置。我国现有的行业协会中，只有其中小部分设有专职负责标准化工作的部门，这些协会可分为以下4种情况：

① 标准化协会。又分为单一行业标准化协会和跨行业标准化协会，前者以中国工程建设标准化协会和中国通信标准化协会为代表，协会设有技术标准部，负责组织制定和管理工程建设协会标准；后者以中国标准化协会为代表，协会设有汽车、冶金、化工等7个分会，负责制定和管理7个行业的协会标准，目前这类专业化标准化协会是我国协会标准制定的主要力量，其发布的协会标准数量占全部协会标准数量的四分之三。

② 行业联合会。联合会内部设有专职负责标准管理的部门，这类协会标准化工作部门负责全行业内标准化工作的组织、计划报批、宣传等工作。如中国纺织工业联合会，设有科技发展部；中国机械工业联合会，内设标准工作部；中国电力企业联合会，内设标准化中心；中国商业联合会，标准化工作由行业发展部标准规范处负责。

③ 专业协会。这类协会标准化部门仅负责本专业领域内的标准化工作。如中国产业用纺织品协会，由标准与产品开发部负责标准的体系建设及制修订工作；中国电子商务协会，其标准化工作部门为电子商务推广应用中心；中国汽车工业协会，负责标准化工作的部门是行业发展部；中国煤炭工业协会，负责标准化工作的部门是科技发展部。

④ 本行业专业技术委员会挂靠在协会内。这类协会不再另设标准化工作部门，而由标委会组织、制定本行业内的标准。如中国通信标准化协会、中国电池工业协会、中国照明电器协会等。

（2） 协会标准的现状。我国的协会标准制定工作刚刚起步，目前只有小部分行业协会开展了标准制定、修订工作，事实存在的标准数量较少。根据相关文献，截止2014年，共有728项协会标准，详见表1。

表1 现有协会标准数量（2014年）

序号	行业协会	现有标准数量（项）
1	中国工程建设标准化协会	366
2	中国标准化协会	83
3	中国通信标准化协会	72
4	中国质量认证中心	43
5	中国认证认可协会	22
6	中国化学纤维工业协会	21
7	中国集装箱工业协会	20
8	中国齿轮协会	18
9	中国金属学会	17
10	中国自动识别技术协会	12
11	中国印制电路行业协会	12
12	中国建设工程造价管理协会	6
13	中国成本协会	4
14	中国生产力促进中心协会	4
15	中国广告协会	4
16	中国腐植酸工业协会	4
17	中国保健协会	3
18	中国家电维修协会	3
19	中国旅游饭店业协会	3
20	中国菱镁行业协会	3
21	中国土木工程学会	2
22	中国非开挖技术协会	2
23	中国电子视像行业协会	1
24	中国化工安全卫生技术协会	1

续表

序号	行业协会	现有标准数量（项）
25	中国制冷空调工业协会	1
26	中国医药包装协会	1
合计		728

资料来源：王霞、卢丽丽：《协会标准研究初探》，载《标准科学》，有更新。

（三）化纤协会社会团体标准提出背景

化纤产业是重要的民生产业，也是战略性新兴产业的重要组成部分。根据国家统计局统计数据，2013年，我国化纤产量4122万吨，占全球产量的68%，占我国纺织纤维加工总量的80%，且产品种类齐全，覆盖常规纤维、高性能纤维、生物基纤维和循环再利用纤维四大领域，包含了涤纶、锦纶、粘胶纤维等基础品种在内的22大类产品，产品规格和型号更是数以万计。因此，无论是产业规模，还是产品种类、规格，我国都是名副其实的世界第一化纤生产大国。然而，截止到“十二五”初期，化纤行业仅有国家标准34项、行业标准130项，彼时的化纤标准体系仅能够满足化纤产业发展的基本需求。面对“十二五”化纤工业向差别化、功能化、多品种化发展的趋势，行业对于化纤标准的基础支撑作用要求越来越高，迫切需要化纤标准在数量和时效性上创新发展。现有的国家标准、行业标准审批过程较长，对产品的规模有一定要求，限制了相当部分产品技术标准的设立，为此，有必要设立一个灵活、相对快速、在行业内可行的标准。在此背景下，化纤协会响应行业和企业需求，从2011年开始，创新性地开展了化纤协会标准的制修订工作，目前已有21项标准制定完成并发布实施。

二、化纤协会社会团体标准建立过程

（一）管理组织到位

化纤协会社会团体标准是一个新鲜事物，对于其如何运行、如何管理，化纤协会没有现成的经验可供借鉴，只能摸着石头过河，进行不断尝试。协会设有化纤标准化工作委员会，委员会实行秘书处负责制，负责化纤领域国标和行标的组织管理工作，为此，秘书处顺利成章地被委托担负起了化纤协会社会团体标准组织管理职责，处理协会标准的运行工作。

（二）完善规章制度

化纤协会标准设立伊始，即制定出台了《中国化学纤维工业协会标准管理办法》，规范了标准管理、编制过程、发布实施等程序。2013 年 2 月，在协会标准运行一段时间后，针对化纤协会标准实践过程中的暴露出的不足，对《中国化学纤维工业协会标准管理办法》进行了修订。修订后的办法更加明确了协会标准的组织机构和工作职责，同时对标准的制修订程序进行了优化。

（三）标准制修订

2011 年开始化纤协会标准制定、修订工作以来，在秘书处组织下，经过相关起草单位的努力工作，现已完成标准 21 项，涵盖方法、产品、清洁生产、技术要求等技术内容。其中，有 1 项列入国标委国家标准计划，有 5 项已经列入工信部行业标准计划项目，升级完成并发布 2 项，3 项制定中。目前，有 7 项协会标准项目正在进行中，至此已经搭建起化纤协会标准体系的雏形。具体项目参见表 2。

表 2　化纤协会标准项目列表

序号	标准号	标准名称	标准类型	国标/行标计划
1	HX/T 50003-2011	聚酯切片阻燃性能试验方法——氧指数法	方法标准	2012-1017T-FZ
2	HX/T 50004-2011	涤纶 POY/FDY 混纤丝异收缩率试验方法	方法标准	FZ/T 50023-2014
3	HX/T 50005-2012	资源再利用产品认证技术要求再生化学纤维	技术要求	
4	HX/T 50006-2012	聚丙烯腈基碳纤维原丝残留溶剂测试方法	方法标准	2013-1708T-FZ
5	HX/T 50007-2012	亲水柔软聚酯中空短纤维	产品标准	
6	HX/T 50008-2012	亲水型涤纶仿棉低弹丝	产品标准	2012-1013T-FZ
7	HX/T 50009-2012	先驱体法连续碳化硅（SiC）纤维	产品标准	
8	HX/T 51001-2012	再生聚酯（PET）瓶片	产品标准	FZ/T 51008-2014
9	HX/T 51002-2013	丙纶工业长丝	产品标准	
10	HX/T 51003.1-2013	仿棉聚酯纤维 第 1 部分：吸湿速干型仿棉聚酯低弹丝	产品标准	
11	HX/T 51003.2-2013	仿棉聚酯纤维 第 2 部分：易染型仿棉聚酯低弹丝	产品标准	

续表

序号	标准号	标准名称	标准类型	国标/行标计划
12	HX/T 51003.3-2013	仿棉聚酯纤维 第3部分：吸湿速干型仿棉聚酯短纤维	产品标准	
13	HX/T 51003.4-2013	仿棉聚酯纤维 第4部分：亲水型仿棉聚酯短纤维	产品标准	
14	HX/T 51003.5-2013	仿棉聚酯纤维 第5部分：易染型仿棉聚酯短纤维	产品标准	
15	HX/T 51004-2014	聚酰亚胺（PI）短纤维	产品标准	20132489-T-608
16	HX/T 51005-2014	海藻酸盐短纤维	产品标准	已报行标计划
17	HX/T 52001-2014	再生涤纶工业清洁生产评价指标体系	清洁生产	
18	HX/T 52002-2014	聚酯涤纶工业清洁生产评价指标体系	清洁生产	
19	HX/T 52003-2014	氨纶工业清洁生产评价指标体系	清洁生产	
20	HX/T 52004-2014	聚酰胺6工业清洁生产评价指标体系	清洁生产	
21	HX/T 52005-2014	粘胶纤维工业清洁生产评价指标体系	清洁生产	

资料来源：中国化学纤维工业协会

三、协会标准定位和作用

（一）协会标准的定位

协会标准的定位是：与国家标准、行业标准有明确分工合作，面向市场经济的标准主体，在标准体系中，协会标准与国家标准、行业标准是既有整体分工、又有局部合作的协调关系。协会标准不与有关国家标准和行业标准相抵触，在相应的国家标准和行业标准实施后，即行终止。对满足申报条件的产品和方法，化纤协会将积极推动协会标准列入国家标准与行业标准。

设立化纤协会标准，是为了弥补国标和行标制修订周期长、功能性品种标准滞后于产品发展等不足。作为国标和行标的有益补充，协会标准可以让许多新产品快速在业内得到认可，顺利进入市场。作为由协会推动、组织企业开展的标准化工作方式，协会标准能迅速应对快速发展的新兴技术标准化需求，它以企业为主导，机制灵活，周期更短，虽不具备强制性，然而经过时间与实践的检验之后，还可上升为国家标准乃至国际标准，促进行业发展。

（二）协会标准的作用

1. 提供质量契约依据，规范市场经济行为现代市场经济本质上是一种契约经济，市场经济主体之间进行的各种商品交换和经济往来，主要是通过契约的形式来实现的。在这些契约合同中，标准是质量契约的技术依据，合同中应明确规定产品质量符合什么标准，并以此作为供需双方检验产品质量的依据。协会标准具有比企业标准更高权威性和科学性，满足了新产品合同中对于行业层面标准的需求，为生产和使用贸易双方提供一种规范。

比如，目前市场热点的亲水型涤纶仿棉产品，主要是通过物理或化学手段提高产品回潮率、增加上染率、改善穿着舒适感等。亲水型涤纶仿棉低弹丝是聚酯涤纶仿棉的品种之一，该产品除了保留涤纶本身的强度高、耐磨性好、易洗快干等优点外，通过化学改性，将回潮率由普通涤纶的 0.4%提高到大于1.0%，回潮率的提高使得产品具有更接近天然棉花的穿着舒适度。目前该产品生产能力已达十几万吨，在高档服装、品牌体育休闲服饰、家纺得到广泛应用，后续市场潜力巨大。随着亲水型涤纶仿棉低弹丝产品逐渐成熟和产量放大，有必要对生产和贸易双方在适用范围、引用标准、质量指标、试验方法、检验规则、标志、包装、运输、贮存等做出科学合理的规范，以指导生产、销售和使用三方。为此，组织制定了《仿棉聚酯纤维》系列标准，包含长丝和短纤维两大品种共 6 个产品类型，规范了模量、回潮率、吸水率指数等关键性指标。

2. 参与标准化流程，提升企业核心竞争力

对于企业来说，标准化是推动技术进步、产品升级、提高产品质量、促进经济结构调整、推进企业发展的重要技术基础。技术标准管理作为标准化管理的核心，在企业生存、发展的历程中始终扮演着不可或缺的角色。“得标准者得天下”，标准决定着市场的控制权，谁的技术成为标准，谁制定的标准为业界所认同，谁就会获得巨大的市场和经济效益。在知识经济时代，市场竞争标准先行的特征尤为突出，通过标准和专利的融合，实现专利标准化、标准垄断化，可以最大限度地获取市场份额和垄断利润，故有“二流企业卖产品，一流企业卖专利，超一流企业卖标准”之说。标准竞争已成为继产品竞争、品牌竞争之后，又一种层次更深、水平更高、影响更大的竞争形式，只有加紧完善以专利和技术标准为依托的自主创新体系，企业才能在激烈的竞争中胜出。

3. 给出市场出入判据，提升行业整体水平

市场是由市场主体、市场客体、市场规则等要素构成的。市场主体即参与

市场交换的当事人，市场客体就是市场交换关系的承担物，即各种商品。市场规则就是指那些“人”、哪些商品可以进入市场进行交换的游戏规则。我国对市场客体和市场主体准入有严格的规定，其合法性是最基本的内容。如：产品进入市场，要符合规定的标准并经检验合格。为了维护市场秩序和消费者利益，必须令违法的市场主体和客体依法退出市场，其中标准就是重要的判断依据。

连续碳化硅纤维作为高性能陶瓷纤维的一种，具有高强度和高硬度、高的热稳定性和耐氧化性，低热膨胀系数和低密度的优点，截止2012年底，我国连续碳化硅的年产量已达到百公斤级，产品用于制作陶瓷基复合材料基体，用于制备碳/陶、陶/陶复合材料，广泛应用与航天、航空、国防军工等领域。制备碳化硅纤维的方法有先驱体法、化学气相沉积法、活性炭纤维转化法、挤压法等，先驱体法加工简单，先驱体易于分离和纯化等的特点，是近20多年来制备陶瓷纤维的一种最有前途的方法。《先驱体法连续碳化硅（SiC）纤维》标准广泛征求了生产、用户、科研机构的意见，并参照国际相关标准，规定了密度、断裂强度等7项表征指标，而对于导电率则采取用户协商的办法灵活处理，这样标准既有原则性又体现了一定的灵活性。标准的制订将为先驱体法连续碳化硅纤维的生产、使用、贸易三方提供最基本的技术依据，将促使生产方正确采用原材料，合理调整生产工艺，完善检测手段，同时在提高先驱体法连续碳化硅纤维产品质量的信誉度，促进商品流通，维护公平竞争等方面也将发挥重要作用。标准也将推动纺丝设备及纺丝原料生产领域、先驱体法连续碳化硅纤维生产领域的技术创新。

四、 国家标准化改革给社会团体标准带来发展机遇

（一）关于培育和发展社会团体标准的指导意见

为响应国务院深化改革的总体要求，国标委提出了发展社会团体标准的设想，并于2014年10月组织讨论了《关于培育和发展社会团体标准的指导意见》（草案），意见指出：培育和发展社会团体标准，是标准化体制的重大改革，是转变政府职能、更好发挥市场在标准化资源配置中的决定性作用、促进产业转型升级的重要举措，是激发各类社会组织活力、运用市场机制增加标准有效供给、适应经济社会发展需求的重要手段。

建立健全社会团体标准相关制度，营造团体标准发展的良好环境，形成一批满足市场多元化、快速响应技术创新和市场规范自治的团体标准，促进政府

标准和团体标准共同构成的新型标准体制的建立，形成政府引导、市场驱动、社会参与、协同推进的标准化工作格局。

（二）社会团体发展机遇

在指导意见中，明确了政府要积极推进标准化法的修订，将团体标准纳入标准化法中，确立团体标准的法律地位。尽快出台良好行为规范、团体标准转化办法等制度。逐步建立健全有利于团体标准制定应用、创新激励、有序竞争的法律法规政策体系。国家标准制度改革为社会团体标准提供了难得的发展机遇，由于化纤协会标准启动早，有业绩支撑，今年将被国标委列为社会团体标准试点单位，这是对于化纤协会社会团体标准的肯定和认可。

五、 发展社会团体标准的几点建议

（一）落实指导意见内容

建议国家标准主管部门切实落实指导意见内容，尽快出台具体社会团体标准试点办法，承认社团标准法律地位，给予社团标准正确引导，促进社团标准的快速健康发展。

（二）建立完善的管理体制和运行机制

社会团体是团体标准制定和实施的责任主体，对标准的内容质量、实施效果、知识产权和法律责任等负责，因此，应建立完备的社会团体标准管理机构和运行机制，确保团体标准与国家法律、法规、政策、标准等的协调一致性，保证标准不损害人身健康和生命财产安全、国家安全、生态环境安全，保证标准不在制定目的或实施效果上给国际或国内贸易制造不必要障碍、阻碍竞争性技术和创新发展，在标准编号上避免与现有政府标准编号相冲突。

（三）发挥社团标准优势，体现技术创新性

在市场竞争中，技术优势是重要的竞争优势，标准是转化竞争优势的平台，社会团体标准在实践中可以将技术优势企业的创新成果通过设立标准而固定下来，从而使企业保持了竞争优势，也引领了行业的技术进步。化纤协会标准已经开始了这种类似个性化定制服务的尝试，为技术原创企业的产品量身打造产品标准，这种方式既是对于原创技术的保护，也为后进入者设立了一道隐形的门槛，有利于整个行业的技术发展。目前这种标准是被严格限定在特色产品标准领域内，对于基础通用、方法标准，将会在恰当时机进行尝试。

（四）向国外成熟的社团标准学习、靠拢

行业协会类型的社会团体标准符合国际标准化工作惯例，也更符合市场经济的规律。从国际来看，如美国的材料与实验协会（ASTM）标准、机械工程师协会（ASME）标准、石油协会（API）标准等，很多都是国际通用标准，也是美国国家标准的主要来源。而英国标准学会（BSI）、法国标准化协会（AFNOR）、加拿大标准化协会（CSA）等制定的协会标准就是该国的国家标准，有些甚至成为了国际有影响力的标准，被等同为国际标准。因此，借鉴国外成熟的协（学）会标准化经验，吸收其有益成分，以市场的力量推动我国社会团体标准的发展，产生一批具有国际影响力的社会团体标准。

化纤协会社会团体标准运营实践表明，行业协会组织制定的社会团体标准在机制上灵活快速，标准质量上充分体现行业内先进的技术水平，与企业协商后能很好的解决知识产权问题，在国家标准和行业标准之外，满足了行业内企业与市场对于新产品技术标准的需求，充分发挥了市场在标准化资源配置中的关键作用。笔者希望借国家标准化改革的东风，切实贯彻落实《关于培育和发展社会团体标准的指导意见》中相关政策，尽早给予包括化纤协会标准在内的社会团体标准相应的法律地位，让我国的标准体系结构更加完善，更有利于市场化进程，更好发挥标准做为治理能力提升的助推器、市场经济运行的耦合器和政府职能转变的容纳器的作用。

参考文献：

[1]长人．建立和完善协会标准——中国技术标准战略的一项重要任务：访中国标准化研究院副院长郑卫华．中国质量与品牌，2005，7：14-21.

[2]刘瑾，王艳林．论协会标准与标准化法．武汉大学学报．2012年5月，第65卷，第3期.

[3]洪升伟．行业协会标准应该得到认可．世界标准化与质量管理，2003年第7期.

[4]化纤工业“十二五”发展规划．工信部规〔2011〕515号，2011年11月.

[5]中国化学纤维工业协会标准化工作委员会．化纤工业标准化“十二五”发展规划.东华大学出版社，2012.

[6]国家标准化管理委员会．中国标准化事业发展“十二五”规划.2011年12月.

[7]王霞，卢丽丽．协会标准化研究初探．标准科学，2010年第4期.

[8]郑卫华．标准作用的再认识[J]．世界标准化与质量管理，2003年第6期.

BLUE BOOK 化纤蓝皮书
of China Chemical Fibers

行业运行篇

专题研究篇

产业政策篇

统计数据篇

化纤标准篇

风采展示篇

宏观调控

投资购并

非公经济

现代物流

科技政策

2015年中国化纤
经济形势分析与预测

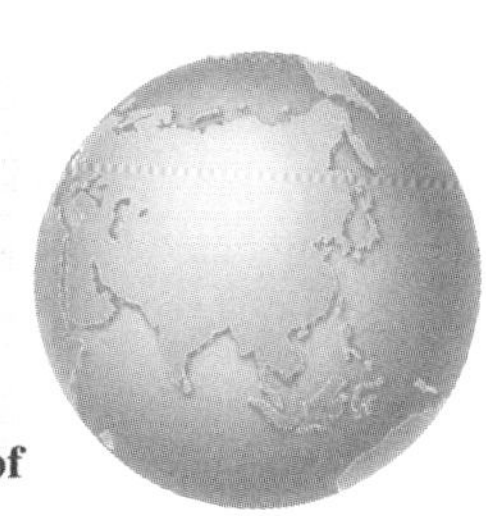

Analysis and Forecast of China Chemical Fibers' Economy of
2015

中华人民共和国环境保护法

中华人民共和国主席令

第九号

《中华人民共和国环境保护法》已由中华人民共和国第十二届全国人民代表大会常务委员会第八次会议于2014年4月24日修订通过，现将修订后的《中华人民共和国环境保护法》公布，自2015年1月1日起施行。

中华人民共和国主席习近平

2014年4月24日

中华人民共和国环境保护法

（1989年12月26日第七届全国人民代表大会常务委员会第十一次会议通过，2014年4月24日第十二届全国人民代表大会常务委员会第八次会议修订）

目　录

第一章 总 则

第一条 为保护和改善环境，防治污染和其他公害，保障公众健康，推进生态文明建设，促进经济社会可持续发展，制定本法。

第二条 本法所称环境，是指影响人类生存和发展的各种天然的和经过人工改造的自然因素的总体，包括大气、水、海洋、土地、矿藏、森林、草原、湿地、野生生物、自然遗迹、人文遗迹、自然保护区、风景名胜区、城市和乡村等。

第三条 本法适用于中华人民共和国领域和中华人民共和国管辖的其他海域。

第四条 保护环境是国家的基本国策。

国家采取有利于节约和循环利用资源、保护和改善环境、促进人与自然和谐的经济、技术政策和措施，使经济社会发展与环境保护相协调。

第五条 环境保护坚持保护优先、预防为主、综合治理、公众参与、损害担责的原则。

第六条 一切单位和个人都有保护环境的义务。

地方各级人民政府应当对本行政区域的环境质量负责。

企业事业单位和其他生产经营者应当防止、减少环境污染和生态破坏，对所造成的损害依法承担责任。

公民应当增强环境保护意识，采取低碳、节俭的生活方式，自觉履行环境保护义务。

第七条 国家支持环境保护科学技术研究、开发和应用，鼓励环境保护产业发展，促进环境保护信息化建设，提高环境保护科学技术水平。

第八条 各级人民政府应当加大保护和改善环境、防治污染和其他公害的财政投入，提高财政资金的使用效益。

第九条 各级人民政府应当加强环境保护宣传和普及工作，鼓励基层群众性自治组织、社会组织、环境保护志愿者开展环境保护法律法规和环境保护知识的宣传，营造保护环境的良好风气。

教育行政部门、学校应当将环境保护知识纳入学校教育内容，培养学生的环境保护意识。

新闻媒体应当开展环境保护法律法规和环境保护知识的宣传，对环境违法行为进行舆论监督。

第十条 国务院环境保护主管部门，对全国环境保护工作实施统一监督管理；县级以上地方人民政府环境保护主管部门，对本行政区域环境保护工作实施统一监督管理。

县级以上人民政府有关部门和军队环境保护部门，依照有关法律的规定对资源保护和污染防治等环境保护工作实施监督管理。

第十一条 对保护和改善环境有显著成绩的单位和个人，由人民政府给予奖励。

第十二条 每年6月5日为环境日。

第二章 监督管理

第十三条 县级以上人民政府应当将环境保护工作纳入国民经济和社会发展规划。

国务院环境保护主管部门会同有关部门，根据国民经济和社会发展规划编制国家环境保护规划，报国务院批准并公布实施。

县级以上地方人民政府环境保护主管部门会同有关部门，根据国家环境保护规划的要求，编制本行政区域的环境保护规划，报同级人民政府批准并公布实施。

环境保护规划的内容应当包括生态保护和污染防治的目标、任务、保障措施等，并与主体功能区规划、土地利用总体规划和城乡规划等相衔接。

第十四条 国务院有关部门和省、自治区、直辖市人民政府组织制定经济、技术政策，应当充分考虑对环境的影响，听取有关方面和专家的意见。

第十五条 国务院环境保护主管部门制定国家环境质量标准。

省、自治区、直辖市人民政府对国家环境质量标准中未作规定的项目，可以制定地方环境质量标准；对国家环境质量标准中已作规定的项目，可以制定严于国家环境质量标准的地方环境质量标准。地方环境质量标准应当报国务院环境保护主管部门备案。

国家鼓励开展环境基准研究。

第十六条 国务院环境保护主管部门根据国家环境质量标准和国家经济、技术条件，制定国家污染物排放标准。

省、自治区、直辖市人民政府对国家污染物排放标准中未作规定的项目，可以制定地方污染物排放标准；对国家污染物排放标准中已作规定的项目，可以制定严于国家污染物排放标准的地方污染物排放标准。地方污染物排放标准应当报国务院环境保护主管部门备案。

第十七条 国家建立、健全环境监测制度。国务院环境保护主管部门制定监测规范，会同有关部门组织监测网络，统一规划国家环境质量监测站（点）的设置，建立监测数据共享机制，加强对环境监测的管理。

有关行业、专业等各类环境质量监测站（点）的设置应当符合法律法规规定和监测规范的要求。

监测机构应当使用符合国家标准的监测设备，遵守监测规范。监测机构及其负责人对监测数据的真实性和准确性负责。

第十八条 省级以上人民政府应当组织有关部门或者委托专业机构，对环境状况进行调查、评价，建立环境资源承载能力监测预警机制。

第十九条 编制有关开发利用规划，建设对环境有影响的项目，应当依法进行环境影响评价。

未依法进行环境影响评价的开发利用规划，不得组织实施；未依法进行环境影响评价的建设项目，不得开工建设。

第二十条 国家建立跨行政区域的重点区域、流域环境污染和生态破坏联合防治协调机制，实行统一规划、统一标准、统一监测、统一的防治措施。

前款规定以外的跨行政区域的环境污染和生态破坏的防治，由上级人民政府协调解决，或者由有关地方人民政府协商解决。

第二十一条 国家采取财政、税收、价格、政府采购等方面的政策和措施，鼓励和支持环境保护技术装备、资源综合利用和环境服务等环境保护产业的发展。

第二十二条 企业事业单位和其他生产经营者，在污染物排放符合法定要求的基础上，进一步减少污染物排放的，人民政府应当依法采取财政、税收、价格、政府采购等方面的政策和措施予以鼓励和支持。

第二十三条 企业事业单位和其他生产经营者，为改善环境，依照有关规定转产、搬迁、关闭的，人民政府应当予以支持。

第二十四条 县级以上人民政府环境保护主管部门及其委托的环境监察机构和其他负有环境保护监督管理职责的部门，有权对排放污染物的企业事业单位和其他生产经营者进行现场检查。被检查者应当如实反映情况，提供必要的资料。实施现场检查的部门、机构及其工作人员应当为被检查者保守商业秘密。

第二十五条 企业事业单位和其他生产经营者违反法律法规规定排放污染物，造成或者可能造成严重污染的，县级以上人民政府环境保护主管部门和其他负有环境保护监督管理职责的部门，可以查封、扣押造成污染物排放的设施、设备。

第二十六条 国家实行环境保护目标责任制和考核评价制度。县级以上人民政府应当将环境保护目标完成情况纳入对本级人民政府负有环境保护监督管理职责的部门及其负责人和下级人民政府及其负责人的考核内容，作为对其考核评价的重要依据。考核结果应当向社会公开。

第二十七条 县级以上人民政府应当每年向本级人民代表大会或者人民代表大会常务委员会报告环境状况和环境保护目标完成情况，对发生的重大环境事件应当及时向本级人民代表大会常务委员会报告，依法接受监督。

第三章 保护和改善环境

第二十八条 地方各级人民政府应当根据环境保护目标和治理任务，采取有效措施，改善环境质量。

未达到国家环境质量标准的重点区域、流域的有关地方人民政府，应当制定限期达标规划，并采取措施按期达标。

第二十九条 国家在重点生态功能区、生态环境敏感区和脆弱区等区域划定生态保护红线，实行严格保护。

各级人民政府对具有代表性的各种类型的自然生态系统区域，珍稀、濒危的野生动植物自然分布区域，重要的水源涵养区域，具有重大科学文化价值的地质构造、著名溶洞和化石分布区、冰川、火山、温泉等自然遗迹，以及人文遗迹、古树名木，应当采取措施予以保护，严禁破坏。

第三十条 开发利用自然资源，应当合理开发，保护生物多样性，保障生态安全，依法制定有关生态保护和恢复治理方案并予以实施。

引进外来物种以及研究、开发和利用生物技术，应当采取措施，防止对生物多样性的破坏。

第三十一条 国家建立、健全生态保护补偿制度。

国家加大对生态保护地区的财政转移支付力度。有关地方人民政府应当落实生态保护补偿资金，确保其用于生态保护补偿。

国家指导受益地区和生态保护地区人民政府通过协商或者按照市场规则进行生态保护补偿。

第三十二条 国家加强对大气、水、土壤等的保护，建立和完善相应的调查、监测、评估和修复制度。

第三十三条 各级人民政府应当加强对农业环境的保护，促进农业环境保护新技术的使用，加强对农业污染源的监测预警，统筹有关部门采取措施，防治土壤污染和土地沙化、盐渍化、贫瘠化、石漠化、地面沉降以及防治植被破坏、水土流失、水体富营养化、水源枯竭、种源灭绝等生态失调现象，推广植物病虫害的综合防治。

县级、乡级人民政府应当提高农村环境保护公共服务水平，推动农村环境综合整治。

第三十四条 国务院和沿海地方各级人民政府应当加强对海洋环境的保护。向海洋排放污染物、倾倒废弃物，进行海岸工程和海洋工程建设，应当符合法律法规规定和有关标准，防止和减少对海洋环境的污染损害。

第三十五条 城乡建设应当结合当地自然环境的特点，保护植被、水域和自然景观，加强城市园林、绿地和风景名胜区的建设与管理。

第三十六条 国家鼓励和引导公民、法人和其他组织使用有利于保护环境的产品和再生产品，减少废弃物的产生。

国家机关和使用财政资金的其他组织应当优先采购和使用节能、节水、节材等有利于保护环境的产品、设备和设施。

第三十七条 地方各级人民政府应当采取措施，组织对生活废弃物的分类处置、回收利用。

第三十八条 公民应当遵守环境保护法律法规，配合实施环境保护措施，按照规定对生活废弃物进行分类放置，减少日常生活对环境造成的损害。

第三十九条 国家建立、健全环境与健康监测、调查和风险评估制度；鼓励和组织开展环境质量对公众健康影响的研究，采取措施预防和控制与环境污染有关的疾病。

第四章 防治污染和其他公害

第四十条 国家促进清洁生产和资源循环利用。

国务院有关部门和地方各级人民政府应当采取措施，推广清洁能源的生产和使用。

企业应当优先使用清洁能源，采用资源利用率高、污染物排放量少的工艺、设备以及废弃物综合利用技术和污染物无害化处理技术，减少污染物的产生。

第四十一条 建设项目中防治污染的设施，应当与主体工程同时设计、同时施工、同时投产使用。防治污染的设施应当符合经批准的环境影响评价文件的要求，不得擅自拆除或者闲置。

第四十二条 排放污染物的企业事业单位和其他生产经营者，应当采取措施，防治在生产建设或者其他活动中产生的废气、废水、废渣、医疗废物、粉尘、恶臭气体、放射性物质以及噪声、振动、光辐射、电磁辐射等对环境的污染和危害。

排放污染物的企业事业单位，应当建立环境保护责任制度，明确单位负责人和相关人员的责任。

重点排污单位应当按照国家有关规定和监测规范安装使用监测设备，保证监测设备正常运行，保存原始监测记录。

严禁通过暗管、渗井、渗坑、灌注或者篡改、伪造监测数据，或者不正常运行防治污染设施等逃避监管的方式违法排放污染物。

第四十三条 排放污染物的企业事业单位和其他生产经营者，应当按照国家有关规定缴纳排污费。排污费应当全部专项用于环境污染防治，任何单位和个人不得截留、挤占或者挪作他用。

依照法律规定征收环境保护税的，不再征收排污费。

第四十四条 国家实行重点污染物排放总量控制制度。重点污染物排放总量控制指标由国务院下达，省、自治区、直辖市人民政府分解落实。企业事业单位在执行国家和地方污染物排放标准的同时，应当遵守分解落实到本单位的重点污染物排放总量控制指标。

对超过国家重点污染物排放总量控制指标或者未完成国家确定的环境质量目标的地区，省级以上人民政府环境保护主管部门应当暂停审批其新增重点污染物排放总量的建设项目环境影响评价文件。

第四十五条 国家依照法律规定实行排污许可管理制度。

实行排污许可管理的企业事业单位和其他生产经营者应当按照排污许可证的要求排放污染物；未取得排污许可证的，不得排放污染物。

第四十六条 国家对严重污染环境的工艺、设备和产品实行淘汰制度。任何单位和个人不得生产、销售或者转移、使用严重污染环境的工艺、设备和产品。

禁止引进不符合我国环境保护规定的技术、设备、材料和产品。

第四十七条 各级人民政府及其有关部门和企业事业单位，应当依照《中华人民共和国突发事件应对法》的规定，做好突发环境事件的风险控制、应急准备、应急处置和事后恢复等工作。

县级以上人民政府应当建立环境污染公共监测预警机制，组织制定预警方案；环境受到污染，可能影响公众健康和环境安全时，依法及时公布预警信息，启动应急措施。

企业事业单位应当按照国家有关规定制定突发环境事件应急预案，报环境保护主管部门和有关部门备案。在发生或者可能发生突发环境事件时，企业事业单位应当立即采取措施处理，及时通报可能受到危害的单位和居民，并向环境保护主管部门和有关部门报告。

突发环境事件应急处置工作结束后，有关人民政府应当立即组织评估事件造成的环境影响和损失，并及时将评估结果向社会公布。

第四十八条 生产、储存、运输、销售、使用、处置化学物品和含有放射性物质的物品，应当遵守国家有关规定，防止污染环境。

第四十九条 各级人民政府及其农业等有关部门和机构应当指导农业生产经营者科学种植和养殖，科学合理施用农药、化肥等农业投入品，科学处置农用薄膜、农作物秸秆等农业废弃物，防止农业面源污染。

禁止将不符合农用标准和环境保护标准的固体废物、废水施入农田。施用农药、化肥等农业投入品及进行灌溉，应当采取措施，防止重金属和其他有毒有害物质污染环境。

畜禽养殖场、养殖小区、定点屠宰企业等的选址、建设和管理应当符合有关法律法规规定。从事畜禽养殖和屠宰的单位和个人应当采取措施，对畜禽粪便、尸体和污水等废弃物进行科学处置，防止污染环境。

县级人民政府负责组织农村生活废弃物的处置工作。

第五十条 各级人民政府应当在财政预算中安排资金，支持农村饮用水水源地保护、生活污水和其他废弃物处理、畜禽养殖和屠宰污染防治、土壤污染防治和农村工矿污染治理等环境保护工作。

第五十一条 各级人民政府应当统筹城乡建设污水处理设施及配套管网，固体废物的收集、运输和处置等环境卫生设施，危险废物集中处置设施、场所以及其他环境保护公共设施，并保障其正常运行。

第五十二条 国家鼓励投保环境污染责任保险。

第五章 信息公开和公众参与

第五十三条 公民、法人和其他组织依法享有获取环境信息、参与和监督环境保护的权利。

各级人民政府环境保护主管部门和其他负有环境保护监督管理职责的部门，应当依法公开环境信息、完善公众参与程序，为公民、法人和其他组织参与和监督环境保护提供便利。

第五十四条 国务院环境保护主管部门统一发布国家环境质量、重点污染源监测信息及其他重大环境信息。省级以上人民政府环境保护主管部门定期发布环境状况公报。

县级以上人民政府环境保护主管部门和其他负有环境保护监督管理职责的部门，应当依法公开环境质量、环境监测、突发环境事件以及环境行政许可、行政处罚、排污费的征收和使用情况等信息。

县级以上地方人民政府环境保护主管部门和其他负有环境保护监督管理职责的部门，应当将企业事业单位和其他生产经营者的环境违法信息记入社会诚信档案，及时向社会公布违法者名单。

第五十五条 重点排污单位应当如实向社会公开其主要污染物的名称、排放方式、排放浓度和总量、超标排放情况，以及防治污染设施的建设和运行情况，接受社会监督。

第五十六条 对依法应当编制环境影响报告书的建设项目，建设单位应当在编制时向可能受影响的公众说明情况，充分征求意见。

负责审批建设项目环境影响评价文件的部门在收到建设项目环境影响报告书后，除涉及国家秘密和商业秘密的事项外，应当全文公开；发现建设项目未充分征求公众意见的，应当责成建设单位征求公众意见。

第五十七条 公民、法人和其他组织发现任何单位和个人有污染环境和破坏生态行为的，有权向环境保护主管部门或者其他负有环境保护监督管理职责的部门举报。

公民、法人和其他组织发现地方各级人民政府、县级以上人民政府环境保护主管部门和其他负有环境保护监督管理职责的部门不依法履行职责的，有权向其上级机关或者监察机关举报。

接受举报的机关应当对举报人的相关信息予以保密，保护举报人的合法权益。

第五十八条 对污染环境、破坏生态，损害社会公共利益的行为，符合下列条件的社会组织可以向人民法院提起诉讼：

（一）依法在设区的市级以上人民政府民政部门登记；

（二）专门从事环境保护公益活动连续五年以上且无违法记录。

符合前款规定的社会组织向人民法院提起诉讼，人民法院应当依法受理。

提起诉讼的社会组织不得通过诉讼牟取经济利益。

第六章 法律责任

第五十九条 企业事业单位和其他生产经营者违法排放污染物，受到罚款处罚，被责令改正，拒不改正的，依法作出处罚决定的行政机关可以自责令改正之日的次日起，按照原处罚数额按日连续处罚。

前款规定的罚款处罚，依照有关法律法规按照防治污染设施的运行成本、违法行为造成的直接损失或者违法所得等因素确定的规定执行。

地方性法规可以根据环境保护的实际需要，增加第一款规定的按日连续处罚的违法行为的种类。

第六十条 企业事业单位和其他生产经营者超过污染物排放标准或者超过重点污染物排放总量控制指标排放污染物的，县级以上人民政府环境保护主管部门可以责令其采取限制生产、停产整治等措施；情节严重的，报经有批准权的人民政府批准，责令停业、关闭。

第六十一条 建设单位未依法提交建设项目环境影响评价文件或者环境影响评价文件未经批准，擅自开工建设的，由负有环境保护监督管理职责的部门责令停止建设，处以罚款，并可以责令恢复原状。

第六十二条 违反本法规定，重点排污单位不公开或者不如实公开环境信息的，由县级以上地方人民政府环境保护主管部门责令公开，处以罚款，并予以公告。

第六十三条 企业事业单位和其他生产经营者有下列行为之一，尚不构成犯罪的，除依照有关法律法规规定予以处罚外，由县级以上人民政府环境保护主管部门或者其他有关部门将案件移送公安机关，对其直接负责的主管人员和其他直接责任人员，处十日以上十五日以下拘留；情节较轻的，处五日以上十日以下拘留：

（一）建设项目未依法进行环境影响评价，被责令停止建设，拒不执行的；

（二）违反法律规定，未取得排污许可证排放污染物，被责令停止排污，拒不执行的；

（三）通过暗管、渗井、渗坑、灌注或者篡改、伪造监测数据，或者不正常运行防治污染设施等逃避监管的方式违法排放污染物的；

（四）生产、使用国家明令禁止生产、使用的农药，被责令改正，拒不改正的。

第六十四条 因污染环境和破坏生态造成损害的，应当依照《中华人民共和国侵权责任法》的有关规定承担侵权责任。

第六十五条 环境影响评价机构、环境监测机构以及从事环境监测设备和防治污染设施维护、运营的机构，在有关环境服务活动中弄虚作假，对造成的环境污染和生态破坏负有责任的，除依照有关法律法规规定予以处罚外，还应当与造成环境污染和生态破坏的其他责任者承担连带责任。

第六十六条 提起环境损害赔偿诉讼的时效期间为三年，从当事人知道或者应当知道其受到损害时起计算。

第六十七条 上级人民政府及其环境保护主管部门应当加强对下级人民政府及其有关部门环境保护工作的监督。发现有关工作人员有违法行为，依法应当给予处分的，应当向其任免机关或者监察机关提出处分建议。

依法应当给予行政处罚，而有关环境保护主管部门不给予行政处罚的，上级人民政府环境保护主管部门可以直接作出行政处罚的决定。

第六十八条 地方各级人民政府、县级以上人民政府环境保护主管部门和其他负有环境保护监督管理职责的部门有下列行为之一的，对直接负责的主管人员和其他直接责任人员给予记过、记大过或者降级处分；造成严重后果的，给予撤职或者开除处分，其主要负责人应当引咎辞职：

（一）不符合行政许可条件准予行政许可的；

（二）对环境违法行为进行包庇的；

（三）依法应当作出责令停业、关闭的决定而未作出的；

（四）对超标排放污染物、采用逃避监管的方式排放污染物、造成环境事故以及不落实生态保护措施造成生态破坏等行为，发现或者接到举报未及时查处的；

（五）违反本法规定，查封、扣押企业事业单位和其他生产经营者的设施、设备的；

（六）篡改、伪造或者指使篡改、伪造监测数据的；

（七）应当依法公开环境信息而未公开的；

（八）将征收的排污费截留、挤占或者挪作他用的；

（九）法律法规规定的其他违法行为。

第六十九条 违反本法规定，构成犯罪的，依法追究刑事责任。

第七章 附 则

第七十条 本法自2015年1月1日起施行。

国务院关于进一步优化企业兼并重组市场环境的意见

国发[2014]14号

各省、自治区、直辖市人民政府，国务院各部委、各直属机构：

兼并重组是企业加强资源整合、实现快速发展、提高竞争力的有效措施，是化解产能严重过剩矛盾、调整优化产业结构、提高发展质量效益的重要途径。近年来，我国企业兼并重组步伐加快，但仍面临审批多、融资难、负担重、服务体系不健全、体制机制不完善、跨地区跨所有制兼并重组困难等问题。为深入贯彻党的十八大和十八届二中、三中全会精神，认真落实党中央和国务院的决策部署，营造良好的市场环境，充分发挥企业在兼并重组中的主体作用，现提出以下意见：

一、主要目标和基本原则

（一）主要目标。

1．体制机制进一步完善。企业兼并重组相关行政审批事项逐步减少，审批效率不断提高，有利于企业兼并重组的市场体系进一步完善，市场壁垒逐步消除。

2．政策环境更加优化。有利于企业兼并重组的金融、财税、土地、职工安置等政策进一步完善，企业兼并重组融资难、负担重等问题逐步得到解决，兼并重组服务体系不断健全。

3．企业兼并重组取得新成效。兼并重组活动日趋活跃，一批企业通过兼并重组焕发活力，有的成长为具有国际竞争力的大企业大集团，产业竞争力进一步增强，资源配置效率显著提高，过剩产能得到化解，产业结构持续优化。

（二）基本原则。

1．尊重企业主体地位。有效调动企业积极性，由企业自主决策、自愿参与兼并重组，坚持市场化运作，避免违背企业意愿的“拉郎配”。

2．发挥市场机制作用。发挥市场在资源配置中的决定性作用，加快建立公平开放透明的市场规则，消除企业兼并重组的体制机制障碍，完善统一开放、竞争有序的市场体系。

3．改善政府的管理和服务。取消限制企业兼并重组和增加企业兼并重组负担的不合理规定，解决企业兼并重组面临的突出问题，引导和激励各种所有制企业自主、自愿参与兼并重组。

二、加快推进审批制度改革

（三）取消下放部分审批事项。系统梳理企业兼并重组涉及的审批事项，缩小审批范围，对市场机制能有效调节的事项，取消相关审批。取消上市公司收购报告书事前审核，强化事后问责。取消上市公司重大资产购买、出售、置换行为审批（构成借壳上市的除外）。对上市公司要约收购义务豁免的部分情形，取消审批。地方国有股东所持上市公司股份的转让，下放地方政府审批。

（四）简化审批程序。优化企业兼并重组相关审批流程，推行并联式审批，避免互为前置条件。实行上市公司并购重组分类审核，对符合条件的企业兼并重组实行快速审核或豁免审核。简化海外并购的外汇管理，改革外汇登记要求，进一步促进投资便利化。优化国内企业境外收购的事前信息报告确认程序，加快办理相关核准手续。提高经营者集中反垄断审查效率。企业兼并重组涉及的生产许可、工商登记、资产权属证明等变更手续，从简限时办理。

三、改善金融服务

（五）优化信贷融资服务。引导商业银行在风险可控的前提下积极稳妥开展并购贷款业务。推动商业银行对兼并重组企业实行综合授信，改善对企业兼并重组的信贷服务。

（六）发挥资本市场作用。符合条件的企业可以通过发行股票、企业债券、非金融企业债务融资工具、可转换债券等方式融资。允许符合条件的企业发行优先股、定向发行可转换债券作为兼并重组支付方式，研究推进定向权证等作为支付方式。鼓励证券公司开展兼并重组融资业务，各类财务投资主体可以通过设立股权投资基金、创业投资基金、产业投资基金、并购基金等形式参与兼并重组。对上市公司发行股份实施兼并事项，不设发行数量下限，兼并非关联企业不再强制要求作出业绩承诺。非上市公众公司兼并重组，不实施全面要约收购制度。改革上市公司兼并重组的股份定价机制，增加定价弹性。非上市公众公司兼并重组，允许实行股份协商定价。

四、落实和完善财税政策

（七）完善企业所得税、土地增值税政策。修订完善兼并重组企业所得税特殊性税务处理的政策，降低收购股权（资产）占被收购企业全部股权（资产）的比例限制，扩大特殊性税务处理政策的适用范围。抓紧研究完善非货币性资产投资交易的企业所得税、企业改制重组涉及的土地增值税等相关政策。

（八）落实增值税、营业税等政策。企业通过合并、分立、出售、置换等方式，转让全部或者部分实物资产以及与其相关联的债权、债务和劳动力的，不属于增值税和营业税征收范围，不应视同销售而征收增值税和营业税。税务部门要加强跟踪管理，企业兼并重组工作牵头部门要积极协助财税部门做好相关税收政策的落实。

（九）加大财政资金投入。中央财政适当增加工业转型升级资金规模，引导实施兼并重组的企业转型升级。利用现有中央财政关闭小企业资金渠道，调整使用范围，帮助实施兼并重组的企业安置职工、转型转产。加大对企业兼并重组公共服务的投入力度。各地要安排资金，按照行政职责，解决本地区企业兼并重组工作中的突出问题。

（十）进一步发挥国有资本经营预算资金的作用。根据企业兼并重组的方向、重点和目标，合理安排国有资本经营预算资金引导国有企业实施兼并重组、做优做强，研究完善相关管理制度，提高资金使用效率。

五、完善土地管理和职工安置政策

（十一）完善土地使用政策。政府土地储备机构有偿收回企业因兼并重组而退出的土地，按规定支付给企业的土地补偿费可以用于企业安置职工、偿还债务等支出。企业兼并重组中涉及因实施城市规划需要搬迁的工业项目，在符合城乡规划及国家产业政策的条件下，市县国土资源管理部门经审核并报同级人民政府批准，可收回原国有土地使用权，并以协议出让或租赁方式为原土地使用权人重新安排工业用地。企业兼并重组涉及土地转让、改变用途的，国土资源、住房城乡建设部门要依法依规加快办理相关用地和规划手续。

（十二）进一步做好职工安置工作。落实完善兼并重组职工安置政策。实施兼并重组的企业要按照国家有关法律法规及政策规定，做好职工安置工作，妥善处理职工劳动关系。地方各级人民政府要进一步落实促进职工再就业政策，做好职工社会保险关系转移接续，保障职工合法权益。对采取有效措施稳定职工队伍的企业给予稳定岗位补贴，所需资金从失业保险基金中列支。

六、加强产业政策引导

（十三）发挥产业政策作用。提高节能、环保、质量、安全等标准，规范行业准入，形成倒逼机制，引导企业兼并重组。支持企业通过兼并重组压缩过剩产能、淘汰落后产能、促进转型转产。产能严重过剩行业项目建设，须制定产能置换方案，实施等量或减量置换。

（十四）鼓励优强企业兼并重组。推动优势企业强强联合、实施战略性重组，带动中小企业“专精特新”发展，形成优强企业主导、大中小企业协调发展的产业格局。

（十五）引导企业开展跨国并购。落实完善企业跨国并购的相关政策，鼓励具备实力的企业开展跨国并购，在全球范围内优化资源配置。规范企业海外并购秩序，加强竞争合作，推动互利共赢。积极指导企业制定境外并购风险应对预案，防范债务风险。鼓励外资参与我国企业兼并重组。

（十六）加强企业兼并重组后的整合。鼓励企业通过兼并重组优化资金、技术、人才等生产要素配置，实施业务流程再造和技术升级改造，加强管理创新，实现优势互补、做优做强。

七、进一步加强服务和管理

（十七）推进服务体系建设。进一步完善企业兼并重组公共信息服务平台，拓宽信息交流渠道。培育一批业务能力强、服务质量高的中介服务机构，提高关键领域、薄弱环节的服务能力，促进中介服务机构专业化、规范化发展。发挥行业协会在企业兼并重组中的重要作用。

（十八）建立统计监测制度。加强企业兼并重组的统计信息工作，构建企业兼并重组统计指标体系，建立和完善统计调查、监测分析和发布制度。整合行业协会、中介组织等信息资源，畅通统计信息渠道，为企业提供及时有效的信息服务。

（十九）规范企业兼并重组行为。严格依照有关法律法规和政策，保护职工、债权人和投资者的合法权益。完善国有产权转让有关规定，规范国有资产处置，防止国有资产流失。采取切实措施防止企业通过兼并重组逃废银行债务，依法维护金融债权，保障金融机构合法权益。在资本市场上，主板、中小板企业兼并重组构成借壳上市的，要符合首次公开发行条件。加强上市公司和非上市公众公司信息披露，强化事中、事后监管，严厉查处内幕交易等违法违规行为。加强外国投资者并购境内企业安全审查，维护国家安全。

八、健全企业兼并重组的体制机制

（二十）完善市场体系建设。深化要素配置市场化改革，进一步完善多层次资本市场体系。加快建立现代企业产权制度，促进产权顺畅流转。加强反垄断和反不正当竞争执法，规范市场竞争秩序，加强市场监管，促进公平竞争和优胜劣汰。行政机关和法律法规授权的具有管理公共事务职责的组织，应严格遵守反垄断法，不得滥用行政权力排除和限制竞争。

（二十一）消除跨地区兼并重组障碍。清理市场分割、地区封锁等限制，加强专项监督检查，落实责任追究制度。加大一般性转移支付力度，平衡地区间利益关系。落实跨地区机构企业所得税分配政策，协调解决企业兼并重组跨地区利益分享问题，解决跨地区被兼并企业的统计归属问题。

（二十二）放宽民营资本市场准入。向民营资本开放非明确禁止进入的行业和领域。推动企业股份制改造，发展混合所有制经济，支持国有企业母公司通过出让股份、增资扩股、合资合作引入民营资本。加快垄断行业改革，向民营资本开放垄断行业的竞争性业务领域。优势企业不得利用垄断力量限制民营企业参与市场竞争。

（二十三）深化国有企业改革。深入推进国有企业产权多元化改革，完善公司治理结构。改革国有企业负责人任免、评价、激励和约束机制，完善国有企业兼并重组考核评价体系。加大国有企业内部资源整合力度，推动国有资本更多投向关系国家安全、国民经济命脉的重要行业和关键领域。

九、切实抓好组织实施

（二十四）进一步加大统筹协调力度。充分发挥企业兼并重组工作部际协调小组的作用，解决跨地区跨所有制企业兼并重组和跨国并购中的重大问题，做好重大部署的落实，组织开展政策执行情况评估和监督检查。各有关部门要按照职责分工抓紧制定出台配套政策措施，加强协调配合，完善工作机制，扎实推进各项工作。

（二十五）切实加强组织领导。各地区要按照本意见要求，结合当地实际抓紧制定优化企业兼并重组市场环境的具体方案，建立健全协调机制和服务体系，积极协调解决本地区企业兼并重组中遇到的问题，确保各项政策措施落到实处，有关重大事项及时报告企业兼并重组工作部际协调小组。

国务院

2014年3月7日

（此件有删减）

国务院办公厅关于印发2014~2015年节能减排低碳发展行动方案的通知

国办发[2014]23号

各省、自治区、直辖市人民政府，国务院各部委、各直属机构：

《2014~2015年节能减排低碳发展行动方案》已经国务院同意，现印发给你们，请结合本地区、本部门实际，认真贯彻落实。

国务院办公厅

2014年5月15日

（本文有删减）

2014~2015年节能减排低碳发展行动方案

加强节能减排，实现低碳发展，是生态文明建设的重要内容，是促进经济提质增效升级的必由之路。“十二五”规划纲要明确提出了单位国内生产总值（GDP）能耗和二氧化碳排放量降低、主要污染物排放总量减少的约束性目标，但2011-2013年部分指标完成情况落后于时间进度要求，形势十分严峻。为确保全面完成“十二五”节能减排降碳目标，制定本行动方案。

工作目标：2014~2015年，单位GDP能耗、化学需氧量、二氧化硫、氨氮、氮氧化物排放量分别逐年下降3.9%、2%、2%、2%、5%以上，单位GDP二氧化碳排放量两年分别下降4%、3.5%以上。

一、大力推进产业结构调整

（一）积极化解产能严重过剩矛盾。认真贯彻落实《国务院关于化解产能严重过剩矛盾的指导意见》（国发[2013]41号），严格项目管理，各地区、各有关部门不得以任何名义、任何方式核准或备案产能严重过剩行业新增产能项目，依法依规全面清理违规在建和建成项目。加大淘汰落后产能力度，在提前一年完成钢铁、电解铝、水泥、平板玻璃等重点行业“十二五”淘汰落后产能任务的基础上，2015年底前再淘汰落后炼铁产能1500万吨、炼钢1500万吨、水泥（熟料及粉磨能力）1亿吨、平板玻璃2000万重量箱。

（二）加快发展低能耗低排放产业。加强对服务业和战略性新兴产业相关政策措施落实情况的督促检查，力争到2015年服务业和战略性新兴产业增加值占GDP的比重分别达到47%和8%左右。加快落实《国务院关于加快发展节能环保产业的意见》（国发[2013]30号），组织实施一批节能环保和资源循环利用重大技术装备产业化工程，完善节能服务公司扶持政策准入条件，实行节能服务产业负面清单管理，积极培育“节能医生”、节能量审核、节能低碳认证、碳排放核查等第三方机构，在污染减排重点领域加快推行环境污染第三方治理。到2015年，节能环保产业总产值达到4.5万亿元。

（三）调整优化能源消费结构。实行煤炭消费目标责任管理，严控煤炭消费总量，降低煤炭消费比重。京津冀及周边、长三角、珠三角等区域及产能严重过剩行业新上耗煤项目，要严格实行煤炭消耗等量或减量替代政策，京津冀地区2015年煤炭消费总量力争实现比2012年负增长。加快推进煤炭清洁高效利用，在大气污染防治重点区域地级以上城市大力推广使用型煤、清洁优质煤及清洁能源，限制销售灰分高于16%、硫分高于1%的散煤。增加天然气供应，优化天然气使用方式，新增天然气优先用于居民生活或替代燃煤。大力发展非化石能源，到2015年非化石能源占一次能源消费量的比重提高到11.4%。

（四）强化能评环评约束作用。严格实施项目能评和环评制度，新建高耗能、高排放项目能效水平和排污强度必须达到国内先进水平，把主要污染物排放总量指标作为环评审批的前置条件，对钢铁、有色、建材、石油石化、化工等高耗能行业新增产能实行能耗等量或减量置换。对未完成节能减排目标的地区，暂停该地区新建高耗能项目的能评审查和新增主要污染物排放项目的环评审批。完善能评管理制度，规范评估机构，优化审查流程。

二、加快建设节能减排降碳工程

（五）推进实施重点工程。大力实施节能技术改造工程，运用余热余压利用、能量系统优化、电机系统节能等成熟技术改造工程设备，形成节能能力

3200 万吨标准煤。加快实施节能技术装备产业化示范工程，推广应用低品位余热利用、半导体照明、稀土永磁电机等先进技术装备，形成节能能力 1100 万吨标准煤。实施能效领跑者计划和合同能源管理工程，形成节能能力 2200 万吨标准煤。推进脱硫脱硝工程建设（具体任务附后），完成 3 亿千瓦燃煤机组脱硝改造，2.5 亿千瓦燃煤机组拆除烟气旁路，4 万平方米钢铁烧结机安装脱硫设施，6 亿吨熟料产能的新型干法水泥生产线安装脱硝设施，到 2015 年底分别新增二氧化硫、氮氧化物减排能力 230 万吨、260 万吨以上。新建日处理能力 1600 万吨的城镇污水处理设施，规模化畜禽养殖场和养殖小区配套建设废弃物处理设施，到 2015 年底分别新增化学需氧量、氨氮减排能力 200 万吨、30 万吨。加强对氢氟碳化物（HFCs）排放的管理，加快氢氟碳化物销毁和替代，“十二五”期间累计减排 2.8 亿吨二氧化碳当量。

（六）加快更新改造燃煤锅炉。开展锅炉能源消耗和污染排放调查。实施燃煤锅炉节能环保综合提升工程，2014 年淘汰 5 万台小锅炉，到 2015 年底淘汰落后锅炉 20 万蒸吨（具体任务附后），推广高效节能环保锅炉 25 万蒸吨，全面推进燃煤锅炉除尘升级改造，对容量 20 蒸吨/小时及以上燃煤锅炉全面实施脱硫改造，形成 2300 万吨标准煤节能能力、40 万吨二氧化硫减排能力和 10 万吨氮氧化物减排能力。

（七）加大机动车减排力度。2014 年底前，在全国供应国四标准车用柴油，淘汰黄标车和老旧车 600 万辆（具体任务附后）。到 2015 年底，京津冀、长三角、珠三角等区域内重点城市全面供应国五标准车用汽油和柴油；全国淘汰 2005 年前注册营运的黄标车，基本淘汰京津冀、长三角、珠三角等区域内的 500 万辆黄标车。加强机动车环保管理，强化新生产车辆环保监管。加快柴油车车用尿素供应体系建设。

（八）强化水污染防治。落实最严格水资源管理制度。编制实施水污染防治行动计划，重点保护饮用水水源地、水质较好湖泊，重点治理劣五类等污染严重水体。继续推进重点流域水污染防治，严格水功能区管理。加强地下水污染防治，加大农村、农业面源污染防治力度，严格控制污水灌溉。强化造纸、印染等重点行业污染物排放控制。到 2015 年，重点行业单位工业增加值主要水污染物排放量下降 30%以上。

三、狠抓重点领域节能降碳

（九）加强工业节能降碳。实施工业能效提升计划，在重点耗能行业全面推行能效对标，推动工业企业能源管控中心建设；开展工业绿色发展专项行动，实施低碳工业园区试点，到2015年，规模以上工业企业单位增加值能耗比2010年降低21%以上。持续开展万家企业节能低碳行动，推动建立能源管理体系；制定重点行业企业温室气体排放核算与报告指南，推动建立企事业单位碳排放报告制度；强化节能降碳目标责任评价考核，落实奖惩制度。到2015年底，万家企业实现节能量2.5亿吨标准煤以上。

（十）推进建筑节能降碳。深入开展绿色建筑行动，政府投资的公益性建筑、大型公共建筑以及各直辖市、计划单列市及省会城市的保障性住房全面执行绿色建筑标准。到2015年，城镇新建建筑绿色建筑标准执行率达到20%，新增绿色建筑3亿平方米，完成北方采暖地区既有居住建筑供热计量及节能改造3亿平方米。以住宅为重点，以建筑工业化为核心，加大对建筑部品生产的扶持力度，推进建筑产业现代化。

（十一）强化交通运输节能降碳。加快推进综合交通运输体系建设，开展绿色循环低碳交通运输体系建设试点，深化“车船路港”千家企业低碳交通运输专项行动。实施高速公路不停车自动交费系统全国联网工程。加大新能源汽车推广应用力度。继续推行甩挂运输，开展城市绿色货运配送示范行动。积极发展现代物流业，加快物流公共信息平台建设。大力发展公共交通，推进“公交都市”创建活动。公路、水路运输和港口形成节能能力1400万吨标准煤以上，到2015年，营运货车单位运输周转量能耗比2013年降低4%以上。

（十二）抓好公共机构节能降碳。完善公共机构能源审计及考核办法。推进公共机构实施合同能源管理项目，将公共机构合同能源管理服务纳入政府采购范围。开展节约型公共机构示范单位建设，将40%以上的中央国家机关本级办公区建成节约型办公区。2014-2015年，全国公共机构单位建筑面积能耗年均降低2.2%，力争超额完成“十二五”时期降低12%的目标。

四、强化技术支撑

（十三）加强技术创新。实施节能减排科技专项行动和重点行业低碳技术创新示范工程，以电力、钢铁、石油石化、化工、建材等行业和交通运输等领域为重点，加快节能减排共性关键技术及成套装备研发生产。在能耗高、节能减排潜力大的地区，实施一批能源分质梯级利用、污染物防治和安全处置等综合示范科技研发项目。实施水体污染治理与控制重大科技专项，突破化工、印染、医药等行业源头控制及清洁生产关键技术瓶颈。鼓励建立以企业为主体、市场为导向、多种形式的产学研战略联盟，引导企业加大节能减排技术研发投入。

（十四）加快先进技术推广应用。完善节能低碳技术遴选、评定及推广机制，以发布目录、召开推广会等方式向社会推广一批重大节能低碳技术及装备，鼓励企业积极采用先进适用技术进行节能改造，实现新增节能能力1350万吨标准煤。在钢铁烧结机脱硫、水泥脱硝和畜禽规模养殖等领域，加快推广应用成熟的污染治理技术。实施碳捕集、利用和封存示范工程。

五、进一步加强政策扶持

（十五）完善价格政策。严格清理地方违规出台的高耗能企业优惠电价政策。落实差别电价和惩罚性电价政策，节能目标完成进度滞后地区要进一步加大差别电价和惩罚性电价执行力度。对电解铝企业实行阶梯电价政策，并逐步扩大到其他高耗能行业和产能过剩行业。落实燃煤机组环保电价政策。完善污水处理费政策，研究将污泥处理费用纳入污水处理成本。完善垃圾处理收费方式，提高收缴率。

（十六）强化财税支持。各级人民政府要加大对节能减排的资金支持力度，整合各领域节能减排资金，加强统筹安排，提高使用效率，努力促进资金投入与节能减排工作成效相匹配。严格落实合同能源管理项目所得税减免政策。实施煤炭等资源税从价计征改革，清理取消有关收费基金。开展环境保护税立法工作，加快推进环境保护费改税。

（十七）推进绿色融资。银行业金融机构要加快金融产品和业务创新，加大对节能减排降碳项目的支持力度。支持符合条件的企业上市、发行非金融企业债务融资工具、企业债券等，拓宽融资渠道。建立节能减排与金融监管部门及金融机构信息共享联动机制，促进节能减排信息在金融机构中实现共享，作为综合授信和融资支持的重要依据。积极引导多元投资主体和各类社会资金进入节能减排降碳领域。

六、积极推行市场化节能减排机制

（十八）实施能效领跑者制度。定期公布能源利用效率最高的空调、冰箱等量大面广终端用能产品目录，单位产品能耗最低的乙烯、粗钢、电解铝、平板玻璃等高耗能产品生产企业名单，以及能源利用效率最高的机关、学校、医院等公共机构名单，对能效领跑者给予政策扶持，引导生产、购买、使用高效节能产品。适时将能效领跑者指标纳入强制性国家标准。

（十九）建立碳排放权、节能量和排污权交易制度。推进碳排放权交易试点，研究建立全国碳排放权交易市场。加快制定节能量交易工作实施方案，依托现有交易平台启动项目节能量交易。继续推进排污权有偿使用和交易试点。

（二十）推行能效标识和节能低碳产品认证。修订能效标识管理办法，将实施能效标识的产品由28类扩大到35类。整合节能和低碳产品认证制度，制定节能低碳产品认证管理办法，将实施节能认证的产品由117类扩大到139类，强化对认证结果的采信。将产品能效作为质量监管的重点，严厉打击能效虚标行为。

（二十一）强化电力需求侧管理。落实电力需求侧管理办法，完善配套政策，严格目标责任考核。建设国家电力需求侧管理平台，推广电能服务，继续实施电力需求侧管理城市综合试点。电网企业要确保完成年度电力电量节约指标，并对平台建设及试点工作给予支持和配合。电力用户要积极采用节电技术产品，优化用电方式，提高电能利用效率。通过推行电力需求侧管理机制，2014~2015年节约电量400亿千瓦时，节约电力900万千瓦。

七、加强监测预警和监督检查

（二十二）强化统计预警。加强能源消耗、温室气体排放和污染物排放计量与统计能力建设，进一步完善节能减排降碳的计量、统计、监测、核查体系，确保相关指标数据准确一致。加强分析预警，定期发布节能目标完成情况晴雨表和主要污染物排放数据公告。各地区要研究制定确保完成节能减排降碳目标的预警调控方案，根据形势适时启动。

（二十三）加强运行监测。加快推进重点用能单位能耗在线监测系统建设，2014年完成试点，2015年基本建成。进一步完善主要污染物排放在线监测系统，确保监测系统连续稳定运行，到2015年底，污染源自动监控数据有效传输率达到75%，企业自行监测结果公布率达到80%，污染源监督性监测结果公布率达到95%。

（二十四）完善法规标准。推进节约能源法、大气污染防治法、建设项目环境保护管理条例的修订工作，推动开展节能评估审查、应对气候变化立法等工作，加快制定排污许可证管理条例、机动车污染防治条例等法规，研究制定节能监察办法。实施百项能效标准推进工程，制（修）订一批重要节能标准、重点行业污染物排放标准，落实重点区域大气污染物排放特别限值要求。

（二十五）强化执法监察。加强节能监察能力建设，到2015年基本建成省、市、县三级节能监察体系。发挥能源监管派出机构的作用，加强能源消费监管。2014年下半年，各地区节能主管部门要针对万家重点用能企业开展专项监察。环保部门要持续开展专项执法，公布违法排污企业名单，发布重点企业污染物排放信息，对违法违规行为进行公开通报或挂牌督办。依法查处违法用能排污单位和相关责任人。实行节能减排执法责任制，对行政不作为、执法不严等行为，严肃追究有关主管部门和执法机构负责人的责任。

八、落实目标责任

（二十六）强化地方政府责任。各省（区、市）要严格控制本地区能源消费增长。严格实施单位GDP能耗和二氧化碳排放强度降低目标责任考核，减排重点考核污染物控制目标、责任书项目落实、监测监控体系建设运行等情况。地方各级人民政府对本行政区域内节能减排降碳工作负总责，主要领导是第一责任人。对未完成年度目标任务的地区，必要时请国务院领导同志约谈省级政府主要负责人，有关部门按规定进行问责，相关负责人在考核结果公布后的一年内不得评选优秀和提拔重用，考核结果向社会公布。对超额完成"十二五"目标任务的地区，按照国家有关规定，根据贡献大小给予适当奖励。

（二十七）落实重点地区责任。海南、甘肃、青海、宁夏、新疆等节能降碳目标完成进度滞后的地区，要抓紧制定具体方案，采取综合性措施，确保完成节能降碳目标任务。云南、贵州、广西、新疆等减排工作进展缓慢地区，要进一步挖掘潜力，确保完成减排目标。强化京津冀及周边、长三角、珠三角等重点区域污染减排，尽可能多削减氮氧化物，力争2014~2015年实现氮氧化物减排12%，高出全国平均水平2个百分点。年能源消费量2亿吨标准煤以上的重点用能地区和东中部排放量较大地区，在确保完成目标任务前提下要多作贡献。各省级人民政府要对年能源消费量300万吨标准煤以上的市县实行重点管理，出台措施推动多完成节能任务。18个节能减排财政政策综合示范城市要争取提前一年完成"十二五"节能目标，或到2015年超额完成目标的20%以上。低碳试点省（区）和城市要提前完成"十二五"降碳目标。

（二十八）**明确相关部门工作责任。**国务院各有关部门要按照职责分工，加强协调配合，多方齐抓共管，形成工作合力。发展改革委要履行好国家应对气候变化及节能减排工作领导小组办公室的职责，会同环境保护部等有关部门加强对地方和企业的监督指导，抓紧制定出台对进度滞后地区的帮扶督办方案，密切跟踪工作进展，督促行动方案各项措施落到实处。环境保护部等要全面加强监管，其他各相关部门也要抓紧行动，共同做好节能减排降碳工作。

（二十九）**强化企业主体责任。**企业要严格遵守节能环保法律法规及标准，加强内部管理，增加资金投入，及时公开节能环保信息，确保完成目标任务。中央企业要积极发挥表率作用，把节能减排任务完成情况作为企业绩效和负责人业绩考核的重要内容。国有企业要力争提前完成“十二五”节能目标。充分发挥行业协会在加强企业自律、树立行业标杆、制定技术规范、推广先进典型等方面的作用。

（三十）**动员公众积极参与。**采取形式多样的宣传教育活动，调动社会公众参与节能减排的积极性。鼓励对政府和企业落实节能减排降碳责任进行社会监督。

附件：1．2014~2015年各地区燃煤锅炉淘汰任务

2．2014~2015年各地区主要大气污染物减排工程任务

3．2014年各地区黄标车及老旧车辆淘汰任务

（附件详见中国政府网）

国务院办公厅关于多措并举着力缓解企业融资成本高问题的指导意见

国办发[2014]39号

各省、自治区、直辖市人民政府，国务院各部委、各直属机构：

当前，我国经济形势总体向好，但仍存在不稳定因素，下行压力依然较大，结构调整处于爬坡时期，解决好企业特别是小微企业融资成本高问题，对于稳增长、促改革、调结构、惠民生具有重要意义。当前企业融资成本高的成因是多方面的，既有宏观经济因素又有微观运行问题，既有实体经济因素又有金融问题，既有长期因素又有短期因素，解决这一问题的根本出路在于全面深化改革，多措并举，标本兼治，重在治本。金融部门和金融机构要认真贯彻落实国务院第49次、第57次常务会议精神，采取综合措施，着力缓解企业融资成本高问题，促进金融与实体经济良性互动。经国务院同意，现提出以下意见：

一、保持货币信贷总量合理适度增长

继续实施稳健的货币政策，综合运用多种货币政策工具组合，维持流动性平稳适度，为缓解企业融资成本高创造良好的货币环境。优化基础货币的投向，适度加大支农、支小再贷款和再贴现的力度，着力调整结构，优化信贷投向，为棚户区改造、铁路、服务业、节能环保等重点领域和“三农”、小微企业等薄弱环节提供有力支持。切实执行有保有控的信贷政策，对产能过剩行业中有市场有效益的企业不搞“一刀切”。进一步研究改进宏观审慎管理指标。落实好“定向降准”措施，发挥好结构引导作用。（人民银行负责）

二、抑制金融机构筹资成本不合理上升

进一步完善金融机构公司治理，通过提高内部资金转移定价能力、优化资金配置等措施，遏制变相高息揽储等非理性竞争行为，规范市场定价竞争秩序。进一步丰富银行业融资渠道，加强银行同业批发性融资管理，提高银行融资多元化程度和资金来源稳定性。大力推进信贷资产证券化，盘活存量，加快资金

周转速度。尽快出台规范发展互联网金融的相关指导意见和配套管理办法，促进公平竞争。进一步打击非法集资活动，维护良好的金融市场秩序。（人民银行、银监会、证监会、保监会、工业和信息化部等负责）

三、缩短企业融资链条

督促商业银行加强贷款管理，严密监测贷款资金流向，防止贷款被违规挪用，确保贷款资金直接流向实体经济。按照国务院部署，加强对影子银行、同业业务、理财业务等方面的管理，清理不必要的资金“通道”和“过桥”环节，各类理财产品的资金来源或运用原则上应当与实体经济直接对接。切实整治层层加价行为，减少监管套利，引导相关业务健康发展。（人民银行、银监会、证监会、保监会、外汇局负责）

四、清理整顿不合理金融服务收费

贯彻落实《商业银行服务价格管理办法》，督促商业银行坚决取消不合理收费项目，降低过高的收费标准。对于直接与贷款挂钩、没有实质服务内容的收费项目，一律予以取消；对于发放贷款收取利息应尽的工作职责，不得再分解设置收费项目。严禁“以贷转存”、“存贷挂钩”等变相提高利率、加重企业负担的行为。规范企业融资过程中担保、评估、登记、审计、保险等中介机构和有关部门的收费行为。在商业银行和相关中介机构对收费情况进行全面深入自查的基础上，在全国范围内加强专项检查。对于检查发现的违规问题，依法依规严格处罚。（银监会、发展改革委等负责）

五、提高贷款审批和发放效率

优化商业银行对小微企业贷款的管理，通过提前进行续贷审批、设立循环贷款、实行年度审核制度等措施减少企业高息“过桥”融资。鼓励商业银行开展基于风险评估的续贷业务，对达到标准的企业直接进行滚动融资，优化审贷程序，缩短审贷时间。对小微企业贷款实施差别化监管。（银监会、人民银行负责）

六、完善商业银行考核评价指标体系

引导商业银行纠正单纯追逐利润、攀比扩大资产规模的经营理念，优化内部考核机制，适当降低存款、资产规模等总量指标的权重。发挥好有关部门和银行股东的评价考核作用，完善对商业银行经营管理的评价体系，合理设定利润等目标。设立银行业金融机构存款偏离度指标，研究将其纳入银行业金融机

构绩效评价体系扣分项，约束银行业金融机构存款“冲时点”行为。（银监会、财政部负责）

七、加快发展中小金融机构

积极稳妥发展面向小微企业和“三农”的特色中小金融机构，促进市场竞争，增加金融供给。优化金融机构市场准入，在加强监管前提下，加快推动具备条件的民间资本依法发起设立中小型银行等金融机构。积极稳妥培育立足本地经营、特色鲜明的村镇银行，引导金融机构在基层地区合理布局分支机构和营业网点。（银监会负责）

八、大力发展直接融资

健全多层次资本市场体系，继续优化主板、中小企业板、创业板市场的制度安排。支持中小微企业依托全国中小企业股份转让系统开展融资。进一步促进私募股权和创投基金发展。逐步扩大各类长期资金投资资本市场的范围和规模，按照国家税收法律及有关规定，对各类长期投资资金予以税收优惠。继续扩大中小企业各类非金融企业债务融资工具及集合债、私募债发行规模。降低商业银行发行小微企业金融债和“三农”金融债的门槛，简化审批流程，扩大发行规模。（证监会、人民银行、发展改革委、财政部、银监会、保监会等负责）

九、积极发挥保险、担保的功能和作用

大力发展相关保险产品，支持小微企业、个体工商户、城乡居民等主体获得短期小额贷款。积极探索农业保险保单质押贷款，开展“保险+信贷”合作。促进更多保险资金直接投向实体经济。进一步完善小微企业融资担保政策，加大财政支持力度。大力发展政府支持的担保机构，引导其提高小微企业担保业务规模，合理确定担保费用。（保监会、财政部、银监会、工业和信息化部负责）

十、有序推进利率市场化改革

充分发挥金融机构利率定价自律机制作用，促进金融机构增强财务硬约束，提高自主定价能力。综合考虑我国宏微观经济金融形势，完善市场利率形成和传导机制。（人民银行负责）

从中长期看，解决企业融资成本高的问题要依靠推进改革和结构调整的治本之策，通过转变经济增长方式、形成财务硬约束和发展股本融资来降低杠杆率，消除结构性扭曲。围绕使市场在资源配置中起决定性作用和更好发挥政府作用，继续深化政府职能转变，推进国有企业改革和财税改革，简政放权，打破垄断，硬化融资主体财务约束，提高资金使用效率。落实对小微企业的税收支持政策，切实增强小微企业核心竞争力和盈利能力。引导小微企业健全自身财务制度，提高经营管理水平。各地区、各部门要高度重视降低企业融资成本的相关工作，加强组织领导和分工协作，注重工作实效。对各项任务落实要有布置、有督促、有检查。国务院办公厅对重点任务落实情况进行跟踪督查。各部门有关落实进展情况，由人民银行定期汇总后报国务院。

国务院办公厅

2014年8月5日

国务院办公厅关于进一步推进排污权有偿使用和交易试点工作的指导意见

国办发[2014]38号

各省、自治区、直辖市人民政府，国务院各部委、各直属机构：

排污权是指排污单位经核定、允许其排放污染物的种类和数量。2007年以来，国务院有关部门组织天津、河北、内蒙古等11个省（区、市）开展排污权有偿使用和交易试点，取得了一定进展。为进一步推进试点工作，促进主要污染物排放总量持续有效减少，经国务院同意，现提出以下指导意见：

一、总体要求

（一）高度重视排污权有偿使用和交易试点工作。建立排污权有偿使用和交易制度，是我国环境资源领域一项重大的、基础性的机制创新和制度改革，是生态文明制度建设的重要内容，将对更好地发挥污染物总量控制制度作用，在全社会树立环境资源有价的理念，促进经济社会持续健康发展产生积极影响。各地区、各有关部门要充分认识做好试点工作的重要意义，妥善处理好政府与市场、制度改革创新与保持经济平稳发展、新企业与老企业、试点地区与非试点地区的关系，把握好试点政策出台的时机、力度和节奏，因地制宜、循序渐进推进试点工作。

（二）工作目标。以邓小平理论、“三个代表”重要思想、科学发展观为指导，贯彻落实党的十八大和十八届二中、三中全会精神，按照党中央、国务院的决策部署，充分发挥市场在资源配置中的决定性作用，积极探索建立环境成本合理负担机制和污染减排激励约束机制，促进排污单位树立环境意识，主动减少污染物排放，加快推进产业结构调整，切实改善环境质量。到2017年，试点地区排污权有偿使用和交易制度基本建立，试点工作基本完成。

二、建立排污权有偿使用制度

（三）严格落实污染物总量控制制度。实施污染物排放总量控制是开展试点的前提。试点地区要严格按照国家确定的污染物减排要求，将污染物总量控制指标分解到基层，不得突破总量控制上限。试点的污染物应为国家作为约束性指标进行总量控制的污染物，试点地区也可选择对本地区环境质量有突出影响的其他污染物开展试点。

（四）合理核定排污权。核定排污权是试点工作的基础。试点地区应于2015年底前全面完成现有排污单位排污权的初次核定，以后原则上每5年核定一次。现有排污单位的排污权，应根据有关法律法规标准、污染物总量控制要求、产业布局和污染物排放现状等核定。新建、改建、扩建项目的排污权，应根据其环境影响评价结果核定。排污权以排污许可证形式予以确认。试点地区不得超过国家确定的污染物排放总量核定排污权，不得为不符合国家产业政策的排污单位核定排污权。排污权由地方环境保护部门按污染源管理权限核定。

（五）实行排污权有偿取得。试点地区实行排污权有偿使用制度，排污单位在缴纳使用费后获得排污权，或通过交易获得排污权。排污单位在规定期限内对排污权拥有使用、转让和抵押等权利。对现有排污单位，要考虑其承受能力、当地环境质量改善要求，逐步实行排污权有偿取得。新建项目排污权和改建、扩建项目新增排污权，原则上要以有偿方式取得。有偿取得排污权的单位，不免除其依法缴纳排污费等相关税费的义务。

（六）规范排污权出让方式。试点地区可以采取定额出让、公开拍卖方式出让排污权。现有排污单位取得排污权，原则上采取定额出让方式，出让标准由试点地区价格、财政、环境保护部门根据当地污染治理成本、环境资源稀缺程度、经济发展水平等因素确定。新建项目排污权和改建、扩建项目新增排污权，原则上通过公开拍卖方式取得，拍卖底价可参照定额出让标准。

（七）加强排污权出让收入管理。排污权使用费由地方环境保护部门按照污染源管理权限收取，全额缴入地方国库，纳入地方财政预算管理。排污权出让收入统筹用于污染防治，任何单位和个人不得截留、挤占和挪用。缴纳排污权使用费金额较大、一次性缴纳确有困难的排污单位，可分期缴纳，缴纳期限不得超过五年，首次缴款不得低于应缴总额的40%。试点地区财政、审计部门要加强对排污权出让收入使用情况的监督。

三、加快推进排污权交易

（八）规范交易行为。排污权交易应在自愿、公平、有利于环境质量改善和优化环境资源配置的原则下进行。交易价格由交易双方自行确定。试点初期，可参照排污权定额出让标准等确定交易指导价格。试点地区要严格按照《国务院关于清理整顿各类交易场所切实防范金融风险的决定》（国发[2011]38号）等有关规定，规范排污权交易市场。

（九）控制交易范围。排污权交易原则上在各试点省份内进行。涉及水污染物的排污权交易仅限于在同一流域内进行。火电企业（包括其他行业自备电厂，不含热电联产机组供热部分）原则上不得与其他行业企业进行涉及大气污染物的排污权交易。环境质量未达到要求的地区不得进行增加本地区污染物总量的排污权交易。工业污染源不得与农业污染源进行排污权交易。

（十）激活交易市场。国务院有关部门要研究制定鼓励排污权交易的财税等扶持政策。试点地区要积极支持和指导排污单位通过淘汰落后和过剩产能、清洁生产、污染治理、技术改造升级等减少污染物排放，形成“富余排污权”参加市场交易；建立排污权储备制度，回购排污单位“富余排污权”，适时投放市场，重点支持战略性新兴产业、重大科技示范等项目建设。积极探索排污权抵押融资，鼓励社会资本参与污染物减排和排污权交易。

（十一）加强交易管理。排污权交易按照污染源管理权限由相应的地方环境保护部门负责。跨省级行政区域的排污权交易试点，由环境保护部、财政部和发展改革委负责组织。排污权交易完成后，交易双方应在规定时限内向地方环境保护部门报告，并申请变更其排污许可证。

四、强化试点组织领导和服务保障

（十二）加强组织领导。试点地区地方人民政府要加强对试点工作的组织领导，制定具体可行的工作方案和配套政策规定，建立协调机制，加强能力建设，主动接受社会监督，积极稳妥推进试点工作。财政部、环境保护部、发展改革委负责对地方人民政府的试点申请进行确认，并加强对试点工作的指导、协调，对排污权交易平台建设等给予适当支持，按照各自职能分别研究制定排污权核定、使用费收取使用和交易价格等管理规定。

（十三）提高服务质量。试点地区要及时公开排污权核定、排污权使用费收取使用、排污权拍卖及回购等情况以及当地环境质量状况、污染物总量控制要求等信息，确保试点工作公开透明。要优化工作流程，认真做好排污单位“富余排污权”核定、排污许可证发放变更等工作；加强部门协作配合，积极研究制定帮扶政策，为排污单位参与排污权交易提供便利。

（十四）严格监督管理。排污单位应当准确计量污染物排放量，主动向当地环境保护部门报告。重点排污单位应安装污染源自动监测装置，与当地环境保护部门联网，并确保装置稳定运行、数据真实有效。试点地区要强化对排污单位的监督性监测，加大执法监管力度，对于超排污权排放或在交易中弄虚作假的排污单位，要依法严肃处理，并予以曝光。

试点省份每年要向国务院报告试点工作进展情况，其他地方可参照本意见开展试点工作。财政部、环境保护部、发展改革委要跟踪总结试点地区的经验做法，加强政策研究，为全面推行排污权有偿使用和交易制度奠定基础。

国务院办公厅

2014年8月6日

国务院关于发布政府核准的投资项目目录（2014年本）的通知

国发[2014]53号

各省、自治区、直辖市人民政府，国务院各部委、各直属机构：

为进一步深化投资体制改革和行政审批制度改革，加大简政放权力度，切实转变政府投资管理职能，使市场在资源配置中起决定性作用，确立企业投资主体地位，更好发挥政府作用，加强和改进宏观调控，现发布《政府核准的投资项目目录（2014年本）》，并就有关事项通知如下：

一、企业投资建设本目录内的固定资产投资项目，须按照规定报送有关项目核准机关核准。企业投资建设本目录外的项目，实行备案管理。事业单位、社会团体等投资建设的项目，按照本目录执行。

原油、天然气开发项目由具有开采权的企业自行决定，并报国务院行业管理部门备案。具有开采权的相关企业应依据相关法律法规，坚持统筹规划，合理开发利用资源，避免资源无序开采。

二、法律、行政法规和国家制定的发展规划、产业政策、总量控制目标、技术政策、准入标准、用地政策、环保政策、信贷政策等是企业开展项目前期工作的重要依据，是项目核准机关和国土资源、环境保护、城乡规划、行业管理等部门以及金融机构对项目进行审查的依据。环境保护部门应根据项目对环境的影响程度实行分级分类管理，对环境影响大、环境风险高的项目严格环评审批，并强化事中事后监管。

三、对于钢铁、电解铝、水泥、平板玻璃、船舶等产能严重过剩行业的项目，要严格执行《国务院关于化解产能严重过剩矛盾的指导意见》（国发[2013]41号），各地方、各部门不得以其他任何名义、任何方式备案新增产能项目，各相关部门和机构不得办理土地（海域）供应、能评、环评审批和新增授信支持等相关业务，并合力推进化解产能严重过剩矛盾各项工作。

四、项目核准机关要改进完善管理办法，切实提高行政效能，认真履行核准职责，严格按照规定权限、程序和时限等要求进行审查。监管重心要与核准、备案权限同步下移，地方政府要切实履行监管职责。有关部门要密切配合，按照职责分工，相应改进管理办法，依法加强对投资活动的监管。对不符合法律法规规定以及未按规定权限和程序核准或者备案的项目，有关部门不得办理相关手续，金融机构不得提供信贷支持。

五、按照规定由国务院核准的项目，由发展改革委审核后报国务院核准。按照规定报国务院备案的项目，由发展改革委核准后报国务院备案。核报国务院核准的项目、国务院投资主管部门核准的项目，事前须征求国务院行业管理部门的意见。由地方政府核准的项目，省级政府可以根据本地实际情况具体划分地方各级政府的核准权限。由省级政府核准的项目，核准权限不得下放。

六、法律、行政法规和国家有专门规定的，按照有关规定执行。商务主管部门按国家有关规定对外商投资企业的设立和变更、国内企业在境外投资开办企业（金融企业除外）进行审核或备案管理。

七、本目录自发布之日起执行，《政府核准的投资项目目录（2013年本）》即行废止。

国务院

2014年10月31日

政府核准的投资项目目录（2014年本）

一、农业水利

农业：涉及开荒的项目由省级政府核准。

水库：在跨界河流、跨省（区、市）河流上建设的项目由国务院投资主管部门核准，其中库容10亿立方米及以上或者涉及移民1万人及以上的项目由国务院核准。其余项目由地方政府核准。

其他水事工程：涉及跨界河流、跨省（区、市）水资源配置调整的项目由国务院投资主管部门核准，其余项目由地方政府核准。

二、能源

水电站：在跨界河流、跨省（区、市）河流上建设的单站总装机容量50万千瓦及以上项目由国务院投资主管部门核准，其中单站总装机容量300万千瓦及以上或者涉及移民1万人及以上的项目由国务院核准。其余项目由地方政府核准。

抽水蓄能电站：由省级政府核准。

火电站：由省级政府核准，其中燃煤火电项目应在国家依据总量控制制定的建设规划内核准。

热电站：由地方政府核准，其中抽凝式燃煤热电项目由省级政府在国家依据总量控制制定的建设规划内核准。

风电站：由地方政府在国家依据总量控制制定的建设规划及年度开发指导规模内核准。

核电站：由国务院核准。

电网工程：跨境、跨省（区、市）±500千伏及以上直流项目，跨境、跨省（区、市）500千伏、750千伏、1000千伏交流项目，由国务院投资主管部门核准，其中±800千伏及以上直流项目和1000千伏交流项目报国务院备案；其余项目由地方政府核准，其中±800千伏及以上直流项目和1000千伏交流项目应按照国家制定的规划核准。

煤矿：国家规划矿区内新增年生产能力120万吨及以上煤炭开发项目由国务院行业管理部门核准，其中新增年生产能力500万吨及以上的项目报国务院备案，国家规划矿区内的其余煤炭开发项目由省级政府核准；其余一般煤炭开发项目由地方政府核准。国家规定禁止新建的煤与瓦斯突出、高瓦斯和中小型煤炭开发项目，不得核准。

煤制燃料：年产超过20亿立方米的煤制天然气项目，年产超过100万吨的煤制油项目由国务院投资主管部门核准。

液化石油气接收、存储设施（不含油气田、炼油厂的配套项目）：由省级政府核准。

进口液化天然气接收、储运设施：新建（含异地扩建）项目由国务院行业管理部门核准，其中新建接收储运能力300万吨及以上的项目报国务院备案。其余项目由省级政府核准。

输油管网（不含油田集输管网）：跨境、跨省（区、市）干线管网项目由国务院投资主管部门核准，其中跨境项目报国务院备案。其余项目由省级政府核准。

输气管网（不含油气田集输管网）：跨境、跨省（区、市）干线管网项目由国务院投资主管部门核准，其中跨境项目报国务院备案。其余项目由省级政府核准。

炼油：新建炼油及扩建一次炼油项目由国务院投资主管部门核准，其中列入国务院批准的国家能源发展规划、石化产业规划布局方案的扩建项目由省级政府核准。

变性燃料乙醇：由省级政府核准。

三、交通运输

新建（含增建）铁路：跨省（区、市）项目和国家铁路网中的干线项目由国务院投资主管部门核准，国家铁路网中的其余项目由中国铁路总公司自行决定并报国务院投资主管部门备案；其余地方铁路项目由省级政府按照国家批准的规划核准。

公路：国家高速公路网项目由国务院投资主管部门核准，普通国道网项目由省级政府核准；地方高速公路项目由省级政府按照规划核准，其余项目由地方政府核准。

独立公（铁）路桥梁、隧道：跨境、跨10万吨级及以上航道海域、跨大江大河（现状或规划为一级及以上通航段）的项目由国务院投资主管部门核准，其中跨境项目报国务院备案；国家铁路网中的其余项目由中国铁路总公司自行决定并报国务院投资主管部门备案；其余项目由地方政府核准。

煤炭、矿石、油气专用泊位：在沿海（含长江南京及以下）新建年吞吐能力1000万吨及以上项目由国务院投资主管部门核准，其余项目由省级政府核准。

集装箱专用码头：在沿海（含长江南京及以下）建设的年吞吐能力100万标准箱及以上项目由国务院投资主管部门核准，其余项目由省级政府核准。

内河航运：跨省（区、市）高等级航道的千吨级及以上航电枢纽项目由国务院投资主管部门核准，其余项目由地方政府核准。

民航：新建运输机场项目由国务院核准，新建通用机场项目、扩建军民合用机场项目由省级政府核准。

四、信息产业

电信：国际通信基础设施项目由国务院投资主管部门核准；国内干线传输网（含广播电视网）以及其他涉及信息安全的电信基础设施项目，由国务院行业管理部门核准。

五、原材料

稀土、铁矿、有色矿山开发：稀土矿山开发项目，由国务院行业管理部门核准；其余项目由省级政府核准。

石化：新建乙烯项目由省级政府按照国务院批准的石化产业规划布局方案核准。

化工：年产超过 50 万吨的煤经甲醇制烯烃项目、年产超过 100 万吨的煤制甲醇项目，由国务院投资主管部门核准；新建对二甲苯（PX）项目、新建二苯基甲烷二异氰酸酯（MDI）项目由省级政府按照国务院批准的石化产业规划布局方案核准。

稀土：冶炼分离项目由国务院行业管理部门核准，稀土深加工项目由省级政府核准。

黄金：采选矿项目由省级政府核准。

六、机械制造

汽车：按照国务院批准的《汽车产业发展政策》执行。

七、轻工

烟草：卷烟、烟用二醋酸纤维素及丝束项目由国务院行业管理部门核准。

八、高新技术

民用航空航天：干线支线飞机、6 吨/9 座及以上通用飞机和 3 吨及以上直升机制造、民用卫星制造、民用遥感卫星地面站建设项目，由国务院投资主管部门核准；6 吨/9 座以下通用飞机和 3 吨以下直升机制造项目由省级政府核准。

九、城建

城市快速轨道交通项目：由省级政府按照国家批准的规划核准。

城市道路桥梁、隧道：跨 10 万吨级及以上航道海域、跨大江大河（现状或规划为一级及以上通航段）的项目由国务院投资主管部门核准。

其他城建项目：由地方政府自行确定实行核准或者备案。

十、社会事业

主题公园：特大型项目由国务院核准，大型项目由国务院投资主管部门核准，中小型项目由省级政府核准。

旅游：国家级风景名胜区、国家自然保护区、全国重点文物保护单位区域内总投资 5000 万元及以上旅游开发和资源保护项目，世界自然和文化遗产保护区内总投资 3000 万元及以上项目，由省级政府核准。

其他社会事业项目：除国务院已明确改为备案管理的项目外，按照隶属关系由国务院行业管理部门、地方政府自行确定实行核准或者备案。

十一、外商投资

《外商投资产业指导目录》中有中方控股（含相对控股）要求的总投资（含增资）10 亿美元及以上鼓励类项目，总投资（含增资）1 亿美元及以上限制类（不含房地产）项目，由国务院投资主管部门核准，其中总投资（含增资）20 亿美元及以上项目报国务院备案。《外商投资产业指导目录》限制类中的房地产项目和总投资（含增资）小于 1 亿美元的其他限制类项目，由省级政府核准。《外商投资产业指导目录》中有中方控股（含相对控股）要求的总投资（含增资）小于 10 亿美元的鼓励类项目，由地方政府核准。

前款规定之外的属于本目录第一至十条所列项目，按照本目录第一至十条的规定核准。

十二、境外投资

涉及敏感国家和地区、敏感行业的项目，由国务院投资主管部门核准。

前款规定之外的中央管理企业投资项目和地方企业投资 3 亿美元及以上项目报国务院投资主管部门备案。

国务院办公厅关于推行环境污染第三方治理的意见

国办发[2014]69号

各省、自治区、直辖市人民政府，国务院各部委、各直属机构：

环境污染第三方治理（以下简称第三方治理）是排污者通过缴纳或按合同约定支付费用，委托环境服务公司进行污染治理的新模式。第三方治理是推进环保设施建设和运营专业化、产业化的重要途径，是促进环境服务业发展的有效措施。近年来，各地区、有关部门在第三方治理方面进行了积极探索，取得初步成效，但还存在体制机制不健全，法律、政策有待完善等问题。为推行第三方治理，经国务院同意，现提出以下意见：

一、总体要求

（一）指导思想。全面贯彻落实党的十八大和十八届二中、三中、四中全会精神，坚持社会主义市场经济改革方向，按照党中央、国务院的决策部署，以环境公用设施、工业园区等领域为重点，以市场化、专业化、产业化为导向，营造有利的市场和政策环境，改进政府管理和服务，健全统一规范、竞争有序、监管有力的第三方治理市场，吸引和扩大社会资本投入，推动建立排污者付费、第三方治理的治污新机制，不断提升我国污染治理水平。

（二）基本原则。

1．坚持排污者付费。根据污染物种类、数量和浓度，排污者承担治理费用，受委托的第三方治理企业按照合同约定进行专业化治理。

2．坚持市场化运作。充分发挥市场配置资源的决定性作用，尊重企业主体地位，营造良好的市场环境，积极培育可持续的商业模式，避免违背企业意愿的“拉郎配”。

3．坚持政府引导推动。更好地发挥政府作用，创新投资运营机制，加强政策扶持和激励，强化市场监管和环保执法，为社会资本进入创造平等机会。

（三）**主要目标**。到2020年，环境公用设施、工业园区等重点领域第三方治理取得显著进展，污染治理效率和专业化水平明显提高，社会资本进入污染治理市场的活力进一步激发。环境公用设施投资运营体制改革基本完成，高效、优质、可持续的环境公共服务市场化供给体系基本形成；第三方治理业态和模式趋于成熟，涌现一批技术能力强、运营管理水平高、综合信用好、具有国际竞争力的环境服务公司。

二、推进环境公用设施投资运营市场化

（四）**改革投资运营模式**。推动环境公用设施管理向独立核算、自主经营的企业化模式转变，实行投资、建设、运营和监管分开，形成权责明确、制约有效、管理专业的市场化运行机制。对可经营性好的城市污水、垃圾处理设施，采取特许经营、委托运营等方式引入社会资本，通过资产租赁、转让产权、资产证券化等方式盘活存量资产。鼓励打破以项目为单位的分散运营模式，采取打捆方式引入第三方进行整体式设计、模块化建设、一体化运营。对以政府为责任主体的城镇污染场地治理和区域性环境整治等，采用环境绩效合同服务等方式引入第三方治理。鼓励地方政府引入环境服务公司开展综合环境服务。

（五）**推进审批便利化**。对政府和社会资本合作开展的第三方治理项目，要认真编制实施方案，从项目可行性、财政负担能力、公众意愿和接受程度等方面进行科学评估和充分论证，相关部门要依法依规加快规划选址、土地利用、节能、环评等前期建设条件的审查。各地区要改进审批方式，提高审批效率。有条件的地区要建立联合审查制度，在政府统一的政务审批平台上实行并联审批。

（六）**合理确定收益**。对特许经营、委托运营类项目，要参考本行业平均利润、银行存贷款利率等因素，科学确定投资收益水平，并逐步向约定公共服务质量下的风险收益转变，政府不得承诺不合理的高额固定收益回报。对环境绩效合同服务类项目，要建立公平、合理的绩效考核和评价机制，公共财政支付水平与治理绩效挂钩。完善价格调整机制，明确约定中标价的调整周期、调整因素和启动条件等。

（七）**保障公共环境权益**。统筹好公益性和经营性关系，对项目经营者处置相关的特许经营权、土地使用权、设施和企业股权等资产及其权益作出限制性约定，不得随意转让。建立退出机制，制定临时接管预案，在项目经营者发生危害公共利益和公共安全情形时，及时启动临时接管预案。

三、创新企业第三方治理机制

（八）明确相关方责任。排污企业承担污染治理的主体责任，第三方治理企业按照有关法律法规和标准以及排污企业的委托要求，承担约定的污染治理责任。抓紧出台第三方治理的规章制度，对相关方的责任边界、处罚对象、处罚措施等作出规定。

（九）规范合作关系。研究制定第三方治理管理办法，发布标准合同范本，保障相关方合法权益。排污企业和第三方治理企业应按照有关法律法规和市场规则，签订委托治理合同，约定治理标准、内容、费用；通过履约保证金（保函）、担保、调解、仲裁等方式，建立健全履约保障和监督机制。

（十）培育企业污染治理新模式。在工业园区等工业集聚区，引入环境服务公司，对园区企业污染进行集中式、专业化治理，开展环境诊断、生态设计、清洁生产审核和技术改造等；组织实施园区循环化改造，合理构建企业间产业链，提高资源利用效率，降低污染治理综合成本。在电力、钢铁等行业和中小企业，鼓励推行环境绩效合同服务等方式引入第三方治理。

（十一）探索实施限期第三方治理。选择若干有条件地区的高污染、高环境风险行业，对因污染物超过排放标准或总量控制要求，被环境保护主管部门责令限制生产、停产整治且拒不自行治理污染的企业，列出企业清单向社会公布，督促相关企业在规定期限内委托环境服务公司进行污染治理。

四、健全第三方治理市场

（十二）扩大市场规模。各级政府要增加环境基本公共服务有效供给，加大环保投入，大力推动环保产业发展；严格执行环保法律法规和标准，强化环保执法，增强排污企业委托第三方治理的内生动力。鼓励政府投融资平台和社会资本建立混合所有制企业，参与第三方治理。第三方治理取得的污染物减排量，计入排污企业的排污权账户，由排污企业作为排污权的交易和收益主体。

（十三）加快创新发展。支持第三方治理企业加强科技创新、服务创新、商业模式创新，通过兼并、联合、重组等方式，实行规模化、品牌化、网络化经营。以国家级环保产业园区、骨干环境服务公司等为载体，建设一批产学研用紧密结合的环保技术创新和成果转化平台。

（十四）发挥行业组织作用。相关行业组织要积极借鉴国内外先进经验和做法，加强对第三方治理的跟踪研究；开展业务培训和案例分析，及时总结推广成功的商业模式；组织开展技术咨询、绩效评估等。建立健全行业自律机制，提高行业整体素质。

（十五）规范市场秩序。对环境公用设施，一律采用公开招标或竞争性谈判方式确定特许经营方或委托运营方。实施综合评标制度，将服务能力与质量、运营方案、业绩信用等列为招投标条件，不得设定地域歧视性条件，避免低价低质中标。推动建立企业诚信档案和信用累积制度，第三方治理企业要如实向社会公开污染治理设施建设、运行和污染排放情况。

（十六）完善监管体系。健全政府、投资者、公众等共同参与的监督机制，实行准入、运营、退出全过程监管，探索综合监管模式。探索实施黑名单制度，将技术服务能力弱、运营管理水平低、综合信用差的环境服务公司列入黑名单，定期向社会公布。依法公开第三方治理项目环境监管信息。

五、强化政策引导和支持

（十七）完善价格和收费政策。加大差别电价、水价实施力度。提高排污费征收标准，实行差别化排污收费。完善污水、垃圾处理收费政策，适当提高收费标准，逐步覆盖全处理成本。严格落实垃圾发电价格政策。建立健全鼓励使用再生水、促进垃圾资源化的价格机制。全面落实燃煤发电机组脱硫、脱硝、除尘等环保电价政策。

（十八）加大财税支持力度。对符合条件的第三方治理项目给予中央资金支持，有条件的地区也要对第三方治理项目投资和运营给予补贴或奖励。积极探索以市场化的基金运作等方式引导社会资本投入，健全多元化投入机制。研究明确第三方治理税收优惠政策。

（十九）创新金融服务模式。鼓励银行业金融机构创新金融产品和服务，开展节能环保信贷资产证券化，研究推进能效贷款、绿色金融租赁、碳金融产品、节能减排收益权和排污权质押融资；对国家鼓励发展的第三方治理重大项目，在贷款额度、贷款利率、还贷条件等方面给予优惠。加快推行绿色银行评级制度。鼓励保险公司开发相关环境保险产品，引导高污染、高环境风险企业投保。

（二十）发展环保资本市场。对符合条件的第三方治理企业，上市融资、发行企业债券实行优先审批；支持发行中小企业集合债券、公司债、中期票据等债务融资工具；支持适度发展融资租赁业务，引入低成本外资。选择综合信用好的环境服务公司，开展非公开发行企业债券试点。探索发展债券信用保险。

六、加强组织实施

（二十一）**强化组织协调。**发展改革委、财政部要加强统筹协调，制定推进第三方治理的投融资、财税等政策。环境保护部要健全环保标准和政策，强化执法监督。住房城乡建设部要深化城镇环境公共基础设施领域改革，加强建设和运营管理。人民银行、银监会、证监会、保监会要会同有关部门研究支持环境服务业发展的金融政策。各省（区、市）政府要加强组织领导，健全工作机制，结合本地区实际，制定推行第三方治理的实施细则。

（二十二）**总结推广经验。**选择有条件的地区和行业，就第三方治理制度和模式进行改革示范。发展改革委、财政部要会同环境保护部、住房城乡建设部等部门，密切跟踪改革进展情况，协调解决工作中的困难和问题，及时总结推广各地成熟的经验和做法，重大情况向国务院报告。

国务院办公厅

2014年12月27日

工业和信息化部关于加快推进工业强基的指导意见

工信部规[2014]67 号

各省、自治区、直辖市及计划单列市、新疆生产建设兵团工业和信息化主管部门：

关键基础材料、核心基础零部件（元器件）、先进基础工艺、产业技术基础（简称工业“四基”）是提升工业核心竞争力的重要基础。经过多年的发展，我国工业总体实力迈上新台阶，成为具有重要影响力的工业大国，但一些关键基础材料、核心基础零部件（元器件）依赖进口，关键技术受制于人，先进基础工艺研究少、推广应用程度不高，产业技术基础薄弱、服务体系不健全等问题依然突出。工业基础能力不强已成为制约我国工业转型升级、提升工业发展质量和效益的瓶颈。加快提升工业基础能力，推进工业强基，是增强我国工业核心竞争力的迫切任务，是实现我国工业由大变强的客观要求。为推进工业强基，现提出如下意见：

一、总体要求

（一）指导思想

深入贯彻党的十八大和十八届二中、三中全会精神，以邓小平理论、“三个代表”重要思想、科学发展观为指导，以提高工业核心竞争力为主攻方向，以企业为主体、市场为导向、创新为动力，促进开放合作，强化政府引导，加强顶层设计，完善政策措施，着力解决工业基础领域的关键问题，加快推动创新成果产业化，积极构建生产和应用良性互动机制，夯实工业发展基础，促进工业转型升级，推进工业大国向工业强国转变。

（二）基本原则

坚持市场主导与政府引导相结合。充分发挥市场配置资源的决定性作用，突出企业主体地位，以市场需求为导向，整合产学研用资源，推动产业发展与应用需求良性互动。加强政府在宏观调控、组织协调和政策促进等方面的积极作用，发挥政府投资的引导作用，加大对工业基础的支持力度。

坚持整体推进与重点突破相结合。围绕产业链整体升级，明确工业基础能力长远推进目标和分阶段实施方案，依托重点工程、重大项目和骨干企业，按照轻重缓急、以点带面有序推进，重点突破一批基础条件好、需求迫切、带动作用强的工业“四基”。

坚持技术创新与技术改造相结合。优化企业技术创新环境，支持企业技术创新体系建设，鼓励企业加大研发投入，增强企业自主创新能力。加快创新成果产业化，把技术改造作为技术创新成果实现产业化的重要途径，扩大创新产品的开发和应用，推动其尽快实现规模效益，形成技术改造与技术创新的良性互动。

坚持对外引进与对内联合相结合。支持企业引资、引技、引智，开展多种形式的交流与合作。鼓励企业与科研院所、高等院校、下游用户联合建立产业联盟，研发和推广应用工业基础领域新技术和新产品，建立合作共赢的开放式产学研用合作新模式。

（三）发展目标

到2020年，我国工业基础领域创新能力明显增强，关键基础材料、核心基础零部件（元器件）保障能力大幅提升，先进基础工艺得到广泛应用，产业技术基础支撑服务体系较为完善，基本实现关键材料、核心部件、整机、系统的协调发展，工业基础能力跃上新台阶，为改造提升传统产业、加快培育发展新兴产业提供有力支撑，使我国工业核心竞争力得到明显提升，在全球价值链中的地位得到提高。

二、发展重点

（一）关键基础材料。提高特种金属功能材料、高端金属结构材料、先进高分子材料、新型无机非金属材料、高性能纤维及复合材料、生物基材料等基础材料的性能和质量稳定性，降低材料综合成本，提高核心竞争力。提高国防军工、新能源、重大装备、电子等领域专用材料自给保障能力，提升制备技术水平。加快推进科技含量高、市场前景广、带动作用强、保障程度低的关键基础材料产业化、规模化发展，推进关键基础材料升级换代。

（二）核心基础零部件（元器件）。围绕重大装备、重点领域整机的配套需求，提高产品的性能、质量和可靠性，重点发展一批高性能、高可靠性、高强度、长寿命以及智能化的基础零部件（元器件），突破一批基础条件好、国内需求迫切、严重制约整机发展的关键技术，全面提升我国核心基础零部件（元器件）的保障能力。

（三）先进基础工艺。以提高产品质量和生产效率、促进绿色发展为主攻方向，重点发展有利于提高产品可靠性、性能一致性和稳定性的先进制造工艺，有利于资源能源高效开发利用、节能减排、质量安全、安全生产的绿色制造工艺，有利于提升自动化、信息化、成套化水平的智能制造工艺，全面提升基础工艺水平，加快先进基础工艺在生产过程中的推广应用。

（四）产业技术基础。重点围绕研发设计、检验检测、试验验证、标准制修订、技术成果转化、信息与知识产权运用服务等方面的共性需求，按照开放性、资源共享性原则，依托优势企业、科研院所、高等院校，建设和完善一批专业水平高、支撑作用强、布局合理的骨干技术基础服务平台。推动建立市场化运作机制，完善技术基础公共服务体系，为区域和行业内企业提供优质、高效服务。

三、主要任务

（一）实施工业强基工程，持续提升产业链整体水平

围绕重点行业、关键领域的工业“四基”发展需求，坚持短期目标和长远规划结合，突出重点、创新模式，引导企业、科研院所编制基础能力发展推进计划，以重大工程和重点装备的关键技术和产品开发为突破口，组织实施一批工业强基示范工程，建设一批产业技术基础示范服务平台，实现关键技术和产品的产业化突破，提升重点行业、关键领域产业链整体水平。

（二）加强基础领域研发创新，促进科技成果产业化

优化整合创新资源，引导企业与科研院所、高等院校、下游用户联合建立研发机构、产业技术联盟等技术创新组织，加大基础领域研发投入，共同开展基础领域产业共性技术、高端技术、前瞻性技术的研究攻关，形成一批研究成果。鼓励和支持企业与科研院所合作对接，促进科研成果转化应用。加大工业基础领域企业技术改造力度，推进信息技术应用，提升工艺装备水平，改善产品性能，提高产品质量，加快推进创新成果产业化。

（三）推动产用互动，加快推广应用

推动基础材料企业、零部件企业与整机企业的战略合作，建立一批上下游紧密合作、分工明确、利益共享的产学研用一体化产业组织新模式，加快形成有效协调的产业链，提升工业基础产业发展的效率与效益。建立企业为主体、产学研用相结合的工业“四基”产需对接信息平台，完善中介服务体系，加强信息共享交流，推动工业“四基”产品、技术产用互动。鼓励工业“四基”产品、技术的试点示范，积极培育开拓市场，加快工业“四基”产品、技术推广应用。

（四）提高产品质量，强化品牌建设

健全完善工业基础领域标准体系，加快制修订相关技术标准，促进上下游产品的标准对接，提高协调性和一致性，建立行业计量基标准，开展计量技术规范的制修订。深入推进对标和达标工作，提升基础产品的质量、可靠性和寿命。加强工业基础领域的知识产权布局与运用、自主品牌培育，鼓励企业实施品牌发展战略，支持有实力的企业收购海外品牌和在境外注册商标，促进品牌国际化，提高产品国内外市场竞争力。整顿规范市场秩序，加强知识产权保护。

（五）深化军民结合，促进军民基础产业互动发展

调动军民各方面资源，开展联合攻关，破解关键基础材料、核心基础零部件、先进基础工艺等制约瓶颈。建设军民结合公共服务体系，支持军民技术相互有效利用，加快军民结合产业化发展。充分发挥军工技术、设备和人才优势，引导先进军工技术向民用领域渗透，改造提升传统产业。充分发挥地方优势，鼓励先进成熟民用技术和产品在国防科技工业领域的应用。

（六）优化产业结构，促进产业集约集聚

鼓励工业“四基”企业跨地区、跨所有制兼并重组，整合优势资源，形成一批具有国际竞争力的大型企业集团。发挥整机龙头企业的带动、辐射作用，培育发展专业化水平高、配套能力强、特色明显的“专、精、特”企业，引导中小企业按照产业链和技术链分工加强与整机企业的配套合作，形成大型企业集团与中小企业优势互补、协调发展的产业格局。引导工业“四基”企业向产业园区集聚，支持和鼓励园区建立产业公共服务平台，形成一批专业特色明显、品牌形象突出、服务体系完善的产业集聚区。

四、保障措施

（一）加强规划和产业政策引导

围绕工业转型升级规划和行业发展规划，进一步明确工业基础领域发展的重点和方向，制定发布《工业“四基”发展目录》并适时更新。研究出台支持工业“四基”发展的产业政策，健全完善工业基础领域技术标准和计量技术规范，引导各类要素向工业“四基”领域倾斜。各地区可根据本地区发展需要，加强规划与工业“四基”产业发展的衔接和协调，引导资源向本地区合理流动，打造区域特色，优化工业“四基”产业布局。

（二）完善财政支持政策

充分发挥财政资金的引导作用，利用现有资金渠道持续加大对工业“四基”的支持力度。落实完善现行有关促进科技进步、自主创新以及促进高新技术企业发展的税收优惠政策，支持工业“四基”企业发展。支持工业“四基”产品推广，及时调整《国内投资项目不予免税的进口商品目录》和享受税收优惠的《重大技术装备和产品进口关键零部件、原材料商品清单》。

（三）拓宽融资渠道

促进信贷政策和产业政策的协调配合，加强信息共享，搭建银企信息沟通平台，开展多种形式银企交流活动。引导金融机构发展适合企业资金需求特点的金融产品和服务模式，完善中小企业融资性担保体系，加大对工业“四基”企业的信贷支持力度。鼓励工业“四基”企业通过发行债券、股票、风险投资、兼并重组、股权投资等方式多元化融资，拓宽企业直接融资渠道。

各级工业和信息化主管部门要深刻认识推进工业强基的重要性和紧迫性，进一步加强组织领导，切实加大工作力度。各地要结合实际，出台具体政策措施，并抓好落实。要加大宣传力度，发挥行业协会的桥梁纽带作用，调动各类企业的积极性和主动性，实现工业强基新突破，为工业由大变强奠定坚实基础。

工业和信息化部

2014年2月14日

中华人民共和国工业和信息化部
中华人民共和国水利部
全国节约用水办公室

公　告

2014年 第9号

为贯彻落实最严格水资源管理制度，推广先进适用的节水工艺、技术和装备，不断提升工业用水效率，经各地区和相关行业协会推荐、专家评审和网上公示，工业和信息化部、水利部、全国节约用水办公室编制完成了《国家鼓励的工业节水工艺、技术和装备目录（第一批）》。现予以公告。

附件：国家鼓励的工业节水工艺、技术和装备目录（第一批）

工业和信息化部　水利部　全国节约用水办公室

2014年2月21日

附件

国家鼓励的工业节水工艺、技术和装备目录（第一批）

（摘录）

序号	工艺技术名称	工艺技术内容	推广前景	来源及应用方	应用实例
一、共性通用技术					
1	电吸附中水脱盐装置	该装置通过施加外加电压形成静电场，强制离子向带有相反电荷的电极处移动，使离子在双电层内富集，大大降低溶液本体浓度，从而实现对水溶液的除盐，与膜法除盐技术相比，该技术具有运行成本低、适用范围广、维护便捷等优势。	适用于城市中水及工业行业含盐废水再生回用深度处理。目前，普及率不高，预计2015年普及率达10%，年节水量约5亿m^3。	爱思特水务科技有限公司	内蒙古鄂尔多斯鄂托克旗废水回用项目2013年1月建成。年节水量约394万m^3。
2	反渗透海水淡化技术	该技术主要利用膜法进行海水淡化。海水经混凝、沉淀、过滤预处理，再经反渗透膜装置淡化海水。一般大型反渗透海水淡化系统还将配套能量回收系统，以回收浓海水的高压能量，降低系统制水能耗。对于火电发电机组，单位节水量约0.78m^3/MWh。	适用于沿海工业企业。目前我国海水淡化总产能仅约为75万m^3/d，到2015年，海水淡化产能将增至220万~260万m^3/d，年节水量约5亿m^3。目前火电行业普及率0.5%，预计2015年普及率1%，年节水量约3.51亿m^3。	杭州水处理技术研究开发中心有限公司	舟山六横10万m^3反渗透海水淡化示范工程。一期2万m^3/d工程已经建成投运，总投资约1.4亿元，可年产淡水660万m^3。华能大连电厂、大唐黄岛发电有限责任公司也有实施海水淡化。

续表

序号	工艺技术名称	工艺技术内容	推广前景	来源及应用方	应用实例
3	余能低温多效海水淡化技术	该技术集成利用煤气－蒸汽“零”放散、蒸汽梯级利用、低温多效海水淡化等技术制备海水淡化水。采用耦合式盐平衡的工艺，实现海水淡化水替代新水，并与污水处理厂回用水生产工业水，实现污水“零”排放。海水淡化浓盐水供给周边化工企业，进行盐化工。	适用于沿海钢铁、石化、电力等企业。目前，普及率不高，预计2015年沿海钢铁企业采用该技术，年节水量约1亿m^3。		首钢京唐公司4×1.25万m^3/d低温多效蒸馏海水淡化装置，于2010年10月投运。新建2×25MW汽轮发电机组，浓盐水输送附近盐场进行盐化工。
4	新型高浓缩倍率循环水处理技术	该技术采用碱性水处理复合配方高效水质稳定剂和固液分离器，具有优良的阻垢、缓蚀、预膜和抑制菌藻生长的作用，使工业循环冷却水高浓缩倍数运行，补水量低于循环水量的1.2%。	适用于工业冷却水循环水系统。目前，普及率不高，预计2015年普及率达3%，年节水量约5亿m^3。	石家庄绿洁节能科技有限公司	曲阳田原集团应用该技术，循环水量2000m^3/h，年节水量约21万m^3。山东三爱富化工有限公司2010年应用该技术，循环水量1800m^3/h，年节水量约20万m^3。
5	反渗透浓缩液电解回收技术	该技术是将反渗透浓缩液经微电解脱盐后重新回用的新技术，将内电解过程集成于反渗透系统，研制完整的含有内电解处理浓缩液的反渗透设备。使反渗透总回收率提高7%～10%。	适用于反渗透浓缩液的处理，提高系统总回收率。目前，普及率不高，预计2015年普及率达10%，年节水量约3亿m^3。	上海交通大学、山东京鲁水务集团有限公司	神华宁煤集团清水营煤矿项目应用该技术，总投资3400万元，2010年投运，年节水量约78.8万m^3。
6	利用低温热源的LTE-ZLD高含盐废水回用技术	该技术利用高效传热技术，在小温差下，回收低温热源产生蒸汽，供ZLD系统处理回收高含盐废水，形成了基于低温能源利用的高含盐废水零排放成套工艺装备（LTE-ZLD）。其建设成本与国外相比节约50%，运行成本节约70%。废水回收率达95%以上，较常规的技术提高10%以上。	适用于工业废水再生处理。预计2015年，该技术将在相关行业普遍应用，废水回收率将提高10%以上，年节水量约3亿m^3。	江苏中圣高科技产业有限公司	神华煤制油含盐污水处理工程，2011年投运，总投资1亿元，处理能力286m^3/h，蒸发回收约95%的产品水作为新鲜水和锅炉补水。

续表

序号	工艺技术名称	工艺技术内容	推广前景	来源及应用方	应用实例
7	太阳能光热低温多效海水淡化技术	该技术集成聚焦集热系统、全自动太阳能跟踪驱动控制等技术生产高温蒸汽，并利用真空条件下海水低温沸腾蒸发的物理特性实现海水的多效蒸馏海水淡化，该技术配置高温相变储热系统，缓冲太阳能光热系统的热输出，可延长海水淡化系统工作时间，提高产水量和系统热效率。	适用于海岛、沿海缺水缺能源地区、中西部苦咸水地区工业行业。目前，普及率不高，推广应用前景广阔。	上海骄英能源科技有限公司	海南惟德能源科技有限公司太阳能光热海水淡化项目于2013年10月投运，年产水量约2000m^3。
8	冷却塔水蒸气回收技术	该技术是一种冷却塔水蒸汽回收再利用系统，实现工业冷却塔蒸发水蒸汽高效回收再利用，减少系统补水量，回收率可达80%以上。回收装置安装在冷却塔风筒内，扇叶下方除水器上方。由内置导风扇叶的吸气罩与导风管连接，导风管从风筒内穿出与汽水分离器进汽口相连，汽水分离器出汽口通过导风管与轴流风机进风口相连。回收水通过与汽水分离器出水口相连的排水管回收到冷却塔蓄水池。	适用于化工、钢铁等工业循环水冷却塔的改造。预计2015年冷却塔水蒸气回收改造率可达20%，年节水量约24亿m^3。	天津力拓能源技术有限公司	尚处研发阶段
七、纺织印染行业					
59	超低浴比高温高压纱线染色机	该装置采用离心泵和轴流泵的三级叶轮泵和短流程冲击式脉流染色技术，实现低浴比高效率染色。冲击式脉流染色可在超低浴比下进行，浴比1：3，在同等条件下，每千克纱染色工艺水耗量减少80%以上，染纱工艺周期时间由原来8～14h缩短到5.5～8h，达到1千克纱锭染色需要3千克水（1：3）的超低浴比。	适用于纱线、棉纱、羊毛、化纤、拉链、织带等织物染色。目前，普及率1%，预计2015年普及率达5%，年节水量约4000万m^3。	广州番禺高勋染整设备制造有限公司	广东顺德金丰漂染有限公司31标准台(套)超低浴比高温高压纱线染色机项目，2012年1月投运，总投资1607万元，年节水量约353万m^3。清远通用皮具配件有限公司28标准台（套）超低浴比高温高压纱线染色机项目，2012年4月，总投资1447万元，年节水量约320万m^3。

续表

序号	工艺技术名称	工艺技术内容	推广前景	来源及应用方	应用实例
60	数码喷墨印花节水工艺	该工艺是将数字化图案经编辑处理后，由纺织品数码喷射印花系统将专用染料直接喷印到各种织物和织品，并通过互联网在线实现纺织品远程协同设计和定制服务。它具有流程短、反应快、弹性灵活、按需定量生产、精度高、色彩丰富等特点。与传统印花工艺相比，节水30%以上。	适用于家纺、服装、地毯、织物印花品等。预计2015年，纺织品数码喷墨印花的产量将超过5亿米，数码喷墨印花机的保有量将超过2500台，年节水量约400万m^3。	杭州宏华数码科技股份有限公司	浙江弘利达数码科技股份有限公司高数数码喷射印花机应用基地，2007年投运，总投资2100万元，年节水量约70万m^3。
61	基于在线检测的印染联合机数字化管控系统	该系统可实现生产过程的数字化控制和数字化管理，主要是印染生产过程中各种工艺的连续化检测控制和网络数字化管理，对生产过程的水、电、气、产量、成品率进行有效的管理，实现印染用水工艺的数字化管控。	该技术处于推广应用阶段，适用于纺织染整企业。目前国内印染企业约2000家，已配备该装置的达到10%，预计2015年普及率达20%，年节水量约1亿m^3。	江苏常州宏大科技有限公司	浙江汇丽印染有限公司年产5000万米，2009年4月投运，节水18%。常州杰多印染有限公司年产3000万米，2010年8月投运，节水20%。海宁德俊印染有限公司年产3500万米，2010年12月投运，节水18%。
62	喷水织机废水处理回用集成技术	该技术集成活性污泥法、二级汽浮、杀菌及电渗析等技术处理回用喷水织机废水。基本原理：织机废水经隔栅进入曝气生化池进行降解，曝气后出水加药化学分离，经高效溶气筒二级气浮处理，再经纤维束过滤或活性炭过滤，经脱整后供织机回用。	适用于纺织行业织机废水处理。目前，普及率1%，预计2015年普及率达5%，年节水量约1600万m^3。	山东岜山集团有限公司	岜山集团有限公司应用该技术，4000台喷水织机补水由1.3万m^3下降为0.32万m^3，废水回用率达75%，年节水量320万m^3。

续表

序号	工艺技术名称	工艺技术内容	推广前景	来源及应用方	应用实例
63	缫丝废水加压生化活性炭溶气再生回用节水工艺	该工艺主要由加压生化技术、能源梯级利用技术、活性炭压力溶气再生技术三部份组成。加压生化技术利用氧浓度与压力成正比关系的特点，在装置中维持一定压力，而获得高溶解氧，使后续各处理单元实现多级利用，同时还使活性炭的吸附再生正逆两个过程在同一时间，同一空间里完成，使之长久使用不饱和。可使生产耗水下降95%。	适用于缫丝生产企业。目前，普及率15%，预计2015年普及率达60%，年节水量约1.5亿m^3。	山东百川水业科技有限公司	山东海通丝绸集团公司废水处理设施，处理规模3000m^3/d，2000年投运，总投资450万元，年节水量约90万m^3。安徽京九丝绸集团公司废水处理设施，处理规模2500 m^3/d，2005年投运，总投资300万元，年节水量约75万m^3。
64	干式染料自动配送节水工艺	该工艺主要采用印染、计算机、信息化、自动化、化工与管理等技术，开发染料五轴符合动力自动计量系统、多轴智能机器人自动分配输送染料、染料智能管理系统等关键技术，避免染料自动输送过程中，采用大量水溶解染料，大量用水清洗管壁等问题；通过自动配送提高染色的一次符样率。与手工配料染色相比，吨纱节水20.9m^3。	适用于间断性染料配送系统、特别适用于棉、毛、化纤筒子纱染色，另外还适用于化工、制药等行业。	机械科学研究总院、泰安康平纳机械有限公司	尚处研发阶段

关于发布全国工业能效指南（2014年版）的通知

工信厅节[2014]222号

各省、自治区、直辖市及计划单列市、新疆生产建设兵团工业和信息化主管部门：

为贯彻落实《节约能源法》，充分发挥能效标准、标识和行业能效标杆在促进工业企业持续提升能效方面的引领作用，特制定《全国工业能效指南（2014年版）》。现印发你们，请贯彻执行。

联系方式：工业和信息化部节能与综合利用司 010-68205338

附　　件：全国工业能效指南（2014年版）

工业和信息化部
2014年12月5日

（附件详见工信部网站）

关于加大重大技术装备融资支持力度的若干意见

工信部联装[2014]590号

各省、自治区、直辖市及计划单列市、新疆生产建设兵团工业和信息化主管部门，中国进出口银行各部室、各分行：

为贯彻落实党中央、国务院关于做强做大装备制造业的战略部署，加快推进装备制造业发展方式转变和结构优化升级，推动重大技术装备自主创新和产业化，工业和信息化部与中国进出口银行（以下简称“进出口银行”）联合加大重大技术装备融资支持力度。提出以下意见：

一、总体要求

（一）指导思想。深入贯彻落实党的十八大和十八届三中、四中全会及中央经济工作会议精神，推进中国制造强国战略，把大力发展重大技术装备作为一项必须长期坚持的战略任务，以推进自主创新、产业化、装备出口和企业走出去为重点支持方向，搭建支持重大技术装备发展的政银合作平台，发挥金融杠杆作用，提高重大技术装备自主化水平和国际竞争力，为装备制造强国建设打下坚实基础。

（二）基本原则。链条支持，多元服务。为企业提供装备研发、创新能力建设、技术改造、产业化、装备出口、“走出去”、兼并重组等产业链条多环节融资支持。创新金融产品和融资服务模式，为企业提供多元化和个性化的融资服务。

制度保障，规范管理。建立部门间工作协调机制，加强业务交流，推进建立省级合作机制，为企业融资提供制度保障。通过项目库建设、加强专家咨询、工作评价等方式，规范项目融资管理。

二、支持重点

（一）研发及创新能力建设。国家科技重大专项、战略性新兴产业创新工程项目等研发项目；国家重点实验室、大型企业技术中心等创新能力建设项目；符合国家产业政策的企业产品研发项目。

（二）技术改造和产业化。以提高产业集聚化发展水平为目的，在装备制造领域国家新型工业化产业示范基地内的建设项目；符合国家产业政策，有利于重大技术装备制造企业转型升级的技术改造、产业化项目；重大技术装备首台（套）推广应用项目。

（三）进口及技术引进。符合我国利用外商直接投资政策的外商直接投资项目、国家鼓励和支持的重大技术装备产品进口及技术引进项目。

（四）产品出口及企业“走出去”。重大技术装备直接出口项目以及通过工程承包等方式间接带动重大技术装备出口的项目；重大技术装备制造企业在境外建设生产制造基地、研发中心、产品销售中心、服务中心，以及收购境外企业的项目。

（五）企业兼并重组。有利于促进产业结构优化升级、提高产业规模效应的重大技术装备同类企业整合、上下游企业整合项目。

三、金融服务内容

（一）进出口银行利用出口买方信贷、出口卖方信贷、境外投资贷款、进口信贷、转型升级贷款等信贷产品，灵活运用银团贷款、融资担保、咨询顾问、选择权贷款等业务模式，满足企业多元化和个性化的融资需求。

（二）针对重大技术装备企业自主创业、自主创新项目，进出口银行通过特别融资账户和其发起设立的投资（引导）基金、担保公司为其提供股权投资、融资担保和相关增值服务。

（三）对国家通过技术改造资金、专项基金等方式支持的重大技术装备制造企业和项目，进出口银行提供金融服务支持。

四、加强组织保障

（一）建立协调机制。由工业和信息化部（装备工业司）与进出口银行（业务开发与创新部）组成工作组，每半年或不定期举行工作会议，及时沟通项目情况，研究解决重大问题，并共同开展联合调研、政策业务培训和课题研究工作。各地工业和信息化主管部门与进出口银行分行加强沟通和协调，研究相关配套政策措施，通过政银互动、上下联动等方式集成各方优势资源，为重大技术装备发展营造良好的政策和金融环境。

（二）**推进省级合作机制。**各省、自治区、直辖市及计划单列市工业和信息化主管部门结合地方重大技术装备发展，与进出口银行分行积极建立金融支持重大技术装备发展省级合作机制。

五、规范融资管理

（一）**建立重大项目库。**建立重大项目库，定期或不定期将符合双方合作领域、具有引导和示范效应的项目列入项目库。对于已列入项目库的项目，进出口银行通过设立专项信贷规模、搭建特别评审通道、建立配套考核奖励机制等方式做好融资保障工作。

（二）**建立专家咨询制度。**建立专家咨询制度，组织重大技术装备领域的专家为进出口银行开展项目评审、课题研究、业务培训等工作提供智力支持，帮助进出口银行在有效防范风险的基础上，加大对重点企业和项目的支持力度。

（三）**建立工作评价机制。**开展对合作推动重大技术装备发展的效果评价，深入了解相关工作推进过程中遇到的问题和困难、取得的经验和教训，同时提出相关意见和建议。

工业和信息化部 中国进出口银行

2014 年 12 月 29 日

关于印发鼓励进口技术和产品目录（2014 年版）的通知

发改产业[2014]426 号

各省、自治区、直辖市及计划单列市发展改革委、财政厅（局）、商务主管部门，新疆生产建设兵团发展改革委、财务局、商务局：

为积极扩大先进技术、关键装备及零部件、紧缺资源性产品的进口，支持重点行业发展，更好的发挥进口贴息政策对促进技术创新和结构调整的积极作用，现印发《鼓励进口技术和产品目录（2014 年版）》，自发布之日起实施。

国家发展改革委、财政部、商务部《关于发布鼓励进口技术和产品目录（2011 年版）的通知》（发改产业[2011]937 号）所附《鼓励进口技术和产品目录（2011 年版）》同时废止。国家发展改革委会同财政部、商务部将根据情况需要，适时对目录进行调整。

附件：鼓励进口技术和产品目录（2014 年版）

国家发展改革委
财　政　部
商　务　部
2014 年 3 月 13 日

附件

鼓励进口技术和产品目录（2014年版）

（摘录）

一、鼓励引进的先进技术

序号	技 术 名 称
A97	产业用纺织机械设计制造技术
A98	多维纺织成型技术及关键设备制造技术
A99	吸油纤维工程化关键技术和装备制造技术
A100	喷气涡流纺纱机设计制造技术
A101	高性能苎麻纺织机械设计制造技术
A131	GQ3522以上碳纤维（简称CF）成套装备的设计制造技术
A138	高吸水性纤维生产技术
A144	纤维素乙醇生产技术
A145	聚乳酸纤维材料（简称PLA）产业链成套装备的设计制造技术
A146	环保型新溶剂法纤维素纤维（即LYOCELL、离子液等）成套装备的设计制造技术
A147	新型聚酯PTT成套装备的设计制造技术
A148	新型聚酯PEN成套装备的设计制造技术
A149	新型聚酯PBT成套装备的设计制造技术
A150	高强高模芳纶1414（学名聚对苯二甲酰对苯二胺，简称PPTA）成套装备的设计制造技术
A151	聚酰亚胺纤维及材料成套装备的设计制造技术
A154	高性能纤维产品设计制造技术
A155	静电纺丝技术
A156	非织造湿法成网设计制造技术
A157	PVA混和浆中的PVA回收技术

续表

序号	技　术　名　称
A158	基碳纤维产业化原丝技术
A188	化学纤维的清洁生产和环境污染控制技术
A189	废旧纤维制品回收利用制造技术

二、鼓励进口的重要装备

序号	商品编码	商　品　名　称
B44	8444	高强高模芳纶1414（学名聚对苯二甲酰对苯二胺，简称PPTA）成套装备（包括聚合、纺丝、后加工技术等）
B45	8444	GQ3522以上碳纤维及其制品（简称CF）关键装备
B46	8444	聚酰亚胺纤维成套装备（包括以P84为代表品种的各类纤维）
B47	84451120	毛纤维型梳理机
B48	84452031	转杯纺纱机：纺杯最高速度>170000r/min，具有自动生头、接头、清洁提升
B49	84452032	喷气纺纱机：纺纱速度＞300m/min
B50	84463090	刚性剑杆织机、片梭织机、双层织物织机、宽幅重磅织机等特种无梭织机
B51	84472020	织可穿电脑横机
B52	84514000	针织连续前处理和冷轧堆染色机生产线
B53	84454010	松式筒子自动络筒机：卷绕速度≥1000m/min
B54	84490000	成匹、成形的毡呢或无纺物制造或整理机器：10g/m^{2}以下的薄型涤纶纺粘非织造布生产设备，400g/m^{2}以上的丙纶厚型纺粘非织造布生产设备，宽幅高速纺粘熔喷非织造布生产设备（幅宽≥4m；速度≥600m/min），高压水刺生产设备（幅宽≥3.5m，水刺压力≥40MPa）
B55	84459090	全自动穿综机
B56	84513000	熨烫机及挤压机（包括熔压机）
B57	84451220	毛精梳机

续表

序号	商品编码	商 品 名 称
B58	84451310	针梳机：速度≥200m/min
B59	84451322	毛粗纱机：搓捻速度≥1500次/min
B60	84452042	毛纺环锭细纱机（配紧密纺装置）
B61	84453000	高速并线机（机械速度≤1300m/min）、倍捻机
B62	84490000	产业用纺织品多功能后整理线/设备
B63	84518000	纺织品多功能后整理线/设备（含整理机、洗煮烘联合机、罐蒸机、剪呢机、平幅洗呢机）
B64	84472030	缝编机
B65	84391000	纸浆生产的大型机器：年产30万吨以上化学浆生产设备；年产10万吨以上化机浆生产设备

三、鼓励发展的重点行业

序号	行 业 名 称
C13	轻量化材料应用：高强度钢、铝镁合金、复合塑料、粉末冶金、高强度复合纤维等；先进成形技术应用：激光拼焊板的扩大应用、内高压成形、超高强度钢板热成形、柔性滚压成形等；环保材料应用：水性涂料、无铅焊料等
C71	有机和无机高性能纤维及制品的开发与生产（碳纤维（CF）（拉伸强度≥4200MPa，弹性模量≥240GPa）、芳纶（AF）、芳砜纶（PSA）、高强高模聚乙烯（超高分子量聚乙烯）纤维（UHMWPE）（纺丝生产装置单线能力≥300吨/年）、聚苯硫醚纤维（PPS）、聚酰亚胺纤维（PI）、聚四氟乙烯纤维（PTFE）、聚苯并双噁唑纤维（PBO）、聚芳噁二唑纤维（POD）、玄武岩纤维（BF）、碳化硅纤维（SiCF）、高强型玻璃纤维（HT-AR）等）
C74	国家级工程（技术）研究中心、国家工程实验室、国家认定的企业技术中心、重点实验室、高新技术创业服务中心、新产品开发设计中心、科研中试基地、实验基地建设

四、资源性产品、原材料（略）

关于发布 2014 年棉花目标价格的通知

发改电[2014]84 号

新疆自治区、新疆生产建设兵团发展改革委、财政厅（财务局）、农业厅（局）：

按照 2014 年中央 1 号文件要求和国务院部署，2014 年启动新疆棉花目标价格改革试点。经国务院批准，2014 年棉花目标价格为每吨 19800 元。

开展目标价格改革试点是完善农产品价格形成机制的重要内容。实行棉花目标价格政策后，取消临时收储政策，生产者按市场价格出售棉花。当市场价格低于目标价格时，国家根据目标价格与市场价格的差价和种植面积、产量或销售量等因素，对试点地区生产者给予补贴；当市场价格高于目标价格时，不发放补贴。具体补贴发放办法由试点地区制定并向社会公布。

当前正值棉花种植季节，新疆自治区要高度重视目标价格改革政策宣传解释工作，采取广播、电视、网络、手机、明白卡、宣传手册以及干部走村入户宣传等方式，使用群众听得懂的语言，广泛宣传，准确解读，使目标价格政策家喻户晓，引导农民合理安排生产，顺利推进改革试点。

国家发展改革委
财　政　部
农　业　部
2014 年 4 月 10 日

中华人民共和国国家发展和改革委员会公告

2014年 第13号

为贯彻落实“十二五”规划《纲要》和《“十二五”控制温室气体排放工作方案》的有关要求，加快低碳技术的推广应用，促进2020年我国控制温室气体行动目标的实现，我们组织编制了《国家重点推广的低碳技术目录》（以下简称《目录》），现予以公告，在国家发展改革委网站（www.ndrc.gov.cn）上发布。请有关部门、单位及企业到网站查阅、下载。

《目录》涉及煤炭、电力、钢铁、有色、石油石化、化工、建筑、轻工、纺织、机械、农业、林业等12个行业，共33项国家重点推广的低碳技术。

附件：1．国家重点推广的低碳技术目录

2．《国家重点推广的低碳技术目录》技术简介

3．《国家重点推广的低碳技术目录》起草说明

国家发展改革委

2014年8月25日

附件 1

国家重点推广的低碳技术目录

（摘录）

序号	低碳技术名称	适用范围	主要技术内容	典型项目				目前推广比例（%）	预计未来5年		
				适用的技术条件	建设规模	投资额（万元）	减排量（tCO2/a）		预期推广比例（%）	总投入（亿元）	可形成的年碳减排能力（万 tCO_2）
21	废聚酯瓶片回收直纺工业丝技术	纺织行业 废聚酯瓶片直纺工业丝高值化回收再利用	采用废聚酯瓶片液相增粘/均化直纺产业用涤纶长丝技术，实现废聚酯瓶片的再生循环利用，用于替代原生涤纶工业丝，节约了石油，减少了二氧化碳排放。	适用于废聚酯瓶片直纺工业丝高值化回收再利用	5000t/a直纺再生涤纶工业丝生产线	700	22000	<1	10	10	350

附件2（摘录）

21 废聚酯瓶片回收直纺工业丝技术

一、技术名称：废聚酯瓶片回收直纺工业丝技术

二、技术类别：减碳技术

三、所属领域及适用范围：纺织行业 废聚酯瓶片回收再利用

四、该技术应用现状及产业化情况

聚酯由于具有质轻、透明等特点，已经成为瓶装水、食品等包装材料最重要的原料。近年来，我国累计聚酯废瓶社会存量约1000万吨，其中多数为一次性使用，如果不回收利用，既造成资源浪费，也严重污染环境。该技术开发了废聚酯瓶片液相增粘/均化直纺产业用涤纶长丝关键技术与装备，可有效解决废聚酯瓶片回收利用问题。目前，应用该技术已在山东阳信建成1条年产5000吨生产线，在行业内具有较大的推广潜力。

五、技术内容

1．技术原理

该技术通过回收利用废旧聚酯瓶生产涤纶长丝，降低了生产化工合成原料的石油消耗，减少了二氧化碳排放。在原料进化方面，该技术重点去除原料中的杂质，获得符合质量要求的洁净聚酯瓶片；在熔体制备及纺丝方面，研制出大压缩比和大长径比的螺杆挤压机系统、卧式自清洁单轴液相增粘反应器和鼠笼搅拌均化反应釜，保证了熔体可以满足纺丝各项指标要求；同时，采用双级过滤器、高粘度熔体低温输送系统和小型节能纺丝箱体、专用组件优化直纺等工艺，解决了由于废聚酯瓶片熔体粘度低、分布宽以及生产过程中易堵塞过滤器和纺丝组件而难以生产涤纶工业丝、FDY（全拉伸丝）长丝以及高品质的POY（预取向丝）的难题。

2．关键技术

（1）废瓶片杂质分离与清洗及干燥技术

开发了瓶片除铁、水分离瓶盖筛选优化装置、瓦片挡料板预结晶装置、螺旋式搅拌器与两道卸环干燥机，采用二级过滤技术，净化并获得可纺性好的废聚酯瓶片熔体。

（2）平推流液相增粘反应器及配套技术

设计和开发出平推流单轴液相增粘反应器及其工艺技术，操作性能稳定，搅拌轴附有可随轴转动的叶片，与安装于壳体上的静止叶片相交，可起到清洁成膜叶片和设备表面的作用；同时也起到熔体成膜和输送的作用，确保熔体表面更新速率，设备内熔体填充率通常可达30%～60%，具有足够脱挥空间，避免高粘度熔体返混，熔体流动无死角，防止熔体热降解。

（3）废瓶片直纺涤纶工业丝纺丝技术

开发了卧式自清洁单轴液相增粘反应器，将净化处理的废聚酯瓶片熔体增粘使其符合涤纶工业丝的技术指标，结合研制专用于纺工业丝的高粘度熔体低温输送系统和小型节能纺丝箱体、专用组件，以及多级拉伸热定型卷绕一体机，从而形成废聚酯瓶片直纺涤纶工业丝集成技术。

3．工艺流程

经收集、分类、净化、干燥后的废聚酯瓶片通过螺杆挤压输送系统进入液相增粘反应器增粘，然后通过高粘度熔体低温输送系统输送至纺丝系统，制备出高值化的回收工业涤纶丝，如图1所示。

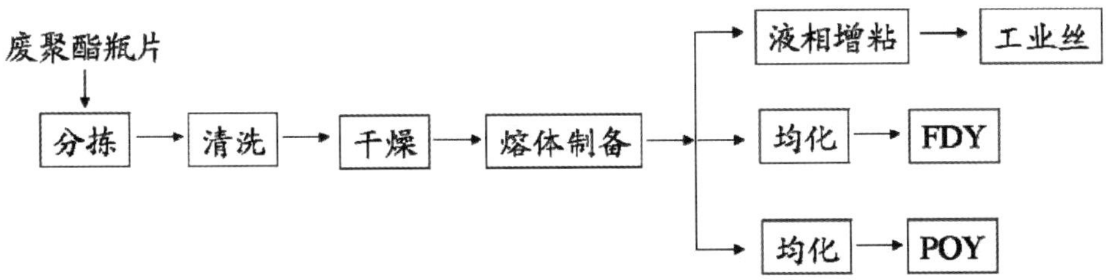

图 1　废聚酯瓶片回收直纺工业丝工艺技术路线图

核心技术液相增粘工艺的整个系统包括液相增粘反应器、真空系统、热媒加热系统及熔体输送系统，如图2所示。

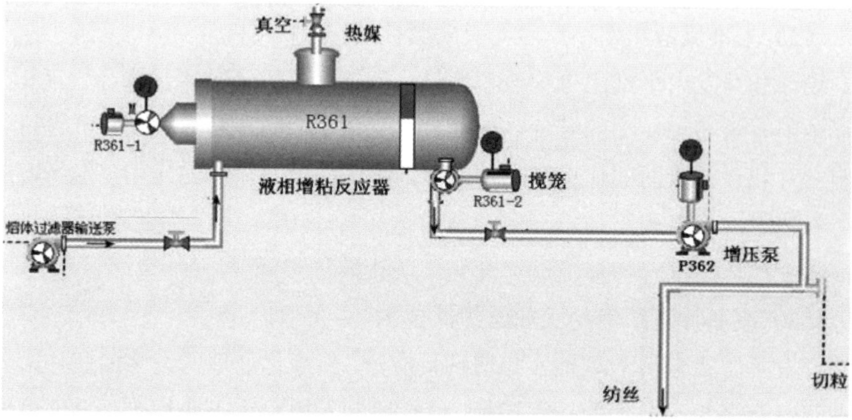

图2　液相增粘工艺示意图

六、主要技术指标

1．干燥后的废聚酯瓶片：含水率≤50ppm；

2．熔体特性粘度：≥0.85±0.05dl/g；

3．聚酯工业丝：断裂伸长率为12%～18%，停留时间≤1h；

4．增粘反应器无清洗运行周期：3个月；

5．过滤器过滤精度：1级 ≤40μm，2级 ≤25μm；

6．滤芯更换周期：1级 ≥36h，2级 ≥48h；

7．纺丝组件更换周期：＞15天。

七、技术鉴定情况

该技术于2007年通过了山东省科技厅组织的科技成果鉴定，2011年通过了中国纺织工业联合会组织的科技成果鉴定，并获得2项国家实用新型专利。

八、典型用户及投资效益

典型用户：龙福环能科技股份有限公司。

典型案例

案例名称：废瓶片直纺涤纶工业丝成套装备和工艺开发项目

建设规模：5000t/a直纺再生涤纶工业丝生产线。项目建设条件：在原有清洗分拣装置后，经螺杆喂料熔融后，接入液相增粘系统，建立回收废瓶片直纺工业丝装置。主要建设内容：建立起一条以回收废旧聚酯瓶片为原料，通过液相增粘工艺直接纺涤纶工业丝的工业化示范生产线。主要设备为新型瓶片干燥设备、螺杆挤压机、液相增粘均化反应器。项目投资额700万元，建设期2年。项目年减排量2.2万tCO_2。项目经济效益为利用回收瓶片料生产涤纶长丝，吨利润在2000元左右，年利润约为1000万元，投资回收期约1年。项目减排成本为－15～－5元/tCO_2。

九、推广前景和减排潜力

该技术的应用开拓了废旧资源综合利用的途径，提高了产品附加值。按目前1000万吨废聚酯瓶片计算，预计未来5年推广应用比例达10%，可形成年碳减排能力350万tCO_2。

关于印发燃煤锅炉节能环保综合提升工程实施方案的通知

发改环资[2014]2451 号

各省、自治区、直辖市、计划单列市及新疆生产建设兵团发展改革委、环保厅（局）、财政厅（局）、质量技术监督局、经信委（经贸委、工信委、工信厅）、机关事务管理局：

为落实《关于加快发展节能环保产业的意见》（国发[2013]30 号）和《大气污染防治行动计划》（国发[2013]37 号）、《2014~2015 年节能减排低碳发展行动方案》（国办发[2014]23 号），我们组织编制了《燃煤锅炉节能环保综合提升工程实施方案》，现印发你们，请认真组织实施。

附件：燃煤锅炉节能环保综合提升工程实施方案

国家发展改革委

环境保护部

财政部

国家质检总局

工业和信息化部

国管局

国家能源局

2014 年 10 月 29 日

附件

燃煤锅炉节能环保综合提升工程实施方案

为贯彻落实《关于加快发展节能环保产业的意见》（国发[2013]30 号）、《大气污染防治行动计划》（国发[2013]37 号）、《2014~2015 年节能减排低碳发展行动方案》（国办发[2014]23 号）有关要求，制定本方案。

一、现状和问题

（一）现状

锅炉是重要的能源转换设备，也是能源消费大户和重要的大气污染源。我国锅炉以燃煤为主，其中燃煤电站锅炉近年来向大容量、高参数方向快速发展，无论是生产制造还是运营管理均已接近国外先进水平；而燃煤工业锅炉保有量大、分布广、能耗高、污染重，能效和污染控制整体水平与国外相比有一定的差距，节能减排潜力巨大。截至 2012 年底，我国在用燃煤工业锅炉达 46.7 万台，总容量达 178 万蒸吨，年消耗原煤约 7 亿吨，占全国煤炭消耗总量的 18% 以上。我国燃煤工业锅炉整体能效水平较低，其实际运行效率比国际先进水平低 15 个百分点左右，具有较大的节能潜力。同时，燃煤工业锅炉污染物排放强度较大，是重要污染源,年排放烟尘、二氧化硫、氮氧化物分别约占全国排放总量的 33%、27%、9%。近年来，我国出现的大范围、长时间严重雾霾天气，与燃煤工业锅炉区域高强度、低空排放的特点密切相关。

（二）存在的主要问题

“十一五”以来，我国加大了锅炉节能和污染控制工作的力度，通过实施节能改造工程、污染综合整治、推动能效对标、强化监督执法、加强能力建设等工作，取得了积极成效，但仍存在一些问题，主要表现在：

一是技术装备落后。大多数燃煤工业锅炉容量较小，单台平均容量仅为 3.8 吨/时，其中 2 吨/时以下台数占比达 66.5%；部分锅炉老化严重，很多超过折旧年限的锅炉，甚至上世纪七八十年代生产的低能效、高排放的锅炉仍在使用；锅炉系统自控水平偏低，不利于工况调节；高效锅炉价格高、市场份额低、推广难度大；产业集中度低，制造企业数量多、规模小，技术水平普遍较弱。

二是经济运行水平不高。锅炉选型裕度过大，运行负荷波动大，调节能力有限，实际运行效率低。风机、水泵等辅机大多无负荷调节档次。锅炉水质大多不能达到国家标准要求，锅炉结垢较为严重，热效率下降明显。运行管理粗放，操作人员技术素质偏低。

三是燃料匹配性差。锅炉燃料以未经洗选加工的原煤为主，煤种复杂、热值不稳定、灰分和含硫量高。与燃烧洗选煤相比，不仅降低了锅炉效率，还加重了环境污染。天然气、生物质等清洁燃料比重很低。

四是环保设施不到位。10 吨/时以下的燃煤工业锅炉大多没有配置有效的除尘装置，基本没有脱硫脱硝设施，排放超标严重。由于污染源过于分散，环境监管难度大，偷排等环境违法现象突出。

五是政策法规不完善。锅炉设计、制造、运行、检测等在节能环保方面的技术规范和标准尚不完善，准入门槛较低。激励和约束机制不健全，创新驱动不足，市场缺乏节能减排的内生动力。

二、指导思想和主要目标

（一）指导思想

牢固树立生态文明理念，以保障燃煤锅炉安全经济运行、提高能效、减少污染物排放为目标，建立政府引导、企业主体、市场有效驱动、全社会共同参与的工作机制，以推广高效锅炉、淘汰落后锅炉、实施工程改造、提升运行水平、调整燃料结构为主要手段，强化法规标准约束，加强政策激励，推进能力建设，构建锅炉安全、节能与环保三位一体的监管体系，实现安全性与经济性的协调统一，确保实现“十二五”节能减排约束性目标。

（二）基本原则

企业主体，政府引导。明确政府和企业的事权，充分发挥市场配置资源的决定性作用，增强市场主体的内生动力，形成锅炉节能减排的长效机制；更好地发挥政府作用，形成有效激励，加大资金投入，完善激励约束政策。

标准驱动，加强监管。强化法规标准约束，提高节能环保准入门槛。依托现行的锅炉安全监察体系、节能监察体系和环境监管体系，将节能环保要求作为锅炉监管的重要内容，加大监督力度。

重点突破，系统提升。以推广高效和淘汰落后锅炉为重点，大幅度提升锅炉本质效率；加强锅炉辅机匹配、系统优化、燃料结构调整、运行管理、污染治理、服务支撑等工作，提高锅炉系统整体运行效率和环境管理水平。

（三）主要目标

到2018年，推广高效锅炉50万蒸吨，高效燃煤锅炉市场占有率由目前的不足5%提高到40%；淘汰落后燃煤锅炉40万蒸吨；完成40万蒸吨燃煤锅炉的节能改造；推动建成若干个高效锅炉制造基地，培育一批大型高效锅炉骨干企业；燃煤工业锅炉平均运行效率在2013年的基础上提高6个百分点，形成年4000万吨标煤的节能能力；减排100万吨烟尘、128万吨二氧化硫、24万吨氮氧化物。

三、实施内容

（一）加快推广高效锅炉

以锅炉定型产品能效测试结果为主要依据遴选推广产品，公告高效锅炉型号目录和能效参数。加强推广信息监管和产品质量监督，确保高效锅炉用户得到实惠。新改扩建固定资产投资项目和政府采购项目应优先选用列入高效锅炉推广目录或能效等级达到1级的产品。严格落实现行税收优惠政策，适时研究完善《节能节水专用设备所得税优惠目录》。

（二）加速淘汰落后锅炉

严格落实政府工作报告、国发[2013]37号文、国办发[2014]23号文要求，2014年淘汰燃煤小锅炉5万台，2014~2015年淘汰20万蒸吨落后锅炉，各地区淘汰任务见国办发[2014]23号文附表。除必要保留的以外，到2015年底，京津冀及周边地区地级及以上城市建成区全部淘汰10吨/时及以下燃煤锅炉，北京市建成区取消所有燃煤锅炉；到2017年，地级及以上城市建成区基本淘汰10吨/时及以下的燃煤锅炉，天津市、河北省地级及以上城市建成区基本淘汰35吨/时及以下燃煤锅炉。在城市热力管网覆盖区域，加快淘汰小型分散燃煤锅炉，推行城市集中供热。逐步禁止生产和使用手烧锅炉及其他落后炉型。妥善处理淘汰的旧锅炉，研究建立统一回收机制，已淘汰锅炉要及时报废，采取去功能化处理并注销使用登记证，严格控制已淘汰锅炉重新进入市场，防止落后锅炉移装到农村或偏远地区继续使用。

（三）加大节能改造力度

积极开展燃煤锅炉“以大代小”工作，重点开展燃烧优化、低温余热回收、太阳能预热，热泵（水源、地源、污水源）技术、自动控制、主辅机优化和变频控制，改善水质及冷凝水回收利用等方面的节能技术改造。鼓励通过产品能效测试、系统能效诊断等工作，提高节能改造的科学性和有效性。开展基于能效测试的锅炉改造项目节能量审核试点，推动建立统一规范的锅炉改造节能量计算方法。到2017年年底前，基本完成能效不达标的在用锅炉节能改造。

（四）提升锅炉系统运行水平

加强锅炉能效测试工作，2017年底前完成对10吨/时及以上的在用燃煤工业锅炉能效普查，将锅炉能效数据纳入现有锅炉动态监管系统，实现信息共享。对于投用时间大于10年的锅炉，应每2年开展能效和环保测试。推进锅炉系统的安全、节能、环保标准化管理，开展达标试点示范，推进500个标杆锅炉房建设。鼓励企业和公共机构建立锅炉能源管理系统，加强计量管理，开展在线节能监测和诊断。加强锅炉安装环节节能监管，改善锅炉、辅机不匹配或与设计不一致的状况。整合锅炉司炉工培训资源，统编培训教材，强化锅炉运行及管理人员节能专项培训，并在锅炉操作人员资质考核中加大节能减排知识技能的比重，切实提高运行人员操作技能。

（五）提升锅炉污染治理水平

按照全面整治小型燃煤锅炉的要求，地级及以上城市建成区禁止新建20吨/时以下的燃煤锅炉，其他地区原则上不得新建10吨/时及以下的燃煤锅炉。北京、天津、河北、山西、山东等地区地级及以上城市建成区原则上不得新建燃煤锅炉。新生产和安装使用的20吨/时及以上燃煤锅炉应安装高效脱硫和高效除尘设施。提升在用燃煤锅炉脱硫除尘水平，10吨/时及以上的燃煤锅炉要开展烟气高效脱硫、除尘改造，积极开展低氮燃烧技术改造示范，实现全面达标排放。大气污染防治重点控制区域的燃煤锅炉，要按照国家有关规定达到特别排放限值要求。20吨/时及以上燃煤锅炉应安装在线监测装置，并与当地环保部门联网。纳入国家重点监控名单的企业应按照要求建立企业自行监测制度，向属地环境保护主管部门备案，并在环保部门统一组建的平台上公布监测信息。支持锅炉能效测试机构开展锅炉环保检测工作，实施节能环保综合检测试点。鼓励锅炉制造企业提供锅炉及配套环保设施设计、生产、安装、运行等一体化服务。

（六）推动高效锅炉产业化

加大对锅炉节能环保基础性、前沿性和共性关键技术研发力度，攻克高效燃烧、高效余热利用、自动控制、污染控制等关键技术，加强对科技成果推广应用的支持力度。实施重大节能技术与装备产业化工程，培育一批技术创新能力强、拥有自主知识产权和品牌，融研发、设计、制造、服务于一体，具备核心竞争力的锅炉生产企业成为行业骨干。以骨干企业为核心，促进产业要素集聚，发展一批高效锅炉制造基地。

（七）推进燃料结构优化调整

落实《商品煤质量管理暂行办法》，加强煤炭质量管理，实现煤炭分质分级利用。加快制定锅炉燃煤技术条件，提高燃煤品质及使用等级，推进煤炭清洁化燃烧。推广使用洗选煤，燃煤锅炉不得直接燃用高硫高灰份的原煤。在主要煤炭消费地、沿海沿江主要港口和重要铁路枢纽，建设大型煤炭储配基地和煤炭物流园区，开展集中配煤、物流供应试点示范，提高煤炭洗选加工能力，推广符合细分市场要求的专用煤炭产品，到2018年，配煤中心示范地区50%以上的工业锅炉燃用专用煤。在燃气管网覆盖且气源能够保障的区域，可将燃煤锅炉改为燃气锅炉；在供热和燃气管网不能覆盖的区域，可建设大型燃煤高效锅炉或背压热电实现区域集中供热，或改用电、生物质成型燃料等清洁燃料锅炉。

四、保障措施

（一）完善法规标准

适时修订《产业结构调整指导目录》，明确限制类、淘汰类炉型。加快制修订相关法规标准，在锅炉制造许可、使用登记、设计文件鉴定、制造监督检验和安装监督检验等方面，增加节能的强制性要求；加快修订工业锅炉能效限定值及能效等级等强制性标准，提高节能环保准入门槛；不符合排放标准的制订严格的惩罚措施。加快制修订锅炉水动力计算、热力计算、烟风阻力计算、锅炉选型及配套辅机选择、经济运行、能效测试评价方法等标准；加快制定燃煤质量分等分级系列标准。

（二）加大资金投入

按照事权与支出相适应原则，各级政府加大锅炉能效标准制（修）订，能效普查、测试和监测、信息管理以及宣传培训、执法检查等相关工作支持力度，促进燃煤锅炉节能环保综合提升工程工作。鼓励采用合同能源管理等方式引导企业、社会资金加大投入力度，建立以市场为主的长效机制实施锅炉节能技术改造。

（三）强化监督管理

充分发挥特种设备安全监察和节能监管体系、节能监察体系和环境监管体系的作用，研究建立安全、节能、环保信息共享和联合监督执法机制，提升监管效能。严格落实能评和环评制度以及锅炉设计文件鉴定、定型产品能效测试等制度，禁止生产、销售和使用不符合节能减排要求的锅炉。开展对锅炉制造和使用单位的监督检查，曝光违规企业，加大处罚力度。加强对煤炭质量的监督检查，确保地级及以上城市建成区销售、使用的煤炭为低硫份低灰份的洁净煤。

（四）落实工作责任

国家发展改革委、环境保护部要切实加强工程的综合协调，组织推动工程的落实工作，要将各地实施情况纳入省级人民政府节能减排目标责任评价考核体系，强化评价考核。发展改革委牵头负责做好高效锅炉推广、锅炉节能改造工作，环境保护部、工业和信息化部牵头负责做好落实锅炉淘汰、锅炉污染治理工作，工业和信息化部牵头负责做好高效锅炉产业化工作，国家质检总局牵头负责做好系统运行水平提升以及相关规范标准制修订、测试监测工作，国家能源局牵头负责做好燃料结构优化工作，国管局指导做好公共机构燃煤锅炉节能环保综合提升工程组织实施工作。其他各部门要切实履行职责、密切协调配合，形成工作合力，确保工程取得实效。各地要把实施工程作为促进节能减排、推进大气污染防治的一项重要工作内容，制定具体的实施细则和扶持政策，狠抓落实，强化监管；要进一步细化和分解年度淘汰目标任务，加快推进集中供热、锅炉节能改造等工程建设。企业要强化主体责任，要严格遵守节能环保法规标准，增加资金投入，开展能效对标，确保完成任务。中央企业和公共机构要率先垂范，树立行业标杆，发挥示范作用。

中华人民共和国国家发展和改革委员会公告

2014 年 第 24 号

为贯彻落实《中华人民共和国节约能源法》、《国务院关于印发“十二五”节能减排综合性工作方案的通知》（国发[2011]26 号）和《国务院关于加快发展节能环保产业的意见》（国发[2013]30 号）规定和要求，加快节能技术进步和推广普及，引导用能单位采用先进适用的节能新技术、新装备、新工艺，促进能源资源节约集约利用，缓解资源环境压力，我们组织编制了《国家重点节能低碳技术推广目录（2014 年本，节能部分）》，对前六批《国家重点节能技术推广目录》技术进行了更新，征集了一批新的技术，现予以公告，在国家发展改革委网站（www.ndrc.gov.cn）上发布，请有关部门、单位及企业到网站查阅、下载。《国家重点节能技术推广目录》（1~6 批）自本公告发布之日起废止。

目录涉及煤炭、电力、钢铁、有色、石油石化、化工、建材、机械、轻工、纺织、建筑、交通、通信等 13 个行业，共 218 项重点节能技术。

附件：1．国家重点节能低碳技术推广目录（2014 年本，节能部分）

2．国家重点节能低碳技术推广目录（2014 年本，节能部分）技术报告

国家发展改革委

2014 年 12 月 31 日

附件 1

《国家重点节能低碳技术推广目录》

（2014 年本 节能部分）

（摘录）

序号	技术名称	适用范围	主要技术内容	典型项目					目前推广比例	未来5年节能减碳潜力			
				适用的技术条件	建设规模	投资额（万元）	节能量（tce/a）	二氧化碳减排量（tCO_2/a）		该技术在行业内的推广潜力（%）	预计总投入（万元）	预计节能能力（万tce/a）	预计二氧化碳减排能力（万tCO_2/a）
12	变频器调速节能技术	起重机械、纺织化纤、油气钻采、冶金、石化、煤炭、建材、电力、轻工等领域	对电动机的控制方式有：V/f、SVC、VC、DTC等；有滑模变结构，模型参考自适应技术；有模糊控制、神经元网络，专家系统和各种各样的自优化、自诊断技术等	具有可变分载的大功率电动	5台大功率变频器（110~315kW）	18.8	100	264	20	40	90000	180	475
22	高压变频调速技术	电力、轧钢、造纸、化工、水泥、煤炭、纺织、铁路、食品、船舶、机床等工业1kV以上的高压交流电机	实现变频调速系统的高输出功率（功率因数>0.95），同时消除谐波污染。对中高压大功率风机、水泵的节电降耗作用明显，平均节电率在30%以上	电力、钢铁、化工等行业的高压电机、风机的变频调速改造	1000kW/6kV风机	280	1160	3062	15	50	384000	300	792

续表

序号	技术名称	适用范围	主要技术内容	典型项目						目前推广比例	未来5年节能减碳潜力			
				适用的技术条件	建设规模	投资额（万元）	节能量（tce/a）	二氧化碳减排量（tCO_2/a）			该技术在行业内的推广潜力（%）	预计总投入（万元）	预计节能能力（万tce/a）	预计二氧化碳减排能力（万tCO_2/a）
130	高效双盘磨浆节能技术	通用技术适合造纸行业、化纤行业化学木浆、机械浆、废纸浆等浆种的连续打浆工序	应用高效传动装置，配用高性能长寿命造纸打浆磨盘和先进的自动控制系统，实现恒功率或恒能耗控制	30万t高档涂布白板纸项目	30万吨牛卡纸项目	180	627	1655		50	75	50000	15	40
152	棉纺织企业智能空调系统节能技术	纺织行业—棉纺车间、机织车间、针织车间、服装车间	利用计算机模糊控制原理，采用自动化控制系统使纺织空调中的各有关设备自动执行根据焓值、露点温度、回潮率智能控制温湿度，并以最低能耗状态运行监控管理	恒温恒湿车间	300台织机	400	5009	13925		1	10	100000	50	132
153	染整企业节能集热技术	纺织等替代工业领域	中高温太阳能锅炉系统由跟踪太阳运动的太阳能聚光集热器和位于聚光器焦线处的吸热管组成的太阳能油/水蒸汽发生系统所组成。将大面积太阳聚集在一起产生高温	光照充足,屋顶承重100千克以上	$1000m^2$	350	200	528		<1	10	175000	10	26

续表

序号	技术名称	适用范围	主要技术内容	典型项目					目前推广比例	未来5年节能减碳潜力			
				适用的技术条件	建设规模	投资额（万元）	节能量（tce/a）	二氧化碳减排量（tCO_2/a）		该技术在行业内的推广潜力（%）	预计总投入（万元）	预计节能能力（万tce/a）	预计二氧化碳减排能力（万tCO_2/a）
154	高温高压气流染色技术	各类纤维染整企业	依据空气动力学,将特殊喷嘴产生的水雾状染液进行气液混。	针织物和机织物的染色	300台高温气流染色机	45000	21634	57114	1	10	300000	14	37
155	聚酯化纤酯化工艺余热回收制冷技术	化纤及印染行业	利用酯化蒸汽热量制取冷水，及利用废水中的余热回收制冷或作为工艺用水。	有余热的地方	20万吨聚酯（PET）	600	2500	6600	30	60	120000	120	317
156	合成纤维熔纺长丝环吹冷却技术	化学纤维生产企业	解决细旦丝纤维，特别其是超细纤维采用的传统复合法加工中存在的技术复杂、能耗大、质量稳定性低等问题和传统侧吹风冷却造成稳定性差、冷却不均匀等不足。	适用于纺制dpf≤2de的涤纶纤维，特别是对纺制0.3de≤dpf≤1de的多孔丝更有优势。	年产万吨生产线	2500	270	713	15	40	50000	11	29
157	超低浴比高温高压纱线（拉链）染色技术	适用于各类纤维的纱线、拉链、织带染色	采叶轮泵结构技术，短流程冲击式脉流染色技术，可调流调压纱架装置，小浴比智能环保染色工艺，实现超低浴比（全过程1：3）高效染色，节水节电、减少废水排放	纱线拉链、织带染色机节能改造	34台超低浴比高温高压纱线染色机节能改造项目	1700	15367	38465	1	8	120000	108	285

续表

序号	技术名称	适用范围	主要技术内容	典型项目					目前推广比例	未来5年节能减碳潜力			
				适用的技术条件	建设规模	投资额（万元）	节能量（tce/a）	二氧化碳减排量（tCO_2/a）		该技术在行业内的推广潜力（%）	预计总投入（万元）	预计节能能力（万tce/a）	预计二氧化碳减排能力（万tCO_2/a）
159	动态谐波抑制及无功补偿综合节能技术	煤炭、电力、钢铁、有色金属、石油石化、化工、建材、机械、纺织等行业	针对负载需要，动态抑制各次谐波、补偿无功功率，使得电源侧电流谐波含量降低，调节三相不平衡，提高用户的电能质量，降低线路损耗	谐波治理和无功补偿装置(1600kVar)	3000kVA变压器安装4台动态谐波抑制及无功补偿设备	160	255	673	1	30	60000	10	26
175	磁悬浮离心式鼓风机技术	机械	叶轮直接安装在电机轴延伸端上，而转子被垂直悬浮于主动式磁性轴承控制器上，不需要增速器及联轴器，是一种由高速电机驱动、变频器调速的单级高速离心式鼓风机。	磁悬浮离心式鼓风机技术可广泛应用于石油石化、化工、环保、冶金、纺织等涉及污水处理的行业	日生产废水约6000m^3，初期污染雨水约220m^3/天，污水站建设规模为300m^3/h	350	646	1706	＜1	8	140000	26	68

附件2　国家重点节能低碳技术推广目录（2014年本，节能部分）技术报告（详见国家发改委网站）

关于调整部分产品出口退税率的通知

财税[2014]150号

各省、自治区、直辖市、计划单列市财政厅（局）、国家税务局，新疆生产建设兵团财务局：

经国务院批准，调整部分产品的出口退税率。现就有关事项通知如下：

一、调整下列产品的出口退税率：

（一）提高部分高附加值产品、玉米加工产品、纺织品服装的出口退税率。

（二）取消含硼钢的出口退税。

（三）降低档发的出口退税率。

调整出口退税率的产品清单见附件。

二、本通知第一条第（一）项和第（二）项规定自2015年1月1日起执行，第一条第（三）项规定自2015年4月1日起执行。提高玉米加工产品出口退税率的政策执行至2015年12月31日。具体执行时间，以出口货物报关单（出口退税专用）上注明的出口日期为准。

财政部 国家税务总局

2014年12月31日

附件

调整出口退税率的产品清单

（摘录）

章	产品编码	产品名称	调整后退税率（%）
50 章	50040000~50079090	非供零售用丝纱线等	17
51 章	51061000~51081011	非供零售用粗梳纯羊毛纱线等	17
	5108101990	非供零售用粗梳其他动物细毛纱线（按重量计其他动物细毛含量≥85%）	17
	5108109090	非供零售用粗梳其他动物细毛纱线（按重量计其他粗梳动物细毛含量＜85%）	17
	51082011	按重量计山羊绒含量在 85%及以上的非供零售用的精梳纱线	17
	5108201990	非供零售用精梳其他动物细毛纱线（按重量计其他动物细毛含量≥85%）	17
	5108209090～51099090	非供零售用精梳其他动物细毛纱线（按重量计其他精梳动物细毛含量＜85%）等	17
	5110000090～51130000	其他动物粗毛或马毛的纱线（包括马毛粗松螺旋花线,不论是否供零售用）等	17
52 章	52041100～52122500	非供零售用全棉缝纫线等	17
53 章	53061000～53110090	亚麻单纱等	17
54 章	整章	非供零售用合成纤维长丝缝纫线等	17
55 章	整章	尼龙或其他聚酰胺长丝丝束等	17
56 章	整章	棉制的絮胎及其他絮胎制品等	17
57 章	整章	羊毛结织栽绒地毯及其他铺地制品等	17
58 章	整章	毛制起绒机织物及绳绒织物等	17
59 章	整章	用胶或淀粉涂布的棉或麻纺织物等	17

续表

章	产品编码	产品名称	调整后退税率（%）
60章	整章	针织或钩编的长毛绒织物等	17
61章	整章	棉制针织或钩编男式大衣、防风衣等	17
62章	整章	毛制男式大衣、斗篷及类似品等	17
63章	63011000～63080000	电暖毯等	17
	63101000	经分拣的纺织材料制碎织物等	17
	63109000	纺织材料制其他碎织物等	17
67章	67030000	经梳理、稀疏等方法加工的人发及假发材料	9
	67041100	合成纺织材料制整头假发	9
	67041900	合成纺织材料制其他假发、须等	9
	67042000	人发制假发、须、眉及类似品	9
	67049000	其他材料制假发、须眉及类似品	9
68章	68159920	碳纤维	9
	68159931	碳布	9
	68159932	碳纤维预浸料	9
	68159939	其他碳纤维制品	9

公布《加工贸易禁止类商品目录》

商务部 海关总署公告2014年第90号

为保持外贸稳定增长、优化进出口商品结构，现对加工贸易禁止类商品目录进行调整，并将有关事项公告如下：

一、根据2014年海关商品编码，调整后的加工贸易禁止类商品目录共计1871项商品编码。

二、以下情况，不在加工贸易禁止类商品目录中单列，但按照加工贸易禁止类进行管理：

（一）为种植、养殖等出口产品而进口种子、种苗、种畜、化肥、饲料、添加剂、抗生素等；

（二）生产出口的仿真枪支；

（三）属于国家已经发布的禁止进口货物目录和禁止出口货物目录的商品。

三、本公告适用于海关特殊监管区域，但在本公告发布之日前经工商行政管理部门注册登记、在海关特殊监管区域内设立从事相关商品加工贸易的企业除外。海关特殊监管区域内、外企业均不得将禁止类商品外发进行实质性加工。

四、以下情况，不按加工贸易禁止类管理：

（一）用于深加工结转转入，或从海关特殊监管区域内经实质性加工后出区的商品；

（二）用于深加工结转转出，或进入海关特殊监管区域内再进行实质性加工的商品。

五、新增列入加工贸易禁止类商品目录的商品，在2014年12月31日前已经商务主管部门批准的加工贸易业务（广东企业以实际加工贸易手册设立时间为准），应在合同有效期内执行完毕。以企业为管理单元的联网监管企业允许在2015年6月30日前执行完毕。上述业务到期仍未执行完毕的不予延期，按加工贸易内销、退运或其他规定办理。

六、本公告及所附目录中，所称“实质性加工”参照《关于非优惠原产地规则中实质性改变标准的规定》（海关总署令2004年第122号）执行。

七、本公告自2015年1月1日起实施，商务部、海关总署2009年第37号公告和2010年第63号公告所附目录停止执行。

附件：加工贸易禁止类商品目录

商 务 部

海关总署

2014年12月19日

附件

加工贸易禁止类商品目录

（摘录）

序号	商品编码	商品名称	禁止方式		
890	3915901000	聚对苯二甲酸乙二酯废碎料及下脚料			进出口
891	3915909000	其他塑料的废碎料及下脚料			进出口
1187	4702000001	用于生产粘胶等化学纤维（不含醋酸纤维）的化学木浆，溶解级	出口		
1188	4702000090	其他化学木浆，溶解级	出口		
1189	4703110000	未漂白针叶木碱木浆或硫酸盐木浆	出口		
1190	4703190000	未漂白非针叶木碱木浆等	出口		
1191	4703210001	用于生产粘胶等化学纤维（不含醋酸纤维）的漂白针叶木碱木浆或硫酸盐木浆（包括半漂白的，溶解级的除外）	出口		
1192	4703210090	其他漂白针叶木碱木浆或硫酸盐木浆（包括半漂白的，溶解级的除外）	出口		
1193	4703290000	漂白非针叶木碱木浆或硫酸盐木浆	出口		
1194	4704110000	未漂白的针叶木亚硫酸盐木浆	出口		
1195	4704190000	未漂白的非针叶木亚硫酸盐木浆	出口		
1196	4704210000	漂白的针叶木亚硫酸盐木浆	出口		
1197	4704290000	漂白的非针叶木亚硫酸盐木浆	出口		
1198	4705000000	机械与化学联合制浆法制的木浆	出口		
1199	4706100001	用于生产粘胶等化学纤维（不含醋酸纤维）的棉短绒浆粕	出口		
1200	4706100090	其他棉短绒纸浆			

续表

序号	商品编码	商品名称	禁止方式		
1201	4706200000	从回收纸或纸板提取的纤维浆	出口		
1202	4706300001	用于生产粘胶等化学纤维（不含醋酸纤维）的其他纤维状纤维素竹浆	出口		
1203	4706300090	其他纤维状纤维素竹浆			
1204	4706910000	其他纤维状纤维素机械浆	出口		
1205	4706920000	其他纤维状纤维素化学浆	出口		
1206	4706930000	用机械和化学联合法制得的其他纤维状纤维素浆	出口		
1306	5102110000	未梳喀什米尔山羊的细毛	出口		
1307	5102191010	未梳濒危兔毛	出口		
1308	5102192000	其他未梳山羊绒	出口		
1309	5102193010	未梳濒危野生骆驼科动物毛、绒	出口		
1310	5102199010	未梳的其他濒危野生动物细毛	出口		
1311	5102200010	未梳的濒危野生动物粗毛	出口		
1312	5103109010	其他濒危野生动物细毛的落毛	出口		
1313	5103109090	其他动物细毛的落毛	出口		
1314	5103209010	其他濒危野生动物细毛废料	出口		
1315	5103209090	其他动物细毛废料（包括废纱线，不包括回收纤维）	出口		
1316	5103300010	濒危野生动物粗毛废料	出口		
1317	5103300090	其他动物粗毛废料（包括废纱线，不包括回收纤维）	出口		
1318	5104009010	其他濒危野生动物细毛	出口		
1319	5104009090	其他动物细毛或粗毛的回收纤维	出口		

续表

序号	商品编码	商品名称	禁止方式		
1320	5105391010	已梳濒危兔毛	出口		
1321	5105400010	其他已梳濒危野生动物粗毛	出口		
1322	5108101100	非供零售用粗梳山羊绒纱线	出口		
1323	5108101910	非供零售用粗梳其他濒危动物细毛纱线	出口		
1324	5108109010	非供零售用粗梳其他濒危动物细毛纱线	出口		
1325	5108201910	非供零售用精梳其他濒危动物细毛纱线	出口		
1326	5108209010	非供零售用精梳其他濒危动物细毛纱线	出口		
1327	5110000010	濒危动物粗毛的纱线	出口		
1328	5202100000	废棉纱线		进口	
1329	5202910000	棉的回收纤维	出口		
1330	5202990000	其他废棉		进口	
1331	5505100000	合成纤维废料		进口	
1332	5505200000	人造纤维废料		进口	
1333	6310100010	新的或未使用过的纺织材料制经分拣的碎织物等		进口	
1334	6310900010	新的或未使用过的纺织材料制其他碎织物等		进口	

境外投资管理办法

商务部令 2014 年第 3 号

《境外投资管理办法》已经 2014 年 8 月 19 日商务部第 27 次部务会议审议通过，现予发布，自 2014 年 10 月 6 日起施行。

部长　高虎城

2014 年 9 月 6 日

境外投资管理办法

第一章　总　则

第一条　为了促进和规范境外投资，提高境外投资便利化水平，根据《国务院关于投资体制改革的决定》、《国务院对确需保留的行政审批项目设定行政许可的决定》及相关法律规定，制定本办法。

第二条　本办法所称境外投资，是指在中华人民共和国境内依法设立的企业（以下简称企业）通过新设、并购及其他方式在境外拥有非金融企业或取得既有非金融企业所有权、控制权、经营管理权及其他权益的行为。

第三条　企业开展境外投资，依法自主决策、自负盈亏。

第四条　企业境外投资不得有以下情形：

（一）危害中华人民共和国国家主权、安全和社会公共利益，或违反中华人民共和国法律法规；

（二）损害中华人民共和国与有关国家（地区）关系；

（三）违反中华人民共和国缔结或者参加的国际条约、协定；

（四）出口中华人民共和国禁止出口的产品和技术。

第五条 商务部和各省、自治区、直辖市、计划单列市及新疆生产建设兵团商务主管部门（以下称省级商务主管部门）负责对境外投资实施管理和监督。

第二章 备案和核准

第六条 商务部和省级商务主管部门按照企业境外投资的不同情形，分别实行备案和核准管理。

企业境外投资涉及敏感国家和地区、敏感行业的，实行核准管理。

企业其他情形的境外投资，实行备案管理。

第七条 实行核准管理的国家是指与中华人民共和国未建交的国家、受联合国制裁的国家。必要时，商务部可另行公布其他实行核准管理的国家和地区的名单。

实行核准管理的行业是指涉及出口中华人民共和国限制出口的产品和技术的行业、影响一国（地区）以上利益的行业。

第八条 商务部和省级商务主管部门应当依法办理备案和核准，提高办事效率，提供优质服务。

商务部和省级商务主管部门通过“境外投资管理系统”（以下简称“管理系统”）对企业境外投资进行管理，并向获得备案或核准的企业颁发《企业境外投资证书》（以下简称《证书》，样式见附件 1）。《证书》由商务部和省级商务主管部门分别印制并盖章，实行统一编码管理。

《证书》是企业境外投资获得备案或核准的凭证，按照境外投资最终目的地颁发。

第九条 对属于备案情形的境外投资，中央企业报商务部备案；地方企业报所在地省级商务主管部门备案。

中央企业和地方企业通过“管理系统”按要求填写并打印《境外投资备案表》（以下简称《备案表》，样式见附件 2），加盖印章后，连同企业营业执照复印件分别报商务部或省级商务主管部门备案。

《备案表》填写如实、完整、符合法定形式，且企业在《备案表》中声明其境外投资无本办法第四条所列情形的，商务部或省级商务主管部门应当自收到《备案表》之日起 3 个工作日内予以备案并颁发《证书》。企业不如实、完整填报《备案表》的，商务部或省级商务主管部门不予备案。

第十条 对属于核准情形的境外投资，中央企业向商务部提出申请，地方企业通过所在地省级商务主管部门向商务部提出申请。

企业申请境外投资核准需提交以下材料：

（一）申请书，主要包括投资主体情况、境外企业名称、股权结构、投资金额、经营范围、经营期限、投资资金来源、投资具体内容等；

（二）《境外投资申请表》（样式见附件3），企业应当通过“管理系统”按要求填写打印，并加盖印章；

（三）境外投资相关合同或协议；

（四）有关部门对境外投资所涉的属于中华人民共和国限制出口的产品或技术准予出口的材料；

（五）企业营业执照复印件。

第十一条 核准境外投资应当征求我驻外使（领）馆（经商处室）意见。涉及中央企业的，由商务部征求意见；涉及地方企业的，由省级商务主管部门征求意见。征求意见时，商务部和省级商务主管部门应当提供投资事项基本情况等相关信息。驻外使（领）馆（经商处室）应当自接到征求意见要求之日起7个工作日内回复。

第十二条 商务部应当在受理中央企业核准申请后20个工作日内（包含征求驻外使（领）馆（经商处室）意见的时间）作出是否予以核准的决定。申请材料不齐全或者不符合法定形式的，商务部应当在3个工作日内一次告知申请企业需要补正的全部内容。逾期不告知的，自收到申请材料之日起即为受理。中央企业按照商务部的要求提交全部补正申请材料的，商务部应当受理该申请。

省级商务主管部门应当在受理地方企业核准申请后对申请是否涉及本办法第四条所列情形进行初步审查，并在15个工作日内（包含征求驻外使（领）馆（经商处室）意见的时间）将初步审查意见和全部申请材料报送商务部。申请材料不齐全或者不符合法定形式的，省级商务主管部门应当在3个工作日内一次告知申请企业需要补正的全部内容。逾期不告知的，自收到申请材料之日起即为受理。地方企业按照省级商务主管部门的要求提交全部补正申请材料的，省级商务主管部门应当受理该申请。商务部收到省级商务主管部门的初步审查意见后，应当在15个工作日内做出是否予以核准的决定。

第十三条 对予以核准的境外投资，商务部出具书面核准决定并颁发《证书》；因存在本办法第四条所列情形而不予核准的，应当书面通知申请企业并说明理由，告知其享有依法申请行政复议或者提起行政诉讼的权利。企业提供虚假材料申请核准的，商务部不予核准。

第十四条 两个以上企业共同开展境外投资的，应当由相对大股东在征求其他投资方书面同意后办理备案或申请核准。如果各方持股比例相等，应当协商后由一方办理备案或申请核准。如投资方不属同一行政区域，负责办理备案或核准的商务部或省级商务主管部门应当将备案或核准结果告知其他投资方所在地商务主管部门。

第十五条 企业境外投资经备案或核准后，原《证书》载明的境外投资事项发生变更的，企业应当按照本章程序向原备案或核准的商务部或省级商务主管部门办理变更手续。

第十六条 自领取《证书》之日起 2 年内，企业未在境外开展投资的，《证书》自动失效。如需再开展境外投资，应当按照本章程序重新办理备案或申请核准。

第十七条 企业终止已备案或核准的境外投资，应当在依投资目的地法律办理注销等手续后，向原备案或核准的商务部或省级商务主管部门报告。原备案或核准的商务部或省级商务主管部门根据报告出具注销确认函。

终止是指原经备案或核准的境外企业不再存续或企业不再拥有原经备案或核准的境外企业的股权等任何权益。

第十八条 《证书》不得伪造、涂改、出租、出借或以任何其他形式转让。已变更、失效或注销的《证书》应当交回原备案或核准的商务部或省级商务主管部门。

第三章 规范和服务

第十九条 企业应当客观评估自身条件、能力，深入研究投资目的地投资环境，积极稳妥开展境外投资，注意防范风险。境内外法律法规和规章对资格资质有要求的，企业应当取得相关证明文件。

第二十条 企业应当要求其投资的境外企业遵守投资目的地法律法规、尊重当地风俗习惯，履行社会责任，做好环境、劳工保护、企业文化建设等工作，促进与当地的融合。

第二十一条 企业对其投资的境外企业的冠名应当符合境内外法律法规和政策规定。未按国家有关规定获得批准的企业，其境外企业名称不得使用“中国”、“中华”等字样。

第二十二条 企业应当落实人员和财产安全防范措施，建立突发事件预警机制和应急预案。在境外发生突发事件时，企业应当在驻外使（领）馆和国内有关主管部门的指导下，及时、妥善处理。

企业应当做好外派人员的选审、行前安全、纪律教育和应急培训工作，加强对外派人员的管理，依法办理当地合法居留和工作许可。

第二十三条 企业应当要求其投资的境外企业中方负责人当面或以信函、传真、电子邮件等方式及时向驻外使（领）馆（经商处室）报到登记。

第二十四条 企业应当向原备案或核准的商务部或省级商务主管部门报告境外投资业务情况、统计资料，以及与境外投资相关的困难、问题，并确保报送情况和数据真实准确。

第二十五条 企业投资的境外企业开展境外再投资，在完成境外法律手续后，企业应当向商务主管部门报告。涉及中央企业的，中央企业通过“管理系统”填报相关信息，打印《境外中资企业再投资报告表》（以下简称《再投资报告表》，样式见附件4）并加盖印章后报商务部；涉及地方企业的，地方企业通过“管理系统”填报相关信息，打印《再投资报告表》并加盖印章后报省级商务主管部门。

第二十六条 商务部负责对省级商务主管部门的境外投资管理情况进行检查和指导。省级商务主管部门应当每半年向商务部报告本行政区域内境外投资的情况。

第二十七条 商务部会同有关部门为企业境外投资提供权益保障、投资促进、风险预警等服务。

商务部发布《对外投资合作国别（地区）指南》、国别产业指引等文件，帮助企业了解投资目的地投资环境；加强对企业境外投资的指导和规范，会同有关部门发布环境保护等指引，督促企业在境外合法合规经营；建立对外投资与合作信息服务系统，为企业开展境外投资提供数据统计、投资机会、投资障碍、风险预警等信息。

第四章 法律责任

第二十八条 企业以提供虚假材料等不正当手段办理备案并取得《证书》的，商务部或省级商务主管部门撤销该企业境外投资备案，给予警告，并依法公布处罚决定。

第二十九条 企业提供虚假材料申请核准的，商务部给予警告，并依法公布处罚决定。该企业在一年内不得再次申请该项核准。

企业以欺骗、贿赂等不正当手段获得境外投资核准的，商务部撤销该企业境外投资核准，给予警告，并依法公布处罚决定。该企业在三年内不得再次申请该项核准；构成犯罪的，依法追究刑事责任。

第三十条 企业开展境外投资过程中出现本办法第四条所列情形的，应当承担相应的法律责任。

第三十一条 企业伪造、涂改、出租、出借或以任何其他形式转让《证书》的，商务部或省级商务主管部门给予警告；构成犯罪的，依法追究刑事责任。

第三十二条 境外投资出现第二十八至三十一条规定的情形以及违反本办法其他规定的企业，三年内不得享受国家有关政策支持。

第三十三条 商务部和省级商务主管部门有关工作人员不依照本办法规定履行职责、滥用职权、索取或者收受他人财物或者谋取其他利益，构成犯罪的，依法追究刑事责任；尚不构成犯罪的，依法给予行政处分。

第五章 附 则

第三十四条 省级商务主管部门可依照本办法制定相应的工作细则。

第三十五条 本办法所称中央企业系指国务院国有资产监督管理委员会履行出资人职责的企业及其所属企业、中央管理的其他单位。

第三十六条 事业单位法人开展境外投资、企业在境外设立分支机构参照本办法执行。

第三十七条 企业赴中国香港、澳门、中国台湾投资参照本办法执行。

第三十八条 本办法由商务部负责解释。

第三十九条 本办法自 2014 年 10 月 6 日起施行。商务部 2009 年发布的《境外投资管理办法》（商务部令 2009 年第 5 号）同时废止。

附件 1．企业境外投资证书（样式）

2．境外投资备案表（样式）

3．境外投资申请表（样式）

4．境外中资企业再投资报告表（样式）

（附件详见商务部网站）

关于印发新疆棉花目标价格改革试点工作实施方案及配套管理办法的通知

新政发[2014]64号

伊犁哈萨克自治州，各州、市、县（市）人民政府，各行政公署，自治区各有关单位：

《新疆棉花目标价格改革试点工作实施方案》已经国务院批准，由国家发展和改革委员会、财政部于2014年9月16日正式批复。为认真贯彻落实中央关于我区棉花目标价格改革试点工作的决策部署，切实做好棉花目标价格改革试点工作，现将《新疆棉花目标价格改革试点工作实施方案》及《新疆棉花目标价格改革试点补贴资金使用管理暂行办法》、《新疆棉花目标价格改革试点加工企业资格认定办法（试行）》、《新疆棉花专业仓储管理办法（试行）》等配套管理办法印发你们，请认真贯彻执行。

2014年9月19日

新疆棉花目标价格改革试点工作实施方案

棉花产业是我区的重要支柱产业，是保障产业稳定发展和农民增收的重要途径，对我区国民经济发展和社会稳定关系重大。根据《中共中央关于全面深化改革若干重大问题的决定》以及今年中央1号文件的精神，经国务院批准，今年在新疆实施棉花目标价格补贴试点工作。为贯彻落实好这一重大改革政策，结合国家发展改革委、财政部《关于印发棉花目标价格改革试点方案的通知》（发改价格[2014]1524号）要求，现制定如下实施方案。

一、我区棉花目标价格改革试点的主要内容、原则和目标

（一）棉花目标价格政策的主要内容。

为进一步完善农产品价格形成机制，更加注重发挥市场形成价格的作用，国家明确2014年启动新疆棉花目标价格改革试点工作。具体来讲，棉花目标价格政策是指在棉花价格主要由市场形成的基础上，国家有关部门制定能够保障农民获得一定收益的目标价格，当采价期内平均市场价格低于目标价格时，国家对棉花生产者给予补贴，当市场价格高于目标价格时，不发放补贴。

（二）制定棉花目标价格政策的原则。

1．市场决定价格。棉花价格由市场供求形成，政府不干预市场价格。

2．保障基本收益。当市场价格下跌过多时，政府通过补贴保障农民基本收益，稳定试点地区棉花生产。

3．统筹兼顾。协调平衡上下游利益，统筹利用国内外资源，妥善处理好政府和市场、当前和长远、中央和地方的关系，确保改革顺利推进。

4．平稳过渡。做好生产、流通、储备、加工、进出口等各环节政策措施的配套衔接，保持政策平稳过渡。

（三）开展新疆棉花目标价格改革试点的目标。

1．为国家完善农产品价格形成机制摸索经验。

2．保持新疆棉花种植面积和总产量基本稳定，保障国家棉花安全，促进新疆棉花产业发展。

3．利用推行棉花目标价格改革试点的有利时机，进一步摸清新疆棉花生产底数，提高土地集约化利用水平，严格控制水资源过度开发，遏制非法开荒，保护生态环境。

4．抓住棉花目标价格改革的机遇，进一步凸现新疆棉花的产地优势，加快发展新疆纺织业，吸引更多纺织企业落地新疆，在新疆创造更多的就业机会。

5．完善财政补贴机制，提高补贴的精准性和针对性，提高财政资金使用效率。

二、目标价格补贴的发放方法

根据中央财政拨付补贴资金时间，按照核实确认的棉花实际种植面积和籽棉交售量相结合的补贴方式，中央补贴资金的60%按面积补贴，40%按实际籽棉交售量补贴。

（一）补贴对象。

补贴对象为全区棉花实际种植者。主要包括：基本农户（含村集体机动土地承包户）和地方国有农场、司法农场、部队农场、非农公司、种植大户等各种所有制形式的棉花生产者（以下简称农业生产经营单位）。

（二）棉花种植面积的申报、审定。

1．棉花种植面积的申报、核实。

棉花种植面积采取种植者申报制。6 月初，基本农户向村委会申报棉花种植面积，村级全面核实公示，乡（镇）复核，县（市）、地（州）两级自查，自治区、地（州）联合抽查，核实认定。农业生产经营单位向所在县（市）的农业、财政、统计、国土部门申报棉花种植面积，同时出具土地利用现状图、土地权属证明等材料。县（市）人民政府组织农业、统计、国土、司法等部门全面核实公示，自治区、地（州）联合抽查，核实认定。

棉花种植面积核实认定后，由乡（镇）农业部门、村委会向基本农户出具种植证明，县级农业部门向农业生产经营单位出具种植证明。种植证明由农业部门统一印制，财政、统计部门监制。种植证明应包含基本农户和农业生产经营单位的基本信息、农作物种植面积、核实认定的棉花种植面积、籽棉交售、财政兑付补贴资金等信息。

2．棉花种植面积的审定。

8 月中旬，地（州）人民政府、行政公署将核实认定的本区域内的棉花种植面积报送自治区农业厅、财政厅、国土资源厅、统计局、国家统计局新疆调查总队（以下简称调查总队）。8 月下旬，自治区农业厅会同发展改革、财政、国土、统计、调查总队等部门对全区棉花种植面积进行汇总、会审后，经自治区棉花目标价格改革试点工作领导小组审议后，报自治区人民政府审定。

3．棉花种植信息档案的建立。

各级农业、财政、国土、统计、调查总队等部门应对辖区内的基本农户和农业生产经营单位的基础信息建立档案管理制度，指定专人负责，以备查询。

棉花种植面积核实、认定、上报以及信息档案建立的具体操作程序见《自治区棉花种植面积统计核实实施方案（试行）》（新政办发[2014]63 号）。

（三）籽棉交售。

基本农户和农业生产经营单位将籽棉交到经自治区资格认定的棉花加工

企业，棉花加工企业购进的籽棉应依法取得普通发票或开具收购发票，票面项目应填写齐全。对目前无法使用网络发票系统的农业生产经营单位，由国税机关代开机打普通发票。票据一式五联，即发票联（基本农户留存）、存根联、记账联、税务机关联、企业财务联。票据应注有农户和农业生产经营单位交售棉花种植户姓名（生产经营单位名称）、身份证号（证照号码）、所在乡（镇、村）、棉花加工企业全称、籽棉重量、单价、衣分率、回潮率、含杂率和结算重量（即折合皮棉的公定重量）等信息。

棉花加工企业按照税务票据如实填写农户、农业生产经营单位种植证明，并在每次籽棉交售时如实填写相关信息，包括籽棉重量、单价、衣分率、回潮率、含杂率和结算重量等，并在签章处加盖企业公章。

（四）交售票据登记备案。

次年 1 月底前，基本农户凭籽棉交售票据、种植证明到所在村委会进行登记，村委会核对种植户基础信息，登记种植证明上载明的籽棉交售量，由乡（镇）农业部门建立补贴信息；农业生产经营单位凭交售票据，到所在县（市）农业部门进行登记，县（市）农业部门根据种植证明，核对种植户基础信息、建立补贴信息。异地交售的基本农户和农业生产经营单位到其棉花种植所在地的村委会、县（市）农业部门进行登记。

（五）在库公检。

皮棉实行在库公检。棉花加工企业将加工的皮棉全部存入经自治区资格认定的新疆棉花专业监管仓库，由专业纤维检验机构在库进行重量检验、逐包抽取品质检验样品（以下简称取样）并进行品质检验样品的仪器化公证检验（以下简称后续仪器化公证检验）。纺织企业收购、加工自用棉，在纺织企业库房进行监管，接受重量检验、取样及后续仪器化公证检验。

为保证监管棉花在库公检工作的顺利实施，在原有资金渠道，中央财政按据实结算方式，及时将新疆棉花入库公检经费拨付承检单位所在的省、自治区、直辖市、计划单列市财政部门。

（六）补贴资金的拨付、兑付。

12 月底前，国家根据目标价格与市场价格的差价和国家统计局调查的新疆棉花产量，测算补贴资金总额，分别拨付新疆自治区和生产建设兵团。自治区财政按总额 5%的额度预留，机动补差。

次年1月上旬，自治区财政厅根据中央拨付自治区补贴资金总额，扣除预留资金后的60%以及自治区人民政府审定的棉花种植面积，测算亩均补贴标准，并会同发展改革、农业、国土、统计部门拟定各地（州、市）棉花目标价格面积补贴资金方案；按照剩余的40%以及自治区人民政府审定的棉花产量，测算每公斤籽棉平均补贴标准，并会同发展改革、农业部门拟定各地（州、市）棉花目标价格产量补贴资金方案。补贴资金分配方案经新疆棉花目标价格改革试点工作领导小组审议，报自治区人民政府审定后，由自治区财政厅负责逐级拨付补贴资金。

次年1月底前，乡（镇）财政部门和县（市、区）财政部门凭基本农户和农业生产经营单位的种植证明，按照《新疆棉花目标价格改革试点补贴资金使用管理暂行办法》，以“一卡通”或其它形式将面积补贴资金兑付至基本农户和农业生产经营单位。

次年2月底前，乡（镇）财政部门和县（市、区）财政部门凭基本农户和农业生产经营单位的籽棉收购票据、种植证明，按照《新疆棉花目标价格改革试点补贴资金使用管理暂行办法》，以“一卡通”或其它形式将产量补贴资金兑付至基本农户和农业生产经营单位。

兑付产量补贴资金时，原则上优先兑付农户和地方国有农场，其次兑付种植大户，最后兑付其他农业生产经营单位。补贴标准原则上向宜棉区和南疆倾斜。

（七）下列棉花种植面积不予补贴。

1. 没有经过申报、公示、审核的棉花种植面积，不予列入补贴范围；

2. 在国家、自治区明确退耕的土地上种植的棉花面积，不予列入补贴范围；

3. 在未经批准开垦的土地或者在禁止开垦的土地上种植的棉花面积，不予列入补贴范围。

（八）保障措施。

1. 建立健全棉花种植面积核实、补贴发放问责机制，依法处理相关责任人。各县（市）人民政府对本辖区内棉花实际种植面积审核负总责。农业部门负责组织面积核实、制定面积核定办法等工作。财政部门负责落实补贴资金预算、拨付及对资金的监督管理等工作。

2. 实行棉花目标价格补贴公示制度。每次公示时间不得少于7天，公示期间，县（市）、乡（镇）纪检监察机关负责对公示过程进行监督。公示内容主要包括种植户信息、棉花种植面积、近三年棉花单产等，乡（镇）农业所、县农业局收集和保存公示影像资料。

3．实行棉花面积核查制度。村级组织对农户上报的面积进行全面核查，县级组织对农业生产经营单位上报的面积进行全面核查，自治区、地（州）、县（市）、乡（镇）逐级按比例抽查。农业、国土、气象等部门采用卫星遥感测量办法，同步监测和核查各县棉花种植面积，核定面积低于或超出遥感测量结果较多的县（市），要做出合理解释并在规定时间内修正。

4．实行籽棉加工企业资格认定制度。被认定有资格的企业购进的籽棉应依法取得普通发票或开具收购发票，票面项目应填写齐全；对目前无法使用网络发票系统的农业生产经营单位，由国税机关代开机打普通发票。收购加工的棉花如数发送棉花专业监管仓库在库进行公检，在库检验的成包皮棉公定重量作为核定企业收购籽棉加工的皮棉公定重量和棉花运输补贴的依据。对不如实标注、籽棉收购总量折算皮棉后大于或低于公检量5%及以上时，自治区发展改革委取消其加工资质；纤检部门停止其公证检验。相关部门将对违法行为进行处罚，触犯刑律的，移交司法机关处理。

5．强化收购、加工环节的监督检查。棉花收购期间，由自治区发展改革、财政部门牵头，组织工商、税务、质检、供销等部门，对经资格认定的棉花加工企业收购时使用籽棉交售票据情况、收购量、公检量等情况进行核对，发现问题及时整改。

6．坚决杜绝补贴面积虚报、多报、压报、漏报现象发生。对于植棉户出现虚报面积的情况，第一次虚报的由村委会进行政策解说，并警告教育，第二次虚报的一经查实，取消其虚报面积的补贴，同时扣除当年实际种植面积补贴资金的50%。对于农业生产经营单位虚报面积的，取消其虚报面积的补贴，同时扣除当年实际种植面积的补贴，并对虚报、多报补贴面积套取资金的，依法依纪处理。对棉花加工企业虚开收购发票或取得虚开普通发票的，农户、农业生产经营单位私自篡改籽棉交售票据冒领补贴的，严肃查处，追缴其非法所得，触犯法律的追究其法律责任。各级农业、统计、财政部门要设立监督电话，并在当地媒体予以公布，接受群众监督，对举报的问题要及时组织有关人员进行调查核实，若情况属实，对造假责任人和有关领导要严肃处理。财政部门应定期对各级财政落实棉花目标价格补贴政策情况进行监督检查，及时发现、纠正问题。

7．特种棉（包括长绒棉和彩棉）的目标价格补贴标准（产量部分）为陆地棉目标价格补贴标准（产量部分）的1.3倍。特种棉的种植面积和产量单独统计、单独上报。

三、棉花目标价格补贴加工企业加工资格认定

（一）认定标准。

棉花加工企业资格认定必须符合以下条件：

1．在疆内从事棉花加工的企业，须获得工商行政管理部门颁发的《营业执照》或《企业法人营业执照》、自治区发展改革委颁发的《棉花加工资格认定证书》和自治区纤维检验局颁发的《棉花加工企业质量保证能力审查认定证书》。实行“一线一证”，即：一条棉花加工生产线须具有一个《棉花加工资格认定证书》。

2．诚实守信，合法经营，法人治理结构完善，财务状况良好；正常开展棉花收购、加工经营活动，收购籽棉未出现给棉花生产者“打白条”行为；加工的皮棉按规定时间全部发运到指定的经资格认定的棉花专业监管仓库，接受监管并在库进行重量检验、取样及后续仪器化公证检验；纺织企业收购、加工的自用棉，须在纺织企业库房进行重量检验、取样及后续仪器化公证检验；定期向自治区发展改革委上报企业棉花收购、加工、销售和库存等购销运行情况。

3．具备与税务部门联网的籽棉收购专用国税通用机打发票系统，企业须在每笔收购交易完成后，如实为棉花生产者出具真实有效的籽棉收购通用机打发票。

4．遵守有关法律法规、规章制度关于棉花质量监督和市场管理的规定，未出现严重质量违法行为或其他违法经营行为。未发生伪造、变造、冒用《棉花加工资格认定证书》、棉花质量凭证、公证检验证书、公证检验标志及其他检验标志、标识的行为。

（二）认定流程。

1．各地（州、市）发展改革委会同财政局、质监局（纤检所）、工商局、国税局及农发行，共同配合，按照认定标准提出企业初选名单在每年4月底前上报自治区发展改革委。

2．自治区发展改革委会同自治区财政厅、质监局（纤检局）、工商局、国税局及农发行联合审查并确定企业名单，并在每年5月底前在各部门门户网站予以公示，接受社会监督。公示期为10个工作日，公示期满后由自治区资格认定机关分批次对符合条件的棉花加工企业核发带有统一编号的牌匾,有效期为两年。

3. 企业实行动态管理和不定期考核。在棉花收购、加工期间，各地（州、市）发展改革委、质监局（纤检所）、工商局、国税局及农发行对企业实施动态监管，据实上报棉花收购、加工、销售和库存等经营有关情况。

（三）资格认定的退出机制及相关处罚。

经资格认定的棉花加工企业如出现以下情形，经自治区发展改革委、质监局（纤检局）、工商局和国税局核查属实，取消其棉花加工资格及相关资质。

1. 籽棉收购时，取得虚开普通发票或自行虚开收购发票；

2. 恶意修改棉花品质、重量等信息，套取补贴资金的；

3. 压级压价收购籽棉，且情节严重的；

4. 加工好的皮棉未按规定时间全部送到指定的棉花专业监管仓库（自用棉除外），未进行仪器化公证检验的；

5. 通过采购新疆以外的籽棉，以及购买区内外皮棉、进口棉，蓄意套取补贴资金的；

6. 直接参与或操纵“转圈棉”套取补贴资金的；

7. 收购棉花期间，未按要求在厂区门口等明显位置悬挂带有统一编号的棉花目标价格改革加工企业资格单位牌匾的；

8. 伪造、变造、冒用、转借、自行悬挂棉花目标价格改革加工企业资格单位牌匾的；

9. 使用擅自扩建增加的生产线（即“一证多线”）从事棉花加工活动的。

四、相关配套措施

（一）目标价格改革试点补贴资金使用管理办法。

由自治区财政厅负责制定《新疆棉花目标价格改革试点补贴资金使用管理暂行办法》，补贴资金要专款专用，任何地方、单位和个人不得虚报棉花种植面积，不得套用、挤占、挪用补贴资金。各级财政部门应及时核对棉花生产者、棉花加工企业、发票信息，核算补贴资金。

（二）本地转圈棉及疆外棉流入控制办法。

1. 本地“转圈棉”控制办法。

一是由各级农业部门牵头，以县市为区域，根据当地推广的棉花品种的衣分，制定当地每吨籽棉加工皮棉出品率的合理区间，作为预防“转圈棉”的重要指标。由质监（纤检）部门牵头定期核对加工企业皮棉产量，并与折算后的籽棉进行对账，会同相关部门不定期对棉花加工企业进行检查，对于存在问题的企业要严肃处理。

二是推行建立在库取样和专业仓储制度，有效防范“转圈棉”，精确统计棉花产量，确保新疆棉花公检的公信度。由自治区发展改革委、质量技术监督局和相关部门制定《新疆棉花专业监管仓库管理办法》，对棉花专业监管仓库的设立、认定、管理、费用成本等作出具体规定。棉花加工企业将加工好的皮棉及时发送到经资格认定的棉花专业监管仓库，接受监管并在库进行重量检验、取样及后续仪器化公证检验。对纺织企业所属的棉花加工企业加工的纺织自用棉，须在纺织企业库房进行重量检验、取样及后续仪器化公证检验。入厂公检的棉花只能自用，不能再转让销售。

2．疆外棉流入控制办法。

一是自治区交通运输厅和乌鲁木齐铁路局负责分别制定《防止疆外棉进疆运输管控办法》，严格监控疆外棉进疆的公路和铁路运输渠道。除持有《进口棉花配额证》的进疆棉花外，其它凡是在入疆列车中装载棉花的，需向铁路部门填报“棉花铁路进疆申报单”，如实填写列车批次、发货地、发货单位、收货地、收货单位、装载数量、棉花种类（籽棉、皮棉）等信息；铁路部门核对铁路运单相关信息后，每月定期汇总报送自治区农业厅、财政厅和统计局。由交通管理部门在星星峡等入疆主要通道，对入疆装载棉花的车辆实施登记，由托运人填报“棉花公路进疆申报单”（内容参考棉花铁路进疆申报单），交通部门核对托运单据相关信息后，每月定期汇总报送自治区农业厅、财政厅和统计局。

二是各级质监（纤检）部门在公检过程中如发现疆外棉花，不予公检，并依法进行处置，同时，将有关情况通报当地各行政主管机关。各行政主管机关依法加强对相关责任单位和责任人的监督管理。

三是经资格认定的棉花加工企业在收购籽棉时要安排专人负责甄别棉花品种和质量，不得收购疆外籽棉。

（三）政策宣传工作

1．部门分工及责任。

由自治区党委农村工作办公室牵头，会同自治区党委宣传部、农业厅、财政厅、发展改革委制定宣传计划，组织媒体开展宣传。按国家、自治区确定的试点原则、内容、方案等制定统一的宣传口径，编印宣传资料。自治区党委宣传部负责组织新闻媒体做好棉花目标价格改革试点的政策宣传和舆论引导工作，通过电视、报纸、网络等多种媒体向广大农民群众、基层干部宣传补贴政策，让农户、农业生产经营单位均能了解掌握棉花目标价格补贴政策。

2. 充分发动驻村干部入户宣传。

由自治区党委农村工作办公室牵头，结合自治区“访民情、惠民生、聚民心”活动，号召植棉区的驻村干部集中开展宣传工作。驻村干部要采用政策口口相传、田头讲解等方式，为植棉户答疑解惑。

（四）培训工作。

由自治区党委农村工作办公室负责棉花目标价格政策和相关涉农政策的整理汇总，编印《新疆棉花目标价格及相关惠农政策培训资料汇编》。牵头组织相关部门、单位制定人员培训计划，有针对性地分批对各地州、县市有关部门、村镇干部、棉花加工企业进行培训，力争做到所有涉及棉花目标价格改革的人员熟悉掌握国家和自治区相关政策。由受训人员组成宣讲组到县市进行培训和宣传工作。各县市党委、人民政府另行组织相关培训，直至将培训落实到村一级。

（五）其他政策支持。

实施棉花目标价格改革后，国家将增加对新疆节水灌溉工程和优质棉生产基地建设投入，加大对农机具购置和农业保险保费等补贴力度，继续实行出疆棉运费补贴。自治区发展改革、财政、农业等有关部门应尽快提出落实方案，与国家有关部委进行对接，确保各项政策落到实处。

五、组织领导、监督检查及应急措施

（一）组织领导。

新疆棉花目标价格改革试点工作领导小组负责组织开展棉花目标价格改革试点工作，领导小组的职责：贯彻落实中央关于新疆棉花目标价格改革试点工作的决策部署，研究制定相关改革政策，指导试点工作的组织实施，加强对试点工作的督导检查。领导小组各成员单位按照分工各司其职，认真开展工作。领导小组办公室设在自治区发展改革委，负责领导小组日常工作。

（二）监督检查。

1．设立监督电话。自治区财政厅、农业厅设立棉花目标价格改革试点工作监督电话，并通过新疆卫视、新疆日报等主流媒体和网络向全社会公布。各地州、县市的各级财政、农业部门均需设立补贴监督电话，并在当地主要媒体及植棉乡镇公布，接受群众监督。

2．建立补贴公示和档案管理制度。实行棉花种植补贴村级公示制，建立补贴档案管理制度，指定专人负责，以备查询。

3．加强部门协作，充分发挥发展改革、财政、税务、工商、质监、统计、供销等相关部门的监管职能，完善监管机制，加强各环节监管，加大对违规企业和生产经营主体的惩戒力度，避免出现收购环节中的虚开发票、“转圈棉”等问题。建立健全棉花生产经营数据共享机制，建立棉花目标价格改革管理服务平台，通过平台完成种植面积、销售数量、价格、加工能力的数据采集和综合分析，实现籽棉收购量与皮棉加工量的有效监控。

4．棉花收购期由发展改革、财政、农业、质监、工商、税务、统计、交通、铁路、供销等部门抽调骨干人员组成督查组到各地进行督查，及时发现工作中存在的问题。针对可能出现虚开发票、“转圈棉”和“疆外棉进疆”等问题的地区和重点县市要进行重点检查，确保政策的顺利实施。

（三）会商协调机制。

自治区和地州层面分别建立会商协调机制。实行定期会商和不定期会商相结合的形式。原则上自治区层面的定期会商在棉花收购期（每年9月至12月）每周举行一次，主要是会商日常工作中的常态性事项。遇重大事项或突发性专项工作随时进行不定期会商。

六、新疆生产建设兵团的政策执行

新疆生产建设兵团的财政管理与基层组织构架和地方相比存在较大差异，因此由新疆生产建设兵团自行制定实施方案。

兵团实施方案在原则和方法上应与自治区衔接。

（《新疆棉花目标价格改革试点补贴资金使用管理暂行办法》、《新疆棉花目标价格改革试点加工企业资格认定办法（试行）》、《新疆棉花专业仓储管理办法（试行）》详见新疆政府网。）

世界经济主要统计数据

表1 世界经济增长简况回顾与展望（2010～2019年）

单位：%

类　　别	2010年	2011年	2012年	2013年	2014年	2015年	2019年
世界实际GDP增长率	5.4	4.1	3.4	3.3	3.3	3.8	4.0
发达经济体	3.1	1.7	1.5	1.4	1.8	2.3	2.3
美　国	2.5	1.6	2.3	2.2	2.2	3.1	2.6
欧元区	1.9	1.6	−0.7	−0.4	0.8	1.3	1.6
日　本	4.7	−0.5	1.5	1.5	0.9	0.8	1.0
其他发达经济体①	4.6	2.7	1.6	2.1	2.9	2.9	2.9
新兴市场和发展中国家	7.5	6.2	5.1	4.7	4.4	5.0	5.2
独联体②	5.0	4.8	3.4	2.2	0.8	1.6	3.0
亚洲新兴市场和发展中国家	9.5	7.7	6.7	6.6	6.5	6.6	6.3
欧洲新兴市场和发展中国家	4.7	5.5	1.4	2.8	2.7	2.9	3.4
拉美与加勒比地区	6.0	4.5	2.9	2.7	1.3	2.2	3.3
中东欧与北非	5.5	4.5	4.8	2.3	2.6	3.8	4.5
撒哈拉以南	6.9	5.1	4.4	5.1	5.1	5.8	5.5
人均实际GDP增长率							
先进经济体	2.5	1.2	0.7	0.9	1.3	1.9	1.8
新兴市场和发展中国家和地区	6.3	5.1	3.9	3.5	3.4	3.8	4.2
世界GDP（10亿美元）							
基于市场汇率	64525	71423	72688	74699	77609	81544	101406
基于购买力平价	87427	92781	97322	101934	106998	113109	143446

注　①这里的“其他发达经济体”指除去美国、欧元区国家和日本以外的先进经济体。
②包括格鲁吉亚和蒙古。虽然二者不是独联体成员，但由于同独联体国家在地里和经济结构上类似，故在地区分组上将二者归入独联体。

资料来源：IMF，World Economic Outlook，2014年10月。

表2 人均GDP前15位国家和地区（2013～2015年）

单位：美元

市场汇率计人均GDP（美元）					购买力平价计人均GDP（国际美元）				
2013年位次	国家和地区	2013年	2014年	2015年	2013年位次	国家和地区	2013年	2014年	2015年
1	卢森堡	112,473	116,752	118,251	1	卡塔尔	145,894	144,427	146,012
2	挪　威	100,579	99,295	100,439	2	卢森堡	90,333	92,507	94,167
3	卡塔尔	98,986	94,744	93,535	3	新加坡	78,762	81,346	84,821
4	瑞　士	81,276	84,344	83,974	4	文　莱	73,823	77,824	80,335
5	澳大利亚	64,578	62,822	64,257	5	科威特	70,785	70,992	71,601
6	丹　麦	59,129	61,885	64,186	6	挪　威	64,363	65,896	67,619
7	瑞　典	58,014	57,557	58,472	7	阿联酋	63,181	65,037	67,202
8	新加坡	55,182	56,113	58,146	8	瑞　士	53.977	55,237	56,816
9	美　国	53,001	54,678	57,045	9	美　国	53,001	54,678	57,045
10	加拿大	52,037	50,577	52,287	10	中国香港	52,984	55,167	57,677
11	荷　兰	50,816	52,249	52,770	11	沙　特	51,779	53,935	56,253
12	芬　兰	49,055	50,451	51,020	12	巴　林	49,633	51,394	52,830
13	奥地利	49,039	51,183	52,368	13	荷　兰	46,440	47,365	48,798
14	爱尔兰	48,608	51,159	52,260	14	澳大利亚	45,138	46,631	48,288
15	比利时	45,538	47,164	47,704	15	爱尔兰	44,663	46,770	48,787
83	中　国	6,959	7,572	8,211	89	中　国	11,868	12,893	13,993

注　各国购买力平价（PPP）数据参见IMF，World Economic Outlook Database。IMF并不直接计算PPP数据，而是根据世界银行、OECD、Penn World Tables等国际组织的原始资料进行计算。

资料来源：IMF，World Economic Outlook Database，2014年10月。

中国经济主要统计数据

表 1　中国国民经济主要统计数据

年份	GDP 增长率（%）	第一产业增加值增长率（%）	第二产业增加值增长率（%）	第三产业增加值增长率（%）	交通运输仓储邮政业增加值增长率（%）	批发和零售业增加值增长率（%）	全社会固定资产投资规模（现价，亿元）	全社会固定资产投资名义增长率（%）	全社会固定资产投资实际增长率（%）	工业出厂品价格指数上涨率（%））	固定资产投资价格指数上涨率（%
2005 年	11.3	5.2	12.1	12.2	11.2	13.0	88774	26.0	24.0	4.9	1.6
2006 年	12.7	5.0	13.4	14.1	10.0	19.5	109998	23.9	22.1	3.0	1.5
2007 年	14.2	3.7	15.1	16.0	11.8	20.2	137324	24.8	20.2	3.1	3.9
2008 年	9.6	5.4	9.9	10.4	7.3	15.9	172828	25.9	15.6	6.9	8.9
2009 年	9.2	4.2	9.9	9.6	4.2	12.1	224599	30.0	33.2	−5.4	−2.4
2010 年	10.4	4.3	12.3	9.8	9.8	14.3	278122	23.8	19.5	5.5	3.6
2011 年	9.3	4.3	10.3	9.4	9.9	12.6	311485	23.9	15.6	6.0	6.5
2012 年	7.7	4.3	7.9	8.1	6.8	9.8	374676	20.3	19.0	−1.7	1.1
2013 年	7.7	3.8	7.8	8.3	7.2	10.1	451110	19.3	18.9	−1.9	0.3
2014 年	7.3	3.8	7.2	7.9	6.9	9.8	517776	15.8	15.2	−1.7	0.5
2015 年	7.0	3.6	6.8	7.6	6.8	9.3	594052	14.7	14.3	−1.4	0.4

续表

年份	居民消费价格指数上涨率（%）	城镇居民实际人均可支配收入增长率（%）	农村居民实际人均纯收入增长率（%）	新增货币发行（亿元）	社会消费品零售总额（亿元）	社会消费品零售总额名义增长率（%）	社会消费品零售总额实际增长率（%）	贷款余额（亿元）	新增贷款（亿元）	财政收入（亿元）	财政收入增长率（%）	财政支出（亿元）
2005年	1.8	9.6	6.2	2563	68353	14.9	14.0	194690	16493	31649	19.9	33930
2006年	1.5	10.4	7.4	3041	79145	15.8	14.6	225347	30657	38760	22.5	40423
2007年	4.8	12.2	9.5	3303	93572	18.2	13.9	261691	36344	51322	32.4	49781
2008年	5.9	8.4	8.0	3844	114830	22.7	15.9	303395	41704	61330	19.5	62593
2009年	−0.7	9.8	8.5	4028	132678	15.5	16.9	399685	96290	68518	11.7	76300
2010年	3.3	7.8	10.9	6381	156998	18.3	14.8	473247	79511	83101	21.3	89874
2011年	5.4	8.4	11.4	6120	183919	17.1	11.7	547947	74700	103874	25.0	109248
2012年	2.6	9.7	10.7	3911	210307	14.3	12.1	629910	81963	117210	12.8	125712
2013年	2.6	7.0	9.3	3915	237810	13.1	11.5	719000	89090	129143	10.1	139056
2014年	2.0	6.6	8.5	2370	266135	11.9	10.8	812851	93851	139760	8.2	153260
2015年	1.8	6.1	7.6	2070	296578	11.4	10.4	912782	99931	150373	7.6	165373

续表

年份	财政支出增长率（%）	财政收支差额（亿元）	城乡储蓄存款余额（亿元）	城乡储蓄存款余额增长率（%）	货币和准货币（M2）（亿元）	货币和准货币（M2）增长率（%）	社会融资总额（亿元）	进口总额（亿美元）	进口总额增长率（%）	出口总额（亿美元）	出口总额增长率（%）	货物贸易顺差（亿美元）
2005年	19.1	−2281.0	141051	18.0	298756	17.6	30008	6599.5	17.6	7619.5	28.4	1020
2006年	19.1	−2162.5	161587	14.6	345604	15.7	42697	7914.6	19.9	9689.8	27.2	1775
2007年	23.2	1540.4	172534	6.8	403442	16.7	59664	9561.2	20.8	12204.6	26.0	2643
2008年	25.7	−1262.3	217885	26.3	475167	17.8	69804	11325.7	18.5	14306.9	17.2	2981
2009年	21.9	−7781.6	260772	19.7	606225	27.6	139105	10059.2	−11.2	12016.1	−16.0	1957
2010年	17.8	−6772.7	303302	16.3	725852	19.7	140191	13962.4	38.8	15777.5	31.3	1815
2011年	21.6	−5373.4	343636	13.3	851591	17.3	128286	17435.0	24.9	18983.8	20.3	1549
2012年	15.1	−8000	391970	14.1	974149	14.4	157605	18178.0	4.3	20489.0	7.9	2303
2013年	10.9	−10601.0	447602	12.0	1106509	13.6	172900	19504	7.3	22096	7.9	2592
2014年	10.2	−13500.0	497753	11.2	1248160	12.8	165094	19935	2.2	23420	6.0	3485
2015年	7.9	−15000.0	548500	10.2	1400920	12.2	160925	20852	4.6	25045	6.9	4193

注　新增贷款包括全部金融机构。2011年以后固定资产投资不含农户。表中2014年、2015年为预测数。

资料来源：《2015年中国经济形势分析与预测》

世界化纤行业主要统计数据

表1 世界化学纤维分品种生产量

单位：千吨

年份	合成纤维							人造纤维				合计		
	锦纶		涤纶		腈纶	其他合纤		人造丝		醋酸人造丝		长丝	短纤	合计
	长丝	短纤	长丝	短纤	短纤	长丝	短纤	长丝	短纤	长丝	短纤			
1960年	359	48	36	87	109	22	42	937	1,431	195	46	1,548	1,762	3,310
1970年	1,682	221	638	1,007	999	39	110	991	2,018	402	25	3,756	4,381	8,137
1975年	2,083	405	1,641	1,726	1,388	37	71	821	1,815	315	9	4,899	5,413	10,312
1980年	2,595	556	2,094	3,033	2,057	40	98	828	2,077	333	4	5,894	7,824	13,718
1985年	2,771	671	2,763	3,739	2,378	41	123	690	2,007	233	—	6,502	8,918	15,420
1988年	3,025	700	3,508	4,594	2,448	35	103	695	1,946	257	—	7,522	9,791	17,313
1989年	3,069	726	3,734	4,725	2,337	40	112	—	2,012	—	—	7,778	9,912	17,690
1990年	3,010	728	3,978	4,700	2,316	43	115	—	1,873	—	—	7,920	9,732	17,652
1991年	2,958	647	4,234	4,882	2,381	45	122	—	1,629	—	—	8,045	9,662	17,706
1992年	3,063	660	4,853	5,063	2,362	52	103	—	1,631	—	—	8,668	9,819	18,487
1993年	3,023	661	5,287	5,124	2,310	89	93	—	1,623	—	—	9,105	9,811	18,916
1994年	3,052	655	5,923	5,545	2,539	112	114	—	1,653	—	—	9,741	10,505	20,246
1995年	3,138	601	6,406	5,501	2,441	159	118	—	1,765	—	—	10,374	10,426	20,800
1996年	3,266	593	7,115	5,932	2,600	149	111	433	1,621	216	—	11,178	10,857	22,035

续表

年份	合成纤维							人造纤维				合计		
	锦纶		涤纶		腈纶	其他合纤		人造丝		醋酸人造丝		长丝	短纤	合计
	长丝	短纤	长丝	短纤	短纤	长丝	短纤	长丝	短纤	长丝	短纤			
1997年	3,472	555	8,459	6,947	2,701	161	100	403	1,689	222	—	12,718	11,992	24,710
1998年	3,235	557	9,541	6,998	2,651	183	89	397	1,628	201	—	13,557	11,923	25,481
1999年	3,268	532	10,194	7,684	2,508	198	101	353	1,557	164	—	14,177	12,382	26,559
2000年	3,604	513	10,953	8,201	2,629	214	105	347	1,712	156	—	15,274	13,160	28,433
2001年	3,358	425	11,375	8,187	2,557	234	106	354	1,588	140	—	15,461	12,864	28,325
2002年	3,454	451	12,258	8,790	2,708	244	110	366	1,661	98	—	16,421	13,719	30,140
2003年	3,495	450	13,087	9,312	2,693	291	139	393	1,768	93	—	17,359	14,362	31,721
2004年	3,554	439	14,086	10,060	2,815	344	153	394	1,987	91	—	18,469	15,456	33,925
2005年	3,497	397	15,441	10,969	2,693	355	159	390	2,006	86	—	19,769	16,224	35,994
2006年	3,585	367	16,704	11,496	2,520	423	165	377	2,177	81	—	21,170	16,725	37,895
2007年	3,618	352	18,957	12,449	2,402	415	188	378	2,674	69	—	23,437	18,065	41,502
2008年	3,404	273	18,658	11,925	1,872	389	193	339	2,380	60	—	22,849	16,642	39,491
2009年	3,362	225	20,258	12,640	1,960	469	198	317	2,615	44	—	24,450	17,639	42,089
2010年	3,639	187	23,732	13,473	1,958	596	240	350	2,877	49	—	28,357	18,735	47,092
2011年	3,705	169	26,375	14,220	1,990	629	255	373	3,218	50	—	31,133	19,852	50,985
2012年	3,907	166	29,126	15,085	1,948	637	269	372	3,860	49	—	34,091	21,327	55,419
2013年	4,173	168	31,312	15,370	1,956	709	275	349	4,402	50	—	36,593	22,170	58,764

资料来源：日本化纤手册 2015

表2　世界化学纤维分国别（地区）产量

单位：千吨

国家（地区）		品　种	2007年	2008年	2009年	2010年	2011年	2012年	2013年
亚洲	日　本	S	863.8	734.0	541.8	639.0	642.1	609.3	596.2
		R	71.5	69.1	54.5	62.8	61.9	60.9	60.7
		合　计	935.3	803.1	596.3	701.8	704.0	670.2	656.9
	韩　国	S	1,547.3	1,395.0	1,443.8	1,561.6	1,615.8	1,619.9	1,563.4
		R	8.8	7.7	5.4	—	—	—	—
		合　计	1,556.1	1,402.7	1,449.2	1,561.6	1,615.8	1,619.9	1,563.4
	中　国	S	21,356.2	21,305.9	24,125.0	27,300.3	30,728.5	34,431.3	36,845.3
		R	1,577.0	1,438.4	1,614.3	1,751.5	2,093.3	2,665.8	3,144.8
		合　计	22,933.1	22,744.3	25,739.3	29,051.8	32,821.8	37,097.1	39,990.0
	中国台湾	S	2,350.0	1,993.0	2,048.1	2,243.3	2,076.7	1,966.2	1,953.7
		R	136.3	105.5	108.0	97.2	81.6	98.4	119.0
		合　计	2,486.3	2,098.5	2,156.1	2,340.5	2,158.3	2,064.6	2,072.6
	越　南	S	118.1	139.6	179.9	223.8	284.6	341.1	394.9
	泰　国	S	831.0	842.3	909.5	909.5	776.4	737.2	791.7
		R	95.4	80.2	104.0	137.0	140.0	150.0	80.0
		合　计	926.4	922.5	1,013.5	1,046.5	916.4	887.2	871.7
	新加坡	S	9.7	9.1	9.8	11.5	12.9	15.8	10.7
	马来西亚	S	349.6	353.9	348.2	383.0	391.4	385.5	383.5

续表

国家（地区）		品　种	2007年	2008年	2009年	2010年	2011年	2012年	2013年
	印度尼西亚	S	1,148.2	1,116.3	1,140.0	1,160.1	1,192.4	1,217.9	1,306.7
		R	325.0	282.0	329.9	393.5	424.0	437.0	494.0
		合　计	1,473.2	1,398.3	1,469.9	1,553.6	1,616.4	1,654.9	1,800.7
	印　度	S	2,652.2	2,669.4	2,984.4	3,310.5	3,493.7	3,604.5	3,737.0
		R	345.4	301.0	327.7	350.4	369.6	391.8	446.4
		合　计	2,998.0	2,970.4	3,312.0	3,660.9	3,863.2	3,996.3	4,183.3
	巴基斯坦	S	558.1	528.8	464.2	475.6	513.7	512.8	588.5
	孟加拉国	S	15.0	21.7	67.3	111.4	147.4	170.2	180.9
	伊　朗	S	194.3	192.6	183.1	188.6	217.1	235.8	249.6
	伊拉克	R	3.2	4.1	—	—	—	—	—
	沙特阿拉伯	S	37.3	39.7	36.6	31.4	31.4	33.4	41.1
	以色列	S	30.1	29.4	27.1	29.1	39.4	32.3	34.0
欧洲	西欧	S	1,646.2	1,411.9	1,144.8	1,260.2	1,186.1	1,141.5	1,067.0
		R	442.5	423.8	355.7	409.6	399.3	406.4	402.1
		合　计	2,088.6	1,835.6	1,500.5	1,669.8	1,585.4	1,547.9	1,469.1
	波兰	S	84.2	75.7	58.0	38.3	32.7	26.1	17.5
	俄罗斯	S	343.0	331.2	288.8	329.6	327.3	323.3	304.8
		R	27.9	9.2	4.5	3.2	2.5	0.4	—
		合　计	370.9	340.4	293.3	332.8	329.8	323.7	304.8
	南斯拉夫	S	1.0	1.7	—	—	—	—	—

续表

国家（地区）		品　种	2007年	2008年	2009年	2010年	2011年	2012年	2013年
		R	5.6	5.1	—	—	—	—	—
		合　计	6.6	6.8	—	—	—	—	—
	罗马尼亚	S	25.5	28.4	27.4	34.7	41.9	45.2	51.0
	保加利亚	S	6.3	6.5	5.6	2.7	—	—	—
		R	5.0	5.0	4.6	4.8	4.6	5.0	—
		合　计	11.3	11.5	10.2	7.5	4.6	5.0	—
	土耳其	S	740.1	596.4	587.0	752.2	795.6	787.2	810.8
	拉脱维亚	S	10.5	6.7	6.4	5.4	6.2	3.4	—
	立陶宛	R	7.0	6.0	6.4	6.0	6.5	6.4	6.3
	苏洛文尼亚	S	32.8	34.0	29.0	31.4	31.7	33.2	34.4
	捷克	S	28.8	26.4	28.1	33.6	35.1	34.0	35.6
		R	9.3	5.9	9.0	10.8	11.7	11.6	11.4
		合　计	38.1	32.3	37.1	44.4	46.8	45.6	47.0
	斯洛伐克	S	40.6	36.1	14.2	17.2	20.4	20.4	25.2
欧洲	加拿大	S	142.8	122.2	93.0	120.0	116.6	99.7	99.1
	美国	S	2,311.8	1,908.4	1,618.1	1,847.8	1,818.8	1,897.6	1,986.9
		R	25.3	22.8	20.2	25.4	26.2	25.3	26.4
		合　计	2,337.1	1,931.2	1,638.3	1,873.2	1,845.0	1,922.9	2,013.3
	墨西哥	S	252.6	195.5	182.4	207.0	204.9	214.4	211.9
	洪都拉斯	S	6.0	5.7	6.4	8.8	9.6	13.6	16.1
	萨尔瓦多	S	—	4.4	8.3	14.0	16.4	17.4	18.1

续表

	国家（地区）	品种	2007年	2008年	2009年	2010年	2011年	2012年	2013年
	哥伦比亚	S	70.1	47.0	37.7	37.0	34.0	37.2	36.6
	委内瑞拉	S	2.3	2.7	1.3	—	—	—	—
	厄瓜多尔	S	2.2	3.0	—	4.1	3.8	4.3	5.0
	秘鲁	S	48.0	43.5	39.0	39.8	39.7	39.4	41.1
	智利	S	0.9	0.4	—	—	—	—	—
	巴西	S	275.8	282.4	265.4	293.1	295.8	302.2	319.7
		R	39.7	15.9	30.3	20.7	18.1	19.5	7.7
		合计	315.5	298.3	295.7	313.8	313.9	321.7	327.4
	阿根廷	S	69.8	42.3	51.4	49.9	48.1	49.1	51.2
		R	2.0	2.0	2.0	2.0	2.0	2.0	2.0
		合计	71.8	44.3	53.4	51.9	50.1	51.1	53.2
非洲	摩洛哥	S	16.0	14.8	14.5	16.1	16.7	16.1	16.4
	埃及	S	63.6	62.7	60.6	65.3	78.2	86.3	91.7
	尼日利亚	S	9.0	6.2	6.6	7.6	10.8	10.7	11.9
	肯尼亚	S	4.7	3.7	2.0	2.2	—	—	—
	南非	S	80.1	37.7	22.2	16.5	16.0	17.0	23.0
大洋洲	澳大利亚	S	5.7	6.5	6.0	4.2	4.0	4.1	4.0
世界合计		S	38,380.4	36,713.0	39,112.9	43,817.3	47,343.8	51,138.6	53,963.0
		R	3,121.2	2,778.6	2,976.5	3,274.8	3,641.3	4,280.5	4,800.7
		合计	41,501.7	39,491.5	42,089.3	47,092.1	50.985.0	55,419.0	58,763.8

注　S 合成纤维
　　R 烯烃类纤维、醋酸丝束、麻

资料来源：日本化纤手册 2015

表3 世界合成纤维主要国家（地区）分品种产量

单位：千吨

		2007年			2008年			2009年			2010年			2011年			2012年			2013年		
		长丝	短纤	合计	长丝	短纤	合计	长丝	短纤	合计	长丝	短纤	合计	长丝	短纤	合计	长丝	短纤	合计	长丝	短纤	合计
腈纶	日本	—	236	236	—	145	145	—	124	124	—	142	142	—	152	152	—	140	140	—	147	147
	中国	—	801	801	—	585	585	—	692	692	—	666	666	—	707	707	—	691	691	—	694	694
	韩国	—	52	52	—	43	43	—	41	41	—	49	49	—	47	47	—	47	47	—	47	47
	中国台湾	—	137	137	—	84	84	—	112	112	—	102	102	—	94	94	—	68	68	—	68	68
	印度	—	79	79	—	81	81	—	93	93	—	75	75	—	78	78	—	78	78	—	100	100
	亚洲其他	—	111	111	—	84	84	—	90	90	—	92	92	—	98	98	—	94	94	—	104	104
	西欧	—	695	695	—	578	578	—	561	561	—	572	572	—	563	563	—	575	575	—	535	535
	东欧	—	98	98	—	88	88	—	82	82	—	81	81	—	76	76	—	69	69	—	68	68
	美洲	—	123	123	—	109	109	—	109	109	—	118	118	—	116	116	—	117	117	—	117	117
	其他	—	70	70	—	74	74	—	58	58	—	63	63	—	60	60	—	69	69	—	76	76
	世界	—	2,402	2,402	—	1,872	1,872	—	1,960	1,960	—	1,958	1,958	—	1,990	1,990	—	1,948	1,948	—	1,914	1,914
锦纶	日本	117	5	122	112	2	114	74	2	76	93	2	95	95	2	97	98	2	100	95	2	97
	中国	966	58	1,024	1,078	66	1,144	1,372	76	1,448	1,392	78	1,470	1,510	81	1,591	1,791	84	1,876	2,025	88	2,113
	韩国	145	7	152	131	6	137	129	6	135	133	5	138	149	5	154	139	5	144	128	3	132
	中国台湾	407	7	414	395	7	402	352	6	358	395	6	401	362	6	368	370	5	375	379	6	385
	印度	95	—	95	90	—	90	87	1	88	97	2	99	101	1	102	92	1	94	97	1	98
	亚洲其他	140	—	140	128	—	128	129	—	129	140	2	142	149	2	150	160	2	162	170	2	172
	西欧	445	77	522	378	68	445	313	51	364	371	47	418	357	37	393	323	34	357	316	32	348
	东欧	196	3	199	180	3	183	128	3	130	148	3	151	146	2	148	132	2	133	130	1	131
	美洲	1,031	195	1,226	850	121	971	711	81	792	804	43	847	773	33	806	735	31	766	764	32	796
	其他	75	1	76	64	—	64	68	—	68	66	—	66	65	—	65	67	—	67	69	—	69
	世界	3,618	352	3,970	3,404	273	3,677	3,362	226	3,587	3,639	187	3,826	3,705	169	3,874	3,907	166	4,073	4,173	168	4,341

续表

		2007年			2008年			2009年			2010年			2011年			2012年			2013年		
		长丝	短纤	合计	长丝	短纤	合计	长丝	短纤	合计	长丝	短纤	合计	长丝	短纤	合计	长丝	短纤	合计	长丝	短纤	合计
涤纶	日本	262	204	465	244	191	435	163	146	309	189	158	347	181	157	338	167	152	319	151	143	294
	中国	12,224	7,026	19,250	12,354	6,930	19,283	14,045	7,561	21,607	16,701	8,005	24,706	19,214	8,713	27,927	21,929	9,398	31,327	23,919	9,487	33,406
	韩国	765	544	1,308	716	477	1,192	682	562	1,244	761	588	1,349	801	587	1,388	797	610	1,406	745	612	1,357
	中国台湾	1,212	563	1,775	1,011	476	1,487	987	570	1,557	1,102	613	1,715	1,032	558	1,590	922	578	1,500	924	556	1,479
	印度	1,576	902	2,477	1,679	819	2,498	1,865	939	2,803	2,159	977	3,136	2,302	1,009	3,311	2,424	1,005	3,429	2,502	1,033	3,535
	亚洲其他	1,410	1,358	2,768	1,415	1,375	2,790	1,477	1,407	2,884	1,529	1,486	3,015	1,500	1,543	3,043	1,518	1,574	3,092	1,629	1,736	3,365
	西欧	577	530	1,107	449	473	921	323	425	747	430	510	939	439	498	937	392	519	911	381	533	914
	东欧	82	189	271	77	194	271	55	187	242	59	198	257	63	205	268	71	210	280	69	198	266
	美洲	705	983	1,688	606	844	1,450	559	714	1,273	692	808	1,500	722	794	1,517	774	872	1,646	841	891	1,732
	其他	146	149	295	108	147	255	104	130	233	103	130	233	122	156	278	133	168	302	152	182	334
	世界	18,957	12,449	31,405	18,658	11,925	30,583	20,259	12,640	32,899	23,724	13,473	37,196	26,375	14,220	40,595	29,126	15,085	44,212	31,313	15,370	46,682
合计	日本	378	486	864	356	378	734	237	305	542	298	342	639	291	351	642	279	330	609	263	333	596
	中国	13,384	7,973	21,356	13,626	7,680	21,306	15,679	8,446	24,125	18,414	8,878	27,300	21,076	9,653	30,729	24,089	10,343	34,431	26,396	10,450	36,845
	韩国	945	602	1,547	869	526	1,395	835	609	1,444	920	642	1,562	977	639	1,616	959	661	1,620	901	662	1,563
	中国台湾	1,637	713	2,350	1,421	572	1,993	1,355	693	2,048	1,515	728	2,243	1,411	666	2,077	1,307	659	1,966	1,316	637	1,954
	印度	1,672	981	2,653	1,769	900	2,669	1,952	1,033	2,984	2,257	1,053	3,311	2,406	1,088	3,494	2,520	1,085	3,605	2,603	1,135	3,737
	亚洲其他	1,557	1,473	3,030	1,549	1,463	3,012	1,619	1,500	3,119	1,692	1,583	3,275	1,671	1,648	3,319	1,705	1,676	3,381	1,816	1,841	3,657
	西欧	1,071	1,315	2,386	879	1,129	2,008	687	1,045	1,732	868	1,144	2,012	868	1,114	1,982	783	1,146	1,929	761	1,116	1,878
	东欧	281	290	572	260	285	545	186	272	458	210	283	493	213	282	495	206	280	486	202	267	469
	美洲	1,845	1,338	3,182	1,550	1,107	2,658	1,369	934	2,303	1,616	1,005	2,622	1,611	977	2,588	1,623	1,052	2,675	1,716	1,070	2,786
	其他	221	220	441	172	222	393	172	187	359	168	193	361	187	216	404	201	237	438	221	258	479
	世界	22,990	15,391	38,381	22,451	14,262	36,713	24,089	15,024	39,113	27,958	15,859	43,817	30,710	16,634	47,344	33,671	17,468	51,139	36,195	17,768	53,963

资料来源：日本化纤手册2015

表 4　世界合成纤维主要品种分国家（地区）产量

单位：千吨

国家（地区）	锦纶				涤纶 长丝				涤纶 短纤				腈纶				合计			
	2010	2011	2012	2013	2010	2011	2012	2013	2010	2011	2012	2013	2010	2011	2012	2013	2010	2011	2012	2013
日　本	93	95	98	95	188	181	167	151	158	157	152	143	142	152	140	147	581	584	557	537
韩　国	135	135	132	128	747	761	763	742	532	532	530	533	49	47	47	55	1,463	1,475	1,472	1,458
中国台湾	359	310	320	316	1,111	1,033	922	923	578	536	555	538	102	94	68	68	2,150	1,973	1,864	1,846
中　国	1,448	1,587	1,815	2,113	16,701	19,114	20,922	21,128	8,432	8,819	9,648	9,487	679	707	694	694	27,259	30,226	33,078	33,424
印度尼西亚	55	54	55	54	622	655	666	734	439	489	520	549	—	—	—	—	1,116	1,198	1,241	1,337
泰　国	85	64	64	62	325	234	180	212	296	229	180	240	110	120	125	125	816	646	549	639
马来西亚	27	34	35	35	388	388	384	385	97	99	101	102	—	—	—	—	512	521	520	522
越　南	11	21	28	35	91	107	123	142	100	125	141	156	—	—	—	—	203	254	291	332
印　度	97	97	92	91	1,446	1,387	1,358	1,219	885	859	838	842	75	78	79	92	2,503	2,420	2,368	2,245
巴基斯担	1	1	1	1	73	82	83	76	421	432	430	447	—	—	—	—	495	515	514	524
孟加拉国	—	—	—	—	50	55	61	57	52	91	94	93	—	—	—	—	102	146	155	150
伊　朗	9	9	8	6	72	77	90	88	68	69	80	81	62	57	53	50	211	212	231	225
以色列	31	31	31	31	—	—	—	—	—	—	—	—	—	—	—	—	31	31	31	31
沙特阿拉伯	14	14	14	14	1	3	4	4	19	18	20	19	—	—	—	—	34	35	38	37
美　国	616	592	566	602	504	514	564	617	594	580	639	645	—	—	—	—	1,714	1,687	1,769	1,863
加拿大	120	117	100	99	—	—	—	—	—	—	—	—	—	—	—	—	120	117	100	99

续表

国家（地区）	锦纶				涤纶								腈纶				合计			
					长丝				短纤											
	2010	2011	2012	2013	2010	2011	2012	2013	2010	2011	2012	2013	2010	2011	2012	2013	2010	2011	2012	2013
阿根廷	16	15	15	15	25	24	24	22	18	18	18	20	0	0	0	0	59	57	57	57
巴　西	54	49	52	57	91	73	63	76	83	78	59	63	32	32	26	16	261	232	200	211
哥伦比亚	19	18	16	16	22	17	18	15	9	9	9	9	—	—	—	—	50	44	43	40
厄瓜多尔	—	—	—	—	3	—	—	—	—	—	—	—	—	—	—	—	3	—	—	—
墨西哥	27	25	29	19	78	75	76	80	43	47	50	55	52	51	54	52	200	198	208	206
洪都拉斯	—	—	—	—	—	—	—	—	9	10	11	12	—	—	—	—	9	10	11	12
萨尔多瓦	—	—	—	—	14	16	17	16	—	—	—	—	—	—	—	—	14	16	17	16
秘　鲁	2	—	—	—	7	7	8	7	2	2	2	2	33	34	34	34	45	43	43	43
委内瑞拉	—	—	—	—	2	2	2	2	2	2	2	1	—	—	—	—	4	4	4	3
荷　兰	35	35	32	32	31	30	28	28	9	10	11	9	—	—	—	—	75	75	71	69
法　国	32	29	22	16	35	34	31	33	—	—	—	—	—	—	—	—	67	63	53	49
德　国	113	88	81	74	164	160	138	146	118	120	126	123	178	165	168	163	573	533	516	506
爱尔兰	—	—	—	—	—	—	—	—	81	80	79	80	—	—	—	—	81	80	79	80
意大利	122	125	123	126	34	33	30	26	73	72	69	64	—	—	—	—	229	230	222	216
马耳他	4	4	5	6	—	—	—	—	—	—	—	—	—	—	—	—	4	4	5	6
葡萄牙	—	—	—	—	2	2	2	2	10	1	—	—	50	55	50	49	62	58	52	51
西班牙	14	12	18	22	29	28	23	25	14	13	14	12	78	76	73	76	135	129	128	135
瑞　士	7	9	10	12	26	25	22	20	3	3	3	2	—	—	—	—	36	379	35	34

续表

国家（地区）	锦纶				涤纶								腈纶				合计			
					长丝				短纤											
	2010	2011	2012	2013	2010	2011	2012	2013	2010	2011	2012	2013	2010	2011	2012	2013	2010	2011	2012	2013
土耳其	47	62	62	62	210	229	194	208	200	208	222	240	269	276	285	283	726	776	763	796
英国	16	18	19	19	—	—	—	—	—	—	—	—	—	—	—	—	16	18	19	19
保加利亚	—	—			—	—	—	—	6	6	8	8	—	—	—	—	6	6	8	8
捷克	—	—			—	—			31	32	33	31	—	—	—	—	31	32	33	31
斯洛伐克	15	14	11	10	3	6	6	8	—	—	—	—	—	—	—	—	18	20	17	18
波兰	19	13	9	11	—	—	—	—	24	22	19	15	—	—			43	35	28	26
罗马尼亚	2	3	4	4	—	—	—	—	32	34	34	35	—	—			34	37	38	39
俄罗斯	85	76	73	75	56	54	64	65	114	108	113	110	79	76	62	58	333	313	312	308
拉托维亚	8	8	6	6	—	—	—	—	—	—	—	—	—	—	—	—	8	8	6	6
摩洛哥	—	—	—	—	17	17	16	15	—	—	—	—	—	—	—	—	17	17	16	15
埃及	—	—			14	12	10	8	14	21	21	20	24	30	35	42	52	63	66	70
肯尼亚	—	—	—	—	2	—	—	—	—	—	—	—	—	—	—	—	2	—	—	—
尼日利亚	—	—	—	—	4	4	4	6	4	6	5	7	—	—	—	—	8	10	9	12
南非	—	—	—	—	4	4	4	4	17	16	16	17	—	—	—	—	21	20	20	21
澳大利亚	—	—	—	—	4	4	4	2	—	—	—	—	—	—	—	—	4	4	4	2
世界（以上合计）	3,739	3,762	3,943	4,266	23,192	25,442	27,066	27,290	13,587	13,949	14,855	14,816	2,013	2,050	1,991	2,004	42,531	45,203	47,855	48,376

资料来源：日本化纤手册 2015

表 5　世界主要品种纤维需求量

表 5-1　不包含烯烃类纤维、醋酸丝束、麻、黄麻

单位：千吨

年份	纤维合计	化学纤维			棉花	羊　毛	丝
		合计	合纤	人造丝、醋酸丝			
1992 年	38,989	18,487	16,161	2,327	18,732	1,702	67
1993 年	39,162	18,916	16,587	2,329	18,521	1,657	68
1994 年	40,336	20,242	17,939	2,303	18,445	1,580	69
1995 年	40,897	20,813	18,376	2,436	18,504	1,489	92
1996 年	43,146	22,619	19,765	2,854	19,016	1,440	71
1997 年	45,930	25,317	22,395	2,922	19,178	1,361	75
1998 年	46,118	26,041	23,257	2,784	18,707	1,293	77
1999 年	47,741	27,102	24,484	2,618	19,163	1,393	83
2000 年	50,290	28,977	26,218	2,759	19,837	1,380	96
2001 年	50,727	29,027	26,242	2,785	20,288	1,317	95
2002 年	53,306	30,755	28,023	2,732	21,187	1,268	97
2003 年	54,727	31,726	29,466	2,260	21,672	1,227	102
2004 年	57,975	33,924	31,452	2,472	22,714	1,221	115
2005 年	61,888	36,162	33,679	2,483	24,375	1,218	133
2006 年	65,057	37,894	35,260	2,634	25,768	1,234	160
2007 年	68,967	41,502	38,381	3,121	26,073	1,221	171
2008 年	66,260	39,470	36,693	2,777	25,448	1,221	121
2009 年	67,761	42,089	39,113	2,976	24,441	1,104	127
2010 年	73,359	47,092	43,817	3,275	25,001	1,126	140
2011 年	76,155	50,985	47,343	3,641	23,921	1,117	132
2012 年	80,179	55,419	51,139	4,281	23,461	1,166	132
2013 年	83,789	58,764	53,963	4,801	23,766	1,121	138

表 5-2　包含烯烃类纤维、醋酸丝束、麻类

单位：千吨

年份	纤维合计	化学纤维			天然纤维					
		合计	合纤*	人造丝、醋酸丝**	棉花	羊毛	黄麻	苎麻	亚麻	丝
2002年	59,270	36,718	33,987	2,732	21,187	1,268	3,274	243	767	97
2003年	65,882	38,653	35,760	2,893	21,672	1,227	3,228	249	751	102
2004年	69,343	41,008	37,885	3,123	22,714	1,221	3,247	249	789	115
2005年	73,317	43,299	40,151	3,148	24,375	1,218	3,250	250	792	133
2006年	72,795	44,991	41,676	3,315	25,768	1,234	—	—	642	160
2007年	76,679	48,672	44,802	3,870	26,073	1,221	—	—	542	171
2008年	72,307	44,989	41,425	3,563	25,448	1,221	—	—	528	121
2009年	73,410	47,417	43,568	3,849	24,441	1,104	—	—	321	127
2010年	79,072	52,561	48,392	4,168	25,001	1,126	—	—	244	140
2011年	81,994	56,598	52,061	4,537	23,921	1,117	—	—	227	132
2012年	86,206	61,203	55,993	5,209	23,461	1,166	—	—	243	132
2013年	89,964	64,694	58,970	5,724	23,766	1,121	—	—	245	138

* 包含烯烃类纤维，** 包含醋酸丝束

资料来源：日本化纤手册 2015

表6 世界各国家（地区）人造丝、醋酸纤维分品种产量表

单位：千吨

品 种	国家（地区）	2007年	2008年	2009年	2010年	2011年	2012年	2013年
普通人造丝	日本	15	15	12	15	15	15	15
	中国	220	206	210	220	237	239	215
	印度	57	45	43	41	42	42	47
	西欧	14	10	6	7	7	7	—
	俄罗斯	5	4	2	2	2	0	—
	保加利亚	5	5	5	5	5	5	—
	巴西	1	1	0	—	—	—	—
	世界	316	286	280	294	311	312	287
强力人造丝	印度	12	12	9	9	10	13	12
	西欧	38	32	20	38	43	39	41
	俄罗斯	3	3	2	1	0	0	0
	捷克	9	6	6	8	8	8	8
	世界	62	53	37	56	62	60	62
醋酸人造丝	日本	14	14	6	8	8	8	8
	韩国	9	8	5	—	—	—	—
	西欧	10	7	4	7	8	7	7
	俄罗斯	2	0	—	—	—	—	—
	拉托维亚	7	6	6	6	7	6	6
	美国	25	23	20	25	26	25	26
	阿根廷	2	2	2	2	2	2	2
	世界	69	60	44	49	50	49	50

资料来源：日本化纤手册 2015

表7 世界各国家（地区）人造短纤维生产量

单位：千吨

国家（地区）	2007年	2008年	2009年	2010年	2011年	2012年	2013年
日　本	42.0	40.1	36.4	39.2	39.4	38.7	38.3
中　国	1,356.8	1,232.7	1,404.7	1,531.1	1,856.3	2,426.5	2,929.5
中国台湾	136.3	105.5	108.0	97.2	81.6	98.4	119.0
泰　国	95.4	80.2	104.0	137.0	140.0	150.0	80.0
印度尼西亚	325.0	282.0	329.9	393.5	424.0	437.0	494.0
印　度	276.8	243.6	276.1	300.4	317.1	336.5	387.3
伊拉克	3.2	4.1	—	—	—	—	—
西　欧	380.8	374.7	325.7	357.5	341.3	353.0	346.7
俄罗斯	19.2	1.9	—	—	—	—	—
巴　西	38.8	15.4	30.2	20.7	18.1	19.5	7.7
世　界	2,674.3	2,380.2	2,615.0	2,876.6	3,217.8	3,647.7	4,402.5

资料来源：日本化纤手册2015

表8 世界主要地区过滤嘴、烟用醋酸纤维生产量

单位：千吨

国家（地区）	2007年	2008年	2009年	2010年	2011年	2012年	2013年
欧　　洲	170	166	165	169	172	176	170
美国及美洲	304	308	313	307	298	299	297
日本及韩国	97	110	110	126	132	136	135
中　　国	178	203	284	292	294	318	321
世界合计	749	786	873	894	895	929	924

资料来源：日本化纤手册2015

表 9　世界主要国家（地区）烯烃纤维生产量

单位：千吨

国家（地区）	品　种	2009 年	2010 年	2011 年	2012 年	2013 年
西　欧	长　丝	257	546	562	568	578
	短　纤	430	82	81	81	83
	合　计	688	628	643	650	661
东　欧	长　丝	41	48	50	55	50
	短　纤	49	46	48	48	46
	合　计	90	93	98	103	97
美　国	长　丝	242	249	207	209	197
	短　纤	144	152	150	145	147
	合　计	386	401	357	354	345
加拿大	长　丝	21	25	24	26	28
	短　纤	23	22	44	42	41
	合　计	44	47	68	68	69
墨西哥	长　丝	9	15	17	15	15
	短　纤	14	15	15	15	15
	合　计	22	30	32	30	29
南　美	长　丝	77	63	64	66	71
	短　纤	34	38	38	41	42
	合　计	110	101	102	107	113
日　本	长　丝	67	71	74	76	82
	短　纤	46	50	53	50	56
	合　计	112	121	127	127	137
韩　国	长　丝	47	57	59	55	58
	短　纤	15	13	14	17	16
	合　计	62	70	73	73	73
中国台湾	长　丝	70	67	65	64	68
	短　纤	14	12	12	12	13
	合　计	84	79	78	76	81
中　国	长　丝	194	243	210	273	264
	短　纤	87	95	93	96	109
	合　计	280	338	303	368	373
印　度	长　丝	28	24	29	33	32
	短　纤	7	7	7	7	7
	合　计	34	31	37	40	39
亚洲其他	长　丝	73	81	82	86	95
	短　纤	13	14	15	16	17
	合　计	87	95	97	102	112
其　他	长　丝	184	179	187	183	186
	短　纤	58	57	59	68	67
	合　计	241	235	245	250	254
世界合计	长　丝	1,309	1,668	1,630	1,710	1,724
	短　纤	933	602	628	637	658
	合　计	2,242	2,270	2,258	2,347	2,382

资料来源：日本化纤手册 2015

表10 世界主要国家（地区）棉花、棉线、棉织物生产量

单位：千吨

	国家（地区）	2009年	2010年	2011年	2012年	2013年	2014年
棉花	世界合计（包括其他国家）	22,334	25,103	27,091	24,864	23,176	23,734
	中　国	6,925	6,400	7,400	6,417	6,010	5,920
	印　度	5,185	5,765	5,865	5,431	5,205	5,442
	美　国	2,654	3,942	3,391	3,667	3,385	3,470
	巴基斯坦	2,158	1,907	2,294	1,999	1,922	2,039
	巴西	1,194	1,960	1,900	1,593	1,568	1,654
	澳大利亚	387	898	1,080	1,050	980	1,035
	乌兹别克斯坦	850	910	880	861	849	853
	土耳其	464	450	750	630	419	421
	土库曼斯坦	250	380	315	317	280	281
	希　腊	215	180	280	251	228	223
	缅甸	188	202	203	204	198	199
	墨西哥	90	157	274	207	186	197
	马　里	99	103	187	207	172	166
	阿根廷	225	295	210	164	147	164
	叙利亚	218	161	212	188	139	154
棉线	世界合计（包括其他国家）	37,194	39,970	41,832	46,031	48,546	50,438
	中　国	24,056	27,170	28,946	33,333	34,890	36,447
	印　度	2,967	3,292	3,302	3,297	3,603	3,853
	巴基斯坦	2,882	2,616	2,960	2,948	3,053	3,156
	土耳其	938	1,109	1,088	1,175	1,641	1,680
	巴　西	1,052	1,115	1,051	995	998	986
	印度尼西亚	816	826	776	788	834	855
	美　国	601	659	703	631	603	565
	墨西哥	355	350	332	324	313	309
	越　南	243	282	270	261	283	303
	韩　国	193	198	208	231	273	228
	乌兹别克斯坦	185	199	200	202	213	219
	泰　国	305	314	271	216	218	218
	中国台湾	228	248	201	215	209	200
	孟加拉	179	183	179	174	175	198
	土库曼斯坦	79	88	103	110	121	128
棉织物	世界合计（包括其他国家）	14,747	16,125	15,932	15,968	16,544	17,234
	中　国	4,465	5,517	5,215	5,321	5,363	5,603
	印　度	3,897	4,194	4,334	4,328	4,729	5,058
	巴基斯坦	3,119	3,056	3,136	3,123	3,159	3,265
	印度尼西亚	745	754	708	720	761	780
	巴　西	672	724	675	633	648	640
	土耳其	243	272	302	330	367	375
	墨西哥	127	134	128	144	134	132
	新加坡	178	184	159	126	127	127
	泰　国	178	184	159	126	127	127
	美　国	91	96	102	92	88	82
	乌兹别克斯坦	67	71	72	73	77	79
	坦桑尼亚	66	65	65	65	66	67
	孟加拉国	52	54	56	57	57	65
	越南	35	27	37	50	54	58

资料来源：日本化纤手册2015

表 11 世界主要国家（地区）麻纤维生产量

1. 亚麻

单位：千吨

国家（地区）	2007 年	2008 年	2009 年	2010 年	2011 年	2012
法　　国	95	98	74	67	52	52
白俄罗斯	39	61	47	46	46	52
俄 罗 斯	47	52	53	35	43	46
中　　国	290	257	85	45	39	40
英　　国	18	15	17	14	14	14
荷　　兰	14	13	15	11	8	13
比 利 时	14	12	13	12	8	10
埃　　及	10	8	8	8	8	8
世界合计	541	528	321	244	227	243

2. 大麻

单位：千吨

国家（地区）	2007 年	2008 年	2009 年	2010 年	2011 年	2011 年
中　　国	48	30	12	11	16	17
朝　　鲜	13	14	14	14	14	14
荷　　兰	1	2	7	6	6	6
智　　利	4	4	4	4	4	4
罗马尼亚	3	3	3	3	3	3
俄 罗 斯	2	2	2	2	2	2
意 大 利	1	1	1	1	1	1
法　　国	3	2	3	1	1	1
世界合计	77	60	48	47	52	53

3. 黄麻类

单位：千吨

国家（地区）	2007 年	2008 年	2009 年	2010 年	2011 年	2011 年
印　　度	1,840	1,734	2,022	1,799	1,960	1,912
孟加拉国	839	849	924	923	1,523	1,452
中　　国	56	47	44	40	44	45
乌兹别克斯坦	20	20	21	20	19	20
尼 泊 尔	17	17	18	21	14	14
越　　南	26	8	6	12	8	3
苏　　丹	3	3	3	3	3	3
缅　　甸	9	3	1	1	3	3
世界合计	2,824	2,691	3,045	2,829	3,583	3,462

4. 剑麻

单位：千吨

国家（地区）	2007 年	2008 年	2009 年	2010 年	2011 年	2012
巴　　西	245	246	280	247	284	89
肯 尼 亚	25	22	19	24	28	28
坦桑尼亚	31	33	24	26	25	26
墨 西 哥	17	15	20	17	20	20
马达加斯加	18	18	14	16	19	19
中　　国	14	16	17	17	16	16
海　　地	8	8	9	8	9	9
委内瑞拉	6	5	6	5	6	7
世界合计	370	370	394	367	413	220

资料来源：日本化纤手册 2015

中国化纤行业主要统计数据

表1 2010～2014年中国化纤工业主要经济指标

	单位	2010年	2011年	2012年	2013年	2014年
企业数	个	1939	1750	1873	1904	1938
亏损企业数	个	148	234	403	331	349
亏损面	%	7.63	13.37	21.52	17.38	18.01
工业总产值（现价）	万元	49539944	66736749	—	—	—
工业销售产值（现价）	万元	48682038	65076234	66131018	—	—
出口交货值	万元	3310366	4377444	4741748	4496801	4726465
流动资产合计	万元	21649447	27570521	29241450	31775686	31253286
应收账款净额	万元	2323479	3042245	3495867	4173824	4801994
存货	万元	5397074	6778241	7470144	7744873	7622005
产成品	万元	2292324	3210301	3567847	3935364	3768930
固定资产合计	万元	15114867	17776504	20028861	—	—
累计折旧	万元	8744792	11968284	12345557	—	—
资产总计	万元	42048010	52369564	57374385	62487696	64547062
负债合计	万元	21593486	32421887	30573203	40107385	39937179
主营业务收入	万元	50202897	66469506	67441532	72817589	72119134
主营业务成本	万元	44567523	60053822	61484363	66990794	65527163
主营业务税金及附加	万元	122921	170138	181735	202760	209689
销售费用	万元	501718	604084	621968	701982	748921
管理费用	万元	1136360	1653917	1645507	1568909	1775248
财务费用	万元	710704	948112	1254831	1149335	1298246
利息支出	万元	648798	988519	1267228	1226280	1254471
利润总额	万元	3593105	3680747	2711466	2597788	2773008
亏损总额	万元	66808	292036	500826	454347	498013
应交所得税	万元	397348	479046	345746	—	—
应交增值税	万元	1071229	1450174	1280741	1406094	1487164
应付职工薪酬	万元	1533998	1830086	2275529	—	—
全部从业人员年平均人数	人	439322	462702	—	—	—

注　自2011年起，规模以上企业划分标准由之前的年销售收入500万元以上调整为2000万元以上。
资料来源：2010～2012年数字来自纺织工业统计年报，2013~2014年数字为当年月报数。

表2　2010～2014年中国人纤工业主要经济指标

	单位	2010年	2011年	2012年	2013年	2014年
企业数	个	201	227	263	264	279
亏损企业数	个	17	35	45	42	42
亏损面	%	8.46	15.42	17.11	15.91	15.05
工业总产值（现价）	万元	5938871	13468877	—	—	—
工业销售产值（现价）	万元	5804761	13188244	15788675	—	—
出口交货值	万元	426174	1445090	1983149	1724433	1564076
流动资产合计	万元	3115475	5875067	7372797	8027063	8231337
应收账款净额	万元	291444	669622	913348	940478	1223960
存货	万元	877690	1764667	2095137	2186019	2337846
产成品	万元	325465	680107	890446	885700	847951
固定资产合计	万元	3275055	5381534	5818315	5818315	—
累计折旧	万元	1616095	3427286	3821132	—	—
资产总计	万元	7242238	13090669	15137154	16978507	18248324
负债合计	万元	4275441	8391724	8281713	11451851	11443281
主营业务收入	万元	6029088	13498524	16131569	18339832	18579951
主营业务成本	万元	5149127	12151663	14520830	16578709	16510891
主营业务税金及附加	万元	22561	35536	64408	71232	69121
销售费用	万元	109041	181346	219337	265645	273767
管理费用	万元	276882	429028	428329	452508	473382
财务费用	万元	112293	251624	364878	347857	368378
利息支出	万元	95209	237865	370424	366659	380125
利润总额	万元	493306	631058	786908	753097	832576
亏损总额	万元	16030	112258	165742	134478	124184
应交所得税	万元	61917	99732	112575	—	—
应交增值税	万元	175652	370469	456673	559041	570507
应付职工薪酬	万元	320860	492830	755093	—	—
全部从业人员年平均人数	人	92085	128112	—	—	—

注　表中数字仅指人造纤维制造业，不包括浆粕制造业。

自2011年起，规模以上企业划分标准由之前的年销售收入500万元以上调整为2000万元以上。

资料来源：2010～2012年数字来自纺织工业统计年报，2013~2014年数字为当年月报数。

表3 2010～2014年中国涤纶工业主要经济指标

	单位	2010年	2011年	2012年	2013年	2014年
企业数	个	669	668	719	729	775
亏损企业数	个	53	87	170	148	132
亏损面	%	7.92	13.02	23.64	20.30	17.03
工业总产值（现价）	万元	30715018	37988774	—	—	—
工业销售产值（现价）	万元	30322062	37227289	36391949	—	—
出口交货值	万元	2266777	1912464	1915596	1942936	2098212
流动资产合计	万元	12327743	14629593	15027435	16214097	14525765
应收账款净额	万元	1063930	1266725	1479837	1900256	1973242
存货	万元	3063614	3313734	3823417	3763567	3329938
产成品	万元	1363829	1691085	1861802	2112902	1838293
固定资产合计	万元	7745991	8063498	9346768	—	—
累计折旧	万元	4543500	5384796	5289316	—	—
资产总计	万元	23077869	26582279	29190142	31287885	29354422
负债合计	万元	12111982	16249592	15329324	19627407	18130642
主营业务收入	万元	30963740	38063536	37386530	38540619	35672950
主营业务成本	万元	27735181	34658903	34470335	36204880	33118464
主营业务税金及附加	万元	65655	87680	76784	81353	79410
销售费用	万元	228793	242203	233137	251186	244651
管理费用	万元	489322	769866	793117	663295	777898
财务费用	万元	409573	446134	593951	514981	579784
利息支出	万元	382510	496986	606593	584731	566629
利润总额	万元	2290244	2258526	1334196	1057166	1040933
亏损总额	万元	20450	74569	165653	214182	256428
应交所得税	万元	253647	265029	147588	—	—
应交增值税	万元	630451	813108	615644	570559	594443
应付职工薪酬	万元	761214	907443	1033261	—	—
全部从业人员年平均人数	人	213282	219573	—	—	—

注 自2011年起，规模以上企业划分标准由之前的年销售收入500万元以上调整为2000万元以上。

资料来源：2010～2012年数字来自纺织工业统计年报，2013~2014年数字为当年月报数。

表4 2010～2014年中国锦纶工业主要经济指标

	单位	2010年	2011年	2012年	2013年	2014年
企业数	个	184	160	160	168	179
亏损企业数	个	13	14	19	24	30
亏损面	%	7.07	8.75	11.88	14.29	16.67
工业总产值（现价）	万元	4607481	5884948	—	—	—
工业销售产值（现价）	万元	4490994	5728002	4902931	—	—
出口交货值	万元	195467	443105	289133	321585	440144
流动资产合计	万元	2479217	2738048	2494103	2692140	3492539
应收账款净额	万元	359442	370618	357801	425023	5885556
存货	万元	532732	673059	522858	647360	730323
产成品	万元	227500	338983	283490	350637	481497
固定资产合计	万元	1278785	1268579	1413817	—	—
累计折旧	万元	815026	815073	645097	—	—
资产总计	万元	4230604	4254553	4289954	4975349	6355902
负债合计	万元	2451446	2659487	2295687	3219474	3994829
主营业务收入	万元	5009690	5760136	4769459	5892824	7113580
主营业务成本	万元	4454334	5024823	4173775	5180995	6316664
主营业务税金及附加	万元	9166	14143	13272	14937	18680
销售费用	万元	57439	58212	50380	54712	73181
管理费用	万元	125803	176310	131846	149559	174995
财务费用	万元	68195	93538	593951	104109	134089
利息支出	万元	61243	93610	101161	98929	121362
利润总额	万元	284232	437180	331976	396794	400972
亏损总额	万元	6668	10813	19907	16053	37037
应交所得税	万元	23059	60694	43428	—	—
应交增值税	万元	75705	102841	58417	81943	12168
应付职工薪酬	万元	154465	127607	150492	—	—
全部从业人员年平均人数	人	36922	33282	—	—	—

注 自2011年起，规模以上企业划分标准由之前的年销售收入500万元以上调整为2000万元以上。

资料来源：2010～2012年数字来自纺织工业统计年报，2013~2014年数字为当年月报数。

表5　2010～2014年中国腈纶工业主要经济指标

	单位	2010年	2011年	2012年	2013年	2014年
企业数	个	31	22	16	20	15
亏损企业数	个	4	7	5	4	4
亏损面	%	12.90	31.82	31.25	20.00	26.67
工业总产值（现价）	万元	390443	441548	—	—	—
工业销售产值（现价）	万元	382543	422539	313678	—	—
出口交货值	万元	1341	13549	8992	10579	11408
流动资产合计	万元	190244	294088	255114	269884	512435
应收账款净额	万元	20933	30274	18471	38678	62886
存货	万元	29329	48058	48299	61158	132380
产成品	万元	12651	23923	25799	38701	76193
固定资产合计	万元	384343	116362	122155	—	—
累计折旧	万元	114701	183888	76928	—	—
资产总计	万元	310675	454252	418686	487961	1210137
负债合计	万元	203068	300915	253795	337975	879039
主营业务收入	万元	411580	430092	343428	329546	773387
主营业务成本	万元	379254	395830	316989	301110	721858
主营业务税金及附加	万元	767	2614	2552	2296	4264
销售费用	万元	4578	5219	3971	4668	16978
管理费用	万元	5932	9823	8347	4303	30077
财务费用	万元	6481	11840	13203	11317	45350
利息支出	万元	5646	12301	13780	13034	40937
利润总额	万元	8661	5921	−4826	2285	−9541
亏损总额	万元	83	4256	15249	4660	15876
应交所得税	万元	1273	1416	1016	—	—
应交增值税	万元	5424	4384	4529	4430	13512
应付职工薪酬	万元	11459	9887	12761	—	—
全部从业人员年平均人数	人	3297	3390		—	—

注　自2011年起，规模以上企业划分标准由之前的年销售收入500万元以上调整为2000万元以上。

资料来源：2010～2012年数字来自纺织工业统计年报，2013~2014年数字为当年月报数。

表6　2010～2014年中国化纤工业主要产品产量

单位：万吨

	2010年	2011年	2012年	2013年	2014年 1~11月
化学纤维	3089.70	3362.36	3792.16	4121.93	4032.26
其中：粘胶	183.50	206.67	273.27	314.47	313.26
合纤	2852.42	3114.60	3444.12	3731.52	3676.00
涤纶	2513.33	2794.93	3057.03	3340.64	3257.41
锦纶	161.80	159.14	181.46	211.28	237.00
腈纶	65.72	69.96	69.35	69.43	61.93
丙纶	33.83	33.28	36.86	26.43	24.47
维纶	5.66	5.91	8.71	10.08	10.09
氨纶	27.43	26.17	30.75	38.97	45.34

资料来源：国家统计局月报

表7　2010～2014年中国化纤工业主要产品进出口量

单位：吨

		2010年	2011年	2012年	2013年	2014年
化学纤维	进口	902250.3	884910.5	820978.7	871657.5	822144.4
	出口	1925339.4	2363068.5	2468100.6	2679724.8	3245919.7
其中：人纤	进口	125416.1	149633.9	158242.9	167871.6	179263.7
	出口	192946.1	245334.2	345705.2	262560.1	349057.1
涤纶	进口	308123.9	275168.4	232779.5	238625.9	240123.2
	出口	1404074.3	1761283.5	1749529.0	2025961.1	2464263.6
涤纶长丝	进口	165104.7	154963.4	120418.5	110166.2	107619.7
	出口	808462.5	945181.8	1078877.0	1292230.6	1573267.6
涤纶短纤	进口	143019.2	120205.0	112361.0	128459.7	132503.5
	出口	595611.8	816101.7	670652.0	733730.5	890996.0
锦纶	进口	199951.5	169007.7	174689.1	171665.0	150303.2
	出口	129438.3	122589.8	120494.0	140951.8	152812.1
腈纶	进口	196424.8	195291.7	186527.2	212094.4	158610.3
	出口	4411.7	4052.5	5780.9	9382.1	19304.6
丙纶	进口	7214.5	5903.0	5577.4	5661.9	6730.1
	出口	17284.5	32078.5	26880.5	29233.4	30818.3
氨纶	进口	18838.0	22803.7	18819.6	20227.7	24641.1
	出口	38805.8	34922.4	44148.8	46721.7	45466.5

资料来源：据海关总数数据整理

BLUE BOOK 化纤蓝皮书

of China Chemical Fibers

行业运行篇

专题研究篇

产业政策篇

统计数据篇

化纤标准篇

国家标准

行业标准

协会标准

风采展示篇

2015年中国化纤

经济形势分析与预测

Analysis and Forecast of China Chemical Fibers' Economy of

2015

化学纤维有关标准目录汇编

（截至 2014 年 12 月）

国家标准

序号	标准号	标准名称	标准类型
1	GB/T 4146.1-2009	纺织品 化学纤维 第 1 部分：属名	方法标准
2	GB/T 4146.3-2011	纺织品 化学纤维 第 3 部分：检验术语	方法标准
3	GB/T 6502-2008	化学纤维 长丝取样方法	方法标准
4	GB/T 6503-2008	化学纤维 回潮率试验方法	方法标准
5	GB/T 6504-2008	化学纤维 含油率试验方法	方法标准
6	GB/T 6505-2008	化学纤维 长丝热收缩率试验方法	方法标准
7	GB/T 6506-2001	合成纤维变形丝卷缩性能试验方法	方法标准
8	GB/T 6508-2001	涤纶长丝染色均匀度试验方法	方法标准
9	GB/T 6509-2005	锦纶 6 中低分子物含量测定方法	方法标准
10	GB/T 7351-1997 （20111369-T-608）	纤维级聚乙烯醇树脂	产品标准
11	GB/T 8960-2008	涤纶牵伸丝	产品标准
12	GB/T 9101-2002	锦纶 66 浸胶帘子布	产品标准
13	GB/T 9102-2003	锦纶 6 轮胎浸胶帘子布	产品标准
14	GB/T 13758-2008	粘胶长丝	产品标准
15	GB/T 14189-2008	纤维级聚酯切片(PET)	产品标准
16	GB/T 14190-2008	纤维级聚酯切片(PET)试验方法	方法标准
17	GB/T 14334-2006	化学纤维 短纤维取样方法	方法标准
18	GB/T 14335-2008	化学纤维 短纤维线密度试验方法	方法标准
19	GB/T 14336-2008	化学纤维 短纤维长度试验方法	方法标准
20	GB/T 14337-2008	化学纤维 短纤维拉伸性能试验方法	方法标准

续表

序号	标准号	标准名称	标准类型
21	GB/T 14338-2008	化学纤维 短纤维卷曲性能试验方法	方法标准
22	GB/T 14339-2008	化学纤维 短纤维疵点试验方法	方法标准
23	GB/T 14342-1993	合成短纤维比电阻试验方法	方法标准
24	GB/T 14343-2008	化学纤维 长丝线密度试验方法	方法标准
25	GB/T 14344-2008	化学纤维 长丝拉伸性能试验方法	方法标准
26	GB/T 14345-2008	化学纤维 长丝捻度试验方法	方法标准
27	GB/T 14346-1993	化学纤维长丝电子条干不匀率试验方法	方法标准
28	GB/T 14460-2008	涤纶低弹丝	产品标准
29	GB/T 14463-2008	粘胶短纤维	产品标准
30	GB/T 14464-2008	涤纶短纤维	产品标准
31	GB/T 16602-2008	腈纶短纤维和丝束	产品标准
32	GB/T 16603-2008	锦纶牵伸丝	产品标准
33	GB/T 16604-2008	涤纶工业长丝	产品标准
34	GB/T 17932-1999 （20111368-T-608）	膜级聚酯切片(PET)	产品标准

行业标准

序号	标准号	标准名称	标准类型
1	FZ/T 50001-2005	合成纤维长丝网络度试验方法	方法标准
2	FZ/T 50002-1991 (2010-1991T-FZ)	化学纤维异形度试验方法	方法标准
3	FZ/T 50004-2011	涤纶短纤维干热收缩率试验方法	方法标准
4	FZ/T 50005-2013 (2011-2657T-FZ)	氨纶丝线密度试验方法	方法标准
5	FZ/T 50006-2013	氨纶丝断裂强度和断裂伸长率试验方法	方法标准
6	FZ/T 50007-2012	氨纶丝弹性试验方法	方法标准
7	FZ/T 50008-1996(2007)	锦纶长丝染色均匀度试验方法	方法标准
8	FZ/T 50009.1-1998(2010)	三维卷曲涤纶短纤维线密度试验方法 单纤维长度测量法	方法标准
9	FZ/T 50009.2-1998(2010)	三维卷曲涤纶短纤维平均长度试验方法 单纤维长度测量法	方法标准
10	FZ/T 50009.3-2007	中空涤纶短纤维卷曲性能试验方法	方法标准
11	FZ/T 50009.4-2007	中空涤纶短纤维膨松性和纤维弹性试验方法	方法标准
12	FZ/T 50010.1-1998(2010)	粘胶纤维用浆粕 取样方法	方法标准
13	FZ/T 50010.2-1998(2010)	粘胶纤维用浆粕 水分的测定	方法标准
14	FZ/T 50010.3-2011	粘胶纤维用浆粕 粘度的测定	方法标准
15	FZ/T 50010.4-2011	粘胶纤维用浆粕 甲种纤维素含量的测定	方法标准
16	FZ/T 50010.5-1998(2010)	粘胶纤维用浆粕 灰分含量的测定	方法标准
17	FZ/T 50010.6-1998(2010)	粘胶纤维用浆粕 铁含量的测定	方法标准
18	FZ/T 50010.7-1998(2010)	粘胶纤维用浆粕 白度的测定	方法标准
19	FZ/T 50010.8-1998(2010)	粘胶纤维用浆粕 尘埃度的测定	方法标准
20	FZ/T 50010.9-1998(2010)	粘胶纤维用浆粕 吸碱值和膨润度的测定	方法标准
21	FZ/T 50010.10-1998(2010)	粘胶纤维用浆粕 定量的测定	方法标准
22	FZ/T 50010.11-1998(2010)	粘胶纤维用木浆粕 树脂含量的测定	方法标准
23	FZ/T 50010.12-1998(2010)	粘胶纤维用木浆粕 多戊糖的测定	方法标准
24	FZ/T 50010.13-2011	粘胶纤维用浆粕 反应性能的测定	方法标准
25	FZ/T 50010.14-2014	粘胶纤维用浆粕 过滤阻值的测定	方法标准

续表

序号	标准号	标准名称	标准类型
26	FZ/T 50011-1999(2007)	假捻变形丝残余扭矩试验方法	方法标准
27	FZ/T 50012-2006	聚酯中端羧基含量的测定 滴定分析法	方法标准
28	FZ/T 50013-2008	纤维素化学纤维白度试验方法蓝光漫反射因数法	方法标准
29	FZ/T 50014-2008	纤维素化学纤维残硫量测定方法 直接碘量法	方法标准
30	FZ/T 50015-2009	粘胶长丝染色均匀度试验和评定	方法标准
31	FZ/T 50016-2011	粘胶短纤维阻燃性能试验方法 氧指数法	方法标准
32	FZ/T 50017-2011	涤纶纤维阻燃性能试验方法 氧指数法	方法标准
33	FZ/T 50018-2013	蛋白粘胶纤维蛋白质含量试验方法	方法标准
34	FZ/T 50019-2013	阳离子染料可染改性涤纶染色饱和值试验方法	方法标准
35	FZ/T 50020-2013	阳离子染料可染改性涤纶上色率试验方法	方法标准
36	FZ/T 50021-2014	化纤磷系阻燃产品 磷含量试验方法	方法标准
37	FZ/T 50022-2014	化纤毛条试验方法	方法标准
38	FZ/T 50023-2014	涤纶预取向丝/牵伸丝异收缩混纤丝异收缩率试验方法	方法标准
39	FZ/T 50024-2014	腈纶上色率试验方法	方法标准
40	FZ/T 50025-2014	超高分子量聚乙烯长丝耐磨性试验方法	方法标准
41	FZ/T 50026-2014	聚苯硫醚纤维耐酸、耐碱、耐高温性能试验方法	方法标准
42	FZ/T 51001-2009	粘胶纤维用浆粕	产品标准
43	FZ/T 51002-2006	粘胶纤维用竹浆粕	产品标准
44	FZ/T 51003-2011	阳离子染料可染聚酯切片(CDP)	产品标准
45	FZ/T 51004-2011	纤维级聚己内酰胺切片	产品标准
46	FZ/T 51005-2011	纤维级聚对苯二甲酸丁二醇酯(PBT)切片	产品标准
47	FZ/T 51006-2012	膜级聚己内酰胺切片	产品标准
48	FZ/T 51007-2012	阻燃聚酯切片（PET）	产品标准
49	FZ/T 51008-2014	再生聚酯（PET）瓶片	产品标准

续表

序号	标准号	标准名称	标准类型
50	FZ/T 51009-2014	粘胶纤维用麻浆粕	产品标准
51	FZ/T 51010-2014	纤维级聚对苯二甲酸1,3-丙二醇酯切片（PTT）	产品标准
52	FZ/T 51011-2014	纤维级聚已二酰已二胺切片	产品标准
53	FZ/T 52001-1991(2010)	氯纶短纤维	产品标准
54	FZ/T 52002-2012	锦纶短纤维	产品标准
55	FZ/T 52003-2014	丙纶短纤维	产品标准
56	FZ/T 52004-2007	充填用中空涤纶短纤维	产品标准
57	FZ/T 52005-2014	缝纫线用涤纶短纤维	产品标准
58	FZ/T 52006-2006	竹材粘胶短纤维	产品标准
59	FZ/T 52007-2006	热熔法用丙纶短纤维	产品标准
60	FZ/T 52008-2006	维纶短纤维	产品标准
61	FZ/T 52009-2007	波里诺西克短纤维	产品标准
62	FZ/T 52010-2014	再生涤纶短纤维	产品标准
63	FZ/T 52011-2011	阳离子染料可染改性涤纶短纤维	产品标准
64	FZ/T 52012-2011	壳聚糖短纤维	产品标准
65	FZ/T 52013-2011	无机阻燃粘胶短纤维	产品标准
66	FZ/T 52014-2011	竹炭粘胶短纤维	产品标准
67	FZ/T 52015-2011	涤纶超短纤维	产品标准
68	FZ/T 52016-2011	芳砜纶短纤维	产品标准
69	FZ/T 52017-2011	聚苯硫醚短纤维	产品标准
70	FZ/T 52018-2011	有色涤纶短纤维	产品标准
71	FZ/T 52019-2011	莱赛尔短纤维	产品标准
72	FZ/T 52020-2012	增白涤纶短纤维	产品标准
73	FZ/T 52021-2012	牛奶蛋白改性聚丙烯腈短纤维	产品标准
74	FZ/T 52022-2012	阻燃涤纶短纤维	产品标准
75	FZ/T 52023-2012	高强高模聚乙烯醇超短纤维	产品标准
76	FZ/T 52024-2012	聚乙烯/聚丙烯（PE/PP）复合短纤维	产品标准

续表

序号	标准号	标准名称	标准类型
77	FZ/T 52025-2012	再生有色涤纶短纤维	产品标准
78	FZ/T 52026-2012	再生阻燃涤纶短纤维	产品标准
79	FZ/T 52027-2012	非织造用涤纶短纤维	产品标准
80	FZ/T 52028-2013	保温粘胶短纤维	产品标准
81	FZ/T 52029-2013	麻浆粘胶短纤维	产品标准
82	FZ/T 52030-2014	异形涤纶短纤维	产品标准
83	FZ/T 52031-2014	聚对苯二甲酸-1，3-丙二醇酯（PTT）短纤维	产品标准
84	FZ/T 52032-2014	导电锦纶短纤维	产品标准
85	FZ/T 52033-2014	聚乙烯/聚丙烯（PE/PP）增白复合短纤维	产品标准
86	FZ/T 52034-2014	聚乙烯/聚对苯二甲酸乙二醇酯（PE/PET）复合短纤维	产品标准
87	FZ/T 52035-2014	抗菌涤纶短纤维	产品标准
88	FZ/T 52036-2014	有色缝纫线用涤纶短纤维	产品标准
89	FZ/T 52037-2014	海岛涤锦复合短纤维	产品标准
90	FZ/T 52038-2014	充填用再生涤纶超短纤维	产品标准
91	FZ/T 52039-2014	再生聚苯硫醚短纤维	产品标准
92	FZ/T 52040-2014	有色腈纶短纤维和丝束	产品标准
93	FZ/T 53001-1993(2010)	维纶牵切纱	产品标准
94	FZ/T 53002-2012	腈纶毛条	产品标准
95	FZ/T 53003-2012	涤纶毛条	产品标准
96	FZ/T 53004-2014	有色涤纶毛条	产品标准
97	FZ/T 54001-2012	丙纶膨体长丝（BCF）	产品标准
98	FZ/T 54003-2011	涤纶预取向丝	产品标准
99	FZ/T 54005-2010	有色涤纶低弹丝	产品标准
100	FZ/T 54006-2010	有色涤纶牵伸丝	产品标准
101	FZ/T 54007-2009	锦纶 6 弹力丝	产品标准
102	FZ/T 54008-2012	丙纶牵伸丝	产品标准

续表

序号	标准号	标准名称	标准类型
103	FZ/T 54009-2012	丙纶弹力丝	产品标准
104	FZ/T 54010-2014	氨纶长丝	产品标准
105	FZ/T 54011-2014	连续纺粘胶长丝	产品标准
106	FZ/T 54012-2007	竹浆粘胶长丝	产品标准
107	FZ/T 54013-2009	锦纶 66 工业用长丝	产品标准
108	FZ/T 54014-2009	锦纶 66 弹力丝	产品标准
109	FZ/T 54017-2009	间位芳纶短纤维	产品标准
110	FZ/T 54018-2009	超细涤纶低弹丝	产品标准
111	FZ/T 54019-2009	聚对苯二甲酸丙二醇酯（PTT）牵伸丝	产品标准
112	FZ/T 54020-2009	聚对苯二甲酸丙二醇酯（PTT）弹力丝	产品标准
113	FZ/T 54021-2009	聚对苯二甲酸丙二醇酯（PTT）预取向丝	产品标准
114	FZ/T 54022-2009	有色涤纶工业长丝	产品标准
115	FZ/T 54023-2009	聚酰胺 66 气囊用工业长丝	产品标准
116	FZ/T 54024-2009	锦纶 6 预取向丝	产品标准
117	FZ/T 54025-2009	锦纶 66 预取向丝	产品标准
118	FZ/T 54027-2010	超高分子量聚乙烯长丝	产品标准
119	FZ/T 54028-2010	蛋白质粘胶短纤维	产品标准
120	FZ/T 54029-2010	蛋白质粘胶长丝	产品标准
121	FZ/T 54030-2010	有色粘胶短纤维	产品标准
122	FZ/T 54031-2010	有色粘胶长丝	产品标准
123	FZ/T 54032-2010	洁净高白度粘胶短纤维	产品标准
124	FZ/T 54033-2010	锦纶 6 高取向丝（HOY）	产品标准
125	FZ/T 54034-2010	抗菌聚酰胺牵伸丝	产品标准
126	FZ/T 54035-2010	抗菌聚酰胺弹力丝	产品标准
127	FZ/T 54036-2011	高延伸耐热锦纶/棉包芯纱	产品标准
128	FZ/T 54037-2011	阳离子染料可染涤纶牵伸丝	产品标准
129	FZ/T 54038-2014	异形涤纶低弹丝	产品标准

续表

序号	标准号	标准名称	标准类型
130	FZ/T 54039-2011	有光异形涤纶牵伸丝	产品标准
131	FZ/T 54040-2011	聚对苯二甲酸丁二醇酯（PBT）弹力丝	产品标准
132	FZ/T 54041-2011	聚对苯二甲酸丙二醇酯/聚对苯二甲酸乙二醇酯（PTT/PET）复合弹力丝	产品标准
133	FZ/T 54042-2011	导电涤纶牵伸丝	产品标准
134	FZ/T 54043-2011	缝纫线用涤纶长丝	产品标准
135	FZ/T 54044-2011	锦纶 6 工业长丝	产品标准
136	FZ/T 54045-2011	异形涤纶预取向丝	产品标准
137	FZ/T 54046-2012	再生涤纶预取向丝	产品标准
138	FZ/T 54047-2012	再生涤纶低弹丝	产品标准
139	FZ/T 54048-2012	再生涤纶牵伸丝	产品标准
140	FZ/T 54049-2012	海岛涤纶低弹丝	产品标准
141	FZ/T 54050-2011	海岛涤纶牵伸丝	产品标准
142	FZ/T 54051-2012	有色聚对苯二甲酸-1,3-丙二醇酯（PTT）牵伸丝	产品标准
143	FZ/T 54052-2012	有色涤纶牵伸单丝	产品标准
144	FZ/T 54053-2012	有光异形锦纶 6 弹力丝	产品标准
145	FZ/T 54054-2012	有光异形锦纶 6 牵伸丝	产品标准
146	FZ/T 54055-2012	缝纫线用锦纶 66 牵伸丝	产品标准
147	FZ/T 54056-2012	超高分子量聚乙烯/碳纳米管长丝	产品标准
148	FZ/T 54057-2012	聚对苯二甲酸丁二醇酯（PBT）预取向丝	产品标准
149	FZ/T 54058-2012	涤纶预取向丝/牵伸丝（POY/FDY）异收缩混纤丝	产品标准
150	FZ/T 54059-2012	涤锦复合预取向丝	产品标准
151	FZ/T 54060-2012	涤锦复合牵伸丝	产品标准
152	FZ/T 54061-2012	涤锦复合低弹丝	产品标准
153	FZ/T 54062-2012	海岛涤纶预取向丝	产品标准
154	FZ/T 54063-2012	有色涤纶预取向丝	产品标准
155	FZ/T 54064-2012	涤纶单丝	产品标准

续表

序号	标准号	标准名称	标准类型
156	FZ/T 54065-2012	聚丙烯腈基碳纤维原丝	产品标准
157	FZ/T 54066-2013	阳离子染料可染改性涤纶预取向丝	产品标准
158	FZ/T 54067-2013	阳离子染料可染改性涤纶低弹丝	产品标准
159	FZ/T 54068-2013	聚苯硫醚牵伸丝	产品标准
160	FZ/T 54069-2014	弹性涤纶牵伸丝	产品标准
161	FZ/T 54070-2014	涤纶粗单纤牵伸丝	产品标准
162	FZ/T 54071-2014	锦纶 6 单丝	产品标准
163	FZ/T 54072-2014	有光异形锦纶 6 高取向丝（HOY）	产品标准
164	FZ/T 54073-2014	有光异形锦纶 6 预取向丝	产品标准
165	FZ/T 54074-2014	丙纶单丝	产品标准
166	FZ/T 54075-2014	再生丙纶牵伸丝	产品标准
167	FZ/T 54076-2014	对位芳纶（1414）长丝	产品标准
168	FZ/T 54077-2014	三维卷曲涤纶牵伸丝	产品标准
169	FZ/T 54078-2014	再生涤纶预取向丝/牵伸丝（POY/FDY）异收缩混纤丝	产品标准
170	FZ/T 55001-2012	锦纶 6 浸胶力胎帘子布	产品标准
171	FZ 66001-1995(2010)	特种工业用锦纶丝	产品标准

协会标准

序号	标准号	标准名称	标准类型
1	HX/T 50003-2011	聚酯切片阻燃性能试验方法——氧 指 数 法	方法标准
2	HX/T 50004-2011	涤纶 POY/FDY 混纤丝异收缩率试验方法	方法标准
3	HX/T 50005-2012	资源再利用产品认证技术要求再生化学纤维	技术规范
4	HX/T 50006-2012	聚丙烯腈基碳纤维原丝残留溶剂测试方法	方法标准
5	HX/T 50007-2012	亲水柔软聚酯中空短纤维	产品标准
6	HX/T 50008-2012	亲水型涤纶仿棉低弹丝	产品标准
7	HX/T 50009-2012	先驱体法连续碳化硅（SiC）纤维	产品标准
8	HX/T 51001-2012	再生聚酯（PET）瓶片	产品标准
9	HX/T 51002-2013	丙纶工业长丝	产品标准
10	HX/T 51003.1-2013	仿棉聚酯纤维 第 1 部分：吸湿速干型仿棉聚酯低弹丝	产品标准
11	HX/T 51003.2-2013	仿棉聚酯纤维 第 2 部分：易染型仿棉聚酯低弹丝	产品标准
12	HX/T 51003.3-2013	仿棉聚酯纤维 第 3 部分：吸湿速干型仿棉聚酯短纤维	产品标准
13	HX/T 51003.4-2013	仿棉聚酯纤维 第 4 部分：亲水型仿棉聚酯短纤维	产品标准
14	HX/T 51003.5-2013	仿棉聚酯纤维 第 5 部分：易染型仿棉聚酯短纤维	产品标准
15	HX/T 51004-2014	聚酰亚胺（PI）短纤维	产品标准
16	HX/T 51005-2014	海藻酸盐短纤维	产品标准
17	HX/T 52001-2014	再生涤纶工业清洁生产水平评价技术要求	环保标准
18	HX/T 52002-2014	聚酯涤纶工业清洁生产评价指标体系	环保标准
19	HX/T 52003-2014	氨纶工业清洁生产评价指标体系	环保标准
20	HX/T 52004-2014	聚酰胺 6 工业清洁生产评价指标体系	环保标准
21	HX/T 52005-2014	粘胶纤维工业清洁生产评价指标体系	环保标准
22	HX/T 52002-2014	高湿模量竹材粘胶短纤维	产品标准
23	HX/T 52002-2014	聚乳酸（PLA）低弹丝	产品标准

BLUE BOOK 化纤蓝皮书

of China Chemical Fibers

行业运行篇

专题研究篇

产业政策篇

统计数据篇

化纤标准篇

风采展示篇

协会活动

流行创新

产业基地

荣誉表彰

2015年中国化纤

经济形势分析与预测

Analysis and Forecast of China Chemical Fibers' Economy of

2015

2014年度中国化纤行业十大新闻

中国化学纤维工业协会

1 江苏盛虹科技股份有限公司荣获第三届中国工业大奖表彰奖

2014年5月17日在北京人民大会堂，隆重召开第三届中国工业大奖表彰大会，中国工业大奖是经国务院批准设立的我国工业领域的最高奖项。江苏盛虹科技股份有限公司荣获了第三届中国工业大奖表彰奖，这是化纤行业迄今为止获得的国家级最高荣誉奖项。盛虹在行业内率先大规模使用环吹风冷却工艺及技术生产超细及差别化纤维，建成国内首条具有完全自主知识产权的3万吨/年PTT连续聚合装置，打破国外对PTT聚合技术的垄断。同时，以生物柴油副产物粗甘油为原料向生物基PDO延伸，形成了完整的生物质合成高分子纤维产业链。作为全国化纤纺织企业的龙头，盛虹凭借“创新的纤维技术”，为化纤行业起到了带头示范作用。

2 “中国化纤流行趋势战略研究”荣获2014年度“纺织之光”一等奖

2014年11月25日，由纺织化纤产品开发中心、中国化学纤维工业协会和东华大学联合完成的“中国化纤流行趋势战略研究”荣获“纺织之光”2014年度中国纺织工业联合会科学技术进步奖一等奖。中国纤维流行趋势研究与发布，在行业中拉开了中国纤维品牌建设的序幕，这一活动已经成为行业最有价值的纤维品牌风向标，不仅带动了企业开发新产品，还将产品开发引导到品牌建设的方向上来。

2014年度中国化纤行业十大新闻

中国化学纤维工业协会

3 纺织女企业家获2014年何梁何利科技成就奖

2014年10月29日，何梁何利基金2014年度颁奖大会在京举行。北京三联虹普新合纤技术服务股份有限公司刘迪董事长获得“何梁何利基金科学与技术成就奖”。她带领团队研究开发了多项具有自主知识产权的聚酰胺聚合及纺丝成套工艺及装备技术，提高了产品质量、降低了物耗能耗，大大提升了我国聚酰胺行业的整体技术水平和国际竞争力，产学研结合成效显著。三联虹普作为国内首家聚酰胺领域的科技服务上市公司，经过十余年的不断开拓，共获得2012年国家科技进步二等奖，承担2013年国家科技支撑计划项目等十余项殊荣。

4 2014年“纺织之光”科技奖一等奖化纤项目占据三分天下

11月25日，中国纺织工业联合会在北京人民大会堂“纺织之光”2014年度中国纺织工业联合会科技教育奖励大会。在颁发的一等奖中，化纤项目占据三分天下，凸显行业自主创新能力明显提高，整体工艺技术和装备水平快速提升。获奖项目分别为：“新兴聚酯聚合级系列化符合功能纤维制备关键技术”、“高模量芳纶纤维产业化关键技术及其成套装备研发”、“膜裂法聚四氟乙烯纤维制备产业化关键技术及应用”、“低旦醋酸纤维制备关键技术及产业化”、“中国化纤流行趋势战略研究”、“细菌纤维素（BC）高效生产与制品开发”。

5 “中国纤维馆”助推化纤企业品牌建设

3月3日，第20届中国国际纺织面料及辅料（春夏）博览会在上海世博展览馆开幕。由中国化学纤维工业协会携手百家化纤优质企业共同打造的“中国纤维馆”，分九大主题展区，为化纤企业树立企业品牌形象搭建了大舞台。展会吸引了2万多参观者，共同见证了化纤企业合力打造和提升行业的整体竞争力和影响力，共同开创和推广市场，打造“中国制造”纤维品牌。

6 生物基化学纤维产业技术创新战略联盟成立

为促进生物基化学纤维及其原料的发展，加快推动《国家生物基材料重大创新发展工程实施方案》的落实，在化纤协会的倡议和组织下，“生物基聚酰胺产业技术创新战略联盟”、“生物基蛋白复合纤维产业技术创新战略联盟”和“生物基‘竹代尔’纤维产业技术创新战略联盟”于2014年3月和5月份先后成立。上述三个战略联盟的成立将生物基纤维及原料产业链上下游企业通过资源共享和创新要素优化组合，形成协同创新的利益共同体。通过联盟企业的紧密合作，实现我国生物基纤维材料的大规模高水平应用，推动我国生物基材料产业发展，加快我国化纤产业的转型升级。

7 “化纤协会·恒逸基金”优秀论文评选活动助力科技进步

“中国化学纤维工业协会·恒逸基金”是为了促进我国化纤行业科技进步，进一步活跃学术气氛，提高学术水平，充分调动化纤行业科技工作者的积极性、主动性和创造性而设立的学术大奖。2014年6月18～19日，在“2014中国纺织工程学会化纤专业委员会学术年会暨战略性新兴产业与生物基纤维材料高峰论坛”期间，对2014年“中国化学纤维工业协会-恒逸基金”优秀论文进行了表彰。本届论文涉及领域广泛，主题明确、重点突出，理论试验分析深入，较往年论文质量明显提高；另外，企业参与者的数量明显提高。一年来，在论文评选活动的推动下，业内广大科技工作者为推进化纤工业科技进步做了大量工作，取得了许多创新成果。

8 国家“十二五”科技支撑计划“超仿棉合成纤维及其纺织品产业化技术开发”项目通过科技部验收

2014年7月30日，科技部主持对化纤产业技术创新战略联盟组织的国家“十二五”科技支撑计划“超仿棉合成纤维及其纺织品产业化技术开发”项目进行了验收，专家组认为，该项目攻克了超仿棉PET聚酯分子结构设计、高比例改性组分的精确添加与高效分散等十几项技术难题，一致同意通过验收。“超仿棉”系列产品已经申请了逸绵®品牌，中国化学纤维工业协会与中国化纤产业技术创新战略联盟负责产品推广中吊牌的申报与管理工作。

9 聚酰亚胺纤维纺丝技术及其产业化取得突破性进展

2014年，我国聚酰亚胺纤维纺丝技术及其产业化取得突破性进展。年初，长春高琦聚酰亚胺材料有限公司依靠自主研发，推出轶纶®95纤维，在国际上首次将这一航天材料成功用于民用服装领域，真正实现了新材料为民所用。年底，由东华大学和江苏奥神新材料有限责任公司共同承担的“干法纺聚酰亚胺纤维工程化关键技术及成套设备研发”项目顺利通过了鉴定，该项目整体达到国际先进水平，其中，“反应纺丝”技术处于国际领先水平，产品综合性能达到了国外同类产品水平，并已成功应用于高温过滤材料等领域，打破了国外对聚酰亚胺纤维关键技术和产品的封锁与垄断。

10 全国化学纤维标准化技术委员会通过国标委专家组评审

2014年，化纤标准化工作在‘创新服务’的宗旨下有序开展。为彻底理顺化纤标准化工作渠道，完善体系建设，化纤协会在国标委的指导下，在各有关部门的大力支持下，积极协调，继续推动化纤综合标准化工作方案的实施，完成‘全国化学纤维标准化技术委员会’筹建申请的提交，并于9月25日成功通过由国标委组织的专家评审，目前正根据专家建议和国标委的要求同相关各方进行积极协调。

2014年度中国化学纤维工业协会重大活动

2014/2015中国纤维流行趋势发布会

纤动世界美丽中国“中国纤维馆”

中国化纤协会第五届第五次理事会
暨常务理事会

盛虹・中国纤维（逸绵）创意时尚汇

生物基蛋白复合纤维产业技术
创新战略联盟成立

生物基聚酰胺产业技术创新战略
联盟成立

2014中国纤维流行趋势盛泽推介
交流会

2014中国（萧山）氨纶产业链技术与
市场论坛

2014中国（湖州）产业用纤维技术与
市场论坛

中国化纤协会碳纤维分会成立

生物基竹代尔产业技术创新战略
联盟成立

“中国化纤协会·恒逸基金”
优秀学术论文颁奖

2014（吉林）高新技术纤维
材料产业创新论坛

中国化纤协会玄武岩纤维分会成立

2014（诸暨）锦纶产业链技术与
市场论坛

萧山节能减排调研

超仿棉项目通过国家科技部验收

2014年度维纶工作会议

第20届中国国际化纤会议现场

化纤新产品新趋势展示对接

2014中国(盛泽)聚酯涤纶产业链
年度论坛

全国化学纤维标准化技术委员会
通过国标委专家组评审

2014/2015中国纤维流行趋势入选产品

	品牌名称	生产企业名称
纤之盾-健康防护篇		
PM2.5 工业防护纤维	泰美达	烟台泰和新材料股份有限公司
	铁纶	长春高琦聚酰亚胺材料有限公司
	金由	上海金由氟材料有限公司
阻燃纤维	吉沃尔	吉林化纤集团有限公司
	ANFLTEX	厦门市翔鹭化纤股份有限公司
	金霞	海盐金霞化纤有限公司
	奥坦斯	真北集团有限公司
纤之韵——精致生活篇		
仿棉纤维	盛虹，逸绵	江苏盛虹科技股份有限公司
	蕊棉，逸绵	苏州金辉纤维新材料有限公司
	库思玛，逸绵	上海德福伦化纤有限公司
	仪征，逸绵	中国石化仪征化纤股份有限公司
	桐昆，逸绵	桐昆集团浙江恒盛化纤有限公司
仿毛纤维	RONGXIANG	荣盛石化股份有限公司
保暖纤维	云鹰	山东银鹰化纤有限公司
	奇峰	吉林奇峰化纤股份有限公司
	海龙	山东海龙股份有限公司
凉感纤维	美达	广东新会美达锦纶股份有限公司
	库思玛	上海德福伦化纤有限公司
	AutoCool	江苏文凤化纤集团有限公司
纤之源——绿色低碳篇		
生物基纤维	盛虹	江苏盛虹科技股份有限公司
	海斯摩尔	海斯摩尔生物科技有限公司
	汉麻	汉麻产业投资控股有限公司
	乳丝	马鞍山同杰良生物材料有限公司
	百媚生	辽宁柞蚕丝绸科学研究院有限责任公司
	海龙	山东海龙股份有限公司
循环再生纤维	酷卡帛	苏州金辉纤维新材料有限公司
	CORIICO	浙江佳人新材料有限公司
	CALCULO	浙江佳人新材料有限公司
纤之魅——绚丽色彩篇		
无染纤维	超力特	江苏恒力化纤股份有限公司
	菲贝丝	中国石化上海石油化工股份有限公司腈纶部
	美达	广东新会美达锦纶股份有限公司
易染纤维	盛虹	江苏盛虹科技股份有限公司
	杰特深	苏州龙杰特种纤维股份有限公司

中国化学纤维工业协会认证吊牌

中国化学纤维工业协会认证吊牌分为“企业产品认证吊牌”及“行业品牌认证吊牌”两类。

企业产品认证吊牌

由中国化学纤维工业协会与国家纺织化纤产品开发中心发起并组织实施。申请吊牌的产品要经过质量检测等程序，合格后由中国化学纤维工业协会与国家纺织化纤产品开发中心颁发该产品领域内的专属吊牌（如再生涤纶长丝领域）。获得专属吊牌的产品意味着在质量上达到相应标准，能够反映中国市场内同类产品的最高水平。被吊牌纤维产品的生产和销售需完全依照有关标准进行，严格控制纤维的销售渠道，保证面料商和成衣商正确地使用纤维，从销售源头上控制以保证吊牌产品的品质。

行业品牌认证吊牌

目前以逸绵®品牌的认证为主，逸绵®品牌吊牌是由中国化学纤维工业协会与化纤产业技术创新战略联盟共同发起，针对当前国内仿棉聚酯纤维产品市场吊牌随意，公信力不足的情况，设置行业内统一的产品吊牌，旨在规范国内仿棉聚酯纤维产品吊牌标准。逸绵®吊牌是仿棉聚酯纤维产品的一把标尺，通过品牌的统一，有效产生品牌溢价，从而进一步提升产品附加值，使仿棉聚酯纤维产品取得更高的认可度及更大的影响力!

吊牌工作联系人：戎中钰

电话：13581831679

邮箱：amosroy@126.com

网址：www.ccfa.com.cn

中国化学纤维工业协会
吊牌产品

企业名称	产品类别	品牌名称
龙福环能科技股份有限公司	再生涤纶长丝	格林丝韵
龙福环能科技股份有限公司	再生涤纶毛毯	纳斯瑞芙
上海德福伦化纤有限公司	再生涤纶短纤	德福伦

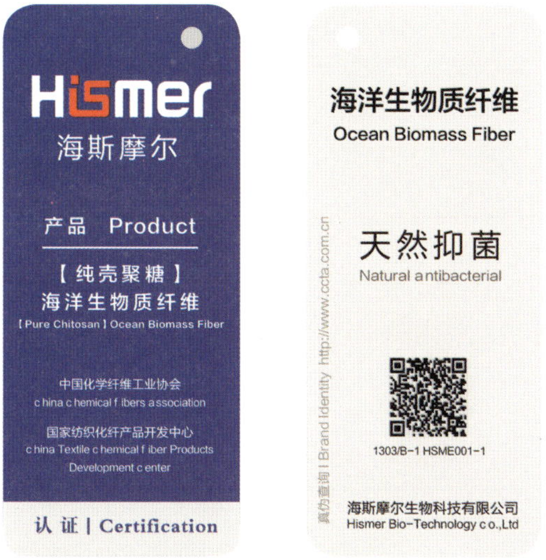

企业名称	产品类别	品牌名称
海斯摩尔生物科技有限公司	（纯壳聚糖）生物基纤维	海斯摩尔

企业名称	产品类别	品牌名称
中国石化仪征化纤股份有限公司	易染型仿棉纤维	逸绵
苏州金辉纤维新材料有限公司	高亲水、功能性仿棉纤维	逸绵
徐州斯尔克纤维科技股份有限公司	多异混纤丝仿棉纤维	逸绵
福建百宏聚纤科技实业有限公司	消光型、功能性仿棉纤维	逸绵
福建省厦门泓信特种纤维有限公司	吸湿排汗仿棉纤维	逸绵
江阴市华宏化纤有限公司	亲水易染仿棉纤维	逸绵

江苏省海安县
国家时尚锦纶示范基地

杭州市萧山区
中国化纤新材料示范基地

浙江海宁经编产业园区开发有限公司
国家经编产品开发基地

桐乡市临杭经济区新区开发建设有限公司
国家纺织新材料产品开发基地

徐州斯尔克纤维科技股份有限公司
国家异收缩涤纶混纤丝产品开发基地

江苏霞客环保色纺股份有限公司
国家环保彩纤产品开发基地

苏州金辉纤维新材料有限公司
国家功能性差别化纤维开发基地

苏州龙杰特种化纤有限公司
国家复合纤维研发生产基地

苏州金泉新材料股份有限公司
国家高性能聚苯硫醚纤维材料研发生产基地

苏州金泉新材料股份有限公司
国家绿色循环车用差别化聚酯纤维研发生产基地

盛虹集团有限公司
国家涤纶超细纤维产品开发基地

江苏国望高科纤维有限公司
国家涤纶全消光纤维产品开发基地

江苏中鲈科技发展股份有限公司
国家生物基PTT纤维产品开发基地

方圆化纤有限公司
国家差别化纤维产品开发基地

江苏鹰翔化纤股份有限公司
国家功能性超仿真差别化纤维开发基地

江苏奥神集团有限责任公司
国家高新技术纤维材料产业基地

中复神鹰碳纤维有限责任公司
国家高性能碳纤维生产研发基地

常州神鹰碳塑复合材料有限公司
国家碳纤维复合材料生产研发基地

张家港欣欣高纤股份有限公司
国家涤纶差别化双组分超细旦纤维生产和研发基地

张家港市安顺科技发展有限公司
国家再生功能性纤维研发产业化基地

富丽达集团控股有限公司
国家化纤仿毛产品开发基地

杭州永盛集团有限公司
国家差别化纤维及染织产品开发基地

浙江天圣控股集团有限公司
国家差别化纤维及面料开发基地

浙江古纤道新材料股份有限公司
国家涤纶工业丝新技术高性能材料研发基地

桐昆集团股份有限公司
国家新合纤产品开发基地

中国科学院宁波材料技术与工程研究所
国家高性能纤维表征检测（宁波）基地

宁波格林纺织品有限公司
国家功能性复合纤维制造基地

义乌华鼎锦纶股份有限公司
国家差别化锦纶6纤维研发中心

浙江德科实业有限公司
国家功能性差别化聚酰胺纤维开发基地

长乐力恒锦纶科技有限公司
国家差别化锦纶6开发基地

福建省长乐市创造者锦纶实业有限公司
国家功能性差别化聚酰胺纤维开发基地

福建锦江科技有限公司
国家功能性差别化聚酰胺纤维开发基地

福建中锦新材料有限公司
国家功能性差别化聚酰胺纤维开发基地

泉州天宇化纤织造实业有限公司
国家功能性差别化聚酰胺纤维开发基地

福建百宏聚纤科技实业有限公司
国家功能性差别化聚酯纤维开发基地

福建三宏再生资源科技有限公司
国家聚丙烯再生产品生产研发基地

福建鑫华股份有限公司
国家环保过滤材料产品开发基地

烟台泰和新材集团有限公司
国家高性能纤维材料研发生产基地

龙福环能科技股份有限公司
国家再生□酯纤维产品开发基地

山东银鹰股份有限公司
国家功能性浆粕研发生产出口基地

海斯摩尔生物科技有限公司
国家壳聚糖生物质新材料研发生产基地

上海德福伦化纤有限公司
国家差别化聚酯新材料产品开发基地

广东新会美达锦纶股份有限公司
国家锦纶6功能性纤维及面料开发基地

广东秋盛资源股份有限公司
国家废塑料废旧纺织品研发利用产业基地

唐山三友集团兴达化纤有限公司
国家纤维素纤维新产品研发基地

中国纺织科学研究院纤维新材料分院
国家纤维新材料产业化技术研发基地

长春高琦聚酰亚胺材料有限公司
国家聚酰亚胺材料生产基地

吉林高琦聚酰亚胺材料有限公司
国家聚酰亚胺研发生产基地

四川宜宾丝丽雅股份有限公司
国家竹蛹蛋白复合生物基再生纤维素纤维生产应用开发基地

四川省宜宾惠美线业有限责任公司
国家生物基蛋白复合纤维应用研发生产基地

中国石化集团四川维尼纶厂
国家高新技术维纶研发生产基地

安徽皖维高新材料股份有限公司
国家聚乙烯醇系列纤维生产研发基地

新疆富丽达纤维有限公司
国家纤维素纤维及制品研发与生产示范基地

北京三联虹普新合纤技术服务股份有限公司
国家合成纤维新材料技术服务基地

2014年度化纤行业企业获奖名单

国家科技奖

国家技术发明二等奖

项目名称	主要完成单位	主要完成人
新型共聚酯MCDP连续聚合、纺丝及染整技术	东华大学、上海联吉合纤有限公司	顾丽霞、何正锋、蔡再生、王学利、杜卫平、邱建华

国家科学技术进步奖二等奖

项目名称	主要完成单位	主要完成人
新型熔喷非织造材料的关键制备技术及其产业化	天津工业大学、天津泰达洁净材料有限公司、中国人民解放军总后勤部军需装备研究所、宏大研究院有限公司	程博闻，唐世君，陈华泽，刘玉军，邢克琪，康卫民，宋晓艳，庄旭品，刘亚，杨文娟
百万吨级精对苯二甲酸（PTA）装置成套技术开发与应用	中国昆仑工程公司、重庆市蓬威石化有限责任公司、浙江大学、天津大学、西安陕鼓动力股份有限公司、中航黎明锦西化工机械（集团）有限责任公司、南京宝色股份公司	周华堂，罗文德，姚瑞奎，许贤文，李利军，汪英枝，马海洪，王丽军，肖海峰，郑宝山

中国纺织工业联合会科学技术进步奖

一等奖

项目名称	主要完成单位	主要完成人
新型聚酯聚合及系列化复合功能纤维制备关键技术	盛虹控股集团有限公司、北京服装学院、江苏中鲈科技发展股份有限公司	王　锐、缪汉根、张叶兴、梅　锋、朱志国、边树昌、张秀芹、周静宜、徐春建、王建明、王建华、董振峰、朱军营、王　然、陈　思
高模量芳纶纤维产业化关键技术及其成套装备研发	河北硅谷化工有限公司、东华大学、国网冀北电力有限公司、国网冀北电力有限公司电力科学研究院	余市火、宋福如、宋志强、叶　盛、孔海娟、宋利强、宋聚强、游传榜、滕翠青、韩克清、鲍怡训、蔡俊娥、刘新亚、马　禹、陈　原
膜裂法聚四氟乙烯纤维制备产业化关键技术及应用	浙江理工大学、上海金由氟材料有限公司、浙江格尔泰斯环保特材科技有限公司、总后勤部军需装备研究所、西安工程大学、上海市凌桥环保设备厂有限公司	郝新敏、郭玉海、黄斌香、陈美玉、黄　磊、徐志梁、冯新星、张华鹏、茅惠东、孙润军、陈观福寿、来侃、马　天、朱海霖、陈　晓
低旦醋酸纤维制备关键技术及产业化	南通醋酸纤维有限公司、东华大学	杨占平、覃小红、徐　坦、黄建新、黄　骅、王荣武、张　丽、张弘楠、赵从涛、王跃飞、宋敏峰、吴德群、肖　峰、李鹏翔、吴佳骏
中国化纤流行趋势战略研究	纺织化纤产品开发中心、中国化学纤维工业协会、东华大学	王　伟、端小平、王华平、缪汉根、王玉萍、陈新伟、张叶兴、梅　峰、赵向东、刘　青、戎中钰、陈向玲、李东宁、靳高岭、李增俊
细菌纤维素（BC　高效生产与制品开发	东华大学、上海奕方农业科技股份有限公司、嘉兴学院	王华平、黄锦荣、洪枫、陈仕艳、顾益东、颜志勇、丁　彬、张玉梅、杨敬轩、李　喆、洪永修、雷学峰、李丽莎

2014年度化纤行业企业获奖名单

二等奖

项目名称	主要完成单位	主要完成人
应对欧盟REACH法规纺织品中高关注物质检测标准体系的研究与应用	浙江出入境检验检疫局检验检疫技术中心、浙江理工大学、浙江立德产品技术有限公司	吴　刚、赵珊红、陈海相、鲁　丹、阮　毅、吴俭俭、谢维斌、王力君、王　琛、郭永华
GB/T 21655.1-2008和GB/T 21655.2-2009纺织品吸湿速干性的评定系列国家标准	中国纺织科学研究院、中华人民共和国上海出入境检验检疫局、香港理工大学、泉州海天材料科技股份有限公司、太仓金辉化纤实业有限公司、锡莱亚太拉斯（深圳）有限公司	王宝军、吴雄英、李　翼、任鹤宁、胡军岩、王启明、谈　辉、李晓雯
纺织纤维成分快速测定—近红外光谱法及其检测标准的建立	江西出入境检验检疫局检验检疫综合技术中心、中山出入境检验检疫局、广东出入境检验检疫局技术中心、浙江理工大学、聚光科技（杭州）股份有限公司	桂家祥、耿　响、要　磊、周丽萍、王京力、张晓利、祝建新、陈智峰
低温可染异型中空聚酯纤维关键技术及其产业化	绍兴文理学院、绍兴市云翔化纤有限公司、浙江红绿蓝纺织印染有限公司、浙江越隆控股集团有限公司	刘　越、占海华、胡玲玲、段亚峰、王维明、虞　波、周建红、陈宇鸣、黄新明、王荣根
基于强化分散混合的高品质熔体直纺功能性聚酯纤维开发	中国纺织科学研究院、中国石化仪征化纤股份有限公司、江苏恒力化纤股份有限公司	李　鑫、孔令熙、尹立新、井连英、徐相宏、任怀林、薛　斌、李　健、金　剑、汤方明
涤纶高强度工业母丝	苏州龙杰特种纤维股份有限公司、苏州大学、广东出入境检验验局检验检疫技术中心	席文杰、秦传香、关　乐、秦志忠、李　淳、徐醒我、潘正良
高吸液型壳聚糖纤维关键技术研究及产品开发	青岛即发集团股份有限公司	席文杰、秦传香、关　乐、秦志忠、李　淳、徐醒我、潘正良
再生聚丙烯直纺长丝关键技术及装备产业化	福建三宏再生资源科技有限公司	张振文、沈来勇、汤华锋
FDY无油牵伸新技术的研发和产业化	桐昆集团股份有限公司	陈士南、赵宝东、孙燕琳、沈建伦、居奇民、费妙奇、曹立国、李红良、薛银华、张玉勤
基于高强耐磨型割草（灌）线材的大直径共聚聚酰胺单丝与关键技术研究	南通新帝克单丝科技股份有限公司、南通大学	马海燕、孙启龙、樊冬娌、马海军、张　军、邵小群、徐燕
三维非对称氟/醚复合滤料关键技术及应用	厦门三维丝环保股份有限公司	蔡伟龙、罗祥波、郑锦森、李桂梅、郑智宏、胡恭任

三等奖

项目名称	主要完成单位	主要完成人
FZ/T 51001-2009《粘胶纤维用浆粕》	上海市纺织工业技术监督所、山东海龙股份有限公司、山东银鹰化纤有限公司、宜宾长毅浆粕有限责任公司	陆秀琴、夏坚琴、邢春花、陈忠国、黄　俊、李红杰
中国化纤行业发展与环境保护（化纤白皮书）	中国化学纤维工业协会	端小平、赵向东、王玉萍、李伯鸣、李德利、林世东、邓　军
多功能丙纶及其复合纱线的研发与产业化	浙江省现代纺织工业研究院、新凤鸣集团股份有限公司	汪乐江、胡克勤、郑世睿、陶仁中、范艳苹、冯新卫、崔　利
聚酯地毯纱（PTT—BCF）关键技术研究及产业化	常州灵达特种纤维有限公司、东华大学	周　吕、王朝生、蒋韶贤、薛小平、陈向玲、郑耀伟、陆惠林
新型再生纤维素/蛋白质复合纤维的纺制及其产化	恒天海龙股份有限公司、武汉纺织大学	王乐军、李文斌、马君志、李昌垒、孙东升、刘　欣、秦翠梅
扁平易收缩系列涤纶纤维的开发	荣盛石化股份有限公司、浙江理工大学	郭成越、孙　福、徐永明、焦岩岩、李岳春、周先何、吴维光
高强度大伸长气囊用涤纶工业用丝开发及应用	浙江海利得新材料股份有限公司、浙江理工大学、嘉兴学院、北京胜邦鑫源化纤机械有限公司	马鹏程、颜志勇、姚玉元、孙永明、李长琦、顾　锋、韩　峰
改性竹炭系列功能纤维的技术研究	中原工学院、新乡化纤股份有限公司	张旺玺、王艳芝、曹俊友、张瑞文、邵长金，谢跃亭、焦明立
车用低雾化有色涤纶长丝FDY技术	浙江华欣新材料股份有限公司	曹欣羊、钱樟宝、赵江峰、项利民、顾点飞、樊伟良、王国萍
可降解聚乳酸非织造节能环保材料研发及产业化	浙江弘扬无纺新材料有限公司	王殿生、杨永兴、何艳芬、马建伟、刘　扬、张抗震、李　健
高档彩色涤锦复合超细纤维水刺非织造擦拭布关键技术开发与产业化	中国纺织科学研究院江南分院、绍兴中纺院江南分院有限公司、东纶科技实业有限公司	张孝南、李淑莉、孟　红、井连英、吴　伟、崔桂新、贾　佳

2014年度化纤行业企业获奖名单

中国纺织工业联合会产品开发贡献奖

名称	产品类别	新产品产值率
浙江华峰氨纶股份有限公司	氨纶	81.36%
福建三宏再生资源科技有限公司	丙纶再生	55%
徐州斯尔克纤维科技股份有限公司	涤纶	95%
永盛新材料有限公司	化纤	68%
连云港神鹰碳纤维自行车有限责任公司	高性能纤维	97%
江苏文凤化纤集团有限公司	锦纶6民用长丝	52%
杭州贝斯特化纤有限公司	涤纶短纤	-
长春高琦聚酰亚胺材料有限公司	高性能纤维	86%
宜宾丝丽雅股份有限公司	生物基纤维	-

中国纺织工业联合会第三届全国纺织行业质量奖

浙江华峰氨纶股份有限公司
江苏盛虹科技股份有限公司
岜山集团有限公司

中国纺织工业联合会全国纺织行业设备管理优秀单位

唐山三友集团兴达化纤有限公司
浙江红剑集团有限公司

中国纺织工业联合会全国纺织行业设备管理先进单位

新疆富丽达纤维有限公司
义乌华鼎锦纶股份有限公司
福建三宏再生资源科技有限公司
岜山集团有限公司

中国化学纤维工业协会全国化纤行业优秀品牌贡献奖

浙江荣盛控股集团有限公司
江苏盛虹科技股份有限公司
江苏申久化纤有限公司
张家港欣欣高纤股份有限公司
浙江古纤道新材料股份有限公司
苏州金辉纤维新材料有限公司
浙江翔盛集团有限公司
桐昆集团股份有限公司
江苏德赛化纤有限公司
江苏恒力化纤股份有限公司
徐州斯尔克纤维科技股份有限公司
中润科技股份有限公司
浙江恒逸石化有限公司
唐山三友集团兴达化纤有限公司
新乡白鹭化纤集团有限责任公司
新疆富丽达纤维有限公司
吉林化纤集团有限责任公司
宜宾丝丽雅集团有限公司
浙江雅迪纤维有限公司
江苏奥神集团有限责任公司
浙江华峰氨纶股份有限公司
上海德福伦化纤有限公司
宁波大发化纤有限公司
龙福环能科技股份有限公司
肇庆天富新合纤有限公司
常熟市金泉化纤织造有限责任公司
安徽皖维高新材料股份有限公司
中国石化集团四川维尼纶厂
长乐恒申合纤科技有限公司
江苏文凤化纤集团有限公司
福建锦江科技有限公司
福建凯邦锦纶科技有限公司
苏州赛菲集团有限公司
浙江石金玄武岩纤维有限公司
中复神鹰碳纤维有限责任公司

www.texfiberchina.com

中国纤维流行趋势
CHINA FIBERS FASHION TRENDS

2014 / 2015
中国纤维流行趋势
CHINA FIBER FASHION TRENDS

纤之盾——健康防护篇
Fiber Shield—Health & Protection
- PM2.5 工业防护纤维
  PM2.5 industrial protective fiber
- 阻燃纤维
  Fire-retardant fiber

纤之韵——精致生活篇
Fiber Charm—Enriched Life
- 仿棉纤维
  Cottony fiber
- 仿毛纤维
  Imitation wool fiber
- 保暖纤维
  Warmth retention fiber
- 凉感纤维
  Cooling fiber

纤之源——绿色低碳篇
Fiber Source—Green & Low Carbon
- 生物基纤维
  Bio-based fiber
- 循环再生纤维
  Recycled fiber

纤之魅——绚丽色彩篇
Fiber Charisma—Magnificent Color
- 无染纤维
  Dope dyed fiber
- 易染纤维
  Easy-dyeable fiber

2015/2016

盛虹·中国纤维流行趋势

SHENGHONG

CHINA FIBERS FASHION TRENDS

2015 / 2016

发布单位

国家工业和信息化部消费品司

中国化学纤维工业协会

东华大学

国家纺织化纤产品开发中心

Released by

Ministry of Industry and Information Technology of the People's Republic of China

China Chemical Fibers Association

Donghua University

China Textile and Chemical Fiber Products Development Center

纤动世界

美丽中国

More Than Fibers Beyond China

扫一扫 精彩立现